U0618222

南开现代项目管理系列教材

国际项目管理协会研究管理委员会主席主编并亲自编写多部著作
亚洲最优秀项目管理教育团队之一倾力奉献

南开现代项目管理系列教材

项目管理学

（第 2 版）

主编　戚安邦

南开大学出版社

天　津

图书在版编目（CIP）数据

项目管理学 / 戚安邦主编. —2 版. —天津：南开大学出版社,2014.7（2019.8 重印）

南开现代项目管理系列教材

ISBN 978-7-310-04526-6

Ⅰ.①项… Ⅱ.①戚… Ⅲ.①项目管理－高等学校－教材 Ⅳ.①F224.5

中国版本图书馆 CIP 数据核字(2014)第 130646 号

南开大学出版社出版发行

出版人：刘运峰

地址：天津市南开区卫津路 94 号　　邮政编码：300071

营销部电话：(022)23508339　23500755

营销部传真：(022)23508542　　邮购部电话：(022)23502200

*

三河市同力彩印有限公司印刷

全国各地新华书店经销

*

2014 年 7 月第 2 版　　2019 年 8 月第 17 次印刷

230×170 毫米　　16 开本　　29 印张　　542 千字

定价：58.00 元

如遇图书印装质量问题,请与本社营销部联系调换,电话:(022)23507125

《南开现代项目管理系列教材》编委会名单

总　主　编：戚安邦

编委会成员：于仲鸣　　李金海　　何红锋

　　　　　　程莉莉　　焦媛媛　　杨　坤

总　策　划：胡晓清

总　序

　　随着全世界的经济逐步向知识经济迈进,创造和运用知识开展创新活动成了全社会人们创造财富和福利的主要手段。由于任何企业或个人的创新活动都具有一次性、独特性和不确定性等现代项目的特性,因此人们的各种创新活动都需要按照项目的模式去完成。任何项目都需要使用现代项目管理的方法去进行有效的管理和控制,因此现代项目管理成了近年来管理学科发展最快的领域之一。近年来甚至有人提出现代管理科学可以分成两大领域,其一是对于周而复始的日常运营的管理(Routine Management),其二是对于一次性和独特性任务的项目管理(Project Management)。因为实际上人类社会的生产活动就有这两种基本模式,而且至今人类创造的任何成就和物质与文明财富都始于项目,都是先有项目后有日常运营。只是过去人们从事项目的时间很短而从事日常运营的时间很长,然而在信息社会和知识经济中人们从事项目的时间变长,所以现代项目管理就获得了长足的发展。

　　现代项目管理实际上始于 20 世纪 80 年代,最重要的标志是 1984 年以美洲为主的项目管理协会(PMI)推出了现代项目管理知识体系(PMBOK)的草案,随后在 1996 年他们推出了 PMBOK 的正式版本,国际标准化组织于 1997 年推出了相应的 ISO10006 标准。最近十年是现代项目管理发展最快的时期,这主要表现在两个方面。其一是现代项目管理的学术发展十分迅速,不断形成了自己独立的学科,而且学科知识体系建设得到飞速发展,全球数百家大学已经设立了相关系科或研究院所。20 世纪 80 年代以来,管理学界许多新的学术领域的发展都是与现代项目管理有关的,"虚拟组织"、"学习型组织"、"项目导向型组织与社会"都属于此列。其二是现代项目管理的协会和资质认证大发展,全球不但有以美洲为主的项目管理协会(PMI),还有以欧洲为主的国际项目管理协会(IPMA),各国的项目管理协会也相继成立。他们一方面不断组织自己的会员开展现代项目管理的研究,而且分别推出了自己的项目管理知识体系。另一方面,他们在现代项目管理职业教育方面推出了大量的课程和资质认证,这里既有 PMI 的项目管理专业人员资质认证(PMP),也有 IPMA 的国际项目管理专业资质认证(IPMP)。这些对于推动现代项目管理的发展起到了巨大的作用,从而使得现代项目管理成了近年来发展最快的管理学科专业领域之一。

我国的现代项目管理学科发展最早始于 20 世纪最后几年，国内最早的现代项目管理译著应该是由南开大学张金成教授于 1999 年翻译出版的《成功的项目管理》。随后 PMI 和国家外专局的培训中心以及南开大学商学院于 1999 年夏天共同在南开大学举办了国内首次引进 PMI 现代项目管理知识体系（PMBOK）和项目管理专业人员资格认证（PMP）的新闻发布会。紧接着在 2001 年春节南开大学戚安邦教授等受国家外专局委托主持了在中央电视台播出的"现代项目管理"讲座，并且以 PMBOK 的 1996 年版为蓝本出版了国内最早的《现代项目管理》一书，该书成为国内 PMP 认证的指定教材。接下来 IPMA 也在中国开展他们的 IPMP 认证和推广工作，而且随着这些推广工作的开展，国内现代项目管理教育和培训的热潮空前高涨和迅猛发展。到了 2004 年国务院学位办和国家教育部全面认识到了中国信息社会与知识经济发展的需要，从而在充分论证的基础上专门开设了（现代）项目管理工程硕士的专业学位教育，并且当年首次就授权 72 家高校开办这一专业硕士学位的教育，到 2005 年经国务院学位办和教育部批准的项目管理工程硕士教育主办单位就已经超过了 MBA 专业学位教育经过 15 年批准的主办单位的总数。现代项目管理教育的这种快速发展充分说明，在当今信息社会和知识经济中现代项目管理是最为重要和发展最为迅速的管理学专业领域之一。

南开大学是国内最早开展现代项目管理研究和教育的著名高校之一，由此而形成了一个非常强大的研究创新群体和现代项目管理师资队伍。他们不但完成了许多国家和企业委托的科学研究和应用研究的课题，而且由南开大学出版社组织出版了一系列的现代项目管理专著、译著和教科书。最早他们于 2001 年就出版了"21 世纪工程造价管理前沿丛书"一套 8 本专著；2003 年他们出版的《项目管理学》（戚安邦主编）获得了"天津市社科成果奖"并且是天津市精品课教材（也是天津市 2005 年推荐申报国家精品课的教材）；2004 年他们又出版了"南开·现代卓越项目管理普及丛书"一套 4 本；2005 年他们出版了"南开现代项目管理译丛"一套 6 本，全面介绍了国际上最新的现代项目管理研究成果，为此国际项目管理协会前主席，现任《国际项目管理》杂志（*International Journal of Project Management*）主编的 J. R. Turner 教授还专门为他们作了英文序言。本次出版的"南开现代项目管理系列教材"已经是我们第四次出版现代项目管理的系列丛书了，由此可见南开大学和南开大学出版社在现代项目管理的研究和出版事务中具有深厚的积累和很强的实力。因此我们对于本套系列教材的质量和成功都信心十足，因为这是我们多年在现代项目管理领域的研究和教学的积累成果的体现。

　　本套"南开现代项目管理系列教材"主要是面向现代项目管理工程硕士和现代项目管理专业本科以及现代项目管理高自考本科段教学的,所以它包括三个层面的教材。第一个层面的是现代项目管理的基础课教材,如《项目管理学》、《项目评估学》、《项目设计与计划》、《项目仿真模拟》和《项目管理法律法规及国际惯例》等。第二个层面的是现代项目管理的专业基础课教材,如《项目成本管理》、《项目时间管理》、《项目质量管理》、《项目采购管理》、《项目风险管理》和《项目沟通管理》等。第三个层面的是现代项目管理的专业课教材,如《建设项目管理》、《IT 项目管理》、《研发项目管理》和《金融项目管理》等。本套现代项目管理教材的知识体系框架是按照 PMI 最新发布的 PMBOK2004 版组织的,所以本系列教材是与国际上现代项目管理的最新发展同步的。另外,本系列教材的最大特色是整个系列教材中的基础课和专业基础课都是面向一般项目管理的,即都是针对各种一次性和独特性任务的现代项目管理的,而不是传统以工程项目管理为核心内容的,所以本系列教材具有很强的普遍适用性。

　　当然,由于编者自身的水平所限和编写时间紧迫,所以本套系列教材难免会存在某些不足之处。我们真诚地希望广大读者和使用本系列教材的教师与学生,能够诚恳地指出我们的不足和失误之处。我们会在随后的出版工作中予以纠正,因为本系列教材将不断修订和推出最新的版本,以供广大的现代项目管理工作者使用。我们认为,现代项目管理的学科建设和教育发展是我们中华民族在走向信息社会和知识经济中必须倚重的一个专门的学问,开拓和发展现代项目管理事业既是我们大家的神圣职责,也是为我们伟大祖国贡献聪明才智的最好机遇。因为这是一个我国未来十分需要,而现在又相对较新和发展迅速的领域。我们希望能够与本领域的所有人共同合作,去做好这一份伟大的事业。

　　　　　　　　　　　　　　　　　　　《南开现代项目管理系列教材》编委会

目录

第一章　绪论

【本章导读】

　　管理学是个很大的学科,其内容可以按不同的分类标志进行各种各样分类。但是最重要的分类是按照管理对象而分成两类,即日常运营管理和项目管理。本书专门讨论现代项目管理的原理、内容和方法,而本章是对于整个现代项目管理的初步介绍。

第一节　项目的概念和特性

　　本书中的项目是指广义的一般项目,所以本章中有关项目的定义、概念和特性等都是指现代的一般性项目,而不是传统的工程项目。不同的人可以从不同角度出发对项目进行不同的定义,如项目的出资者、所有者、使用者、实施者和项目的政府监管部门等,他们会从不同角度对于项目进行定义和分析。同时,人们还会从不同专业角度去对项目进行定义,如从建筑、软件开发、新产品试制、服务、管理咨询和创新活动的角度定义项目,这些不同的专业领域和专业角度的项目内涵会有所不同。本书将兼顾各种不同的角度和各个专业等多方面的项目定义,进一步从现代项目管理的理论出发对项目的概念和内涵进行界定,即从一般项目或者广义项目的角度对现代项目进行分析和界定。

一、项目的概念

　　现代项目管理理论认为:项目是一个组织为实现自己既定的目标,在一定的时间、人员和其他资源的约束条件下,所开展的一种有一定独特性的、一次性的工作。本书的这一定义表明,项目是人类社会中一类特有的经济和社会活动,它是为创造特定的产品或服务而开展的一次性的社会活动,因此凡是人们为创造独特型产品或服务的活动都属于项目的范畴。例如,建造一栋大楼或开发一个油田是项目,建设一座水坝或一个体育场馆也是项目,开发一项新产品或开展一项科研课题同样还是项目,即便是开展一项这个社会的变革或整个组织的变革也都属于项目的范畴。另外,项目还可以是一项特定的服务或一次独特的活动,甚至是一项特殊的工作或任务,如婚礼、救灾义演或缉毒行动等也都属于项目的范畴。

人们对于项目的定义有许多,最有代表性的是美国项目管理协会(PMI)给出的项目定义,他们认为:项目是为提供某种独特产品、服务或成果所做的临时性努力[①]。其中,"临时性"是指每个项目都有明确的起点和终点,所以是一次性和有始有终的一件事情,"独特性"是指一个项目的过程、活动以及其所形成的产品、服务或成果在关键特性上会不同于其他项目及其产品、服务或成果。

另外,美国学者麦克·吉多对于项目的定义也很具有代表性,他认为:项目就是以一套独特而又相互关联的任务为前提,有效利用资源而为实现特定的目标所做的努力[②]。还有国际标准化组织(ISO)也有自己关于项目的定义,ISO对于项目的定义是:"项目是由一系列具有开始和结束日期、相互协调和控制的活动组成的,通过实施活动而达到满足时间、费用和资源等约束条件和实现项目目标的独特过程"[③]。这个项目的定义强调了项目的过程性,他们认为一个项目包括由多个具体活动所构成的过程,随着这个过程的进展项目的目标和产出物的特性与规定会逐步细化、明确和生成,项目的组织也会随之不断发展变化直至解散。

从各种各样的项目定义中可以看出,现代项目涉及各种组织所开展的各式各样的一次性、独特性和有创新性的任务或活动。现代项目不仅包括传统的工程建设项目,而且包括所有其他的一次性和独特性的任务。其中,典型的现代项目包括:各种创新活动所构成的项目(如新产品开发项目与技术革新项目),各种组织变革与组织管理模式的变革项目,各种科技研究与开发项目,各种软件或信息系统的开发项目,各种大型体育比赛或文娱演出项目,以及各种各样的服务活动项目,等等。

---

① 美国项目管理协会,卢有杰等译. 项目管理知识体系指南(第四版).北京:电子工业出版社,2009.

② Gido, Jack, James P. Clements, Successful Project Management. South Western College Publishing, 1999.

③ 国际标准化组织. ISO10006:项目质量管理指南(第一版).北京:标准出版社,1997.

二、项目的特性

人们要充分认识项目的本质还需要进一步了解项目所具有的各种特性,尽管不同组织或不同专业领域的项目会千差万别,但是从本质上讲它们具有一些共同的特性,项目的这些共同特性可以概括如下。

(一)目的性

这是指任何项目都是为实现一个组织的特定目标服务的,所以任何项目都必须根据组织的既定目标去确定和设计项目、项目目标与内容。项目的目的性主要包括三个方面:其一是项目功能的目标,其二是有关项目产出物的目标,其三是项目工作的目标。项目的功能目标是指项目所能实现的功能和项目所能够起到的作用等,项目产出物目标是指为实现项目功能所需生成的项目产出物的要求,项目工作目标是指为生产项目产出物所需要开展的项目活动的要求。项目的功能目标是根据组织的需要确定的,项目的产出物目标是根据项目功能目标分解得到的,项目工作目标是根据项目产出物目标而分解得到的。

例如,一个学校为了扩大招生规模而需要建设一栋教学楼的项目,该项目的功能目标包括大楼有什么功能和作用以及这些功能和作用的具体目标值;这个项目的产出物目标则据此分解出这栋教学大楼的建筑规模、主要空间、使用寿命和使用安全性等方面的指标;这个项目的工作目标则包括项目工期、成本、质量和环保等方面的目标或指标。在许多情况下,项目的目的性就是由这些目标所给出的项目功能、产出物和工作包。项目的目的性是项目最为重要和最需要关注的基本特性,因为它在很大程度上决定了一个项目的其他特性。

(二)独特性

项目的独特性是指一个项目目标、项目产出物和项目工作等要素与其他项目的目标、产出物和工作相比所具有的独特之处,项目的独特性是项目组重要的特性之一。实际上任何一个项目的目标、产出物和工作在某些方面总是会与其他项目的目标、产出物和工作有不同之处,所以每个项目会在某些方面是全新的和独特的。例如,每个人的婚礼都是个项目,每个人的婚礼总会与别人的婚礼有许多不同的地方,特定地区的习俗又使人们的婚礼会有一些相同的成分,这就是婚礼这种项目的独特性。项目的独特性既可以表现在内容上和形式上,也可以表现在时间、地点、人物等各个方面的特性。实际上即使人们建造了成千上万座办公大楼,但是每座大楼还是有各自的独特性,如不同的业主、不同的设计、不同的位置、不同的承包商、不同的施工方法,等等。因此,项目独特性是项目所具有的根本特性之一。

(三)一次性

项目的一次性也被称为项目的时限性,这是指每个项目都有自己明确的起点与终点，所以项目有始有终的特性就是项目的一次性。英文的项目（Project）有"抛出或投出"的含义，由于任何事物一经"抛出"就无法收回了，所以这个词本身就有一次性的含义。另外，每个项目都有自己的起点（项目开始时间）和终点（项目终止时间），不管项目是因目标得以实现而终止，还是因项目目标无法实现而被迫终止，项目自始至终的过程只有一次，这就导致项目的一次性成为项目自身的重要特性。项目的一次性与项目时间长短无关，只跟项目有始有终的特性有关。例如，装修一栋房子的项目持续时间较短，而建造一座大桥的时间较长，但是这两个项目都有自己的起点和终点。项目的一次性使得项目不管成败只有一次机会，因此对项目的管理要更为严格，因为项目会使人们面临"不成功便成仁"的一次性问题。

（四）制约性

项目的制约性是指每个项目都在一定程度上受项目所处的客观条件和资源配置等方面的制约，这种制约可以涉及项目的各个方面和项目所需的各种资源。其中，项目资源的制约关乎项目的成败（"巧媳妇难为无米之炊"），项目资源方面的制约包括：人力资源、财力资源、物力资源、时间资源、技术资源、信息资源等各种资源制约。另外，每个项目都会有各种各样的条件制约或限制，这包括地理位置、环境变化、时间限制、预算限制、人员限制、技术限制、设备条件限制等各个方面的制约，项目的这些制约条件多数是由于项目所处环境和条件造成的。例如，上大学的这种项目就有很多项目所需资源方面的制约和项目所处条件方面的制约，这既包括上大学的学费、食宿、学习用具、日常生活费用等方面的资源制约，也包括人们能够申报哪个级别的高校和人们能够申报哪个方面的专业以及这些高校和专业招生名额等方面的条件制约。所有项目所需资源的制约和项目所需条件方面的制约等就构成了项目的制约性，这既是决定项目成败的关键特性，也是项目管理须关注的项目特性。

（五）风险性

项目的风险性是指由于项目各种条件和环境的发展变化以及人们认识能力所限而造成的项目出现损失或收益后果的可能性。实际上每个项目都有一定的风险性，这种项目的风险性是由于项目环境和条件的不确定性和人们决策的失误等因素引发的。由于项目各种条件和环境都会发展和变化（不确定性），所以当项目的环境和条件向有利的方向发展时，项目就可能出现风险收益；而当项目环境与条件向不利情况发生时，项目就有可能会出现风险损失。例如，一个需要露天施工的建筑项目，如果在项目施工期间实际下雨的天数比预计多就有造成项目风险损失的可能，如果在项目施工期间实际下雨的天数比预计少就有节约成本而产生项目风险收益的可能，这就是项目的风险性。项目风险性是项目不同于人类其他活动的最重要特性之一，也是造成项目管理不同于其他管理的关键所在。

（六）过程性

项目的过程性是指项目是由一系列的项目阶段、项目工作或项目活动所构成的一个完整的过程，在项目过程中人们需要通过不断地开展项目计划、组织、实施、控制和决策而最终生成项目产出物和实现项目目标。项目的过程性决定了项目和项目管理必须要按照基于活动的方法去开展计划、组织、领导和控制。例如，每个学士、硕士或博士的培养项目都有自己不同的过程，所有的学士、硕士或博士培养项目的过程中要求每个学生先要修完课程学分，然后才能进入学位论文的研究和撰写阶段，最终在完成了学位教育这种项目全过程的每项活动之后，学生们才能最终获得正式的学位。由于项目所具有的过程性这一特性，使得人们在开展项目和管理项目时通常先要将项目划分成阶段，再将项目阶段划分形成项目工作包，最终将项目工作包进一步划分成一系列的项目活动，然后再根据项目的过程性去管理好一个项目的各个阶段、工作包和活动所构成的项目全过程。

（七）其他特性

项目除了上述特性以外还有其他一些特性，这包括项目后果的不可挽回性和项目组织的临时性与开放性，等等。这些项目的特性是相互关联、相互影响和共同作用而决定项目成败的。例如，正是由于项目有一定的创新性、独特性、制约性而引发了项目的不确定性和风险性。因为实际上项目的独特性要求人们必须去进行不同程度的创新，而人们只要创新就会面临着各种不确定性，从而就会最终造成项目的风险性。另外，项目组织的临时性和开放性也主要是由于项目的一次性造成的，因为项目的一次性活动一旦结束以后，项目团队的相关成员就会离去或遣散，从而形成了项目团队的临时性和开放性。同时，由于项目是一次性的，而不是重复性的，所以项目或项目阶段的成果一旦形成，多数是无法改变的，这就造成了项目后果的不可挽回性。

三、项目的分类

为了更好地认识项目，人们还需要使用分类的方法将项目按照不同的标志进行划分，从而更好地揭示项目的特性和内涵。实际上任何用于对项目进行分类的标志都应该是项目的主要特性之一，而任何项目分类的结果都是对项目特性更为深入的描述。综合现代项目管理的理论，人们对于项目的分类主要有如下几种。

(一)封闭性项目和开放性项目

按照项目的不确性程度可以将项目分成四类:其一是封闭性项目,这类项目的确定性相对较高;其二是半封闭性项目,这类项目的确定性相对较低;其三是半开放性项目,这类项目的不确定性较高;其四是开放性项目,这类项目的不确定性最高。这种项目的分类如图 1-1 所示,开放性项目的信息缺口最大而封闭性项目的信息缺口最小,但是,每一种项目都有信息缺口,只是大小不同而已。这种项目的分类使得人们能够很好地认识项目的不确定程度并选择合适的项目管理方法和程序。

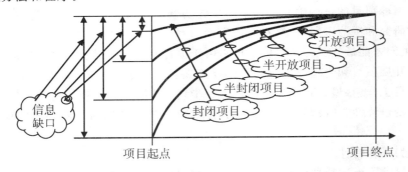

图 1-1　按照项目不确性程度的项目分类示意图

(二)业务项目和自我开发项目

这一分类中的"业务项目"是指由项目承包者为项目业主/客户所完成的一次性工作,这是一种商业性的服务或开发工作。其中的"自我开发项目"是由项目团队为自己企业或组织所完成的各种开发和服务工作,这是一种组织内部的项目。例如,由房地产开发商出资,由建筑设计部门和施工承包商完成的住宅建设项目就属于"业务项目"的范畴;而由加工制造企业自己开展的产品设计或研究开发或技术改造项目就属于"自我开发项目"的范畴。这两类项目的实质是:"业务项目"的所有者和实施者是不同的组织或经济实体,"自我开发项目"的所有者和实施者则属于同一组织。

(三)企业、政府和非营利机构的项目

这是根据项目业主的性质所做的项目分类。其中,企业项目是指由企业提供投资或资源并且作为项目的业主而为实现企业特定目标所开展的各种项目;政府项目是由国家或地方政府提供投资或资源并作为业主而为实现政府的特定目标所开展的各种项目;非营利机构的项目是指像学校、社团、社区等非营利性组织提供投资或资源并为满足这些组织的需要而开展的各种项目。例如,由企业出资的新产品开发项目就属于企业项目,而由国家投资的国防项目属于政府

项目,由学校出资建设的项目则属于非营利机构的项目。这种项目分类的目的是进一步明确项目投资者的社会属性和项目本身的所属及其性质。

(四)公共项目和私营项目

公共项目和私营项目的分类是从项目出资者和项目本身是否具有营利性出发的一种项目分类,在某些国家这种分类也被称为营利项目和非营利项目。其中,私营项目或营利性项目是以获得利润为目标而开展的各种项目;公共项目或非营利项目是以增加社会福利或公益为目标所开展的项目。例如,各种商品的开发项目和商业服务项目都属于私营项目或营利性项目,像商用计算机的开发和管理咨询公司的咨询服务项目等就属于此类;而像城市基础设施建设项目和"希望工程"项目以及各种义演和捐助项目则属于非营利性项目或公共项目。这种项目分类的标志是项目本身是否具有营利性,以及项目的出资人本身的性质。

(五)项目组合、项目群、项目和子项目

这是按照近年来有关项目概念的拓展而形成的一种分类,它是按照项目内涵、层次、规模和统属关系进行的一种分类。这些不同项目分类的英汉对照分别是:"Project Portfolio"是"项目组合","Program"是"项目群","Project"是"项目","Subproject"是"子项目"。其中,现在人们对将英语的"Project"和"Subproject"译成汉语的"项目"和"子项目"是一致认可的,但是对于将英语的"Program"应该翻译为哪个汉语词汇就有不一致的地方了,有人将其译成"大项目",有人将其译成"计划",还有人将其译成"工程"。例如,美国"阿波罗计划"和中国"三峡工程"用的英文的都是"Program",但是汉语却分别是"计划"和"工程"。确切地说,这四者之间存在一定的层次关系,其中在"项目组合"里可能包含有一系列的"项目群"和"项目",而在"项目群"中可能包含有一系列的"项目";同样在"项目"中又可能包含有多个"子项目"。与此对应的是我国对工程项目的分类,其中最高是"工程",其下才有"单项工程",其下是"单位工程",然后才是"分部工程"和"分项工程"。

综上所述,项目的分类可以有很多,人们可以根据需要而使用各种不同的分类标志对项目进行各种各样的分类,从而满足认识和管理项目的需要。例如,项目还可以按照工期的长短分成长期项目、中期项目和短期项目,按照涉及组织或单位的多少分成多组织的项目和单个组织的项目,按照资金的来源情况分成自有资金项目和借贷资金项目,等等。

四、项目的独特之处

根据上述项目的特性和分类,人们可以进一步将人类活动划分为两大类。一类是在相对封闭和确定的环境下所开展的具有重复性、持续性、周而复始的活动,人们通常将这种活动称为日常运营或常规工作(Operation/Routine)。例如,企业定型产品的生产与销售、铁路与公路客运系统的经营与运行、政府的日常办公等都属于日常运营的范畴。另一类是在相对开放和不确定的环境下所开展的独特性和一次性的活动,人们通常将这种活动称为项目(Project/Program)。例如,建设建筑物、开奥运会、研发新药等都属于项目活动的范畴。这两种不同的人类社会活动有许多本质的不同,充分认识这些不同之处将有助于人们对于项目和项目管理的认识与掌握,项目与日常运营最主要的不同之处和相互关系包括下述几个方面。

(一)二者的根本目的和作用不同

项目的根本目的是为创造具有某种独特性的新成果,所以有人又将项目称为"独特性任务"(Unique Assignment)[①]。但是,日常运营的根本目的是使用相关项目所生成的成果去开展周而复始的工作从而获得相应的回报。这既包括对于日常运营活动的回报,也包括对于相应项目工作投入的回报。实际上在人类社会中通常都是先有项目的投入,后有日常运营的开展和对于前期投入的回收。换句话说,人类社会的活动总是先有项目,然后才有对于项目成果的运营。例如,人们只有完成工厂建成项目才能投产运营,人们只有建成运动场馆才能使用和运营,人们只有完成新产品开发项目才能投入新产品的生产和经营。实际上人类社会中没有哪种日常运营活动是不需要先行完成项目工作并取得成果就能开展的,但是却有只有项目而没有日常运营的情况存在。例如,奥林匹克运动会对于任何一个主办城市来说都是一个伟大的项目,但是没有哪个主办城市专门做奥林匹克运动会的日常运营。

(二)二者之间的关联和相互关系

就某个具体事物而言,项目和日常运营之间具有直接的关联和严格的相互关系,这种关系可以由图 1-2 给出示意。由图中可以看出,从广义的角度,人类社会活动都属于项目的范畴,只是这种广义的项目进一步可以分成项目建设期和项目运营期,二者共同构成了一个项目的全生命周期。从狭义的角度上说,项目指的就是项目建设期的全部活动,而日常运营则是指项目建成后使用项目成果所开展的运营活动。需要特别注意的是,有些项目是没有运营期的,此时狭义的项目和广义的项目是一致的,这种项目的成果都是一次性的。

(三)二者的结果和收益模式不同

项目工作的结果是获得创新性的成果,这种成果可能是一次性的,也可是供

---

① Gert Wijnen,Rudy Kor. 戚安邦等译. 独特性任务的项目和项目群管理方法. 天津:南开大学出版社,2005.

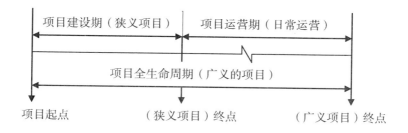

图 1-2 项目和日常运营的关联和相互关系示意图

日后日常运营使用的。例如,每一届奥林匹克运动会的成功举办都是这种项目的一个伟大成果,但是这一伟大成果中有关比赛成绩部分都是一次性的成果,然而因举办奥运会所留下的场馆设施则可日后投入运营使用,并且人们必须通过使用和经营这些场馆收回建设场馆的投入。日常运营工作的结果是使组织通过这种运营活动获得收益和收回项目投入。这种获得收益和收回项目投入的运营工作必须是周而复始持续一段较长时间的,而且是在一定的经营目标或指标的指导下开展的,多数情况下人们会持续地使用这些经营目标并且运营下去,直到最终达到全部目标或意外终止为止。

（四）二者的工作性质与内容不同

一般在日常运营中存在着大量的确定性、程序性、常规性和不断重复的活动,而在项目中则存在较多创新性、一次性、非程序性和具有某种不确定性的活动。因为日常运营是周而复始的,所以日常运营工作基本上是重复进行的常规性和程序化的作业。但是,因为每个项目是独具特色和一次性的,所以项目中的许多工作是开创性的。因此,二者在工作性质与内容上有很大不同,这种不同使得二者的管理也具有很大不同。例如,企业的日常生产经营工作内容多数是相同的,只有在出现异常时才会有一些发展或变化,而且这种发展变化本身如果有创新的成分,它就可以被视为一个新的项目。但是像企业的新产品研发项目的工作内容总是不同的,每一个新产品的研发都是一次创新性的工作,而且如果没有或不需要创新就不会有这种新产品研发项目了。

（五）二者的工作环境与方式不同

一般而言,日常运营的环境是相对封闭和相对确定的,而项目的环境是相对开放和相对不确定的。因为日常运营的很大一部分是在组织内部开展的,所以它的运营环境是相对封闭的,如企业的生产活动主要是在企业内部完成的。同时,日常运营涉及的外部环境也是一种经过多次重复以后而相对确定的,如企业产品的销售环境在经过一段时间后就会相对确定了,虽然也会有一些变化和竞争,但相对而言是比较确定的。日常运营环境的这种相对封闭性和确定性,使得日常运营管理方法相对比较固定。然而,项目基本上是在组织外部环境下开展的,所以它的工作环境是相对开放性的。例如,多数工程建设项目只能在露天的外部环境中完成,新产品研发项目主要面对的是外部市场和顾客全新的需求等。正是项目所处环境使得项目具有较高的不确定性和风险性,因为做新的尝试就必然有各种发展变化的可能性。

(六)二者的组织与管理都不同

由于日常运营是重复性的和相对确定的,所以开展这种活动的组织是相对固定的,日常运营的组织多数是基于分工的直线职能制组织。而项目是一次性的和相对不确定的,所以项目组织是相对变化的和临时性的,项目的组织形式多数是基于团队合作的。同时,日常运营的管理是以基于职能的管理和直线指挥管理相结合为主,而项目管理主要是以基于过程和基于活动的管理为主。例如,企业产品的生产管理是按照供应、生产、销售等职能部门去开展管理和控制的,但工程项目的管理则基本上是围绕项目立项、可行性分析、工程设计、工程施工、完工交付等阶段所构成的项目过程及其中各项具体活动的管理而展开的。二者的管理模式、管理主体、管理方法和管理内容都有很大不同,人们充分认识这些之后才能避免现在经常犯下的"使用日常运营的方法去管理项目"这种常见的管理错误。

第二节　项目管理的概念与内涵

任何人类活动要想取得预期成果就需要进行管理,对于项目这种独特的人类社会活动的管理,管理模式、管理原理和管理方法等各方面都完全不同于日常运营的管理。本节将全面讨论项目管理的概念、内涵以及它与日常运营管理的不同之处。

一、项目管理的概念

本书作者认为,项目管理是运用各种相关的知识、技能、方法与工具,为满足或超越项目有关各方对项目的要求与期望,所开展的项目起始、计划、组织、控制和结束的管理活动。其中的项目管理所运用的各种相关知识、技能、方法与工具既包括各种管理方面的相关知识、技能、方法与工具,也包括项目所属专业领域的各种相关知识、技能、方法与工具。同时,项目有关各方的要求与期望中既包括明确的要求和期望,也包括隐含的要求和期望,另外还包括项目各方对项目的共同要求与期望以及项目各方对项目各自的要求与期望。特别是,其中的项目管理中开展的项目起始、计划、组织、控制和结束活动既包括与日常运营管理共有的计划、组织、控制活动,也包括针对项目所需的项目起始和结束活动。

美国项目管理协会认为,"项目管理是通过应用和综合诸如起始、计划、实施、控制和结束的项目管理过程"[①]。为此,他们提出了一整套的现代项目管理知识体系,该项目管理知识体系主要由九个部分组成,分别涉及项目的集成管理、范围管理、时间管理、成本管理、质量管理、人力资源管理、沟通管理、风险管理和采购管理等。同时,国际标准化组织还根据美国项目管理协会的项目管理知识体系指南给出了自己对于项目管理的定义,他们认为,"项目管理包括在一个连续的过程中为达到项目目标而对项目各方面所进行的规划、组织、监测和控制"[②]。这些有关项目管理的定义分别从不同的角度给出了项目管理的内涵和特性。

综上所述,项目管理就是为实现上述项目既定目标所开展的项目起始、计划、组织、控制和结束的管理活动。这一项目管理的定义中最重要的内涵包括如下两个方面。

(一)项目管理的根本目的

实际上开展项目管理活动的根本目的是"满足或超越项目有关各方对项目的需求与期望",因为好的项目管理活动应该不但能够满足项目各方的要求和期望,甚至应该达到使得项目各方"大喜过望"或"喜出望外"的结果。反之,如果项目管理不当就会出现最终使项目相关各方"大失所望"甚至"绝望"的严重后果。在上述有关项目管理的定义中说到,人们是通过开展项目起始、计划、组织、控制和结束活动去满足和超越项目相关利益主体对于项目的要求和期望,这是项目管理的根本所在。因为任何项目相关利益主体之所以要开展一个项目,根本目的是要实现他们的要求和期望。图 1-3 给出对于项目管理这种特性的示意,由图中可以看出项目管理的根本目的是满足和超越所有项目相关利益主体的要求和期望。所以人们必须使用正确的方法与工具开展好项目管理,以便最终能够实现图 1-3 中给出的"实际管理结果好"而不是"实际管理结果坏"的情况。

通常,每个具体的项目相关利益主体的要求和期望,包括项目业主、客户、供应商、承包商、分包商、项目团队、项目所在社区、项目的政府管辖部门等各自不同的要求与期望。他们的不同要求和期望有时会相互矛盾和发生冲突而导致各种问题和纠纷,所以必须对这些要求和期望进行必要的管理和约束。其中,最重要的是合同约束,因为合同就是一种针对人们的要求和期望的法律文件。项目合同应该写明项目相关利益主体在项目的范围、时间、成本和质量等方面所达成

①　卢有杰,王勇译. PMI. 项目管理知识体系指南(第三版). 北京:电子工业出版社,2005:87.

②　国际标准化组织. ISO10006,项目质量管理指南. 第一版. 北京:中国标准出版社,1997:56.

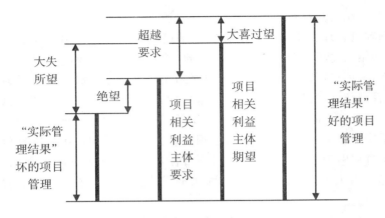

图 1-3 项目管理概念的示意图

一致的要求与期望,这些人们相同的要求和期望是项目合同约束的核心部分。另外需要注意的是,项目相关利益主体对项目的要求既包括明确说明的,也包括没有明确说明而隐含的。项目合同可规定出由项目各方达成共识后的要求,但是未出现在项目合同中的隐含要求也是应该达到的,如国家标准规定的环保和质量要求等。

实际上每个项目相关利益主体的要求和期望都会有所不同,如项目业主要求和期望以最小的投资获得最大的收益或最佳的项目功用,项目承包商或实施者要求和期望以最小的成本获得最大的项目承包收入和利润,项目供应商要求和期望能够获得更多的销售收入和利润,项目所在社区要求和期望项目能给社区带来好处而不对环境造成破坏或污染,项目政府主管部门要求和期望扩大就业、提高社会福利,等等。因此,项目管理还要努力使这些不同的要求和期望能很好地得以实现,即使项目成果最大限度满足和超越项目全体相关利益主体的要求和期望,这是现代项目管理的关键和难点及其真正的作用和功能所在。

(二)项目管理的根本任务

项目管理的根本任务是运用各种知识、技能、方法和工具开展项目起始、计划、组织、控制和结束的管理活动,从而最大限度地满足或超越项目所有相关利益者的要求和期望。项目管理的根本任务是开展项目起始、计划、组织、控制和结束的管理工作,这些项目管理工作构成了项目管理的过程,这种管理过程不但贯穿整个项目过程,而且贯穿在项目各个不同阶段之中。这种项目管理过程中所使用的管理知识、技能、方法和工具与人们在日常运营管理中所使用的知识、技能、方法和工具是不同的,因为二者管理的对象不同。项目管理的对象是具有一次性、独特性和相对不确定性的项目,而日常运营管理的对象是重复性、常规性和相对确定性的日常运营。

项目管理所需要运用的管理知识、技能、方法和工具主要包括用于对项目时间、质量、成本、范围、风险、采购、沟通等各个项目专项管理的知识、技能、方法和工具,同时也包括具体项目本身所涉及的专业领域的专门知识、技能、方法和工具。其中,所谓"知识"是指人类对以前成功经验的总结和人们对于客观规律的认识,而"方法"是指人们按照这些客观规律去分析问题和解决问题的程序和做法,"工具"则是指人们在分析和解决具体问题中使用的手段,"技能"则是指人们掌握和运用知识、方法和工具的自身能力。由于项目本身的一次性、独特性和不确定性等特性,所以项目管理需要运用更为广泛的各种知识、技能、方法和工具,以便人们能够更为科学地管理好具体项目。

二、项目管理的基本特性

为了更好地认识项目管理,人们除了要弄懂上述项目管理定义外,还需要深入探讨有关项目管理的基本特性。现代项目管理理论认为,项目管理基本特性有如下几方面。

(一)项目管理的普遍性

在生活中,任何一件不同的"事情"就是一个项目,所以项目作为一种一次性、独特性和具有某些不确定性的社会活动而普遍存在于人类社会之中,甚至可以说人类现有各种物质文化成果最初都是通过项目方式实现的。在人类社会中总是"先有项目",然后才有后续的"日常运营",因为各种日常运营活动都是在人们先完成项目从而建设了日常运营所需使用的设施与条件以后才能够开展,因此这种项目的普遍性就导致了项目管理的普遍性。在人类社会中,人们从找对象到结婚是项目,但是结完婚过日子就是日常运营了;人们从新产品研究到开发成功是项目,但是研发成功以后投入生产就是日常运营了。因此人们总是需要先开展项目,然后需要通过项目管理去实现组织既定的项目目标,这显示出项目管理具有十分的普遍性。不管是企业、政府、社团,还是个人,只要有新的想法并开始将这种新想法付诸现实,人们就有了自己的新项目,并由此需要开展该项目的管理了。

(二)项目管理的目的性

项目管理另一个重要的特性是这种管理的目的性,即一切项目管理活动都是为实现"满足或超越项目各方对项目的要求和期望"这一目的服务的特性。其中,项目各方对于项目的要求是明确规定的项目目标或指标,而项目各方对于项目的期望是人们潜在的一种愿望和追求。项目管理的目的就是要通过开展项目管理活动去保证满足或超越项目各方明确提出的项目目标或指标,努力去满足或超越项目各方潜在的愿望和追求。例如,一个私人的住宅装修项目业主会提出项目的具体要求和指标,但是在这些要求和指标之上他们还期望房子装修得更好一些,这二者都是这一项目管理者们应该努力运用自己的知识和技能去设法满足或超越的要求和期望。这种项目管理目的性的图示说明可见前面的图 1-3,该图很好地描述了项目管理的目的性。

(三)项目管理的独特性

项目管理的独特性是指项目管理既不同于一般的企业生产日常运营管理,也不同于常规的政府行政管理,而是一种完全不同的管理活动。项目管理既有其自己独特的管理对象和内容,又有其独特的管理目的和方法。虽然,在项目管理中也会使用某些一般管理的原理和方法,但是每个具体项目的管理都会有许多自己独特的要求、内容、方法和工具。例如,在项目时间管理中所使用的关键路径法和项目成本管理中所使用的"挣值管理方法"都是项目管理独特的技术方法。另外,在工程设计项目管理中所使用的"三段式"设计管理方法和在研究生培养项目中所使用的"四阶段"学位论文管理方法都是具体项目独特的管理方法。实际在很大程度上正是由于项目本身的独特性,使得项目管理也具有了很强的独特性。

(四)项目管理的集成性

项目管理的集成性是指项目必须根据项目各要素或各专业间的配置关系做好综合性管理,而不能够孤立地开展项目某个专项或专业的管理。项目管理的集成性与日常运营管理的职能性有很大不同,在日常运营管理中生产、质量、成本、供应、市场营销等都是按照职能管理的方法由职能部门自己开展的,人们按照职能分工对企业或组织的日常经营活动某方面的职能开展管理,这是由日常运营周而复始的特点决定的。但是项目管理要求按照基于团队合作的集成性管理去做好项目范围、时间、成本、质量、风险、采购等各要素的集成管理,做好各子项目、工作包和活动的全过程集成管理。虽然项目管理也有一定的专业分工,但是整个项目的管理必须是集成管理的。

(五)项目管理的创新性

项目管理的创新性包括两层含义,其一是指由于项目管理的对象(项目)本身具有的创新性,所以就要求管理项目的活动也必须具有一定的创新性;其二是指即使同类项目的管理也没有一成不变的管理模式和工作方法,人们必须通过管理创新去实现对于具体项目的有效管理。在任何人类社会的现实生活中,即使十分类似的工业或民用建设项目,由于建设项目的地点、项目业主/客户、项目所用的建设材料与施工方法、项目实施环境条件等各种全新的因素出现,每个具体项目仍然需要开展各种管理创新才能实现有效的项目管理。另外,对于像新产品研发之类的独特性、创新性和不确定性很强的项目，人们更需要开展管理创新和使用创新性的项目管理方法和过程。

（六）项目管理的过程性

项目管理的过程性也被称为项目管理的渐进性，这是由于项目是由一系列的阶段所构成的一个完整过程，所以项目管理也必须分阶段开展和贯穿于项目的全过程，使得项目管理具有过程性的特性。项目管理的过程性要求人们在项目管理中不但要分阶段对不同性质的项目工作进行管理，而且要不断地根据项目的发展变化开展项目管理。所以实际上项目管理的过程就是一个学习和变更的过程，这种项目管理的学习过程和学习曲线表明了项目不断获得信息和做出决策进行变更的过程。所以项目管理的过程性是项目管理很重要的一个特性，它表明没有任何项目可以不经历学习和跟踪决策的过程而能够成功的。

另外，项目管理还有许多其他特性，如项目管理的预测性、变更性、团队性等。这些项目管理特性决定着项目管理的成败，所以人们必须很好地认识这些特性才能做好项目管理，实现"满足和超越项目各方的要求和期望"的项目管理目标。

三、项目管理的独特之处

为了更好地认识项目管理，人们还需要通过比较项目管理与日常运营管理的不同，从而更好地认识现代项目管理的特性与内涵。如前所述，项目和日常运营之间本身就存在着许多不同之处，因此项目管理与日常运营管理也有了很大的不同。二者之间的不同主要表现在如下几个方面。

（一）二者的管理对象不同

项目管理的对象是具体的项目，所以项目管理的主要内容是关于项目的计划、组织、领导和控制。日常运营管理的对象是企业或组织的日常运营，所以日常运营管理的主要内容是关于日常运营的计划、组织、领导与控制。由于项目管理的对象是一次性、独特性的项目活动，而日常运营管理的对象是重复性、经常性的日常运营活动，所以这二者的管理在各个方面都有所不同，正是这种不同使得现代项目管理独立出来成为一个专门的学科。实际上管理学除了管理原理以外，只有两个具体的应用领域，一是项目管理的应用领域，二是日常运营的应用领域，二者共同构成了管理的全部应用领域。

（二）二者的管理原理不同

因为项目管理和日常运营管理的对象不同，所以项目管理与日常运营管理的原理就不同。项目管理是一种基于活动和过程的管理，而日常运营管理是一种基于分工和职能的管理。项目管理是按照基于活动和过程的非程序化和非结构化的管理原理开展的,而日常运营管理是按照基于分工和职能的程序化和结构化的管理原理开展的。所以项目管理更加强调集成管理和团队合作,而日常运营管理则强调专项管理和职能管理。项目管理与日常运营的原理之间最大的不同就是二者在管理的程序化和结构化程度上的不同,项目管理比日常运营管理在原理上更加非程序化和非结构化,从而更具有独特性与创新性。

(三)二者的管理方法不同

因为项目管理和日常运营管理的原理不同,所以二者的管理方法也不同。项目管理的方法是针对项目的一次性和独特性以及项目管理的集成性和创新性等特性而生成的,日常运营管理的方法是针对日常运营的重复性和经常性以及日常运营管理的职能性和程序性而生成的。例如,项目计划管理中使用的是针对一次性活动与过程的项目计划评审技术与方法,而日常运营计划管理中使用的是针对重复性活动的滚动计划方法;在项目人力资源管理中使用的是高效快捷的人员激励和开发方法,而在日常运营的人力资源管理中使用的是长效持续的人员激励与开发方法。项目管理与日常运营中使用的方法有很多不同,而其中最大的不同是前者使用针对具体项目的具体方法,而后者使用针对长期日常运营的常规方法。

(四)二者的管理目标不同

项目管理和日常运营管理之间的不同,还表现在二者所管理的基本目标有所不同。项目管理的基本目标是如何使用最小的成本去按时生成项目的产出物,并且能够使其发挥作用或实现项目的目标。换句话说,项目管理的根本目标是项目本身的成败。但是日常运营管理的根本目标是能否正常地日常运营,并且能够收回项目的投资和获得更多的利润。也就是说,日常运营管理的根本目标是日常运营本身的正常与否和能否持续日常运营并赢利。所以项目管理的目标是一次性和独特性项目的成败,日常运营管理的目标是重复性和持续性日常运营的正常开展。

(五)二者的管理内容不同

由于上述不同的存在,所以项目管理的内容也不同于日常运营管理的内容。项目管理包括项目的定义与决策、设计与计划、实施与控制、完成与交付等不同阶段的管理,其主要的管理内容包括项目质量、范围、时间、成本、集成、采购、沟通、人力资源和风险等方面的管理。日常运营管理则包括计划、组织、领导、控制等方面的管理,其主要的管理内容包括供应、生产、服务、销售、人事、财务、物资、信息等方面。因此二者在管理内容上也有很大的不同。

(六)二者的管理周期不同

项目管理的周期是一个项目的生命周期,相对比较短暂;而日常运营管理的周期是相对长远的,多数企业都希望能够永续经营,期望自己的企业能够通过科学的管理一直经营下去。因此项目的计划管理周期包括整个项目从定义和决策一直到项目完工交付,而日常运营管理的计划周期可以是一年、三年、五年甚至更长的时间;项目的成本管理是针对整个项目的,而日常运营的成本管理多是针对一个产品的。这些都是由于项目管理的周期与日常运营管理的周期不同造成的。

尽管项目管理和日常运营管理有许多不同之处,但是它们在管理原理上也有一些共性和相同之处。例如,项目管理和日常运营管理都具有科学性和艺术性这两种特性;项目管理和日常运营管理都需要考虑组织活动的经济性和社会效益,等等。

第三节 现代项目管理知识体系及其内涵

所谓现代项目管理知识体系是指在现代项目管理中所要使用的各种知识、理论、方法和工具及其相互关系的总称。现代项目管理知识体系中包括许多方面的内容,这些内容按一定的方式组织构成一套完整的项目管理知识体系。

一、现代项目管理知识体系

按照美国项目管理协会提出的现代项目管理知识体系(Project Management Body of Knowledge,PMBOK)①的划分方法,现代项目管理知识体系主要包括九个方面,这九个方面分别从不同的专项管理或要素管理来描述了现代项目管理所需要的知识、方法、工具和技能。本书将以美国项目管理协会的这种知识体系的结构和内容为主,结合其他国际项目管理组织和外国项目管理组织的知识体系内容,以及根据我们自己多年来的研究与教学结果,全面地对项目管理知识体系进行深入的讨论。换句话说,本书所讨论的项目管理知识体系内容既有国际通用的项目管理知识的内容,也有作者和中国学者自己创立的项目管理知识的内容。这一项目管理知识体系中各个部分的内容分别介绍如下。

(一)项目范围管理

按照中文的含义,"范"是指"阴模",它规定了人们用它所浇注出物件的模样;"围"则指的是"区域",它规定人们所划区域的大小。所以"范围"是指事物的模样和大小,而项目范围是指项目的模样和大小,这与英文的 Project Scope 非

---

① PMI Standard Committee, A Guide to The Project Management Body of Knowledge. USA:PMI,1996.

常符合。因此,项目范围管理就是在项目过程中所开展的关于项目模样和大小的计划、安排、界定、控制和变更等方面的工作。人们开展项目范围管理的根本目的是要在项目开始时能很好地界定项目范围,在项目实施中能很好地控制项目范围,从而确保项目成功。项目范围管理的主要对象有两个,一是项目产出物的范围管理,二是项目工作的范围管理。其主要内容包括:项目范围的界定、项目范围的计划、项目范围的确认、项目范围变更控制与项目范围的实施管理。

(二)项目时间管理

按照中文的说法,项目时间管理包括项目的"时点"和"时期"两方面的管理,即在整个项目过程中为确保项目按既定的时期和时点得以完成所开展的专项项目管理工作。所以项目时间管理既包括对项目时点性指标的管理(即英文 Schedule Management 对应的进度管理),也包括对项目时期性指标的管理(即英文 Duration Management 对应的工期管理)。开展项目时间管理的根本目的是借此做好项目进度的计划与安排、项目工期的监督与控制等管理工作,从而确保项目能够按时按期完成。项目时间管理的主要内容包括:项目活动分解与界定、项目活动排序、项目活动时间估算、项目时间计划编制、项目时间计划实施中的监控以及项目时间变更控制,等等。

(三)项目成本管理

按照国际惯例,现代项目成本管理也包括项目造价管理或项目价值管理,这是在项目过程中为确保项目能以较小成本去实现较大价值而开展的项目专项管理工作。本书作者认为,项目业主对于其项目成本的管理既包含项目投入(成本)的管理,也涉及对于项目产出(价值)的管理。同样,项目承包商对于项目成本管理既包括对于自己所花费项目成本的管理,也包括对于自己项目所创造价值的管理两个方面。实际上根据价值工程的公式 $V=F/C$(项目价值=项目功能/项目成本)的原理,广义的项目成本管理必须涉及项目价值 V(Project Value)、项目成本 C(Project Cost)以及项目功能 F(Project Functions)三个方面的管理。这是一种努力使项目价值最大化和成本最小化的项目专项管理,其核心内容包括正确确定项目成本与价值和及时有效地控制项目成本与价值两个方面。这一项目专项管理的具体内容包括:项目资源规划、项目成本估算和预算、项目成本监控、项目成本变更等。

(四)项目质量管理

项目质量管理是在项目管理中为确保项目质量所开展的项目专项管理,这包括对于项目产出物质量和项目工作质量的管理两个方面。现代项目管理理论认为,项目质量管理就是为保证项目产出物的功能 F 能够符合项目相关利益主体要求的项目专项管理。因为根据上述价值工程 $V=F/C$ 的原理,项目质量管理就是在既定项目成本(C)的基础上,努力使项目功能 F 达到最好,从而体现项目价值的一种项目专项管理。所以,项目质量管理既包括在既定成本下如何实现项目功能最大化的问题,又包括如何通过增加较少项目成本而实现项目功能较大提升的问题,同时还包括在项目功能不变的情况下努力降低项目成本的问题。项目质量管理的主要内容有:项目产出物和项目工作质量计划、质量保障和质量监控等方面的管理工作。

(五)项目集成管理

项目集成管理是在项目管理过程中为确保各方面项目目标、各项项目工作和各种项目工作所需资源能够很好地协调与配合而开展的一种整体性、综合性和集成性的项目管理工作。这与一般的项目系统管理有所不同,它是基于项目各个目标、工作和资源等要素的合理配置关系,按照科学集成方法和步骤开展的一种项目专项管理。项目集成管理既包括对于项目质量、范围、成本、时间等项目目标要素的集成管理,也包括对于项目采购(涉及劳力和物力资源)、沟通(涉及信息资源)和人力资源等项目资源要素的集成管理,还包括项目确定性、风险性和完全不确定性等项目风险要素的集成管理,这些构成了项目全要素的集成管理。同时,项目集成管理还包括对于项目各方利益和工作的集成管理(项目全团队集成管理)和对于项目各个阶段的集成管理(项目全过程集成管理)。这一项目专项管理的核心内容包括:项目集成计划编制、项目集成计划实施和项目变更的总体管理与控制等。

(六)项目人力资源管理

项目人力资源管理是在项目全过程中为确保有效获得和利用项目所需人力资源而开展的一种项目专项管理工作,这是不同于项目劳力资源管理的独特项目管理专项工作。按照中国的人本管理思想,"人存事兴,人亡事废",在全部项目专项管理中项目人力资源的管理应该是最为重要的。项目人力资源管理的对象是为项目贡献聪明才智、远见卓识和真知灼见的人才,而不涉及对于项目劳动力(Labor)或项目劳务(Service)的管理,因为这些不属于项目人力资源的范畴,而是属于项目劳力资源的范畴。按照项目管理专项来说,项目劳力资源属于项目采购管理的范畴。项目人力资源管理的核心内容包括项目所需人力资源的获得与配备及其开发与使用,其主要内容包括:项目人力资源的规划、项目人力资源的获得与配备、项目团队的组织和建设以及项目人力资源的开发等。开展这一项目专项管理的根本目的是要对项目所需人力资源进行全面计划、有效获得、科学配置和积极开发。

(七)项目沟通管理

项目沟通管理也被称为项目信息管理,这是在项目管理全过程中为确保及时有效地生成、收集、储存、处理和使用项目的相关信息，合理地进行项目相关利益主体之间的信息沟通而开展的项目专项管理工作。项目沟通管理中既包括对于项目数据、信息收集与处理的管理，也包括对于项目相关利益主体之间的信息、思想沟通与交换的管理。开展项目沟通管理的根本目的包括两个：一是要更好地获得和使用在项目各种决策中人们所需的信息，因为这些信息可以帮助人们做出相对正确的项目决策；二是为了更好地实现项目相关利益者之间关于人们各种要求和期望的沟通以消除人们之间的冲突和误解从而确保项目的成功。这一项目专项管理的主要内容包括：项目信息需求的确定、项目沟通计划的编制、项目信息的加工与处理、项目沟通过程管理、项目信息报告编制和项目文档化管理工作等。

(八)项目风险管理

项目风险管理是在项目全过程中针对项目不确定性以及由此可能造成的项目损失或收益的一种项目专项管理，开展项目风险管理的根本目的是要对项目所面临的各种不确定性和由此引发的项目风险进行识别、控制和管理。所以项目风险管理既包括对由于项目环境与条件的变化所带来的各种不确定性的管理，也包括对由于项目条件和环境的不确定性所带来的项目损失和收益的管理。所以项目风险管理是一种确保项目管理者在项目管理决策中充分考虑项目不确定性所带来的发展变化的管理工作，是一种针对项目的不确定性条件和环境而努力降低项目风险损失、提高项目风险收益而开展的项目专项管理工作。这一项目专项管理的主要内容包括：项目风险管理规划、项目风险识别、项目风险定性分析、项目风险定量分析、项目风险应对计划制订和项目风险的监控与应对等方面。

(九)项目采购管理

项目采购管理又被称为项目资源获得管理（Procurement Management），这是在项目全过程中为确保能够从项目组织外部寻求和获得项目所需各种商品与劳务的项目专项管理工作。开展项目采购管理的根本目的是要对项目所需的物质资源和劳务资源的获得与使用进行有效的管理，从而从资源的供应和使用方面确保整个项目的成功。现代项目采购管理是从项目资源买主的角度出发而开展的项目资源寻求和获得及其使用的全面管理工作，所以这一项目专项管理的主要内容包括：项目采购工作计划的制订、项目所需资源的寻求、项目资源计划的制定、项目供应来源的寻求、项目劳务和物资供应商的确定、项目采购合同的订立、项目采购合同的履行、项目合同终结等方面。

(十)项目组织管理

项目组织管理是在项目全过程中为确保科学、合理和有序地开展项目工作，更好地利用项目人力资源和劳力资源而开展的一种项目专项管理工作,这是为项目决策和实施提供必要组织保障而开展的项目专项管理工作。作者的研究结果表明,项目组织管理涉及四个层面的项目组织集成、保障和管理工作:一是项目全体相关利益主体所构成的项目全团队的组织集成、保障和管理工作,因为这样会使他们为项目成功共同努力;二是项目实施组织的组织集成、保障和管理工作,因为项目实施组织为承担实施的项目团队提供了相应的组织环境;三是项目团队的组织集成、保障和管理工作,因为项目团队的配置、开发和激励是项目成功的关键;四是项目经理的组织集成、保障和管理工作,因为项目经理是项目实施的直接责任者并且是项目组织保障的关键所在。这一项目专项管理的主要内容包括:项目组织规划、项目人员配备、项目团队开发和激励等方面。

(十一)项目决策管理

现代项目管理的成败关键在于项目决策正确与否,所以项目管理中首要的管理任务是项目决策管理,这是对项目全过程中所涉及的各种项目决策的专项管理工作。项目决策管理既包括对项目初始决策的管理,也包括对项目跟踪决策的管理以及项目最终决策的管理。项目初始决策管理是对项目开始实施之前所作决策的管理,项目跟踪决策管理是对项目开始实施之后所作各种变更决策的管理,项目最终决策管理是对于项目终结工作中所作各种决策的管理。另外,项目决策管理既包括对项目决策支持工作的管理,即对项目决策方案准备与分析评估工作的管理,也包括对项目决策制定工作的管理,即对制定项目决策和行使项目决策权力做出项目变更的管理。所以项目决策管理的主要内容包括项目决策支持工作的管理,项目决策工作的管理以及项目决策过程的全面管理等。

需要特别说明的是,上述最后两个项目专项管理在美国项目管理协会的PMBOK 中并未单独列出,但是实际上它们也是现代项目管理所必需的两个专项管理领域。

二、项目管理知识的逻辑关系

现代项目管理知识体系认为上述 11 个项目专项管理的内容共同构成一个整体,根据作者十多年的研究成果可知这些项目管理知识可以进一步被划分成三个部分,这三个部分共同构成了项目管理知识体系的逻辑框架模型,这一逻辑框架的示意图如图 1-4 所示。

由图 1-4 可见,在项目管理知识体系中主要有三大部分,第一部分是关于项目目标或指标的专项管理内容,这包括项目成本管理、项目时间管理和项目质量管理;第二部分是关于项目资源和条件的专项管理,这包括项目组织管理、项目沟通管理、项目采购管理和项目人力资源管理;第三部分是关于项目决策和项目

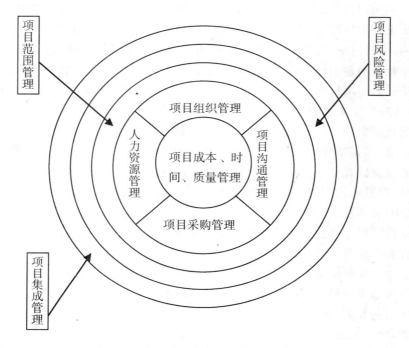

图 1-4　项目管理知识体系逻辑框架模型图

集成等方面的专项管理,这包括项目集成管理、项目范围管理和项目风险管理。这三者构成了一种由项目目标要素的管理、项目所需资源要素的管理和项目综合保障的管理逐层递进的逻辑关系,并且这三部分中各个项目专项管理也存在着相互关联和相互作用,由此构成了项目管理知识体系的整体。

三、项目管理涉及的其他知识

现代项目管理知识体系给出了项目管理中所需的共性知识,这些知识是在每个项目的管理中都需要使用的知识。例如,项目时间管理中的关键路径分析和项目范围管理中的工作结构分解技术均可用于各种现代项目的管理中。同时,现代项目管理也还需要使用许多一般性的管理原理、知识、方法和技术,如项目管理中所使用的各种初始决策和跟踪决策的原理、知识,项目人力资源管理中所使用的激励原理和沟通过程的知识都属于一般性管理的知识。

但是现代项目管理所需知识中还有很多是独特性的,因为每个项目所涉及的专业和情况不同,所以每个项目的管理会有一些具体且独特的知识和方法。其中,最主要的是与项目管理所属专业领域相关的专门技术与管理知识,如建设项目管理中使用与建筑专业有关的专门知识,教育项目管理中使用与教育有关的专门知识等。图 1-5 给出了一个具体项目所需的项目管理知识以及这些知识之间的相互关系。

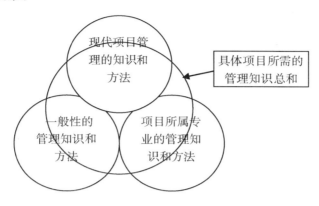

图 1-5　具体项目管理所需的知识和方法

在每个具体项目管理所需的知识和方法中，现代项目管理的知识和方法前面已经作了讨论，它们所需的一般性管理和项目所属专业的管理知识和方法的内容分述如下。

(一)一般性的管理知识和方法

这是指人类社会管理中最基本的原理和方法，主要包括如下几个方面。

1.各种职能管理的知识

这包括：计划、组织、决策、领导和控制等方面的管理原理和方法。

2.各种资源管理方面的知识

这包括：人力、物力、财力和信息资源等方面的管理原理和方法。

3.其他一般性管理的知识

这包括：信息系统、服务质量、物流服务的管理原理和方法等。

(二)项目所属专业的知识和方法

这是指在具体项目所涉及的专业领域中的各种专业知识，主要包括如下几个方面。

1.项目所属专业的技术知识

例如，新药研制项目中的药学技术知识等。

2.项目所涉及具体专业领域的专业管理知识

例如，公共项目涉及的财政拨款等知识。

四、项目管理中涉及的一般管理知识

一般性管理知识是用于人类社会各项活动管理和各方面工作管理的理论与

方法,所以它也可以在项目管理中使用。一般性管理知识中主要包括四大基本管理或管理职能的知识,它们构成了一般性管理知识的主要内容,下面将分别介绍这四大基本管理职能。

(一)计划管理的知识

计划管理是一般管理中的首要职能,人类社会任何一项有关组织的工作都必须从计划和计划管理开始。实际上如果没有计划管理,任何有组织的活动都无法很好地开展,当然就更别说完成计划任务和实现计划目标了,因为如果没有计划管理就根本不会有计划和目标。中国有句古语,"凡事预则立,不预则废"。其中的"预"就是指计划管理,由此可见计划管理的重要性。计划管理是一项非常重要的管理职能,不管在日常运营中还是在项目的管理中,计划管理都是首要的,只是日常运营管理和项目管理中的计划管理工作在原理、方法和指导思想等方面会有所不同而已。另外,实际计划中需要作大量的决策,所以计划管理的知识中也包含有决策管理的知识,而项目管理不但有初始决策而且有跟踪决策,所以项目管理者需要用到决策管理方面的知识。

(二)组织管理的知识

有了计划以后人们就需要通过组织管理去安排各种人力和物力资源,然后开展有组织的活动去实现既定的目标和计划,所以组织管理同样是一项重要的管理职能。组织管理的主要职能管理工作包括:分工和部门化(将计划任务按一定的标志分工后将有共性的工作组合在一起而构成组织部门和整个组织结构),确定和安排组织中的责、权、利关系(使组织中每个部门和岗位都有明确的权力和责任从而形成组织的指挥命令系统和各种关系),建设组织的分工协同体系(将组织集成为有机的整体)和进一步按需要去开发组织的能力。这些一般管理中的组织管理知识也可以在项目管理中使用,但是要注意项目和日常运营在组织管理方面存在的差别,不要在项目组织管理中生搬硬套日常运营组织管理中的原理和方法。

(三)领导方面的知识

在有了计划和组织以后,领导就成了人类社会中各种管理成败的关键,所以"领导"同样是一般性管理知识中的一个重要方面和一项重要的管理职能。一般性管理中的领导职能是一种行为和过程,是一种运用组织赋予的职权和个人自身拥有的权力去影响他人行为而为实现组织目标服务的管理职能。一般性管理的理论认为,影响领导职能效果的关键因素有三个方面:一是领导者本身的能力、经验、背景、知识和价值观念等因素;二是被领导者的能力、经验、背景、专业知识、责任心、成熟程度和价值观念等因素;三是领导的环境影响因素。这些一般性管理中的领导职能知识同样是可以在项目管理中使用的,尤其是大型项目管理中的领导职能是十分重要的。

(四)控制方面的知识

控制与计划、组织、领导等一起构成了一般性管理知识体系中的四大基本职能,"控制"最主要的内容是对照控制标准找出组织工作中的问题和原因,然后采取纠偏措施使组织工作能够按计划进行并最终实现组织目标。这种控制也被称为管理控制。管理控制的主要作用是:限制工作偏差的积累从而避免给组织造成严重的问题和损失;在工作环境和条件发生变化时通过管理控制改进实际工作,调整计划与修订目标去适应环境的变化。管理控制的根本目标是使组织的工作处于受控状态,所以管理控制的主要内容包括:制定管理控制标准,度量实际工作绩效,比较实际绩效和控制标准并找出问题、原因和解决方法,然后采取纠偏措施解决问题和消除偏差,从而使组织工作恢复到正常日常运营和受控状态。所以,项目管理者还必须拥有关于管理控制的原理、方法和技术等方面的知识。

第四节　现代项目管理的发展历程

项目和项目管理的实践从人类开始组成社会并分工合作开展各种社会活动之日起就已经开始了,只是到了近代人们才将项目管理发展成为管理学中一门单独的学问或专业,所以才有了项目管理这一学科。项目管理学科的发展经历了两个主要的阶段,即传统的项目管理阶段和现代项目管理阶段。

一、传统项目管理的发展历程

传统的项目管理阶段又可以进一步分为两个大的阶段:工业革命之前的项目管理阶段属于古典项目管理阶段,在这个阶段人们使用直觉和经验去开展各种项目的管理工作;工业革命之后到新技术革命开展之前(20 世纪 80 年代)的项目管理阶段是传统项目管理阶段,在这一阶段人们使用适合于工业社会的各种传统项目管理的理论和方法。

(一)古典项目管理阶段

中文的"项"字是指人的"颈"部,而中文中的"目"字是指人的"眉目",由于每个人与其他人的主要不同就表现在"颈"上和"眉目"上,所以所谓"项目"就是指人们所开展的具有某种不同性质的人类社会活动,这表明中华民族在古代的时期就已经认识了"项目"和"项目管理"的某些实质和特性。人类社会的古典项目和项目管理不仅可追溯到中国长城和埃及金字塔等世界著名的古代工程项目,而且可以追溯到人类最早的渔猎项目和各种有组织的社会活动。因为所有人们开展的有组织社会活动,最初都是以某种项目的形式出现,而且只有项目形成成果以后人们才能用其开展日常运营。例如,人们先要完成开垦荒地然后才能有春种秋收的日常运营,人们先要修好都江堰工程才能用它浇灌至今。

例如,据我国春秋战国时期的科学技术名著《考工记》记载,早在两千多年前我们的先人就已经规定:"凡修筑沟渠堤防,一定要先以匠人一天修筑的进度为参照,再以一里工程所需的匠人数和天数来预算这个工程的劳力,然后方可调配人力,进行施工。"①这就是人类最早的工程项目成本预算与工程项目施工管理和控制方法的文字记录之一。另据《辑古纂经》一书记载,我国唐代时就已经有了夯筑城台的定额"功"。我国北宋时期李诫(主管建筑的大臣)所著的《营造法式》一书,甚至全面汇集了北宋以前建筑项目成本管理技术的精华。该书中的"料例"和"功限"就是现在的"材料消耗定额"和"劳动消耗定额",这是人类采用定额进行工程项目成本管理最早的方法和记载。

(二)传统项目管理阶段

中国封建时代的项目管理多数涉及建造皇宫的工程项目、水利建设项目以及防卫外敌入侵的防御工程项目等,所以这些项目的经验总结留给了我们许多宝贵的传统项目管理阶段的知识和资料,并形成了中国乃至世界的传统项目管理的思想与方法。我们的祖先通过实践总结出了一系列关于项目工期、成本和质量等方面的思想和方法,所以我们中华民族是人类对项目和项目管理认识最早、认识深度与广度最高的民族之一。

当然,人类社会在传统阶段项目管理阶段也创造了伟大的成就,从而证明人们早就已经开始认识和掌握传统项目和项目管理的规律、理论与方法,这些为人类对现代项目管理的原理和方法的认识奠定了坚实的基础。只是传统项目管理的知识仅仅局限于工程建设领域等一些狭小的应用领域,并且存在着很大的不完善性(包括对于项目范围、成本、质量、时间和集成管理等多个方面),所以人们将这一阶段称为传统的项目管理阶段。

自从 20 世纪 80 年代西方的新技术革命或称知识经济革命(这是国际上对于那次技术革命的叫法)以后,项目管理就进入了现代项目管理的阶段,人们开始提出和使用现代项目管理的理论和方法去管理各种一次性、独特性和创新性的活动或任务(即项目)。传统项目管理阶段与现代项目管理阶段的主要不同有两个方面:一是管理的对象不同,传统项目管理主要是针对工程项目管理,现代项目管理针对的是各种项目的管理;二是管理的内容不同,传统项目管理的内容主要有工程项目的质量、成本和工期三个方面的管理,而现代项目管理的主要内

---

① 闻人军.考工记导读.成都:巴蜀书社,1996.

容包括前面所述的几个方面的项目专项管理。

二、现代项目管理的发展历程

现代项目管理是近几十年发展起来的一个管理学科的崭新领域,现代项目管理所涉及的理论和方法与传统项目管理和日常运营管理的理论与方法都不同。现代项目管理理论和方法是有关现代社会活动中各种项目(即各种一次性、独特性和创新性的活动或任务)的管理原理和方法,因为它是在总结了各种各样现代项目管理的一般规律的基础上建立起来的,并且是具有广泛适用性的一种现代项目管理理论与方法。所以现代项目管理的理论和方法可用于科学研究、科技开发、房地产开发、软件系统集成以及各种各样的服务项目的管理。

也有一种看法认为,现代项目管理理论和方法自工业革命就开始了,由于工业革命时期社会发展有很多项目要建设和开发,所以人们提出并建设了近代的项目管理学科。但是到了 20 世纪 80 年代中期,新技术革命出现,项目管理学科获得了高速的发展并进入了现代项目管理阶段。因此,现代项目管理发展历程的最新说法是:工业革命之后到 20 世纪 80 年代之前属于近代项目管理阶段,20世纪 80 年代之后属于现代项目管理阶段,这两个阶段的发展变化及其主要特征分述如下。

(一)近代项目管理阶段

近代项目管理的理论和方法创建可以追溯到工业革命之初,到了 20 世纪开始快速发展和完善。例如,美国人亨利·甘特发明的"横道图"(即甘特图)就是20 世纪初出现的早期近代项目管理工具。从 20 世纪 40 年代到 60 年代,项目管理的理论、方法和工具均获得了大发展,现在所用多数项目管理方法和技术是那个时期开发的。例如,项目计划评审技术(Project Evaluation and Review Technique,PERT)与关键路径法(Critical Path Management,CPM)等都是那个年代创立的。甚至像项目工作分解结构(Work Breakdown Structure,WBS)技术和项目挣值管理技术(Earned Value Management,EVM)以及项目生命周期管理方法(Project Life Cycle,PLC)等都是在这个时期提出的[①]。随后,这些项目管理的理论、方法和技术在 20 世纪 70 年代进入了不断细化、完善和提高的阶段,同时在这一阶段项目管理的职业化获得了很大的发展。

在最初的近代项目管理阶段,项目管理主要集中于工程建设项目的成本、工期和质量等少数几个专项管理方面,那时的项目管理还借用了某些日常运营管

---

① Burke R. , Project Management:Planning & Control Techniques. 3rd Edition, John Wiley & Sons Ltd, 1999.

理的原理和方法。在 20 世纪 60 年代,各国先后成立了项目管理协会,尤其是两大国际性项目管理协会相继成立。其一是以欧洲国家为主成立的国际项目管理协会(International Project Management Association,IPMA),其二是以美洲国家为主成立的美国项目管理协会(Project Management Institute,PMI)。这些协会为推动项目管理职业化的发展开始研究和提出项目管理者所需的知识体系,这对于现代项目管理知识体系的形成和全面推广做出了卓越的贡献。在这一阶段,发达国家的政府部门在现代项目管理的理论和方法的研究与开发中占据着主导性的地位,他们创造了许多全新的项目管理方法和工具并且一直沿用至今。例如,美国海军最早提出和开发的项目计划评审方法(PERT)、美国国防部提出并推广的项目工期与造价管理规范(Cost/Schedule Control Systems Criteria,C/SCSC,后来发展成为挣值管理方法),都是在这个时期提出、创建并投入使用的。

(二)现代项目管理阶段

进入 20 世纪 80 年代以后,随着全球性的新技术革命与知识经济时代的到来,现代项目管理进入创建全新知识体系和方法的阶段。在这一阶段中有关项目集成管理、项目范围管理、项目风险管理和项目沟通管理等全新的项目专项管理的理论和方法开始出现,并且最终全面整合成了包括九个项目专项管理知识的现代项目管理知识体系,标志着项目管理从近代项目管理阶段进入了现代项目管理的阶段。

现代项目管理的阶段始于 20 世纪 80 年代中期,这是因为此时全世界开始从工业经济和社会进入到知识经济和社会,全球性竞争日益加剧和各种创新成了人们获得竞争优势的主要手段,所以社会中的各种项目数量、规模和复杂程度急剧增加,迫使人们努力去寻找更为科学和有效的项目管理原理和方法。特别是在人类社会在进入知识经济和社会以后,科学技术成了人类社会的第一生产力,各种创新活动成了人们创造财富和福利的主要手段,而每一个创新活动实际上都是一个项目并且都需要科学有效的项目管理方法,这些推动了现代项目管理学科的不断发展和提高。

20 世纪 80 年代的这种经济和社会的转型与变化,不但使得现代项目管理的理论和方法获得了快速发展和长足进步,而且使其被广泛地应用到了人类社会各种活动和各个领域之中,最终使得现代项目管理在人类社会中的作用越来越重要。因为在知识社会中项目和项目管理已经成为全社会创造物质财富和精神财富以及社会福利的主要方式和途径,所以现代项目管理的理论和方法也就成了当今发展最快的管理学科领域之一。在这种知识社会中,人们创造财富的主要途径与方式已经由过去周而复始不断重复进行的生产日常运营活动逐步转向了创新(项目)活动①。从微软公司巨额财富的积累到人们建设创新型国家,这些都说明创新活动已经成了创造社会财富和福利的主导模式。甚至今天的多数加工制造业等传统行业已经由"铁领"(机器人等自动化设备)代替了"蓝领"(传统的技能工人),所以多数人被从重复性的劳动中释放出来去从事各种各样的创新活动(项目)及其管理(项目管理)。

例如,在软件业的生产经营活动中,软件开发活动(项目)是主要的生产方式,而软件的"复制"这种传统意义上的生产日常运营活动只是一种"拷贝"工作。这种复制活动不管从成本、时间还是所付出的努力等方面都只占整个软件生产经营过程的很小部分,而软件开发项目在整个软件生产过程中的成本、时间和努力等方面都占有很大的比重。尤其是在进入 21 世纪以后,创新活动成了社会创造财富和福利的主要手段,随着知识经济和社会的发展人类迈入了一个以项目(创新活动)开发与实施为主的社会。所以现代项目管理也就逐步成为社会中主要的管理领域之一,而学习和掌握现代项目管理的理论、方法和技能也成了人们在以知识经济为主的现代社会中立足和发展的重要途径。

三、我国项目管理的发展历程

我国在现代项目管理方面无论从职业化发展和学术性发展方面,还是从学科发展与管理实践方面都相对比较落后,但是近两年的发展十分迅速并且正在与国际水平看齐。

(一)我国在传统项目管理方面的发展历程

我国在传统的项目管理理论、方法和实践方面不但最早而且最有建树,只是在工业革命之后的发展逐渐缓慢而落后。如前所述,我国早在数千年前就已经开始了项目和项目管理的实践并创造了许多好的项目管理方法和实践。神农氏尝百草实际上就是最早的中药开发项目,大禹治水实际上就是最早的水利工程开发项目。随后的都江堰和长城建设项目不管从工程设计还是项目施工都使用了某些系统管理的思想并建成了举世公认的伟大工程项目,这些都充分体现了我们中华民族的伟大和聪明智慧。

在项目专项管理方面,如前所述,我国很早就有了基于"工料定额"的"项目时间"和"项目成本"等方面的管理方法。其中,我国许多朝代的"工部"都有相应的"定额标准",甚至有自己的"标准图纸和工艺"规定。但自宋朝之后我国在科技和管理方面开始走下坡路,未能跟上世界工业革命带来的科技与管理的变革

---

① 戚安邦等. 面向知识经济与创新型国家的项目导向型组织和社会研究.科学学与科学技术管理,2006(4): 78−83.

与发展,所以在传统的项目管理理论和方法方面逐渐落后于世界发达国家。特别是从清朝到新中国成立前这段时间,我们与世界发达国家在科学技术和现代化管理方面逐步拉开了距离,从而在传统项目管理理论和方法方面我们一直处于落后的地位。

(二)我国现代项目管理在学术方面的发展

在现代项目管理的发展方面我国首先是从前苏联引进了一些项目管理的理论和方法(如工程造价管理的方法),但是多数是为计划经济服务的。随后我国一些高校和研究机构开始引进和介绍世界银行等国际组织的项目管理理论与方法,而现代项目管理理论和学科的发展只是近十年来的事情。1997 年,我国教育部新编学科目录中只有"工程管理"的学科(但是其后面的括号中的引文却写的是 Project Management),直到 2004 年我国才有职业的项目管理工程硕士教育。

我国正式引进欧美的现代项目管理知识体系始于 1999 年,由国家外专局组织会同南开大学等单位共同引进和介绍(美国)美国项目管理协会的现代项目管理知识体系(Project Management Body Of Knowledge,PMBOK)1996 年版,同时引进其项目管理专业人员资格认证(Project Management Professional,PMP)[①]。国家外专局培训司组织于 1999 年夏在南开大学东方艺术系礼堂召开了"中国现代项目管理首次推广发布会",美国项目管理协会认证委员会的官员在会上做了有关 PMBOK 和 PMP 的介绍,本书主编担任了该发布会的翻译和中方发言人。后由国家外专局出资资助,本书主编按照美国项目管理协会的 PMBOK 知识体系在 2000 年编写出版了《现代项目管理》一书,国家外专局指定使用该书作为全国推广 PMBOK 和 PMP 的培训教材并开始了现代项目管理在全国的推广工作。特别是在 2001 年春节前后由国家外专局和中央电视台第一频道合作,向全国播出了《现代项目管理》的讲座。这样在我国全面推广美国项目管理协会现代项目管理知识体系对我国现代项目管理的发展起到了启动和推进的作用。

此后,我国在现代项目管理教育、研究和实践等各个方面都获得了很大的发展。例如,2004 年国务院学位办开始试办项目管理工程硕士教育,短短几年时间全国举办项目管理工程硕士教育的学校和单位已经达到 96 家。同时,我国现代项目管理的研究工作也普遍开展并取得了许多成就,从国家自然科学基金资助的课题到教育部人文社科基金的课题等都给予了较多的资助并取得了很好的

---

① PMI 中国代表处. PMP 资质认证在中国的发展// 中国(双法)项目管理研究会. 中国现代项目管理发展报告. 北京:电子工业出版社,2006:354-358.

成果。现在我们已经与国际同步开展了关于项目导向型社会、项目导向型组织、项目导向型企业、项目管理成熟度模型以及企业级项目管理理论等国际上最新的现代项目管理理论与方法的研究。[①]

但是我们也必须认识到,不管是在学术研究和专业教育方面,还是在职业化发展与管理实践方面,我国的现代项目管理理论和实践水平与国际水平相比还有较大的差距。我们还需要各方面共同努力去做好现代项目管理学科的各种引进、消化、培养人才、开展学术研究等方面的工作,而且更需要进一步研究在中国国情下的现代项目管理特殊问题,逐步形成有中国特色的现代项目管理理论和方法体系,以及相应的职业化和学术发展道路。实际上现在的韩国、日本、俄罗斯等国家都在积极探索、研究和发展自己的现代项目管理模式、理论和方法。例如,日本的现代项目管理的理论和方法研究重点聚焦在对于创新性活动这类特殊项目的管理理论和方法上,对我们有很好的可借鉴性。

第五节　现代项目管理的最新发展

实际上随着人类社会活动的发展与变化,人类社会的经济形态和社会组织形态都会发生相应的变化。人类社会和经济形态不同就会需要不同的管理主导模式(范式)和社会与组织主导模式(范式)。因此,现代项目管理知识的发展和进步都是由社会的发展和变化推动的,整个现代项目管理知识体系的创立和发展都是由近年来的知识积累和社会发展造就的。所以本章的最后一个部分将讨论现代项目管理,以及现代项目管理在理论和方法等方面的最新发展。

一、项目管理发展带来的管理范式转换

随着人类社会向知识经济和社会的转换和发展,人们的创新活动逐渐成了社会创造财富和福利的主导手段。同时,随着人类社会主导活动逐渐从日常运营活动向各种创新活动的转变,使得人类社会、管理和项目管理的主导模式都发生了新的变化。

(一)社会主导模式的变化

在当今不断发展的知识经济和社会中,人类管理的主导模式就逐步转向了以现代项目管理为主的模式,同时人类社会的主导模式也逐渐演变成一种项目导向型的社会,而这种社会中的组织也逐渐演变成一种以项目导向型组织为主

---

① 戚安邦,杨伟等. 项目管理理论研究与学科发展//中国(双法)项目管理研究会. 中国现代项目管理发展报告. 北京:电子工业出版社,2006:189－212.

的模式。这种社会、管理和组织的主导模式转换是不以人们的主观意志为转移的,它受人们为了努力过上更好生活的原动力驱使而自行发展、转变并成熟。有关这种在知识经济中人类的社会主导模式、管理与组织主导模式的变化如图 1-6 所示,由图中可以看出人类社会正在经历从农业社会和经济到工业社会和经济再到知识社会和经济的发展历程。人类在工农业社会和经济中的主导活动是日常运营活动,一个工农业项目建成以后甚至可以日常运营几十年或几百年,所以这种社会中的管理主导模式是以基于职能的日常运营管理为主。但是人类在知识经济和社会中的主导活动是创新活动,由于每个创新活动都属于项目的范畴,所以这种社会的管理主导模式以基于团队的项目管理为主,结果使得整个社会和社会中的各种组织都是以项目导向型社会和项目导向型组织为主。有关项目导向型社会和项目导向型组织的内容将在后面讨论。

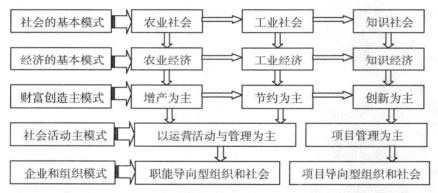

图 1-6　不同社会的管理主导模式与社会和组织主导模式的示意图①

(二)管理范式的转换

因为任何人类的创新活动都具有独特性和一次性等特性,所以它们都属于项目的范畴从而都需要使用现代项目管理。如上所述,由于在知识经济和社会中创新活动是主导活动,所以现代项目管理就会逐渐演变成人类社会的主导管理模式(或叫范式)②。这种人类社会管理主导模式的转换如图 1-7 所示。

由图 1-7 可知,现代项目管理学科的发展实际上是整个社会发展的需要和结果,是整个人类社会管理主导模式转变的需要和结果。这种社会的发展和进步要求人们将社会的主导活动从以日常运营为主转向以创新活动为主,结果使得现代项目管理逐步成为社会的主导管理模式。

---

① 戚安邦等. 面向知识经济和创新型国家的项目导向型组织与社会的研究. 科学学与科学技术管理,2006(4):78—83.

② 戚安邦,孙贤伟. 论建设项目工程造价管理范式科学转换. 南开管理评论,2005(4):45—50.

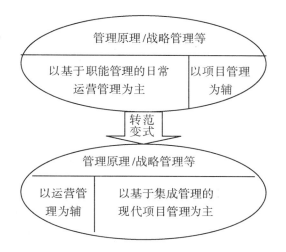

图 1-7　人类社会管理知识主导模式的转换示意图

(三)项目管理范式的转换

实际上项目管理也经历了范式或主导模式的转变,最终才形成了现代项目管理作为主导模式的范式转换。这种项目管理主导模式转变的最大变化表现在两个方面。首先是二者的项目管理知识体系内容发生了很大的变化,二者的差别如图 1-8 所示。

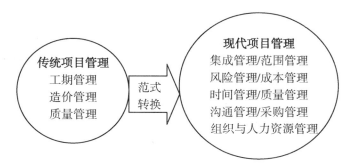

图 1-8　传统项目管理和现代项目管理知识体系内容的对比

由图 1-8 可以看出,现代项目管理知识的内容比传统项目管理知识体系的内容要多很多,它不但突破了原来仅有项目工期、造价和质量管理的局限性,而且在全面改进项目工期、造价和质量管理并将其发展成项目时间、项目成本(价值)和项目质量管理的同时,建立了像项目集成管理、范围管理、沟通管理等全新的项目专项管理知识。这些使得现代项目管理的理论和方法形成了一个完整的知识体系,从而使现代项目管理逐渐发展成整个管理学科中占主导地位的管理模式和方法。

另外,现代项目管理范式转换的另一个主要方面体现在项目管理知识的应用范围获得了很大的拓展。在原有的传统项目管理阶段,项目管理理论和方法的应用范围主要局限在工程项目管理领域。在当今现代项目管理阶段,现代项目管理的理论和方法已经广泛地应用到了社会生产生活中的各个领域,具体可见图 1-9 中给出的示意。

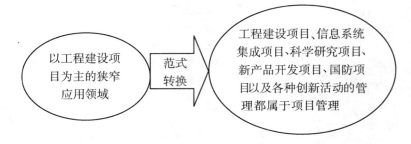

图 1-9   传统项目管理和现代项目管理应用范围的对比

从图 1-9 中可以看出,现代项目管理可以用于管理从工程建设项目到科技开发项目,从组织变革项目到社会服务项目,从个人婚礼项目到奥运会项目等各种各样的项目,他们都可以使用现代项目管理的原理和方法进行项目的管理。

二、基于项目的管理和企业级项目管理

不管是知识经济与社会中的项目导向型社会还是项目导向型组织,它们都是以"基于项目的管理"(Management by Projects,MBP)作为自己的主导管理模式。可以说现代项目管理的发展中出现的"基于项目的管理"方式和"企业级项目管理"(Enterprise Project Management,EPM)①二者有很强的关联,现将二者的具体内涵和作用分述如下。

(一)基于项目的管理

"基于项目的管理"是一种现代项目管理的指导思想与方法,它要求人们在一个组织中使用"基于项目管理"的主导管理模式去管理组织的各项"例外"事务。自从 20 世纪 80 年代以后,越来越多的人愿意接受"基于项目的管理"这种全新的管理模式。使用这种管理模式,人们首先根据组织的使命去分解得到组织的战略目标,然后根据战略目标拟定实现这些战略目标的项目、项目群和项目组合,然后通过使用项目管理的方法使这些项目都能获得成功。同时,如果人们

---

①   Pells D L. Trends in Project Management:Management by Project. PMI,2002.

使用"基于项目的管理"，则这些项目的日常运营也可以进一步分解成一系列相对"封闭性"的项目，并且按照项目管理的方法去管理这些组织的活动。总之，"基于项目的管理"就是使用现代项目管理的理论和方法去管理组织的各项事务，最终起到鼓励人们创新和实现组织永续的目标。

(二)企业级项目管理

"企业级项目管理"也是现代项目管理的一个重要发展，它要求人们从企业的高度去看待和实行现代项目管理的理论和方法。按照"企业级项目管理"的要求，实施这套方法的企业要积极做好项目管理职业化，要有自己的项目管理程序、标准和体系，要建立自己的项目管理办公室(Project Management Office，PMO)或战略项目管理办公室(Strategic Project Management Office，SPMO)，要使企业或组织的高层更加了解项目、更能参与和影响项目的管理，要建立和使用自己组织的项目管理信息系统，要有基于网络的组织内部项目团队和虚拟项目团队的项目报告系统，甚至要建立"企业级项目管理办公室"以汇集企业的项目管理理论专家、培训企业的项目管理人员、做好企业级项目管理的服务，等等。现在已经有很多美国的公司在按照"企业级项目管理"管理自己的企业，如美国的惠普公司、通用电气公司、IBM 公司等都很好地开展了"企业级项目管理"[①]。这些企业的管理实践已经表明，"企业级项目管理"是一种非常有效的现代项目管理思想和方法。

实际上，"企业级项目管理"和"基于项目的管理"二者是相通的，因为企业实行"基于项目的管理"的实质就是开展"企业级的项目管理"。

三、项目群管理和项目组合管理

根据美国项目管理协会研究部主任皮尔斯先生的说法，现代项目管理的另一个最新发展是关于项目群和项目组合的管理理论与方法的发展。[②]

(一)项目群管理

所谓"项目群管理"(Program Management)有时也翻译成"大项目管理"，还有人翻译成"工程管理"或"计划管理"。例如，我国的"三峡工程"就被翻译成"Three Gorges Program"，而美国的"Apollo Program"则被翻译成"阿波罗计划"。实际上项目群就是一种多项目的集合，只是项目群中的多个项目之间有两

---

① Gaddie S，Charter M. Enterprise Project Management: A Seven-step Process for Connecting Business Planning to Project Delivery, Proceedings of PMI's Annual Seminar and Symposium Oct. 2002, Texas USA.

② Pells D L. The Development Trend of Project Management. PMI，2003.

大基本特性。一是项目群中每个项目间存在着紧密的相互关联,每个单独项目都不能离开项目群而独立存在。二是项目群中每个项目相互之间有一定的相似性,所以后续项目可以根据前面项目的经验进行改进和提高。这两大特性使得这种项目群管理从原理和方法上有很多地方不同于一般性的项目管理,所以才有了单独的项目群管理的原理和方法。例如,"阿波罗计划"实际上是由上万的小项目构成的一个项目群,这些小的项目谁也离不开谁,而且科学汇集成整体才构成了"阿波罗计划"这一项目群,实际上正是"阿波罗计划"的管理经验奠定了项目群管理的基础。

(二)项目组合管理

所谓"项目组合管理"是指对于由项目和项目群有机组合的整体开展管理,这种管理既不同于一般的项目管理,也不同于项目群管理。项目组合实际上又可以分成组织内部的项目组合和虚拟组织的项目组合,前者是一个组织自己在一定时期内各种项目和项目群的组合,后者是多个组织在一定时期内的各种项目和项目群的组合。但是这些项目组合都是为实现一个组织的战略和组织愿景服务的,所以它们有时也被称为战略项目组合。项目组合管理虽然出现的时间不长,但是其价值和重要性已经获得了很多大型企业和知名组织重视。根据项目组合管理的理论,任何一个组织的战略方案实际上就是一种"项目组合",因为任何组织的战略目标的实现都是通过一个一个项目,包括日常运营项目(Operational Project)而实现的。所以项目组合管理要求企业或组织成立专门的战略项目管理办公室,并且将项目、项目群和项目组合管理作为组织实现自己目标的战略措施和方法。这种理论甚至认为,实际上项目管理有三个组成部分,其一是独立项目(Stand-along Project)的管理,其二是相似项目组合(Portfolios of Like Project)的管理,其三是战略项目和项目群(Strategy Projects and Program)的组合管理。项目组合管理要求企业管理的起点始于使命、愿景和战略计划,然后分解得到战略目标和项目组合,接着安排好项目组合中项目和项目群的优先序列,最终在项目实施中做好项目组合实施绩效评估和项目组合关系管理以及组织的战略管理。

四、项目导向型组织与项目导向型社会

项目导向型组织(Project Oriented Organization,POO)和项目导向型社会(Project Oriented Society,POS)最早是由国际项目管理协会(IPMA)组织人员进行研究

以后提出的。有关这方面的研究最早始于 20 世纪 90 年代末,最初是 Gareis[①] 和 Turner[②] 等人提出了相关的设想和模型。随后这些研究引起了 IPMA 的关注并委托维也纳经济管理大学开始对项目导向型社会、组织和企业进行全面的研究,然后在此基础上完成了相应的实证研究和评价。值得一提的是,美国项目管理协会(PMI)也在 2007 年委托 Turner 开展了项目导向型社会和组织的研究工作,这是一种基金资助式的委托研究,因为 Turner 在当年担任国际项目管理协会主席的时候就倡导和开展了这方面的研究。

由于全球自 20 世纪 80 年代开始从工业社会和经济向知识社会和经济转换,为此人们开始了这方面的研究。有关人类社会的这种转换,图 1-10 给出了这种社会和经济主导模式转化的示意。

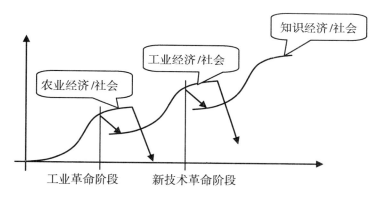

图 1-10　全球社会和经济方式的转化示意图[③]

由于在知识经济和社会中各种创新活动成了创造社会财富的主导模式和手段,所以人们就需要建设创新型国家和创新型企业以便去创造更多的财富,而这需要通过建设项目导向型社会和组织去提供组织方面的保障。全球各国发展经验表明,任何一个大国应该在一种主导经济与社会模式出现之后,积极开展国家经济与社会主导模式的转换工作,从而实现图 1-10 中所示的经济和社会发展的跨越。

(一)项目导向型组织

项目导向型组织作为项目管理学中的最新发展,首先是为了更好地开展组

---

① Gareis R. Knowledge Elements for Project Management and Managing Project Oriented Organizations. Version 1. 1. Vienna University of E & B, 1999.

② Turner J R. Handbook of Project-Based Management:Improving the Processes for Achieving Strategic Objectives. 2nd Ed. London :McGraw-Hill, 1999.

③ 戚安邦,孙贤伟. 论建设项目工程造价管理方式的科学转换. 南开管理评论,2005(4):45-50.

织和社会的各种项目管理服务的,但是从根本上说,它是为整个人类社会和经济从工业社会和经济向知识社会和经济转化服务的。项目导向型组织是一种既不同于专门从事项目工作的项目型组织,也不同于专门从事日常运营的直线职能型组织,甚至也不同于兼顾项目和日常运营的矩阵型组织,这是一种在知识经济和社会中面向创新活动的新型组织。这些方面的研究结果给出了一整套面向知识经济与社会的项目导向型组织的基本模型和管理机制,有关项目导向型组织的基本模型如图 1-11 所示。虽然该模型还有很多不足之处,但是已经给出了项目导向型组织的基本模式和主要内涵。

图 1-11   现有项目导向型组织的基本构成要素模型示意图①

由图中可以看出这种组织的要素②有:

1. 具有很强的项目管理能力

即这种项目导向型组织具有很强的各种创新活动项目的管理能力。

2. 使用基于项目的全新管理模式

即这种项目导向型组织的各项管理都按照项目管理模式进行。

3. 具有项目导向型的组织结构

即这种项目导向型组织既有临时性的项目团队,也有永久性的组织部门。

4. 具有项目导向型的组织文化

即这种项目导向型组织具有一种面向学习、合作和创新的企业文化。

5. 组织的团队和个人项目管理能力

即这种项目导向型组织中的项目团队和个人都具有很高的项目管理成熟度。

(二)项目导向型社会

如前所述,随着人类社会逐步向创新型社会和知识经济转变,整个社会正在

---

① 戚安邦. 管理学(第一版). 北京:电子工业出版社,2006.

② Gareis R. Management of the Project-Oriented Company. // Pinto J, Morris P WG.. The Handbook of Managing Projects. New York:Wiley,2004.

变得越来越项目导向化,因此就出现了有关项目导向型社会的知识和实践。项目导向型社会可以被理解为一个社会化的系统和社会。项目导向型社会以项目导向型组织作为其主要社会单元,以项目导向型的创新活动和项目管理作为社会的核心任务,以现代项目管理及其相关服务为社会实践的主要特征。项目导向型社会的程度不同会带来不同的全社会项目管理的成熟度和项目管理社会化服务的成熟度。欧洲的研究和实践表明,一个项目导向型社会拥有的项目管理成熟程度或能力越高,它的知识经济和社会创新发展得就越好,从而它在知识经济中的国际竞争力就越高。因此项目导向型社会的建设不但可以更好地提高全社会的项目管理能力,从而全面提升全社会的创新能力,而且项目导向型社会可以使全社会的项目和项目管理工作做得更好和更有成效。

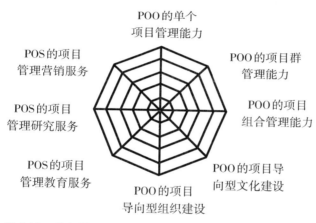

图 1-12 现有项目导向型组织的基本构成要素模型示意图①

由图 1-12 可见,项目导向型社会主要有两个主要的特征,一是项目导向型组织及其管理能力是这种社会的基础,二是全社会项目管理方面的服务是这种社会的关键。有关项目的信息社会中的项目管理社会化服务的主要内容是:

1.项目管理研究服务

包括项目管理科学的研究项目、出版物和研究活动等,这些主要由社会化的研究机构来提供和实施,国家要有专门的基金用于资助项目管理方面的研究。

2.项目管理营销服务

包括由社会化的项目管理营销服务机构为社会提供的项目经理认证、项目管理销售、项目管理标准制定等服务。

---

① 戚安邦等. 面向知识经济和创新型国家的项目导向型组织与社会的研究. 科学学与科学技术管理,2006(4):78-83.

3. 项目管理教育服务

包括各种社会化的项目管理学位和学历教育以及各种项目管理的培训和实习等。

从 2004 年开始,国际项目管理协会(IPMA)又进一步委托项目导向型社会研究课题的课题组开展了有关项目导向型国际社会(POI)的研究课题[①],这也将成为未来现代项目管理的一个重要新领域。

五、组织项目管理成熟度模型及其他发展

在现代项目管理知识体系的发展过程中,以美国为主的项目管理协会(美国项目管理协会)做出了最多的贡献。例如,他们主导的项目挣值管理(Earned Value Management,EVM)理论和方法、组织项目管理成熟度(Organizational Project Management Maturity Model,OPM3)理论和方法都是现代项目管理理论与方法的最新发展。现将美国项目管理协会的 OPM3 和其他一些项目管理知识体系的发展分述如下。

(一)组织项目管理成熟度模型(OPM3)

所谓组织项目管理成熟度模型是由美国项目管理协会研究、开发和推出的一个有关组织项目管理能力(或叫成熟度)的评估和提升的知识和方法。它包括三个方面的主要内容或要素:一是有关一个组织项目管理成熟度方面的知识,二是有关一个项目的管理成熟度评估知识和方法,三是有关如何改进和提升一个组织的项目管理成熟度的知识和方法。这三个方面的内容或知识要素综合给出了对于一个组织在项目管理能力,或叫一个组织的项目管理成熟度方面的识别、度量、分析、改进和提升的原理、方法和程序。美国项目管理协会的 OPM3 现在不但有了专门的规范,而且有了专门的单用户版和多用户版的专用软件,人们通过使用 OPM3 的方法和软件就能够提升组织项目管理成熟度(能力)。

OPM3 提供了一种方法,使用它可以更好地应用项目管理的原理和方法去提升一个组织的战略发展和战略目标的实现。因为在 OPM3 中提供的知识和方法可以使一个组织准确地认识自己已达到和尚未达到的项目管理能力,而根据项目导向型组织的原理,一个组织的项目管理成熟度(或能力大小)实际上就是一个组织本身的成熟程度和能力。所以 OPM3 能够帮助组织全面提升自己的项目管理成熟度也等同于全面提升了一个组织的战略发展和成功的能力。OPM3 的原理和方法主要是通过开发和提升一个组织的项目管理、项目群管

---

① Huemann M, etc. Proposal of Project Orientation International. IPMA and Project Management Group,2005.

理、项目组合管理能力去帮助该组织提升自己的战略发展能力。OPM3 将一个组织的项目管理成熟程度的过程和提升分成了五个层次,具体可见图 1-13。

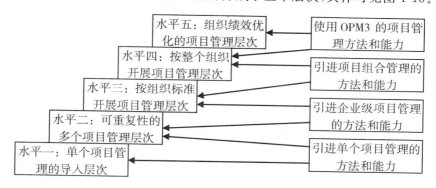

图 1-13　现有项目导向型组织的基本构成要素模型示意图

由图 1-13 可以看出,实际上 OPM3 所提供的原理和方法就是一种项目导向型组织的建设方法,这种方法帮助组织评估目前的项目管理成熟度(即项目导向型组织的项目导向型程度和能力),然后根据组织在项目管理成熟度方面存在的具体问题提出改进和提升的办法和途径以及这些措施的优先序列和计划编制指南,最终通过实施这些改进计划全面提升组织的项目管理成熟度,从而建成真正的项目导向型组织。另外,OPM3 还会使一个组织全面识别出其组织能力的缺陷,然后针对这些缺陷帮助组织选择改进和增加项目管理成熟度的方法路径,最终使组织不但能够实现项目和项目管理的成功,而且能够实现组织发展和战略成长等方面的成功。实际上项目和项目管理是在变化的世界中有效处理各种挑战的方法与途径,每一个组织都应该是项目导向型的组织,每一个组织都应该有高度的项目管理成熟程度,都应该最终建设成为一种项目导向型的组织。

(二)其他项目管理的最新发展

除了上述诸多新的发展之外,现代项目管理知识体系的发展还有很多其他方面的成果。在项目管理职业资格认证体系方面的迅猛发展,不管是美国项目管理协会的职业管理专业人员资格认证还是国际项目管理协会的国际项目管理专业资质认证都在全球获得了很大的发展,例如美国项目管理协会的项目管理知识体系指南(PMBOK Guide)原本就是为了开展 PMP 认证研究推出的。这对于推广现代项目的知识和知识体系起到了很大的作用。另外,包括美国造价工程师协会(American Association of Cost Engineering, AACE)、英国皇家特许测量师协会(Royal Institute of Chartered Surveyor, RICS)也都有自己的项目管理方面的职业资质认证体系,这些都在很大程度上推动了现代项目管理知识体系大发展。

现代项目管理的学术和知识发展还体现在项目管理专业教育体系的建立和项目管理理论与方法的研究方面。现在国际上有许多大学相继建立和完善了项目管理专业的本科生和研究生教育体系,美国和欧洲许多大学都设立有项目管理的硕士学位教育。同时,项目管理的研究机构大量建立,这些研究机构、大学、国际和各国的项目管理专业协会以及一些大型企业共同开展了大量项目管理理论与方法的研究,取得了丰硕的成果。例如,项目管理知识体系、项目全面成本管理(Total Cost Management,TCM)和项目风险管理的理论与方法、项目挣值管理以及项目合作伙伴式管理(Partnering Management,PM)的理论与方法等都是近年来创立和发展起来的现代项目管理知识和理论。

实际上当今的现代项目管理知识体系在项目评估和项目专项管理的各个方面都在不断地发展,而且像国际标准化组织(ISO)这样的国际机构也在推进这方面的发展(如 ISO 组织以美国项目管理协会的 PMBOK1996 年版文件为依据,制定了关于现代项目管理的标准 ISO10006)。以上的共同努力所创造出的这些现代项目管理知识和理论方面的发展,推动着现代项目管理的知识体系和理论方法不断取得进步。

本章思考题

1. 你认为什么是项目?

2. 你认为什么是项目管理?

3. 项目管理与一般日常运营管理相比有哪些不同,为什么会有这些不同?

4. 现代项目管理与传统项目管理有什么不同,为什么会有这些不同?

5. 现代项目管理与企业日常运营中的"例外管理"有什么联系和共性?

6. 在项目管理中,你认为一般管理的哪种职能是最重要的?

7. 随着知识经济和网络化社会的发展,你认为项目管理会有哪些大的变化?

8. 你认为 21 世纪的管理学会出现项目管理和日常运营管理并重的局面吗?

第二章　项目过程与项目管理过程

【本章导读】

　　项目的根本属性之一是它的过程性，因为项目就是由一系列项目活动所构成的一个完整过程，所以项目管理的根本方法是基于过程和活动的管理方法。本章着重讨论项目过程、项目生命周期、项目管理过程和项目决策的管理等内容。在项目生命周期的讨论中本章将全面讲述项目阶段的划分和各阶段的工作特性，在项目管理过程中本章将详细讨论项目管理过程及其工作的内容。本章的重点是项目决策的管理和项目生命周期方法，主要讨论了项目初始决策、跟踪决策以及项目生命周期方法的内容与工具。

第一节　项目过程和项目生命周期

　　现代项目管理理论认为任何项目都自己的生命周期（Project Life Cycle），因为任何项目都可以划分成一系列的项目阶段，这些项目阶段可以进一步划分成一系列项目活动，这些项目阶段与活动就构成了项目的全过程，这种项目的全过程即为项目的生命周期。人们必须根据项目生命周期，通过项目阶段、阶段目标、任务和里程碑去做好项目的管理，而本书界定的项目生命周期法，是最基本和最主要的项目管理方法之一。

一、项目过程与生命周期概念

　　对于项目生命周期的定义和界定有许多种，但是基本上大同小异。因为项目生命周期的内涵是既定的，所以这些不同的定义只是从不同的角度对项目生命周期所做的解释而已。

(一)项目过程与生命周期的定义

项目从始到终的过程可以划分成一系列阶段,由这些项目阶段所构成的项目全过程被称为项目生命周期,而项目生命周期中各个项目阶段的时限、目标、任务和里程碑等内容及其应用构成了项目的生命周期的管理方法。项目生命周期法既是一种对项目的描述方法,也是一种对于项目进行全过程管理的方法。实际上人们为开展项目管理才会将项目划分成一系列的项目阶段,从而产生了分阶段的全过程项目管理方法,即项目生命周期管理法。

在对项目生命周期的定义中,美国项目管理协会的定义最具代表性。他们认为:"项目生命周期就是由项目各个阶段按照一定顺序所构成的整体,项目生命周期有多少个阶段和各阶段的名称取决于组织开展项目管理的需要。"[①]因此,美国项目管理协会的项目生命周期定义也是从项目管理和控制的角度出发的,它同样也强调项目过程的阶段性和项目生命周期的管理作用,实际上项目生命周期就是项目生命周期管理方法的一种简称。

但是,在对项目生命周期的定义和理解中必须严格区分两个完全不同的概念,即项目生命周期和项目全生命周期。项目全生命周期的概念最早是由英国皇家特许测量师协会[②]给出的。其定义是:"项目全生命周期是包括整个项目的建造、使用和最终清理的全过程。项目全生命周期一般可划分成项目建造阶段、运营阶段和清理阶段。项目建造、运营和清理阶段还可以进一步划分为更详细的阶段,这些阶段构成了一个项目的全生命周期。"由这个定义可以看出,项目全生命周期包括一般意义上的项目生命周期(即项目的建造周期)和项目产出物的生命周期(即项目产出物从投入运营到最终清除的生命周期)两部分,所以项目生命周期只是项目全生命周期中的项目建造或开发阶段。弄清楚这两个定义和概念的不同之处,对于学习本书后续内容非常有意义。这具体可使用图 2-1 给出示意。[③]

(二)项目生命周期法

项目生命周期法是现代项目管理的方法之一,按照项目生命周期方法,人们根据具体项目所属专业领域的独特性和项目过程中的具体情况和限制条件以及具体项目的情况做好项目阶段的划分,然后分阶段管理好项目的成果和目标。实际上现代项目管理的目标首先是要实现生成项目的产出物(即项目成果)并由

---

①　PMI Standard Committee. A Guide to the Project Management Body of Knowledge,USA. PMI,2008:23.

②　RICS. Life Cycle Costing:A Work Example. London:Surveyors Publication,1987.

③　戚安邦. 建设项目全过程造价管理理论与方法. 天津:天津人民出版社,2004:12.

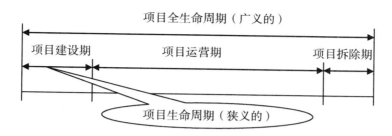

图 2-1　广义和狭义的项目生命周期示意图

此去实现项目的既定目标,按照项目生命周期方法开展项目管理的目的就是要保障项目目标的实现和项目产出物的生成。

　　另外,我们还需要区分项目生命周期与项目所生产产品生命周期的概念。例如,研究开发一种新式计算机的工作是一个项目,这一项目有自己的生命周期,但是这种新式计算机有它自己的产品生命周期,即由这种计算机在市场上的投入期、成长期、成熟期和衰退期所构成的产品生命周期。实际上多数狭义的项目生命周期加上项目所生产产品的生命周期,一般就等于广义的项目生命周期,除非项目所生产产品升级换代后仍能使用上一代的硬件和软件。

（三）项目生命周期的内涵

　　一个项目生命周期的内涵包括很多,这些内涵都具有项目管理的特定作用,图 2-2 给出了一个四阶段式的项目生命周期的模型及其内涵。

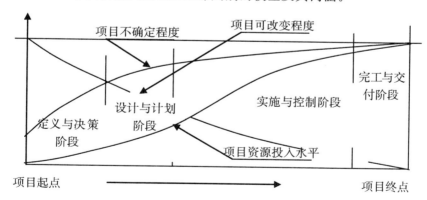

图 2-2　典型的项目生命周期模型与内涵示意图

由图 2-2 可知,典型的项目生命周期及其内涵包括如下特性和内容。

1.项目资源需求的变化

在项目初期阶段资源的投入水平很低,而在项目的实施与控制阶段对资源的需求水平很高,到项目完工与交付阶段资源的需求水平又会急剧下降。

2.项目不确定性的变化

项目初期阶段的不确定性和风险性都很高,随着项目实施的进展这种项目的不确定性和风险性会不断降低,一直到最后项目才能变成完全确定性的。

3.项目可改变性的变化

在项目初始阶段,项目相关利益主体有能力去改变项目产出物和项目工作,但项目实施后其可变性不断降低,到最后项目就会变得无法变更了。

二、项目生命周期方法与描述

在项目生命周期的方法中包括下述几个方面的主要内容,或者说项目生命周期的方法需要从如下几个方面给出对于项目生命周期的描述。

(一)项目的主要阶段

项目生命周期法中最主要内容是给出项目各阶段的划分,这包括对于项目主要阶段以及项目各主要阶段中包含的具体阶段的全面划分。人们借此可以将一个项目分成一系列前后接续且便于管理的项目阶段,并给出这些项目阶段可交付成果的规定,从而使人们可以依据项目阶段及其成果去开展项目的管理。

其中,所谓项目阶段的可交付成果就是一种可验证的项目工作结果,也称项目产出物。例如,一般项目通常可以划分成项目定义与决策阶段、设计与计划阶段、实施与控制阶段、完工与交付阶段。具体地说,项目定义与决策阶段的可交付成果就是项目可行性研究报告和项目决策的最终结果,项目设计与计划阶段的可交付成果是项目的设计和计划方案,项目实施与控制阶段的可交付成果是最终建成的项目工程实体和结果,完工与交付阶段的可交付成果是项目完工验收报告及交付与合同终结文件等。

对于项目全生命周期而言,它同样可以分成若干个项目阶段,并且每个项目阶段需要进一步分解成一系列的具体项目阶段。例如,对一般项目的全生命周期而言,它可以分成项目建设阶段、项目运营阶段和项目清除阶段。其中,项目建设阶段可交付成果是项目所生成的实物和福利等,这一阶段实际上就是项目狭义的生命周期,所以它还可以进一步分成四个具体的项目阶段,这可以由图 2-3给出示意。

(二)项目及其阶段的时限

项目生命周期或项目全生命周期的阶段划分好了以后,人们还必须给出项目及其各个阶段的时间限制。这种项目及其阶段的时限既包括项目的起点和终点,也包括项目各个阶段的起点和终点。这些项目或项目阶段的起点和终点,既包括对于项目时点性的规定和要求(即项目和项目阶段开始和结束时点的规定

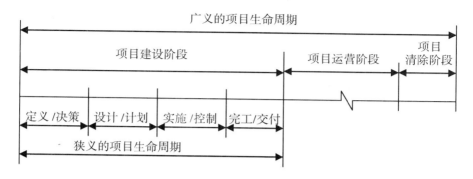

图 2-3　一般项目的广义和狭义生命周期分阶段示意图

和要求),也包括对项目时期性的规定和要求(即项目和项目阶段持续时间长度的规定和要求)。例如,任何软件开发项目和工程建设项目的生命周期都需要给出整个项目和项目阶段的起点与终点以及项目和项目阶段的项目周期。

同样,对于项目全生命周期而言也需要给出项目和项目阶段的时限,这种项目全生命周期的时限同狭义的项目生命周期时限是一种镶嵌的关系。例如,一般项目的狭义项目生命周期时限通常就是项目广义生命周期中项目建设阶段的时限,而这种项目狭义项目生命周期时限中还包括有项目各具体阶段的时限。需要特别注意的是,通常狭义的项目生命周期时限相对较短而且比较确切和具体,但广义项目生命周期的时限相对较长且较不确切和不具体。这些方面的内涵可以用图 2-4 给出示意。

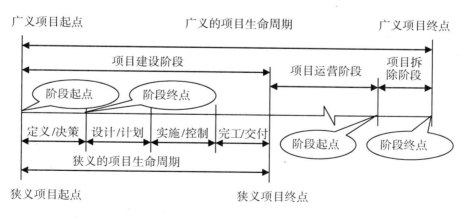

图 2-4　一般项目的广义和狭义生命周期项目时限示意图

(三)项目生命周期各阶段的任务

项目生命周期方法还需要明确给出项目及其各阶段的任务或工作,这包括项目各阶段的主要任务和项目各阶段主要任务中的具体活动。例如,对一般项目生命周期就需要给出项目定义与决策阶段、设计与计划阶段、实施与控制阶段、完工与交付阶段的主要任务和活动。通常,在项目定义与决策阶段中的主要任务应该包括:项目建议书(或项目提案)的编制、项目的立项审批、项目可行性研究、项目初步设计和项目可行性报告评审与批准等主要任务和活动。因此,项目的生命周期方法通过定义出项目和项目阶段的任务和活动,从而使得项目工作范围有了相对严格的界定。

　　由于狭义项目生命周期只是广义项目全生命周期中的项目建设阶段,所以狭义项目生命周期中各阶段的任务和活动需要相对比较详细地给出,而广义项目生命周期的任务和活动可以相对比较粗略,具体见图 2-5。

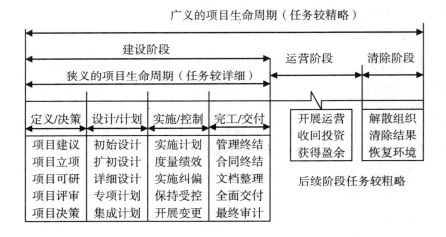

图 2-5　项目的广义和狭义生命周期项目任务示意图

(四)项目或项目阶段的可交付成果

　　项目生命周期方法中还必须明确给定项目各阶段的可交付成果,即项目各阶段的里程碑。例如,上述一般性项目狭义生命周期的定义与决策阶段可交付成果就是做出项目的决策,而该项目的广义生命周期中项目建设阶段的成果是建成项目。这些就是项目生命周期中必须给出的项目或项目阶段的可交付成果。

　　通常,项目生命周期中的阶段性可交付成果应该在下一项目阶段开始之前交付,但是也有些项目的后续阶段是在前续阶段的可交付成果尚未交付之前就开始的。这种项目阶段的搭接作业方法通常被称为快速平行作业法。这种做法在多数情况下可能会隐藏着项目阶段性成果最终无法通过验收的风险,特别容易出现项目前续阶段错误未能被及时发现而在项目后续阶段造成这种错误和损失不断扩大的情况。所以项目生命周期管理方法要求项目尽可能不要采取快速平行作业法,如我国的建设项目就坚决反对"三边工程"(边决策、边设计、边施工)。有关项目生命周期中项目各阶段成果的示意图见图 2-6。

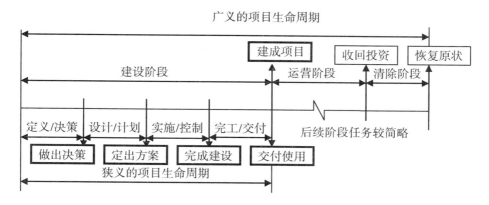

图 2-6 广义和狭义生命周期项目成果示意图

三、项目生命周期方法的应用

任何项目都有自己独特的项目生命周期,所以每个项目都应该有自己的项目生命周期描述。对于项目生命周期的描述既可以使用一般性的文字描述,也可以使用上述图示的方法进行描述,甚至可以综合使用文字和图表以及核检清单(Check List)等方法进行描述。这些不同的项目生命周期描述方法,通常都属于项目生命周期管理方法的范畴。下面给出几种用图表和文字描述的不同种类和详细程度的项目生命周期的实例。

(一)工程建设项目的生命周期描述

一般工程建设项目的生命周期可以划分为四个阶段,图 2-7 给出了一般工程建设项目四阶段生命周期的图示描述。

由图 2-7 可见,一般工程建设项目包括四个主要阶段,每个阶段都有自己独特的任务和可交付成果。其中,项目定义与决策阶段的可交付成果是做出项目决策,项目设计与计划阶段的可交付成果是给出的项目各项计划书与设计图纸,项目实施与控制阶段的最终可交付成果是项目实施所生成的工程主体,项目完工与交付阶段的最终成果是项目合同的全面终结。

这是一个典型的工程建设项目生命周期的描述和项目生命周期方法的应用,它不但给出了项目阶段的划分和时限,而且给出了项目阶段的任务和可交付成果。当然,工程建设项目的生命周期也可以根据不同项目而划分为更多的项

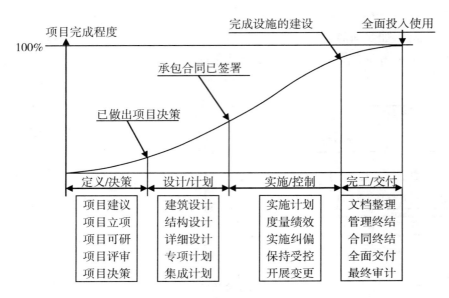

图 2-7   一般工程建设项目生命周期示意图

目阶段,甚至不同专业应用领域的建设项目的生命周期阶段也会有很大的不同。例如,软件开发项目的生命周期及其项目阶段的划分就与上述建筑工程项目的生命周期及其阶段划分有很大不同。

(二)武器研发项目的生命周期描述

美国国防部在其 1993 年修订的武器研发项目管理规程中给出了图 2-8 所示的这种项目的生命周期模型,这种项目的阶段划分和阶段里程碑的说明与描述是一种典型的先进武器研究与开发项目的生命周期模型。实际上这种项目生命周期模型也可以用于指导企业新产品的研究与开发项目,所以这一项目生命周期的应用具有很好的借鉴性。

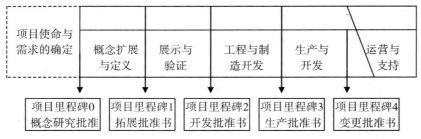

图 2-8   美国国防部武器研发项目生命周期示意图①

①   PMI,A Guide to The Project Management Body of Knowledge,USA. PMI,1996:24.

由图 2-8 可见这种项目生命周期的描述也给出了项目的阶段、时限、任务和里程碑(项目可交付成果),但由于这种项目的复杂性和不确定性比一般工程建设项目要高很多,所以这种项目的阶段划分和管理要求更加严格。因此这种项目生命周期方法要求每个项目阶段只有获得批准书以后才能够开展,而且任何项目阶段结果出现问题都可能使整个项目中止。所以只有在项目阶段完成以后并获得了项目下个阶段的批准书后才能开始实施项目后续阶段。

(三)新药物开发项目的生命周期描述

在各种新产品的研究与开发项目中,美国食品和药品管理局(Food and Drug Administration,FDA)有关化学药物研究与开发项目的生命周期最具代表性。图 2-9 给出了这种项目生命周期的描述,它不但包括了研究、开发和审批三大主要阶段,而且还进一步分成了若干个小的项目阶段。

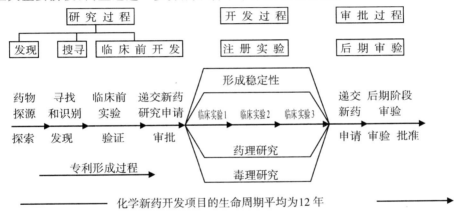

图 2-9　美国 FDA 化学药物开发项目生命周期示意图

由图 2-9 可见,这种项目生命周期的阶段和内容很多,从而使得这种项目的管理和控制更加严格和有效。这种项目生命周期中各个阶段的主要内容包括:药物发现和搜寻阶段(这是一种基础性和应用基础性的研究阶段)、临床实验前的开发阶段(这是实验室实验和动物实验的研究阶段)、注册实验的阶段(这是通过一期、二期和三期临床实验发现和验证药物效果的开发阶段)和后期审验阶段(这是由美国食品和药品管理局对新药申请的审查、整改和最后批注研发的药品上市的阶段)。

(四)信息系统开发项目的生命周期描述

信息开发项目是一种典型的开发项目,这类项目的生命周期描述也很具有代表性,图 2-10 给出了这种项目的生命周期的图示描述。

由图 2-10 可知,这种项目生命周期包括的阶段有:概念定义阶段(定义项目的目标并形成项目基本要求和概念)、用户需求识别阶段(全面调查业主和用户

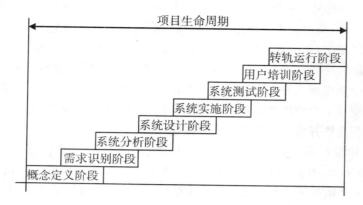

图 2-10　信息系统开发项目的生命周期示意图

的信息和信息系统需求）、系统分析阶段（分析和确定信息系统的目标和方案）、系统设计阶段（开展信息系统的逻辑和物理设计并给出系统整体方案）、系统实施阶段（完成信息系统程序的编制和集成）、系统测试阶段（系统程序和系统功能的测试）、用户培训阶段（编写系统说明书和系统用户手册以及培训系统的最终用户）、系统转轨运行阶段（新开发信息系统放在实际运行环境中进行测试后将系统投入试运行使用）。

　　综上所述可以看出，不同专业领域的项目会有不同的项目生命周期，因为这些项目的工作内容、项目阶段划分、项目管理成果等都有所不同。因此，人们除了要学习和认识项目管理的一般规律、通用的项目理论和方法，还要学习和掌握与项目所属专业领域有关的方法和技能，并进一步根据项目所属专业领域的需要而设计和给出项目生命周期模型，最终使用项目生命周期法管理好不同所所属专业的项目。

四、项目生命周期的阶段划分

　　国际标准化组织（ISO）有关项目阶段和项目过程的定义为："一个项目就是一个完整的过程，该过程可以划分为许多互相依赖的子过程。"同时他们还认为："项目需要按一种有序的和循序渐进的方法去实施，在完成项目的全过程中需要将项目的全过程划分为一系列的项目阶段。"ISO 的文件指出："对于项目实施组织来说，项目阶段的划分提供了一种监控项目实施绩效和评定项目风险的手段。项目的过程又分为两类，一类是项目管理过程，一类是项目业务过程。所谓项目的业务过程是仅与项目产出物的设计、生产和验证等活动有关的过程。"[①]这些

---

　　① ISO. ISO10006：项目质量管理指南（第一版）. 北京：中国标准出版社，1997.

对于项目阶段的界定对于人们开展项目管理是十分有意义的。

在现代项目管理中任何项目的业务和管理过程都应该划分成一系列的阶段。划分项目阶段的首要标志是在一个项目阶段中的工作从时间上相互衔接并在内容上性质相互接近,即人们要将在时间和内容上具有关联性的项目工作划分在一个项目阶段中。项目阶段划分的第二个标志是项目阶段的可交付成果(即项目阶段产出物)的整体性,即一个项目阶段全部工作应能生成一个自成体系的标志性成果。在项目阶段划分的基础上,人们可以将项目各阶段连成一个整体从而形成项目的生命周期,以便进一步使用项目生命周期的方法进行项目管理。[①]

第二节　项目生命周期的阶段和内容

现代项目管理特别强调项目阶段的划分和管理,它要求将一个项目的全过程分解成一系列的项目阶段,然后根据不同项目阶段的内容和工作的特性开展项目的计划、组织、实施和控制等管理活动。如前所述,在现代项目管理中人们将项目或分成四个主要阶段,这些阶段的具体内容和工作分述如下。

一、项目定义与决策阶段

项目定义与决策阶段是项目全过程的首要阶段,这一阶段的工作能够决定项目成败的 $80\%\sim90\%$。这一阶段的工作内容如图 2-11 所示。

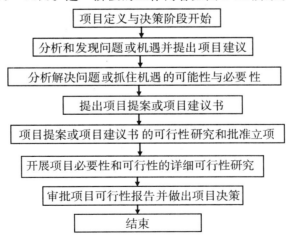

图 2-11　项目定义与决策阶段的工作流程示意图

---

① 戚安邦等. 项目管理学. 天津:南开大学出版社,2003.

由图 2-11 可知,这一阶段的主要工作内容包括如下几个方面。

(一)项目的机会研究

项目是人们将自己的想法变为现实的根本手段,人类在社会生产和生活中会遇到各种各样的问题和机遇,从而产生出各种各样的设想、主意、建议和计划。项目就是人们抓住机遇或解决问题的工作,所以人们首先要分析和发现自己面临的问题或机遇以及由此产生的项目需求。因此项目定义与决策阶段的首要任务就是机会研究,这方面的主要工作如下。

1. 发现问题或机遇并提出设想

人们首先要找出自己为解决什么问题或抓住什么机遇而开展一个项目。此处的所谓问题是指阻碍或限制自己生存与发展的瓶颈,而所谓机遇是指环境变化带来的各种有利的机会。这些是人们开展一个项目的基本前提和必要条件,所以现代项目管理将"发现问题或机遇"作为一个项目的起点。人们在发现问题或机遇之后还需要进一步分析问题或机遇的特性,从而找出解决问题或抓住机遇的具体方案和办法,然后据此提出项目的基本设想。

2. 分析解决问题或抓住机遇的条件

在提出项目设想之后人们还需要分析和识别解决问题或抓住机遇所必需的各种条件和资源。这就需要人们对包括自己或组织自身的内部条件进行分析,对自己或组织所处的外部环境条件进行全面分析与研究。人们有许多项目的设想和方案都是非常好的,但常会由于这些项目设想或方案生不逢时,即没有相应的实现条件和资源做保障,所以就根本无法实现。因此对于任何一个项目而言,人们都应分析解决问题或抓住机遇所需的具体条件和资源情况,以及是否具备这些条件和环境。

3. 分析并提出项目的提案或项目建议书

在分析了项目的环境和条件以后,人们还需要进一步分析项目能否满足自己或组织的需求以及项目能否实现既定的组织目标。然后,他们就可以制定具体的项目提案(Project Proposal)或项目建议书了。例如,一个企业在做管理信息系统开发项目的时候,首先要分析企业对于这一系统有哪些方面要求,然后根据项目的需求提出这一管理信息开发项目的提案或项目建议书。这种项目提案或项目建议书实际上就是关于项目基本特性的规定文件。

(二)评价项目提案并做出项目立项决策

项目定义与决策阶段的第二项任务是评价项目提案或项目建议书,然后做出项目是否立项的决策。所谓的项目提案和项目建议书二者含义基本是相同的,只是国外习惯使用项目提案的说法,而我国习惯于使用项目建议书的说法。通常,项目提案或项目建议书获得审批后项目就获得了立项,但是这并不等于项目做出了"起始"的决策,而只是做出了可以开展项目可行性研究的决策,因为在项目立项后人们还需要经过详细的可行性研究及其审批才能最终做出项目的决策,这方面的具体工作包括如下内容。

1.项目目标的分析

在项目提案或项目建议书中首先要明确给出项目所要达到的目标和指标,这些目标和指标既包括项目产出物所要达到的目标和要求(如项目产出物的质量、数量等),也包括项目工作所应该达到的目标和要求(如项目的范围、工期、成本等)。项目提案或项目建议书所给出的项目目标要做到科学、具体、可行、可度量、便于检查和表达简洁等方面的要求,只有项目提案或项目建议书达到这些要求才能通过分析和评审。

2.项目产出物的分析

在项目提案或项目建议书的评审中,人们还需要以项目目标为依据,分析和确定项目产出物以及项目产出物的具体要求。这包括:分析和给出项目产出物的质量、效益、技术等方面的具体指标,例如一个信息系统开发项目的系统功能、信息处理速度、可扩展性等指标。项目提案或项目建议书的评审必须按照充分必要的原则进行,即所有为实现项目目标服务的项目产出物一个也不能少,所有不是为实现项目目标服务的项目产出物一个也不能多。

3.项目工作范围的分析

在项目目标确定和产出物确定并通过评审之后,人们还需要根据项目目标和项目产出物分析和界定项目的工作范围。这包括分析和评价人们根据项目目标而界定出的项目工作范围是否能解决问题或抓住机遇,项目的工作和范围是否能满足实现项目目标和生成项目产出物的要求以及是否存在不是为实现项目目标和生产项目产出物而开展的工作和活动等。项目工作和范围的分析既要达到充分必要,又要达到切实可行。

(三)开展可行性研究并做出决策

任何项目的最终决策都需要进行可行性研究,只是不同项目的可行性研究所要求的研究深度、内容和复杂程度不同而已。虽然不同国家对于项目可行性研究的要求有所不同,但是每个项目都需要经过项目可行性研究以后才能做出最终决策。这方面工作的主要内容如下。

1.初步可行性研究

这一工作的主要内容是分析和研究项目的必要性、合理性、风险性和可行性以及分析和评价项目的成本和收益,从而做出项目的初始决策。通常,初步可行性分析也可以同项目提案或项目建议书的工作合并进行,但是其内容要包括初步的项目技术、经济、运营、环境和综合可行性等方面的分析。

2.详细可行性研究

这是在经过初步可行性研究并确定项目立项以后所做的有关项目技术、经济、运营、环境以及项目风险等方面的详细可行性分析,这是分析和确定项目各方面的可行性和项目对环境的影响以及对各个项目备选方案进行优劣选择的工作。项目的详细可行性分析一般要比初步可行性分析更为详细和复杂,它是最终做出项目决策的支持和依据。

3.项目可行性研究报告的审批

项目详细可行性研究报告是由项目提出者或项目业主出资由项目管理专家或委托项目管理咨询单位完成的,但是项目可行性研究报告的审批是由项目的主管部门或项目业主自行完成的。这一工作实际上是项目上马和项目备选方案择优的一种决策,所以项目的可行性研究报告的审批至关重要,对于影响国计民生或关系重大的项目还必须报送国家或地方政府主管部门并由他们对项目可行性研究报告进行审批。

上述项目定义与决策阶段的全部工作都属于项目决策和决策支持工作,不管项目可行性研究报告最终是否通过审批,这一项目阶段的终结就是项目决策的完成。如果项目可行性研究报告未能获得批准,通常项目就会中止或终止。项目可行性研究报告一旦获得审批,那么这一文件就成为以后的项目决策文件,它就是今后项目各种计划、设计、实施的依据。

二、项目计划与设计阶段

项目计划与设计阶段是设计和安排整个项目方案的工作阶段,这一阶段的工作主要是设计和安排性质的,这一阶段项目工作的内容可见图 2-12 所示。

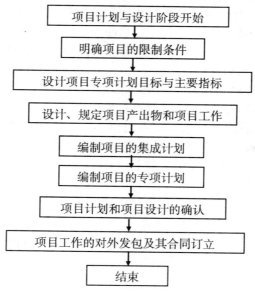

图 2-12 项目设计与计划阶段的工作流程示意图

由图 2-12 可知,这一阶段工作的主要内容包括下列几个方面。

(一)项目产出物的设计工作

项目产出物的设计工作包括对于项目产出物的技术设计、实施方案设计、技术规范要求设计等方面的工作,这些工作从技术、经济、数量、质量对项目产出物做出了全面的要求和规定。实际上,在对项目产出物进行设计的时候,人们要对项目各阶段和各方面所需开展的工作做出相应规定。因为任何项目产出物一旦设计确定以后,人们就可以分析和给出要生成这些项目产出物的工作了,所以项目产出物的设计是项目工作计划和安排的前提和先决条件。

(二)项目集成计划的制订

项目集成计划的制订是对项目各项业务和管理工作的一种集成性的计划和安排,是对项目各专项计划的一种集成和配置。项目集成计划制订工作的结果是给出一份用于指导整个项目的实施、控制、协调和指挥的计划文件。项目集成计划是根据项目设计要求和项目专项管理的要求而制订出来的一种综合性的计划,其主要作用是:作为唯一的项目可实施计划去指导整个项目的实施和控制,作为主要依据去协调项目各方面和各专项的计划与工作,协调和促进项目利益相关者之间的沟通和管理,提供项目绩效度量和项目控制的标准与基线等。

(三)项目专项计划的制订

项目专项计划的制订是对项目各方面和项目各专项具体工作的一种计划安排,它是根据项目各专项计划要求(或叫专业计划要求)而制订的有关项目各种专业工作和项目各专项工作的计划。项目专项计划的制订是在项目集成计划的指导下进行的,其最终结果是得到一系列指导项目各专业和专项任务实施的计划文件。项目专项计划的作用是:指导项目各专业或专项工作的实施与控制,用于项目相关各方开展项目沟通,提供度量各专业或专项工作绩效的基线以及提供项目各专项和专业控制的标准等。

(四)项目外包与合同订立

在项目设计与计划阶段中还有一项工作就是在一个项目的部分或全部工作需要使用外部承包商和供应商的时候,在这一阶段还需要做好项目的对外发包和合同订立工作。因为有许多项目的实施方案和计划安排都是以招投标的方式,由项目承包商根据业主的要求进行计划和安排的,所以这项工作就属于项目设计与计划阶段的工作了。这项工作的主要内容包括:标书制定、发布、招标、评标、中标和签订承包合同等。外包的项目工作可以多种多样,一个项目可以是全部外包,可以是部分外包。项目工作外包的形式也多种多样,可以是总承包、分包、包工包料、包工不包料等。

三、项目实施与控制阶段

在项目的设计与计划工作完成以后,项目就进入了实施与控制阶段。这一阶段的主要工作是生成项目产出物的业务和管理工作,所以被称为项目的实施与控制阶段。这一阶段的主要工作是依据项目专项计划和集成计划以及项目产出物的设计,开展实施和控制项目产出物生成的有关专业领域的业务工作,具体见图 2-13 给出的示意。

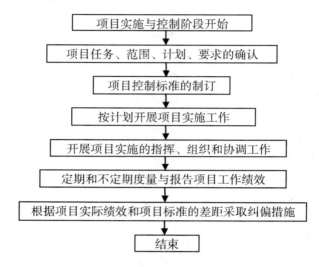

图 2-13 项目实施与控制阶段的工作流程示意图

由图 2-13 可见,项目实施与控制阶段的主要工作包括如下五个方面。

(一)项目控制标准的制订

项目控制标准的制订是这一阶段的首要任务,它是整个项目实施与控制时参照的各种管理依据和基准的制订工作。项目控制标准的制订不仅包括对项目进度控制、成本控制、质量控制等项目成功关键要素控制标准的制订,而且还包括与项目专业特性有关的一些具体控制标准的制订,例如建筑项目的安全控制标准、科研项目的阶段成果控制标准等。

(二)项目实施工作的开展

项目实施与控制阶段最主要的工作是项目的业务实施工作,即项目产出物的生产或形成工作。这一工作在每个项目中都有不同的内容,需要开展不同的作业。例如,建设一栋教学楼的项目与研制一项新产品的项目,它们的实施作业与活动就完全不同;即使建设同样设计的两栋楼,不同的施工地点、施工时间和施工队伍,它们的实施作业与活动也会有所不同。

（三）项目实施中的指挥协调

在项目实施与控制阶段的项目产出物生产作业与活动中，项目的管理者必须通过指挥、调度和协调等管理工作，使整个实施作业与活动能够处于一种有序的状态，并且使整个项目的实施在一种资源能够合理配置的状态下开展。项目实施中的指挥、调度和协调工作既涉及对项目实施任务的指挥、调度和协调，又涉及对项目团队关系的协调和对项目资源的调配。

（四）项目实施中的绩效报告

在项目的实施工作过程中必须定期对项目实施的绩效进行度量与报告，这是将项目实施工作的实际结果与项目控制标准进行对照和比较的管理工作。项目实施绩效度量报告工作先是要对照项目控制标准，统计、分析和报告项目实施实际情况，然后要编写必要的报告去反映这些情况。通常项目实施阶段的这两方面工作给出了项目实施情况与项目标准之间的偏差、造成偏差的原因和纠偏的措施等。

（五）项目实施中的纠偏行动

项目实施与控制工作中最重要的管理工作是采取各种纠偏行动，即采取各种行动去纠正项目实施中出现的各种偏差，使项目实施工作保持有序和处于受控状态。这些纠偏措施有的针对人员组织与管理，有的针对资源配置与管理，有的针对过程和方法的改进与提高。在项目实施与控制阶段，实施纠偏措施是制止偏差、消除问题与错误的具体管理行动。

四、项目完工与交付阶段

项目最后一个阶段是完工与交付阶段，在这一阶段中人们需要开展两个方面的工作，即项目的管理终结工作和项目的合同终结工作。其中，项目管理终结工作是对照项目定义与决策阶段、计划与设计阶段所提出的项目目标与要求，全面检验项目工作的结果和项目产出物，确认项目实际达到了项目目标并生成了项目产出物，进一步做好项目所有管理文件的整理和归档工作。项目合同的终结是由项目团队或项目实施组织向项目业主或用户移交项目成果和项目产出物并办理项目合同终结手续工作。另外，在项目终结过程中若项目业主/用户根据约定对项目工作和项目产出物提出整改要求时，项目团队需要采取行动满足这类要求直至项目的业主/用户最终接受项目的工作和成果。这一项目阶段工作如图 2-14 所示。

由图 2-14 可见，项目完工与交付阶段的主要工作内容包括如下几个方面。

（一）项目的管理终结工作

项目的管理终结工作（Administration Closeout）是一项由项目团队或项目

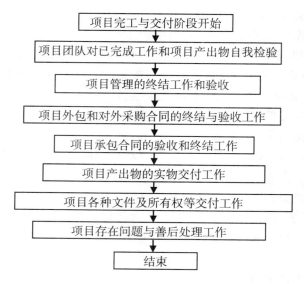

图 2-14 项目完工与交付阶段的工作流程示意图

实施者从项目管理的角度对项目各项工作进行完工和总结的工作。不管是由项目业主自行完成的项目实施工作,还是由项目承包商完成的项目实施工作,项目实施者都需要对已完成的项目实施工作进行全面的检查和总结并最终完成各种文件的归档和办理项目管理终结手续。对于项目实施是分包出去由项目承包商完成的项目工作,首先也需要由项目承包商按照完成项目的管理终结工作,然后项目承包商才能同项目业主一起办理项目的合同终结工作。

(二)项目的合同终结工作

项目的合同终结工作(Contract Closeout)是在项目有承发包合同的时候由合同双方共同开展的一项项目终结工作,这包括对于项目产出物的验收与交付工作、项目产出物的产权或所有权的交付以及项目合同终结手续的办理等工作。项目产出物的验收与交付又包括项目产出物的全面验收检查和在出现问题时的整改,以及最终的项目合同双方的项目产出物交割和项目合同终止手续等工作。不同项目因产出物不同可能会有不同的项目合同终结工作,如住宅建设项目的合同终结与软件开发项目的合同终结工作的内容就有所不同,这是因为对于项目产出物所有权的交付会有所不同,如委托开发的信息系统项目多数只是对于该系统专用权的交付而不涉及软件源代码等方面的交付工作。

第三节　项目管理过程及其内容

一般项目生命周期中包含有两类基本过程,一类是项目业务过程,另一类是项目管理过程。实际上不但项目全过程中包含管理过程,而且每个项目阶段中也包含完整的项目管理过程。本书所说的"项目全过程"是指能够生成具体项目结果的一系列项目活动的总和,而其中直接生成项目产出物的业务活动构成项目业务过程,在这些过程中所开展的项目管理活动构成项目管理过程。人们在实施项目的过程中所开展的项目计划、决策、组织、协调、沟通、激励和控制等管理活动构成了项目的管理过程,这可由图 2-15 给出示意。

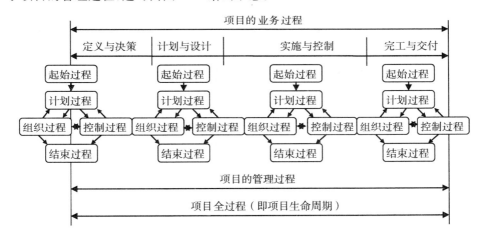

图 2-15　项目业务过程和项目管理过程示意图

由图 2-15 可知,虽然不同项目的业务过程会有所不同,但是每个项目和项目阶段都需要有相伴的项目管理过程。这种项目管理过程是由一系列项目管理子过程所构成的管理过程组,在每个项目管理的子过程中包含有一系列相互关联的项目管理活动。例如,项目管理过程中的"起始过程"这一管理子过程中就包含一系列的分析和决策的管理活动。另外,图中还可以看出整个项目管理过程实际上就是由各个项目阶段的管理过程构成的,而每个项目阶段的管理过程都是由起始过程、计划过程、组织过程、控制过程和结束过程五个项目管理子过程共同构成。

一、项目管理过程及其内涵
由图 2-15 可知,项目的管理过程是由一系列的项目管理子过程构成的,而每个管理子过程又是由一系列项目管理的具体活动构成的。这种项目管理的过程及其五种不同的项目管理子过程的示意如图 2-16 所示。

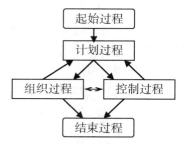

图 2-16   项目业务过程和项目管理过程示意图①

注:图中箭头代表了项目信息和文件内容的流程

图 2-16 中给出的项目管理过程中所包括的五种项目管理子过程分述如下。

(一)起始过程

在项目管理过程中首要的管理子过程是一个项目或项目阶段的起始过程,这是由一系列项目阶段的决策活动所构成的项目管理子过程。它所包含的项目管理活动有:决策一个项目或项目阶段是否启动,决策一个项目或项目阶段是否继续进行下去以及定义一个项目或项目阶段的工作与活动等工作。只有当这一项目管理的子过程做出了项目或项目阶段的起始决策以后,后续的项目业务过程和项目管理子过程才能够继续开展。

(二)计划过程

项目管理过程中的起始过程决定了人们要起始或继续一个项目或其项目阶段,项目管理就进入了计划过程。这一项目管理的子过程所包含的管理活动有:拟订和编制项目或项目阶段的目标、任务、工作方案、资源供应、成本预算等各项计划活动,以及根据项目或项目阶段的风险拟订项目应急措施等计划活动。因为这是由一系列项目计划管理活动所构成的项目管理子过程,所以只有其完成后才能开展后续的项目和项目管理子过程。

(三)组织过程

在项目计划过程制订出了项目或项目阶段的计划以后,人们就可以开展项目组织管理的子过程了。项目管理中的组织过程包含的管理活动有:组织和协调人力资源及其他资源,组织和协调各项项目任务与工作,激励项目团队去完成既定的项目工作计划并最终生成合格的项目产出物等管理活动。这是由一系列项目组织管理活动构成的项目管理子过程,同时它又需要为项目管理的计划过

①   戚安邦,孙贤伟.项目管理学. 天津:南开大学出版社,2003:43.

程和控制过程提供各种反馈信息。

（四）控制过程

在项目或项目阶段的实施过程中人们必须开展项目管理的控制过程，这是一种使项目的组织和实施工作处于受控状态的管理子过程。这一项目管理子过程所包含的管理活动有：制定项目控制标准、监督和度量项目实际情况、分析项目工作的差异与问题、提出并采取纠偏措施等工作。这是由一系列管理控制性的活动所构成的项目管理子过程，同时它也要为项目管理的计划过程和组织过程提供各种反馈信息。

（五）结束过程

项目管理过程中的第五种子过程是项目或项目阶段的结束过程，它包括的管理活动主要有：制定项目或项目阶段的终结、移交和接收条件，完成项目或项目阶段成果的管理终结和相关合同的终结与产出物的移交，从而使项目或项目阶段得以顺利结束。这是由一系列项目文档化工作和验收性与移交性工作所构成的项目管理子过程，同时它还需要为项目下一个阶段的起始过程提供信息和支持。

二、项目管理过程间的关系

项目管理的各个子过程之间是相互关联的，它们之间的关系主要是一种前后接续和信息传递的关系。这种项目管理子过程之间的接续和信息传递关系又分为单向输入与输出的关联和双向输入与输出循环关联两类。其中，项目管理起始过程和计划过程之间是一种单向的信息输入与输出的关联，即项目管理起始过程为计划过程提供项目决策的各种信息。但是项目管理计划过程同组织过程和控制过程之间就是一种双向循环的信息输入与输出的关系，它们之间形成了一种双向反馈的关系。最重要的是，项目前一个阶段的结束过程必须为项目下一个阶段的起始过程提供信息支持，从而使得人们能够不断地根据新的信息去修订自己的决策，甚至在情况不利的时候做出不再起始项目下一个阶段的决策。这些项目管理的子过程共同构成了一个项目阶段的管理过程和整个项目管理过程的多个循环，在这种循环中项目管理子过程之间的信息和接续关系分述如下。

（一）项目管理子过程之间的信息关系

项目管理子过程之间的信息关系首先是一种信息输入与输出关系，即前一项目管理子过程的信息输出就是下一个项目管理子过程的信息输入。这种项目管理子过程之间的关系表现在三个方面：一是两个项目管理子过程之间的信息输入与输出的关系，如起始过程输出给计划过程各种决策信息；二是两个项目管理子过程之间的信息反馈关系,如计划过程与控制过程和组织过程之间的信息反馈关系;三是两个不同项目阶段之间的信息传递关系,如上一阶段的结束过程同下一阶段的起始过程之间的信息传递关系。这些项目管理子过程之间的信息传递和反馈关系的具体内容如图 2-17 所示。

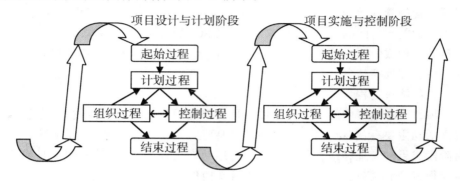

图 2-17　项目阶段和项目管理子过程之间的信息传递关系示意图

注:图中箭头代表了项目信息和文件内容的流程

由图 2-17 可知,项目管理子过程之间的信息反馈关系主要表现在项目管理过程中的计划过程、组织过程和控制过程之间的信息反馈关系,具体就是项目管理的计划过程首先为组织过程和控制过程提供项目或项目阶段的计划信息,然后又从项目管理的组织过程和控制过程中获得各种项目实际情况的反馈信息,然后据此可以做出项目计划的变更和修订,进一步反馈给组织过程和控制过程,直至该项目阶段结束。

(二)项目管理子过程之间的接续关系

项目管理过程中各个管理子过程在时间上并不完全是一种前后接续的关系,并不是一定要等一个项目管理子过程完结以后另一个项目管理子过程才能开始,而是这些项目管理的子过程在项目的管理中会有不同程度的时间交叉和重叠。图 2-18 描述了一个项目管理中各项目管理子过程之间在时间上的交叉和重叠关系。

由图 2-18 中可以看出,在一个项目管理过程中起始过程是最先开始的,但在起始过程尚未完全结束之前计划过程就已经开始了。同样,项目管理的控制过程是在计划过程开始之后才能开始,当时它先于组织过程开始。这主要是因为项目管理的控制过程中有很大一部分工作属于事前控制的工作,但是它与组织过程是同时结束的。另外,由图 2-18 还可以看出,项目管理的结束过程是在组织过程尚未完结之前就开始,这意味着结束过程中的许多文档准备工作可以提前开始,当组织过程完成以后所开展的结束性管理工作主要是一些移交性的工作。

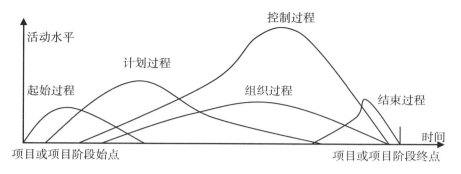

图 2-18　项目管理过程中的管理子过程时间关系示意图

在上述的项目管理过程中,项目管理的起始过程和结束过程是两个非常关键的项目管理子过程。在每个项目或项目阶段的过程尚未开始之前,起始过程必须首先正确地做出一个项目或项目阶段是否应该起始的决策。当一个项目或项目阶段的目标已经无法实现(如发生天灾人祸)或人们的需要发生了变化而使得项目或项目阶段的目标无法实现或失去意义时,此时的起始过程应当决策终止这个项目或项目阶段。另外,项目管理的结束过程还必须为项目下一个阶段的起始过程提供信息,这包括从项目前一个阶段的结束管理工作中所得到的各种信息。

需要特别注意的是,项目管理与日常运营管理最大的不同就在于项目管理过程中包含有起始过程和结束过程,而日常运营管理中没有这两个管理子过程。因为日常运营是周而复始不断重复的,所以它不需要专门设立起始和结束子过程。

三、项目管理过程中的评估

在项目管理过程中最重要的工作之一是开展项目或项目阶段的评估,从而确定项目或项目阶段的绩效如何,项目环境与条件的发展变化给项目带来的各种影响以及应对这些项目环境与条件发展变化的具体方案的可行性如何,等等。这些都需要使用项目评估的方法和开展项目评估的工作,从而为项目的管理和决策提供信息和支持。

(一)项目全过程中的分析与评估工作

为了更进一步说明项目分析、评估与项目决策的关系以及项目分析评估在项目生命周期各个阶段中的作用,图 2-19 给出一个项目全过程中的项目分析与评估工作。

从图 2-19 中可以看出,典型项目生命周期各个阶段中都有项目的分析与评估工作,只是项目各阶段的分析与评估工作内容和详细程度不同而已。

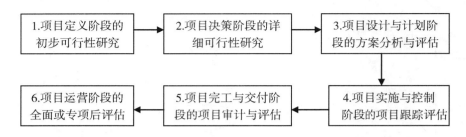

图 2-19　项目全过程中的项目分析与评估示意图

(二)项目决策与项目评估的相互关系

项目决策与项目评估是密切相关的,人们要做项目决策先要对各种项目备选方案进行评估,而人们开展项目评估的目的就是为项目决策提供支持,二者间的关系如图 2-20 所示。

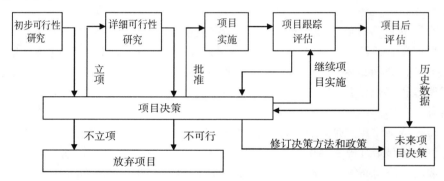

图 2-20　项目评估和项目决策之间的关系示意图①

由图 2-20 可见,项目决策与项目评估有着非常密切的关系。项目前评估是项目初始决策的前提和依据,项目跟踪评估是项目实施中各种项目跟踪决策或变更决策的前提和依据,而项目后评估既是对项目前评估和项目决策的检验与评估,也是对项目经验的总结,还是修订未来项目决策准则和政策的依据和前提。所以项目决策离不开项目的分析与评估。

(三)项目的评估内容

所有项目分析与评估都必须包括两个方面的内容:一是项目的专项评估,二是项目的综合评估,这些项目评估的主要内容分述如下。

1.项目经济评估

项目经济评估是指对于项目各种经济特性的分析和评估,这又分为项目财

---

① 戚安邦等. 项目论证与评估.北京:机械工业出版社.2004:68.

务评估和项目国民经济评估两个方面。项目财务评估是以国家现行财税制度为依据，从项目业主的经济效益出发所做的项目经济特性的评估。项目国民经济评估是从国家（行业）和整个社会的角度出发，对项目的国民经济方面的成本效益进行的全面评估。

2.项目技术评估

项目技术评估的主要评估内容也包括两个方面：一是对于项目本身生产运营技术可行性和先进性的评估，二是对于项目实施技术可行性和先进性的评估。项目技术评估除了要确保项目技术的科学性、可行性和先进性以外，在很大程度上还需要考虑项目技术的经济特性，即要对项目技术进行必要的价值分析和论证。

3.项目运行条件评估

这主要是指在项目投入运营以后所面临的各种运行环境和支持条件的分析与评估。项目运行条件评估的主要内容包括：项目运行所需各种资源供应条件的评估，项目运营所面对的市场条件的评估，项目运营所面临的宏观条件的评估（包括政治、经济、法律、社会、自然条件等）。这是从项目运营支持条件出发所做的分析与评估。

4.项目环境影响评估

这是指对于在项目实施和运营中对于自然环境和社会环境所造成的各种影响的全面评估，包括项目对于自然环境影响的评估（项目对于生态、大气、水、土地等的影响），项目对于社会环境的影响评估（项目对社会文化、风俗习惯、少数民族、风景名胜区等方面的影响）。这种项目评估现在已经是必不可少的分析和评估了。

5.项目风险评估

这是对于项目的不确定性及其可能带来的损失或机遇的一种全面评估，这是项目评估中最重要的组成部分。由于任何项目过程中都存在不确定性，而这些不确定性最终可能带来收益或损失从而形成项目风险，所以人们为了达到趋利避害的目的就必须对项目风险进行全面的评估，从而识别、度量和应对项目的各种风险。

6.项目综合评估

项目上述几个方面的评估都是从某个侧面对项目所做的分析与评估，在此基础上人们还必须设法综合上述五个方面的项目专项评估结果而给出对于一个项目的综合评估，即对项目做出综合性的评估。项目综合评估就是对项目各专项评估所做的汇总性和综合性的全面评估，人们可以采用各种方法去开展项目的综合分析与评估。

(四)项目全生命周期中的评估工作

人们对于项目评估还有很多不同的分类,但最重要的是按照项目评估发生的时间所做的分类。通常人们将项目定义与决策阶段的项目评估工作称为项目前评估,将项目设计与计划阶段和项目实施与控制阶段的项目评估叫做项目跟踪评估,将项目完工与交付并投入运营以后所开展的项目评估称为项目后评估。

图 2-21 中给出的项目前评估、跟踪评估和后评估在内容和对象上有所不同。项目前评估是为项目初始决策服务的,它所评估的对象是整个项目和项目各种备选方案。项目跟踪评估是为开展项目跟踪决策服务的,它的评估对象是项目实施方案和项目实际绩效。项目后评估是为总结经验教训和为修订未来项目决策政策和准则服务的,它的评估对象包括项目实际实施结果和项目未来的可持续发展情况。这三种项目评估的讨论如下。

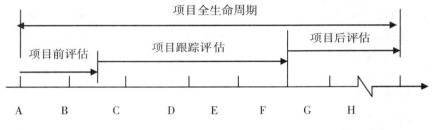

图 2-21   项目全生命周期中的项目前评估、跟踪评估和后评估[①]

1.项目前评估

项目前评估是在项目开始之前所开展的论证与评估工作,所以它具有事前评估的特性。在项目前评估中必须严格遵照国家法律,必须符合国家的各种标准和规定,如投资项目评估必须遵守《国务院关于投资体制改革的决定》[②]等法规。同时在项目前评估中还必须坚持实事求是等原则。项目前评估中各项评估工作内容和流程可见图 2-22。

2.项目跟踪评估

项目跟踪评估是为开展项目跟踪决策所做的分析和评估,其内容包括有关项目变更和环境变化对于项目影响的分析以及项目跟踪决策方案的评价,它属于项目事中评估的范畴。项目跟踪评估最主要的原则是目标性原则、统计分析原则和问题与对策评估并重的原则。项目跟踪评估中的评估工作内容和流程如图 2-23 所示。

---

① 戚安邦等. 项目论证与评估.北京:机械工业出版社,2004:69.
② 国家发展与改革委员会. 国务院关于投资体制改革的决定. 2004-07-22.

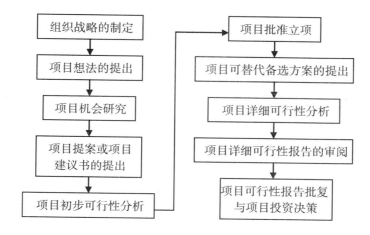

图 2-22　项目前评估工作内容和流程示意图①

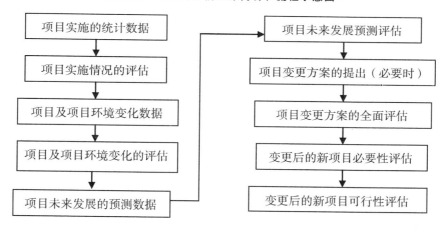

图 2-23　项目跟踪评估工作内容和流程示意图②

3.项目后评估

项目后评估是以项目实施和运行过程中实际发生的真实数据所做的一种项目评估,所以它具有事后评估和事前防范的特性。在项目后评估中必须遵循的原则有项目前后数据对照的原则、"惩前毖后"的原则、独立评估的原则和事前预防的原则。项目后评估也有自己的内容,必须按照一定的程序进行,其内容与程序如图 2-24 所示。

---

①　戚安邦等.项目论证与评估(第二版).北京:机械工业出版社,2009:75.

②　戚安邦等.项目论证与评估(第二版).北京:机械工业出版社,2009:77.

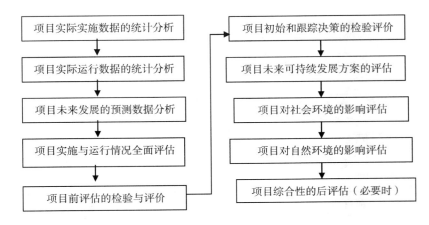

图 2-24　项目后评估的工作内容和流程示意图[①]

第四节　项目决策的管理

项目决策是在所有项目管理工作中最为重要的工作之一,按照诺贝尔经济学奖获得者赫伯特·西蒙的说法,"管理就是决策"。西蒙认为,在存在着大量可行备选行动方案的情况下,人们选取其中哪个方案去行动就是决策。[②]由此可见,项目决策应是项目管理的核心。

一、项目决策的定义与内涵

管理决策的内涵有三个要点:第一,决策是人们在认识世界的基础上为了能动地改造世界所开展的一种思维和选择活动;第二,决策内容包括确定目标、分析环境和条件以及选择满意的行动方案等一系列的活动;第三,决策是一个由一系列步骤所组成的一种管理过程,其主要步骤包括数据收集与加工、备选方案设计、评估与抉择满意方案等。

(一)项目决策的定义

本书对于项目决策的定义是:项目决策就是为实现组织的既定目标而提出实现组织目标的各种项目可行方案,然后根据项目评估标准对多个项目备选方案进行分析、评价和判断,最终选择一个满意的项目方案并付诸实施的管理过程。项目决策是决策活动的一种,是专门针对人们开展的一次性和独特性活动

①　戚安邦等. 项目论证与评估(第二版).北京:机械工业出版社,2009:79.

②　H.西蒙.管理行为.詹正茂译.北京:机械工业出版社,2013.

所做的决策。由于项目的一次性、独特性和不确定性等特性,这就使得项目决策及其管理比日常运营的决策与管理更加困难,所以必须开展好项目决策及其管理工作。

(二)项目决策的作用

项目决策是项目管理中最重要的工作之一,项目决策的水平高低直接关系到项目的成败。因此项目决策在项目管理中具有最为重要的作用,项目决策的具体作用有以下几个方面。

1.项目决策关乎组织的生存和发展

项目决策是一个组织开展项目或项目阶段的首要工作,所以项目决策的正确性和科学性对项目成败起着决定性的作用,因此项目决策的正确与否直接关乎一个组织的生存与发展。

2.项目决策是项目管理的核心和关键

项目管理工作离不开决策,从项目目标的确定到项目所需资源的确定和配置以及项目任务的安排都需要做决策,所以在项目管理中项目决策是核心和关键。

3.项目决策是项目管理者的主要职责

项目管理者不论职位高低都要在不同的范围和层次上进行决策,他们或者直接参与制定和执行决策,或者从事决策支持与参谋工作。所以决策是项目管理者的主要职责和基本工作。

(三)项目决策的特性

现代项目管理中的决策有自己的特性,其主要的基本特性如下所述。

1.普遍性和目的性

项目决策存在于所有的项目和项目管理工作之中,所以它具有很强的普遍性。对于一个项目的管理而言,项目决策几乎无处不在和无时不在。无论是工程建设项目还是某个社会改革项目,没有项目决策任何人和任何组织都无法开展项目活动。同时,任何项目决策都是根据组织的既定目标做出的,项目决策实际就是根据项目目标去"抉择方策"。所以任何项目决策都是有目标导向的,项目决策具有很强的目的性。

2.可行性和选优性

项目决策的根本目的是使组织在项目活动中获得成功,所以任何项目决策都必须考虑采取项目决策方案的可行性。这就要求项目决策方案要能够很好地满足项目实施条件和环境的限制要求从而具有较好的可行性,因此项目决策方案从制定到选择必须充分考虑项目的可行性。同时,项目决策的实质是从一系列可行的项目被选方案中抉择出相对优秀的方策,任何组织的项目最终决策都是从多个可行的项目备选方案中选优。

3.过程性和动态性

任何项目决策都是由一系列决策步骤构成的完整过程,这包括从目标确定到项目备选方案的制定、评价和选择等决策步骤,所以项目决策具有过程性的特性。同时,项目决策还是一个逐渐深化、完善和动态发展的过程,不但每个项目决策都是从初始决策开始经过一系列的跟踪决策才能最终完成,而且每个项目决策还要根据项目内部和外部环境与条件发生的变化,不断地修订和调整,这就是项目决策的动态性。

4.满意性和选择性

项目决策必须按照满意的准则进行而不能按照最优化的准则进行,因为人们无法按照最优原则去获得完备的项目信息并选择出最优的项目备选方案,但是人们却可以在信息不完备情况下正确地分析、评估和判断项目方案从而找到满意的项目决策方案。同时,由于人们无法获得项目的完备信息,所以在项目决策的方案选择工作中多数是要依据自己的一些经验和判断去做出选择,这就是项目决策的满意性和选择性。

二、项目决策的过程与内容

项目决策是人们在项目活动中开展的一系列管理活动所构成的过程,这是一种首先是发现问题或机遇,然后是分析问题和解决问题或抓住机遇的管理过程。每个项目决策过程都包括一系列的决策活动或步骤,这些过程和步骤及其支持工作分述如下。

(一)项目决策过程

项目决策是由一系列的项目决策步骤构成的一个完整过程,依据人们分析和解决问题或抓住机遇的决策过程,我们给出了图 2-25 所示的项目决策过程示意图。

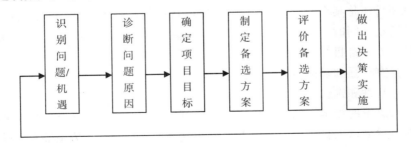

图 2-25　项目决策过程的示意图[1]

---

[1]　戚安邦等.管理学.北京:电子工业出版社.2006:81.

（二）项目决策过程的步骤

由图 2-25 可知，项目决策过程包括如下几个具体步骤。

1. 识别问题或机遇

这是找出究竟为了解决什么问题或抓住哪个机遇而开展一个项目的过程，也是项目决策的首要步骤。项目决策者必须充分调查研究和全面收集信息，然后准确地提出问题或机遇以便开展好项目的决策。

2. 诊断问题的原因

这一步是根据各种信息去分析与诊断所遇问题或机遇的产生原因，以便通过成因分析找出解决问题或抓住机遇的办法与措施。项目决策者必须通过调查研究发现问题或机遇的成因，然后才能分析和找出解决问题或抓住机遇的方法。

3. 确定项目的目标

项目决策者在找到问题或机遇及其成因之后，就可以针对问题或机遇及其成因确定出项目的目标了。所谓项目目标就是人们通过解决面临的问题和抓住机遇要达到何种目的和效果，只有有了明确的项目目标人们才能为项目决策制定备选方案。

4. 制定项目备选方案

正确项目决策的前提是找出可行的多种项目可替代方案，以便在项目决策过程中人们能够从中进行选优。所以制定项目可替代的备选方案是项目决策的重要步骤之一，这一步骤的结果是给出足够的能相互替代的项目备选方案以供选优。

5. 评价项目备选方案

首先人们要根据项目目标对可替代项目备选方案进行分析和评价，这种项目备选方案的评价包括可行性研究和项目评估等步骤。这一步骤的最终结果是给出对于项目各个可行的备选方案利弊的评价和分析结果，为最终选择项目方案提供依据。

6. 做出决策并实施

这是项目决策过程的最后一个步骤，在这一步骤中项目决策正根据人们对于项目的评估意见并加上自己的判断而做出项目实施方案的选择。在项目决策最终做出选择之后，人们就可以开始项目实施并开展项目监督和控制了。

（三）项目的跟踪决策

项目决策是一个独特的动态过程，这种决策从项目初始决策完成以后就进入了项目跟踪决策的过程。因为项目的环境与条件会不断地发展和变化，所以人们必须根据这种发展变化去不断地进行项目跟踪决策，以修订和完善项目初始决策的方案、目标与实施方法等。项目跟踪决策的根本任务就是要及时地把项目实施过程中出现的问题和偏差进行处理,所以项目跟踪决策与项目初始决策在决策时点和决策内容上不同,项目跟踪决策的方法和步骤主要包括以下几个方面。

1.回溯分析和寻找问题根源

这是项目跟踪决策的首要步骤,人们首先要从回溯分析中寻找项目初始决策存在的问题或环境发展变化带来的问题或机遇。这种回溯分析主要是倒过来一步一步地按顺序分析和找出项目究竟是在哪个环节上发生了决策失误从而造成了问题,这种跟踪决策分析的关键是要找出上次项目决策的失误及其原因。

2.非零起点和初始决策的影响

项目初始决策是以零为起点的,而项目跟踪决策是在初始决策付诸实施后因种种原因出现问题而开展的。因而项目跟踪决策必然会受到项目初始决策的影响,此时不能完全不顾项目初始决策所投入的资源和所形成的结果,所以项目跟踪决策具有"非零起点"的特性,它必须考虑项目初始决策的影响。

3.双重优化和跟踪择优的标准

项目跟踪决策的择优标准具有双重优化的性质,一方面它要优于项目初始决策的方案,因为它是在项目初始决策的基础上做出决策优化;另一方面它的项目备选方案要在项目初始决策方案的基础上做进一步的优化并再次选优,这样项目跟踪决策的结果就能达到令人满意的水平。这就是项目跟踪决策的双重优化和择优特性。

(四)项目决策过程中的学习曲线

从项目的初始决策到跟踪决策再到最终项目实施完成,整个项目决策及其实施的过程实际上就是一条学习曲线。因为实际上人们在最初进行项目初始决策的时候所拥有的项目信息是很不完备的,然后在项目跟踪决策中不断地获得新的信息并据此做好项目跟踪决策直到项目终点。这种项目信息的不断增加和积累并据此修订自己的计划和改进自己的行为的过程就是一个学习过程,这种学习过程的曲线可以用图2-26给出示意。

(五)项目决策的信息与知识积累

任何人在项目决策之前必须进行信息的收集,然而任何项目的初始决策总会存在信息缺口,所以项目初始决策的信息总是不完备的。因为绝大多数项目的初始决策涉及各种不确定性的影响因素和环境与条件的发展变化,结果使得项目决策者在存在信息缺口的时候变得不使用自己的判断和经验做出抉择。但在项目跟踪决策中决策者可以进一步收集信息,从而对项目初始决策进行调整和改进。在这些项目跟踪决策中人们通过增加新信息而后修订和改进自己以前的决策,这是一种"项目初始决策—执行—项目跟踪决策—再执行—再次项目跟踪决策"的动态决策过程,在这一过程中项目决策信息的缺口不断得以填补,人们在项目决策不断学习而得以改进和提高,同时从这一过程获得信息和积累知识。

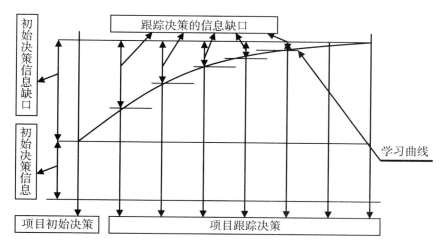

图 2-26　项目决策中的学习过程和学习曲线[①]

三、项目决策中的支持工作

开展项目决策必须要有决策的支持工作,这种决策支持工作的核心内容是为决策提供信息,而项目信息主要来源于对项目及其环境和条件的分析和评估。项目分析与评估既包括在项目初始决策中对项目的必要性、可行性与合理性等方面进行的全面系统的分析与评估工作,从而为项目初始决策提供支持;也包括在项目跟踪决策中对项目发展变化所进行的跟踪分析与评估工作,从而为项目的跟踪决策提供依据;还包括在项目完成以后对项目决策结果及其后续决策的分析与评估,从而为后续项目的决策和未来组织项目管理政策修订以及项目日后在运营期中的可持续发展提供信息和决策支持。

(一)项目决策支持工作的基本特性

所有的项目决策支持工作都具有如下几个方面的基本特性。

1.决策支持的特性

所有项目决策支持工作都是为项目决策提供支持和服务的,不管是项目前评估、后评估还是跟踪评估所涉及的项目决策支持工作,它们都是为支持项目的相关决策服务的,人们必须根据项目决策支持工作给出的信息去制定和做出项

① 戚安邦等.管理学.北京:电子工业出版社.2006:87.

目决策。

2.分析比较的特性

任何项目决策支持工作都具有分析比较的特性,因为项目决策支持工作的核心内容是对项目各种可行的决策备选方案的分析预评估,这种分析预评估是一种比较并找出各个项目备选方案中相对最优方案从而为项目决策提供支持的工作。

3.假设和预测的特性

在项目决策支持工作中所使用的项目数据有两种:一是项目实际情况的描述数据,二是根据项目各种假设前提条件确定的预测数据。人们必须先对项目各种不确定情况做出必要假设后,才能根据这些假设去预测未来并给出项目评估结果。

另外,项目决策支持工作还有许多其他的特性,如决策支持工作的时效性(必须及时开展项目分析与评估并及时使用其成果),项目决策支持工作的主观性(人们借助经验做出的主观假设与判断),项目决策支持工作的目的性,等等。

(二)项目决策支持工作的基本内容

项目决策支持工作的基本内容包括如下几个方面的工作。

1.项目决策所需数据的收集工作

项目决策支持工作的首要任务是收集和获得未来项目决策所需的各种数据,这种项目决策支持工作涉及对于项目自身发展变化数据的收集、对于项目关于条件发展变化数据的收集、对于项目各相关利益主体要求和期望发展变化数据的收集、对于项目决策备选方案数据的收集,等等。人们首先必须收集项目的这些相关数据,然后才能根据项目决策的需要去开展其他方面的项目决策支持工作。

2.项目决策所需信息的处理工作

人们开展收集和获得项目决策所需的各种数据工作的根本目的在于通过进一步的数据处理和加工工作,使得这些项目决策支持所需数据转变成对于项目决策有支持作用的信息。所以项目决策所需信息的处理工作是项目决策支持工作中第二项重要工作,这种项目决策所需信息的处理工作的主要内容包括:去粗取精、去伪存真、由此及彼、由表及里、归纳演绎、引申推理等一系列工作,这些都需要运用人们的聪明才智和远见卓识去完成。

3.项目及其环境与条件发展变化的分析工作

项目决策工作中第三项重要工作是有关项目及其环境和条件发展变化的分析工作,这种项目决策工作的主要内容包括:项目自身发展变化的分析工作,项目绩效及其发展变化的分析工作,项目所处微观和宏观环境与条件的发展变化分析工作,项目所处各种实施条件的发展变化分析工作等。这些方面的分析工作要分析确定性、风险性和完全不确定性三种条件可能导致的各种发展变化情况。

4.项目决策的各种可行备选方案的评估工作

项目决策支持工作中第四项重要工作是针对项目决策的各种可行备选方案所开展的评估工作,项目决策各种可行备选方案评估工作的主要内容包括:对于项目决策各种备选方案所开展的可行性评估工作,对于项目决策各种可行备选方案所开展的选优评估工作,对于项目决策各种备选方案发展变化的措施所开展的评估工作,等等。人们只有完成了这些对于项目决策各种备选方案所开展的评估工作,才能够最终做出正确的项目决策。

本章思考题

1.什么是项目实现过程和项目管理过程?

2.项目管理过程与日常运营管理过程相比有哪些不同?

3.项目管理过程的具体内容同项目和项目管理的特性是什么关系?

4.项目管理的计划子过程、组织子过程与控制子过程之间是何种关系?

5.请分析和讨论应该如何应用项目管理过程开展不同项目的管理过程?

6.你认为在项目管理过程中哪种项目管理子过程最重要,请说明为什么。

7.项目生命周期、项目全生命周期和产品生命周期从基本概念上有哪些不同?

8.项目数据收集、项目信息处理、项目分析、项目评估与项目决策有何种相互关系?

第三章　项目范围管理

【本章导读】

　　项目范围管理是现代项目管理知识体系中首要的专项管理知识,这是在传统项目管理理论和方法中分离和新增的一个现代项目的专项管理领域。本章首先全面讨论有关项目范围管理的概念、内容、理论和方法,然后分别讨论项目范围管理的作用和程序,进而讨论项目范围计划和项目范围管理计划的编制,最后讨论项目范围的控制等方面的内容。本章的核心内容是项目范围计划、项目工作分解结构与项目范围控制等基本原理与方法。

第一节　项目范围管理的概念

　　所谓项目范围管理是指对一个项目所涉及的项目产出物范围和项目工作范围所做的决策、计划、管理和控制工作。其中,项目产出物的范围是指最终项目成果中所包含的全部可交付物的范围,而项目工作范围是指为实现项目目标和生成项目产出物所开展的全部项目工作的范围。项目范围管理的根本目标是保证项目能够生成项目产出物,并借此实现项目目标和要求,同时借助项目范围管理去实现节约项目成本、时间和资源等目标。

一、项目范围管理的内涵

　　根据上述讨论可知,项目范围管理是一个全新的项目专项管理领域,有关这一项目专项管理的基本概念和实际内涵分述如下。

(二)项目范围管理的概念

　　从英文的项目管理专业术语上说,所谓"项目范围"是指项目的"Scope",而英语"Scope"这个词可以翻译成中文的"范围"或者"规模",也可以翻译成"见识"或者"机会"。从中文项目管理专业术语上说,所谓"项目范围"既涉及项目模样(即中文"范"字的含义),也涉及项目大小(即中文"围"字的含意)。本书将英文的"Project Scope"翻译成中文的"项目范围",故英文的"Project Scope Management"就应该是项目范围管理的含义了。

1. 项目范围的定义

根据现代项目管理的理论,项目范围是指为确保项目目标实现而必须生成的项目产出物范围和为生成项目产出物而必须开展的项目工作范围。所以项目范围包括两方面的概念,一是项目产出物的范围(Product Scope),二是项目工作的范围(Work Scope)。前者是根据项目目标规定的项目产出物的模样和大小,后者是根据项目产出物的需要规定的项目工作的模样和大小,二者共同构成了一个项目的范围。

2. 项目范围管理的定义

现代项目管理中的项目范围管理就是为确保项目目标实现而开展的对于项目产出物范围和项目工作范围的管理,所以本书中的项目范围管理也包括两个方面:一是项目产出物范围的管理,二是项目工作范围的管理。其中,前者是根据项目目标规定、计划和控制项目产出物的模样和大小,而后者是根据项目产出物的需要规定、计划和控制项目工作的模样和大小。因此项目范围管理就是指根据项目目标对项目产出物范围和项目工作范围进行的全面计划、确认和控制等方面的项目管理工作。

3. 项目范围管理的集成

项目范围管理包括对于项目产出物范围和项目工作范围两个方面的管理。因为一个项目的产出物可以分成多个部分,这些项目产出物的组成部分必须按照它们之间的合理配置关系进行集成管理。例如,一个信息系统建设项目的产出物可能会包括四部分,即项目硬件、软件、辅助设施和用户培训,它们彼此既相互独立又相互依存,一起构成了这个项目的产出物范围。同时,一个项目的工作范围也会包括生成项目产出物业务工作、辅助工作和管理工作,所以对于项目工作范围的管理也要进行必要的集成。例如,在信息系统建设项目中项目工作范围就应该包括生成项目硬件、软件、辅助设施、用户培训工作和相关的辅助与管理工作,所有这些信息系统建设项目中的工作都必须进行很好的集成管理。

(二)项目范围管理的主要工作

现代项目范围管理的核心工作包括项目起始决策、项目范围计划、项目范围计划确认、项目范围管理计划和项目范围控制五方面具体工作,其相互关系和内容如图 3-1 所示。

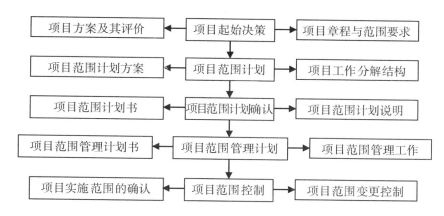

图 3-1 项目范围管理主要内容的示意图

1.项目起始决策

这是项目、项目管理和项目范围管理的起点,因为人们只有先做出项目起始的决策才能开始项目的实施和管理。项目起始决策的主要内容包括:发现问题和机遇,提出项目的可备选方案,做出项目备选方案的论证与评价,做出项目起始的决策和方案选择,编制项目章程等文件。

2.项目范围计划

这是在项目做出起始决策后,人们根据项目章程、项目的目标和要求、项目环境和条件等,全面识别和安排项目产出物范围和项目工作范围,制定和给出项目范围计划的方案、项目工作分解结构和项目范围管理的要求等,从而给出项目所需的项目范围计划安排方案和项目范围管理的基本要求和方法等方面的规定。

3.项目范围计划确认

这是根据项目章程、项目目标、项目产出物、项目工作和项目范围计划及项目各专项要求(如项目预算和项目进度的限制),按照"充分必要"原则去分析和确认项目范围计划结果是否可行和正确的工作。其最主要的工作是对于项目产出物和项目工作范围进行全面的分析和确认,最终给出项目范围计划、项目工作分解结构和项目工作分解结构等项目范围计划文件。

4.项目范围管理计划

这是根据项目章程、项目目标、项目产出物、项目工作、项目范围计划文件和项目环境与条件的各种发展变化情况,制定项目范围管理计划的工作。其最主要的工作是针对项目产出物和项目工作范围可能出现的各种变化,计划和安排好项目范围变更的管理方案和应对方法。

　5. 项目范围控制

　　这是根据项目相关利益主体确认和接受的项目范围计划和项目范围管理计划,开展项目范围变更等方面的管理工作。这包括对于项目相关利益主体提出的主观项目范围变更要求的管理工作和对于在项目实施中因出现偏差而发生的客观项目范围变更的各种控制工作,这是一项贯穿于整个项目全过程的具有项目范围主观和客观偏差的管理与控制工作。

二、项目范围管理的作用

　　根据上述有关项目范围管理的内涵可知,项目范围管理的主要作用有下述几个方面。

(一)为解决问题或抓住机遇做出项目起始决策

　　人们开展某个项目的根本原因有两条,一是解决出现的问题,二是抓住出现的机遇。前者是指当人们发现存在问题的时候,需要通过项目的方式去解决,所以就会做出起始一个项目的决策。后者是指当人们发现机遇的时候,也需要通过项目的方式抓住机遇,所以也会做出起始一个项目的决策。当然,这只是决定要起始一个项目,或者说这只是项目的初始决策,而不是对于整个项目一切事物的决策。因为在项目起始决策之后,人们还需要随着项目及其环境与条件的发展变化而做出各种项目的跟踪决策,或者说是项目的各种变更决策。所以项目范围管理的首要任务是分析问题和机遇从而做出项目的起始决策。

(二)为项目实施提供产出物范围和工作范围的规定

　　项目范围管理最重要的作用是安排和计划给出项目的产出物范围和项目工作的范围,从而为人们开展项目实施提供了这两个方面的范围规定,以便人们能够按照这些项目范围的规定正确开展项目工作和生成项目产出物。因此在项目范围管理工作中,人们需要根据项目起始决策所确定的项目目标,按照"充分和必要"的原则去安排和计划好项目产出物范围和项目工作范围。其中,所谓的"充分"是指所有为实现项目目标所需要的项目产出物和项目工作一项也不能少,而所谓的"必要"是说所有不是为实现项目目标所需要的项目产出物和项目工作一项也不能多,从而使人们能使避免"少做"或"多做"项目工作。

(三)为项目实施提供有效的项目范围管理计划、依据和方法

　　项目范围管理的第三个主要作用是为项目实施提供有效的项目范围管理计划、依据和方法,以用于监督和控制人们在项目实施过程中的项目范围发展和变化。人们通过开展项目范围管理计划给出项目范围管理与控制的标准,制定出度量项目实际范围发展和变化情况的依据和方法。所以人们可以根据这些项目范围管理计划中给出的依据和标准,发现项目实际的产出物范围和实际项目工作范围中所出现或存在的偏差与问题,分析和找出造成偏差的原因以及纠偏措施,最终决定如何对项目的产出物和工作范围进行变更和调整,进而采取相应的项目范围纠偏措施,实现对于项目范围的有效管理和控制。

(四)为项目完工与交付提供项目管理终结和成果交付的依据

项目范围管理的第四个作用是为项目完工与交付提供项目管理终结和成果交付的依据及保障,因为通过项目范围的计划、确认和变更等方面的管理,最终人们获得了项目范围管理所给出的实际上项目实施者应该交付的项目产出物和应该完成的项目实际工作范围。由于任何项目范围计划与最终交付的项目范围结果之间都可能存在一定的偏差,所以项目实施过程中开展的各种项目范围管理就成了项目完工与交付所提供项目管理最终交付成果的依据。所以人们在项目范围管理中既要努力按项目范围计划行事,又要积极进行必要的项目范围变更,最终项目范围计划和变更的综合结果就是项目最终交付成果的依据。

需要特别注意的是,项目范围管理的内容和作用现有多种不同的理解,上述是本书认定的项目范围管理应有的核心内容和作用。由于所有项目相关利益主体们真正需要的都是项目的产出物成果,所以项目范围管理是项目各项管理的首要任务,是统领其他项目专项管理的重要项目专项管理,这就是为什么本书将本章作为首个项目专项管理章节的理由所在。

三、项目范围管理的依据

项目范围管理中的项目范围计划、项目范围计划确认、项目范围管理计划和项目范围控制都需要有相应的依据,项目范围管理的依据主要包括:项目起始决策、项目章程和项目初步范围说明书等,有关这些项目范围管理依据分述如下。

(一)项目起始决策

项目起始决策(Project Initiative Decision)是指项目"启动"和"开始"的决策工作,项目起始决策中最主要的工作就是制定项目起始决策方案和做出项目起始决策。由于项目起始决策必须是基于对于各种项目可行的备选方案论证与评价之上的科学决策,所以项目起始决策中还应该包含关于项目方案的论证与评估以及项目或项目方案的选优等任务,这些也是项目范围管理首要的依据之一。项目起始决策的概念和内涵如下。

1. 项目起始决策的定义

所谓项目起始就是指人们在遇到问题或发现机遇的时候,所做出的启动和开始一个项目的决策。这种项目起始的决策工作包括:识别和确定一个项目是否应该开展,选择项目按照哪个备选方案去开展等决策工作。项目的起始决策通常发生在项目业主或客户等在遇到了某种问题或面对某种机遇的情况下人们所做出的回应或对策。如当人们发现市场需求发生变化或市场竞争情况发生变化从而造成问题或者存在某种机遇时,做出的新市场开发项目的决策;再比如当社会发生变革或法律出现修订而造成企业或组织面临困境或面临机会的时候,人们就会做出组织变革或改革项目的决策。

2.项目起始决策的起因

项目通常是在组织或企业遇到某种刺激的时候提出并决定的,这种刺激就是组织遇到的各种问题或机遇时构成的某种需要。当组织或企业的管理者必须针对某种问题或机遇而做出回应时,他们就会需要开展一个项目,因为此时人们必须通过开动脑筋去寻找解决问题或抓住机遇的办法,人们找出的解决问题或抓住机遇的办法就是项目了。通常,给组织或企业造成刺激并引发项目的情况主要包括如下几个方面。

(1)市场需求方面的刺激。这类刺激多数是由于组织所处市场环境变化引起的,如为了回应市场上汽油供给短缺,石油公司会决定新上马建设一个油田和炼油厂的项目。

(2)商业机遇方面的刺激。这类刺激多数与市场竞争中出现的各种机遇有关,如当人们需要有人提供职业生涯规划咨询的时候,管理咨询公司就可开辟和开展这种咨询项目。

(3)消费变化方面的刺激。这类刺激多数是由于出现新的消费需求或时尚而引起的,如当人们在衣着方面更加追求独特性时,定制化的服装生产项目就会出现。

(4)科技进步方面的刺激。这类刺激多数是由于某项技术的发展变化引起的,如在 DVD 技术成熟之后,市场上很快就有了许多 DVD 新产品的开发和生产经营项目。

(5)法律要求方面的刺激。这类刺激多数是由于国家或地区的法律规定发生变化引起的,如政府颁布新的大气保护法而使汽车制造商们不得不为解决汽车排气问题开展创新项目。

(6)组织变革方面的刺激。这是在组织的环境与条件发生变化使其必须开展组织变革以适应环境的发展与变化,如调整组织结构和改进管理机制的组织变革项目等。

3.项目起始的内容和程序

项目起始涉及很多方面的工作,其中最主要的工作包括以下几方面。

(1)调查研究和收集资料。在项目起始决策中人们首先必须进行调查研究和收集相关的数据与资料,这是项目起始决策的基础性工作。在项目起始决策所需信息中既有与项目相关的历史信息也有对于项目未来的预测信息,还有确定性与不确定性的项目信息等,所有为项目起始决策提供支持的信息都应该属于被研究和收集的范畴。

（2）分析和初步确定项目目标。项目起始决策最重要的任务是初始确定出项目要达到的目标和主要指标,以便据此开展项目起始决策工作。项目目标的确定需要从组织发展战略出发,通过分析和提炼给出项目的总目标,然后根据项目总目标按照具体、明确、系统、便于度量和切实可行等原则进一步确定出项目的具体目标或项目的指标体系。

（3）分析和初步确定项目产出物。在确定项目目标后还需初步确定出项目必须生成的产出物,包括实物性和非实物性的项目产出物（如各种服务等）。在分析和确定项目产出物时必须遵循"充分和必要"的基本原则,"充分"是指所有为实现项目目标服务的项目产出物一项也不能少,"必要"是指任何不是为实现项目目标服务的项目产出物一项也不能要。

（4）拟定可行的项目备选方案。为实现项目目标和生成项目产出物,人们可能会有很多种方法和途径,这些方法和途径就是项目可行的备选方案。项目备选方案的拟定需要从项目产出物的特性和要求出发,只有能够生成项目产出物的方案才是可行的项目备选方案。同时项目备选方案的数量和可比性也要考虑,以确保项目备选方案的论证、评估和优选顺利进行。

（5）分析和评估各项目备选方案。对于项目各备选方案的收益和成本、资源和条件、风险和问题等各方面都需要进行分析、预测和评估,这种分析和评估包括对项目条件和发展变化的预测分析以及对项目技术、经济、运行和环境等多方面的可行性评估等,最终给出各个项目备选方案的可行性分析与评估结论和信息资料以供人们"抉择方案"。

（6）选择项目方案做出项目决策。在有项目备选方案的可行性分析以后,人们可以通过对可行的项目备选进行选优而做出项目起始决策了。这一项目起始决策工作中必须坚持"满意原则",即在项目备选方案的优化选择中不能坚持选择绝对最优的项目备选方案,而只要选择一个能够使项目各相关利益主体都满意的项目备选方案即可。

4.项目起始决策的主要方法

项目起始决策的制定有很多种方法,但是多数项目起始决策需要使用下述主要方法。

（1）组织战略分解的方法。由于项目是为实现组织目标服务的一系列工作的组合,所以项目起始的决策首先要使用组织战略分析法。这是一种根据组织的生存和发展战略分解找出组织所需适时项目的方法,这种方法的程序和内涵如图3-2所示。

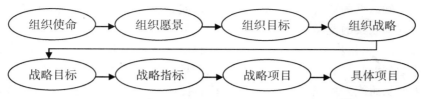

图 3-2　使用战略分解方法生成项目的过程模型图[①]

　　由图 3-2 可知,项目起始决策的过程是:人们首先需要根据组织生存和发展战略的需要确定是否应该为解决问题或抓住机遇而开展一个项目,然后人们进一步根据组织生存与发展战略确定项目的目标和选择项目方案。虽然组织多数是在面对外界各种问题或机遇的刺激时发起项目,但是组织一定要使用战略分解方法在众多可以开展的项目中做出选择,因为任何组织开展的任何项目都必须是为实现组织发展的战略目标服务的。

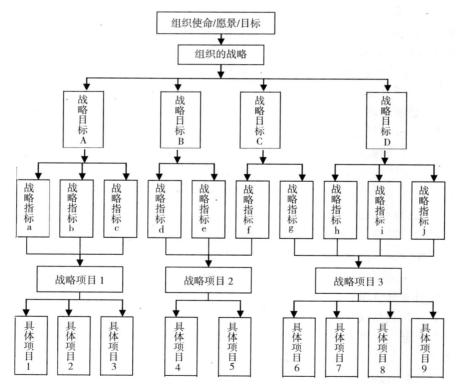

图 3-3　项目起始决策中的战略选择法层次模型图

①　戚安邦等. 项目成本管理(第一版). 天津:南开大学出版社,2006:34.

这种按照项目的战略分解法还可以进一步使用图3-3的层次性和结构化模型,进一步描述了组织使命、战略和项目之间的结构关系以及项目的战略选择方法。

由图3-3可以看出,一个组织首先要根据组织的使命和它所处环境的发展变化制定出组织愿景和目标,然后根据组织的愿景和目标去制定组织的发展战略,再根据组织发展战略分解得到相应的战略指标,进一步根据这些战略指标生成战略项目(或叫项目组合),最终分解生成一系列具体项目。因此,任何战略项目都应该通过这种战略分解法得到,而战略项目又可进一步分解成具体项目(项目群和项目)以用来实现组织的战略目标。

(2)项目评价与选择的方法。在制定项目起始决策时人们通常需要先给出项目目标和要求,然后根据这些项目的目标和要求找出能够实现项目目标和要求的各种项目备选方案,并最终通过评价从中选择出满意的项目方案。实际上人们在需要解决问题或抓住机遇而开展某个项目的时候,总是会有很多种不同的可供选择的方法或途径(即项目备选方案)。在项目起始决策中人们需要使用所谓的"项目评价与选择方法"做出决策。此时人们首先根据实际情况分析和找出项目的可替代或备选方案(Alternatives),然后在多种备选方案中通过优化选择做出项目起始的决策。

人们根据组织的发展战略分解确定要开展某个项目之后,还须进一步使用项目评估与选择的方法选定满意的项目和项目方案。项目评估与选择的方法有很多种,但是大体上可以分为如下几类:一是项目成本/效益分析法,这是根据项目所能带来的成本和效益大小选择项目的方法;二是项目比较评分法,这是综合项目各方面因素(而不只是项目成本和效益)选择项目的方法;三是数学模型法,这是根据线性、非线性、整数和多目标规划等方法选择项目的方法;四是专家法,这是使用专家经验(Expertise)做出项目起始决策的方法,专家法主要是依靠专家经验和判断去选择项目和项目方案,项目所有相关利益主体拥有的专家经验和知识都可在专家法中使用。

(3)其他方法。在制定项目起始决策的过程中人们还会用到一些其他的相关方法,这包括各种管理决策分析的方法和项目管理信息系统的使用等方法。其中,管理决策分析方法可用来确定项目和优化方案,如不确定性分析和风险分析的方法都属于这个范畴。项目管理信息系统(Project Management Information System,PMIS)的使用方法可以为制定项目起始决策提供信息,因为这种项目管理信息系统是一套由人和计算机集成的信息系统,它可以为人们选择和开展项目提供各种项目决策所需的信息。

在项目起始决策中最重要的方法是项目论证与评估,因为人们需要通过论证和评估找出令人满意且可行的项目与项目方案,从而做出正确的项目起始决策。有关这方面的内容介绍已经在前面第二章中做了必要的讨论,如果读者对于项目起始决策中使用的项目评估具体技术方法感兴趣,可以查阅相关的文献资料,因为这方面的内容属于另一门课程的范畴。

(二)项目章程

项目章程是在做出项目起始决策后确定的一个项目管理的大政方针文件,它为我们提供了具体项目的要求、目标、规定和方向并给出了对于项目经理的正式授权以及项目团队和其他项目相关利益主体相互关系的规定。所谓"项目章程"中的"章程"其英文表述为"Charter",其原意是"宪章"和"宪法",所以项目章程是项目工作的"根本大法"。因此制定项目章程是项目起始中的主要工作之一,有关项目章程的作用、内容与编制依据等分述如下。

1.项目章程的作用

项目章程多数由项目出资人或项目发起人制定和发布,它给出了关于批准项目和指导项目工作的主要要求,所以它是指导项目实施和管理工作的"根本大法"。项目章程的编制和发布者可以是项目业主,也可以是项目的用户或者政府、社会团体等项目的发起组织。项目章程规定了项目经理的权限及其可使用的资源,所以项目经理多数应该在项目章程发布的时候就确定下来,以便他们能更好地参与确定项目的计划和目标。项目章程一般是在人们做出了项目起始决策以后才能编制和发布的,因为人们首先要决策是否要开展项目和项目的主要指标和要求等,然后才会制定出项目章程。

2.项目章程的内容

从某种意义上说,项目章程实际上就是有关项目的要求和项目实施者的责、权、利的规定。因此,在项目章程中应该包括如下几个方面的基本内容。

(1)项目需要或项目利益相关者的要求和期望。这是确定项目质量、计划与指标的根本依据,是对于项目各种价值的要求和安排。

(2)项目产出物的要求说明和规定。这是根据项目客观情况和项目相关利益主体提出的项目最终成果的要求和规定。

(3)开展项目的目的或理由。这是对于项目要求和项目产出物的进一步说明,是对于相关依据和目的的进一步解释。

(4)项目其他方面的规定和要求。这包括:项目里程碑和进度的概述要求、大致的项目预算规定、相关利益主体的要求和影响、项目经理及其权限、项目实施组织、项目组织环境和外部条件的约束情况和假设情况、项目的投资分析结果说明等。

上述基本内容既可以直接列在项目章程中,也可以是援引其他相关的项目文件。同时,随着项目工作的逐步展开,这些内容也会在必要时随之更新。

3.制定项目章程的依据

任何项目的章程都不是人们凭空想象或随意编制出来的,而是根据项目特性、情况与要求通过综合平衡编制的。因此在制定项目章程时,人们需要依据如下几个方面的信息。

(1)项目起始决定。编制项目章程的首要依据是项目的起始决策。这包括项目起始的决定,项目可行性分析结论,项目主要目标和专项指标,等等。

(2)项目的主要合同。当项目是由承包商或供应商为项目业主/用户实施的业务项目,此时项目合同是制定项目章程的根本依据,项目章程的规定不能违背项目合同的约定。

(3)项目工作说明书。这是项目业主/用户给出的项目具体要求说明书,其主要内容有项目要求、项目产出物和工作的说明以及组织战略规划目标等。

(4)项目的环境条件。在编制项目章程时人们还必须考虑项目外部环境和项目组织环境等方面的因素,如企业情况、政府或行业的标准与规定、项目所处市场发展变化情况等。

(5)项目所涉及的组织过程资产。这是指项目组织所拥有的各种信息、知识和经验等,包括项目组织的方针政策、程序、计划、管理宗旨、体制、机制、规章和原则等。

这些不仅是制定项目章程所需的依据,也是编制项目范围计划的依据。随着人们对于项目、项目环境以及组织过程认识的不断深入,项目的这些依据会不断地增加和更新,所以人们在制订项目范围计划时需要依据这些信息做好项目范围的管理。

(三)项目初步范围说明书

项目范围管理的另一个主要依据是项目初步范围说明书,这同样包括项目产出物的范围和项目工作的范围两方面的初步计划和安排。这是在项目初始决策过程中制定的,人们制定项目初步范围说明书的目的就是为后续的项目范围计划和控制作依据。项目初步范围说明书是根据项目章程制定出来的一种项目管理文件,它给出了项目范围的初步安排。

1.项目初步范围说明书的概念和内容

项目初步范围说明书是初步安排项目范围的一种文件,它初步描述了项目、项目产出物和项目工作的特征、边界、验收标准与控制方法等内容。项目初步范围说明书是根据项目章程和项目相关利益主体的要求和期望,由项目管理团队对其进一步细化的生成详细的项目范围说明书,所以项目初步范围说明书的内容和繁简都会因项目所属领域和项目复杂程度不同而不同,但是多数情况下项目初步范围说明书主要包括以下内容。

（1）项目产出物范围的初步规定。包括对于项目目标和项目产出物的要求与特性的说明、项目产出物的验收标准、项目边界和项目可交付成果的说明等。因为所有项目工作都是为生成项目产出物服务的，所以项目产出物的规定是项目初步范围说明书的核心内容。

（2）项目工作范围的初步规定。项目工作范围是指为生成项目产出物所必须开展的全部工作，在项目初始范围说明书中应该对项目工作范围做出初步规定。这包括项目里程碑、初步的项目工作分解结构、项目成本初步估算、项目时间估算以及项目范围审批的要求等。

（3）项目条件和项目假设条件。项目条件是指确定性的项目约束因素，项目假设条件是指对不确定性项目约束因素的人为假定。由于此时人们无法得到完备的项目信息，所以必须对信息不完备的项目条件做出假定。这包括对于项目资源、条件和工作等方面的假设。

在此必须指出的是，人们根据项目假设条件制定项目初步范围说明书时还需要根据假设条件制定应急措施，以便对于各种假设的发展变化做出应对。

2.制定项目初步范围说明书的主要依据

项目初步范围说明书是根据项目业主或发起人要求编制的，所以项目初步范围说明书的主要依据包括：项目章程，项目的环境因素以及组织的过程资产方面的内容。

（1）项目章程。项目章程是人们编制项目初步范围计划书的根本依据，项目章程中给出的项目目标和要求等内容是指导人们编制项目初步范围计划书的基础和出发点。

（2）项目的环境因素。这是指在人们编制项目初步范围说明书时项目的外部环境和组织环境因素，项目外部环境和组织环境因素相比会不断地变化，所以必须不断更新。

（3）组织的过程资产。这是指在人们开始编制项目初步范围说明书时所拥有的组织过程资产，它和当初制定项目章程时的组织过程资产相比已经有了变化，所以也必须要更新。

3.项目初步范围说明书的编制方法

编制项目初步范围说明书的方法很多，但是最主要的有两种基本方法。这两种编制项目初步范围说明书的具体方法分述如下。

（1）模板法。这是指使用历史项目或借鉴他人的项目初步范围说明书作为模板，去编制既定项目的项目初步范围说明书的一种方法。例如，房地产开发商可用自己历史项目的项目初步范围说明书作为模板，供新房地产开发项目编制项目初步范围说明书使用,所以这是一种学习和借鉴前人经验的项目初步范围说明书编制方法。

（2）分解法。所谓"分解法"是指在没有任何可借鉴模板的情况下,不得不使用"自上而下"的分解技术给出项目初步范围说明书的一种方法。这种方法从项目目标出发,首先分解给出项目产出物,然后根据项目产出物分解给出项目工作的方法。这种方法要求按照"充分必要"的原则进行分解,即在分解中必须贯彻"所有项目产出物都必须是为实现项目目标服务的,而所有的项目工作都必须是为生成项目产出物服务的"这一原则。

（3）其他方法。这包括使用各种项目管理方法、建设和使用项目管理信息系统的方法以及专家法等。使用项目管理方法可以作为制定项目初步范围说明书的手段;建设和使用项目管理信息系统的方法可以提供更多信息;而专家法则可以在没有模板和没法分解时依靠专家经验和知识编制项目初步范围说明书,越是独特的项目越需要使用专家法。

第二节　项目范围计划

项目范围计划是指定义和安排项目的产出物,根据项目产出物范围定义安排项目工作范围的一项项目管理活动。项目范围计划的目的在于明确给出项目产出物（包括项目产出的实物和服务成果以及附带的管理报告和文件等）和项目工作,以及明确给出它们的各种约束条件等。项目范围计划给出的项目范围既是开展项目的依据,也是进行项目成本、项目时间和项目资源计划的基础。因此正确与合理的项目范围计划对于项目的成功至关重要。

一、项目范围计划的概念

因为项目范围计划除了要依据上述项目起始决策、项目章程、项目初步范围说明书以及项目集成计划要求以外,还有以下几个方面的依据以及项目范围计划的工作内容。

(一)项目范围计划的内容

项目范围计划工作的基本内容是安排项目产出物的范围和项目工作的范围,这是根据上述项目已有文件和进一步收集到的信息安排给出项目范围的工作,主要有如下两项工作。

1.项目产出物范围的安排

这是根据项目起始决策、项目章程、初步范围说明书和项目集成计划要求等文件以及项目所处环境与条件因素等信息,特别是根据项目所属专业领域对项目产出物的客观要求和项目各相关利益主体的要求,从而明确和安排项目产出物的工作。例如,对新型汽车研发项目而言,项目产出物的安排包括新型汽车车身、底盘和发动机的研发要求和构成,以及对新型汽车三大总成研发工作生成的项目可交付物的安排,等等。这种项目产出物范围的计划安排工作必须按照"目标导向"和"充分必要"的原则进行,即任何项目产出物都必须为实现项目目标服务(目标导向原则),而且所有为实现项目目标服务的项目产出物一项也不能少(充分原则),所有不是为实现项目目标服务的项目产出物一项也不能多(必要原则)。

2.项目工作范围的安排

这是一项根据项目产出物和项目可交付物的安排,项目起始决策、项目章程、项目初步范围说明书和项目集成计划要求,项目所处环境与条件因素,以及项目所属专业领域的技术和工作要求等,全面安排项目工作范围的工作。例如,对上述新型汽车研发项目而言,人们应该根据已经安排出的项目产出物及其项目可交付物,全面安排生成这些项目产出物所需开展的各项项目工作,这就属于项目工作范围安排的范畴。这种项目工作范围的安排则必须按照项目"产出物导向"和"充分必要"的原则进行,即任何项目工作都必须为生成项目产出物或可交付物服务(产出物导向原则),并且凡是为生成项目产出物所需的工作一项也不能少(充分原则),凡不是为生成项目产出物所需的工作一项也不能多(必要原则)。

(二)项目范围计划的依据

在分析和安排项目产出物范围和项目工作范围时人们必须依据项目开展至此已有的各种文件和在此工作中所收集到的各种信息,所以这方面工作主要依据有如下两个方面。

1.项目开展至此已有的各种文件

这方面的依据主要有:项目起始决策、项目章程(即使没有项目章程也要使用项目规定或要求之类的文件作依据)、初步范围说明书、项目集成计划要求等。这些项目已有文件是项目范围计划的根本依据,人们在项目范围计划中必须依据它们计划和安排项目产出物和项目工作的范围。如果在项目范围计划中发现这些项目文件存在错误、问题或缺陷则需要对这些文件进行更新或修订,尤其是对于项目集成计划要求必须不断进行更新和修订。

2.项目范围计划过程中收集的信息

这种项目范围计划过程中收集的信息主要有:人们及时收集和更新的项目环境与条件因素的发展变化信息,项目所属专业领域对于项目产出物和项目工作的客观要求方面的信息,项目各相关利益主体的项目范围要求和期望变更信息,项目的限制条件与假设条件发展变化信息等。其中,项目各相关利益主体提出的项目范围变更要求和期望变更信息请求中必须包括人们对于这方面变更请求的批准以及相应增减的项目可交付物与项目工作等信息。不管这种项目范围变更要求和期望变更信息是书面的还是口头的,也不管这种项目范围变更要求和期望变更信息是合同规定允许的还是合同中根本就没有规定的,凡是在项目范围计划之前出现的各种项目范围要求和期望变更信息都应是开展项目范围计划的依据。

需要特别说明的是,当一个项目需要依照合同由承包商实施的时候,项目承包合同中确定的各种约束条款都必须作为承包项目范围计划中必须考虑的项目限制条件和项目假设前提条件。另外,在项目范围计划中还需要核查各种环境与组织因素对本项目范围计划的影响或制约,同时在项目范围计划时还要充分收集和利用相关项目的历史资料和信息,因为这些历史项目中的错误及疏忽和经验教训对新项目的范围安排是很有用的。

二、项目范围计划的方法

项目范围计划工作是一项非常严密的分析、推理和决策工作,因此需要采用一系列的逻辑推理和分析识别的方法,在这项工作中经常使用的方法主要包括项目产出物范围的安排方法和项目工作范围安排的技术方法。

(一)项目产出物范围的安排方法

项目产出物或项目可交付物的安排方法主要有两种,具体分述如下。

1. 项目产出物分解法

这是最基本的项目产出物范围的安排方法,是一种结构化分析和分解的技术方法,主要用于相对确定性项目的产出物或可交付物的安排工作。实际上任何项目所属的专业领域都有其客观规律和人们普遍接受的项目产出物分解的方法,如建设工程项目和机械工程项目都有自己的项目产出物分解技术方法。项目产出物分解方法实际就是一种系统分析和分解的方法,如系统工程学中包含的价值工程(或价值分析)方法、功能和产品分解方法等都属于这种结构化的项目分析与设计的方法。

2. 专家法

当人们开展那些很不确定的项目产出物范围安排时,人们多数时候会使用专家法。因为此时的项目产出物分解工作存在较大的信息缺口,人们很难使用前面讲述的结构化系统分析方法去安排项目产出物,甚至此时人们对项目目标的安排都十分困难,所以只好借助专家们的经验和判断去安排项目产出物的范围。例如,人们可以请建筑工程师和机械工程师等专家对初次开展的高不确定性建设工程或机械工程进行项目产出物的安排,然后在后续实施中逐步完善这些专家们做出的项目产出物安排结果。

(二)项目工作范围安排的技术方法

项目工作范围安排的技术方法主要有两种,具体分述如下。

1. 项目工作分解法

这是最基本的项目工作范围安排方法,也是一种结构化的系统分析方法。在人们做出了项目产出物的安排以后,人们就可以根据生成项目产出物的客观需要,分解找出生成项目产出物的项目工作,从而安排项目工作范围。例如,一个建设工程项目的详细施工图纸(项目产出物的要求)给出以后,人们就可以采用项目工作分解的方法安排出项目工作范围了。由于每个项目所属专业技术领域有自己的客观规律和要求,所以每个项目的工作分解技术方法会有所不同。例如,工程建设项目有自己独特的项目工作分解方法,而这种方法很难用于其他种类项目的工作分解和安排。因此人们必须使用具体专业领域的项目工作分解法安排具体项目的工作范围。

2. 项目工作分解平台法或模板法

如果人们曾经使用项目工作分解法做出了某个类似项目的工作分解结构,当人们再次开展类似项目的工作安排时就可以使用先前的项目工作分解结构作为模板去安排新项目的工作范围,这就是项目工作范围安排中所谓的"模板法"。如果人们反复多次使用和修订这些模板就会形成一种某类项目工作分解和安排的平台,而使用这种项目工作安排的平台去安排项目的工作范围的做法就被称为"平台法"。例如,信息系统集成项目具有很强的专业特色,所以人们可以整理给出这类项目的工作分解与安排的平台或模板,以便人们可以使用这种平台或模板安排项目的工作范围。

三、项目工作分解结构方法

项目工作分解结构(Work Breakdown Structure, WBS)方法就是在项目范围计划之中更具项目目标,从而给出项目产出物和项目工作范围的技术方法,这一项目范围计划的技术方法是对上述项目产出物和项目工作范围进行全面计划安排的技术方法。项目工作分解结构方法还可以进一步借助使用项目工作分解结构字典对项目产出物范围和工作范围进行更为全面而详细的说明和安排。

(一)项目工作分解结构的内容

使用项目工作分解结构方法给出的项目工作分解结构(WBS)文件就是一种以项目目标和项目产出物为导向的层次结构的项目范围计划文件,该项目范围计划文件给出了项目要生成的各个可交付物以及由此所需的各个项目工作包,以及它们之间的关系。项目工作分解结构描述了人们所需完成项目的工作范围,它可以使人们清楚地知道整个项目必须要做什么工作和这些项目工作之间的结构关系。所以项目工作安排的核心内容是给出项目工作分解结构,尤其是项目工作分解结构中的项目工作包。因为这些项目工作包是整个项目工作的客观描述,并且这些项目工作包也是后续项目估算、进度安排和跟踪考核的基本单位,所以项目工作安排给出的项目工作分解结构包括如下几个方面的文件和内容。

1.项目工作分解结构文件

项目工作分解结构文件的主要内容有:项目工作包、项目工作包之间的关系以及项目工作包与项目产出物之间的关系。这一文件中的每个项目工作包都有自己独特的标识(或叫账号),它们按照一定的层次结构形成了项目工作分解结构的标识系统,这种标识系统是下一步开展项目配置和项目管理的依据之一。这一标识系统将在后续的项目时间管理中进一步分解和细化成项目活动的账户代码,从而成为项目管理的最小单元和基本识别单位。项目工作分解结构文件多数是以项目工作分解结构图的形式给出,图 3-5 和图 3-6 就是项目工作分解结构的实例。

2.项目工作分解结构字典

项目工作分解结构字典(Work Breakdown Structure Dictionary,WBSD)是对于项目工作分解结构中各部分的详细文字说明,它将项目工作分解结构中各要素逐一进行单列词条的说明。这包括对于项目产出物和项目工作包的逐条描述以及对于项目各个项目工作包之间和项目工作包与项目产出物之间关系的描述等。另外,在该字典中还应该给出项目集成计划和专项计划、项目范围控制要求与方法等方面的信息,例如,对于项目工作包的时间、成本、人员的要求和计划安排等信息。

3.项目集成计划和要求的更新

这是在项目工作分解中生成的另一个成果,它是根据在项目工作分解中得到的信息,对项目集成计划及其要求进行必要修订或更新的结果。由于在项目范围计划编制的初始阶段人们需要根据项目集成计划的要求等信息确定项目范围的各方面限制和要求,所以在有了随后制定出项目工作分解结构等文件和信息后,人们就需对整个项目的集成计划及其要求进行必要的更新。因此项目集成计划的更新是在项目工作分解过程中所获得的全新信息以及对于项目范围计划结果所做出的项目集成计划调整与全面更新。

4.项目工作分解结构相关的其他文件

项目工作分解结构是项目工作分解结构方法中最基本的文件,依据这一文件人们可以去生成项目分解的其他一些文件。项目工作分解结构是项目分解其他文件的主要生成依据,根据项目工作分解结构得到的其他主要项目分解文件有如下几种。

(1)项目合同工作分解结构。项目合同工作分解结构(Contractual WBS, CWBS)是安排承包商或分包商为项目业主/用户提供产出物和工作内容的文件,它是项目工作分解结构文件的一部分,它是为订立项目合同所使用的一种项目工作分解结构文件。

(2)项目组织分解结构。项目组织分解结构(Organizational Breakdown Structure,OBS)是根据项目工作分解结构进一步分解得出的项目团队结构安排。这种项目组织分解结构给出了项目责任和任务的分配以及项目组织构成的描述,它属于项目组织管理的文件。

(3)项目资源分解结构。项目资源分解结构(Resource Breakdown Structure,RBS)也是项目分解结构的一种文件,它是根据项目工作分解结构进一步分解得出的项目所需资源的分解结构文件,它说明了项目各项工作所需的资源情况以及项目资源整体配置情况。

(4)项目风险分解结构。项目风险分解结构(Risk Breakdown Structure, RBS)也是一种结构化的项目分解文件,它是根据项目风险识别结果按既定项目风险分类原则给出的项目风险分解结构文件,其作用是按结构说明清楚项目各种风险及其之间的关系。

(5)项目物料清单。项目物料清单(Bill of Materials,BOM)是在项目管理中使用的项目所需资源或人力的清单。例如,在工程建设项目中的工料清单(Quantity List)就是一种项目所需材料、人工、设备、费用等的项目物料清单。

(6)项目活动清单。项目活动清单(Bill of Activities,BOA)也是一种结构化的项目分解结构文件,是在项目工作分解结构基础上进一步分解生成的,是对于项目各项活动的详细分解文件。实际上,它就是项目工作分解结构的进一步分解和细化而成的项目文件。

(二)项目工作分解结构的编制方法

有了上述各项项目工作分解结构的依据以后,人们就可以使用项目工作分解结构编制方法生成项目工作分解结构文件了。项目工作分解结构的编制方法相关内容分述如下。

1.项目工作分解结构的编制过程

在项目工作分解结构编制的过程中,人们需要根据项目具体情况和要求分解和确定项目工作分解结构,这种项目工作分解结构的编制过程需要按照既定的程序进行。这种项目工作分解结构的编制过程模型如图 3-4 所示。

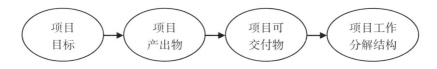

图 3-4　项目工作分解编制过程模型图

由上图可知，在项目工作分解结构的编制过程中包括如下四个具体分解步骤。

(1)根据项目目标分解给出项目产出物。这一步骤的主要内容是根据既定的项目目标或要求分解给出项目的产出物，这样可以保证项目产出物都是为实现项目目标服务的。同时，人们需要根据项目所属专业领域的独特知识和经验分解项目产出物，如建设项目可以采用初步设计、技术设计和施工图设计这样的"三段式"设计程序完成对于项目产出物的设计，而科研项目需要按照科学实验的递进步骤逐步分解给出项目产出物。

(2)根据项目产出物分解给出项目可交付物。这一步骤的主要内容是根据项目产出物的要求进一步分解给出项目在实施过程中生成的项目可交付物。所谓项目可交付物既包括项目产出物的各个组成部分，也包括为生成项目产出物所需要的各种管理工作的成果等。所以在这一步骤中要坚持"充分必要"原则，即凡是构成项目产出物的项目可交付物一样也不能少，而凡不是构成项目产出物的项目可交付物一样也不能多；凡是为生成项目产出物所需的各种管理文档和其他交付物一项也不能少，凡不是为生成项目产出物所需的各种管理文档和其他交付物一项也不能多。因为只有这样才能保证项目最终能够生成既定的项目产出物，并且才能够保障在项目实施中不会出现不必要的疏失。

(3)根据项目产出物或项目可交付物分解给出项目工作分解结构。这一步骤的主要内容是根据项目产出物或者项目可交付物的需要和要求，分解得到一个项目的工作分解结构文件。在这一步骤中也要坚持"充分必要"的基本原则，即凡为生成项目产出物或项目可交付物所需的项目工作一项也不能少(充分原则)，凡不是为生成项目产出物或项目可交付物的工作一项也不能有(必要原则)。最终这一步骤将会给出一个项目的工作分解结构文件，即由一系列项目工作包所构成的一种层次型的项目工作分解结构文件。

(4)分析和检验项目工作分解结构的正确性。在这一步骤中人们认真检验项目工作分解结构文件的正确性，人们需要通过回答下列问题检验项目工作分解文件的正确性。一是"分解给出的项目产出物都是充分必要的吗?"二是"分解给出的每个项目可交付物都是充分必要的吗?"三是"分解给出的每个项目工作包都是为充分必要的吗?"四是"分解得到的每个项目工作包的内容安排清楚了吗?"如果这些问题中的任何一个问题的答案是"不是",人们就必须重新修订或重新识别与分解项目工作分解结构。

需要特别注意的是,任何一个项目并不是只有一种正确的项目工作分解结构,一个项目可能会有多种可行的项目工作分解结构。所以人们真正需要判定的是分解得到的项目工作分解结构是否可行和令人满意,而不是得出的项目工作分解结构是否正确与唯一。图3-5就是使用"项目范围计划"一节中讲述的项目工作分解法给出的工厂建设项目工作分解结构。

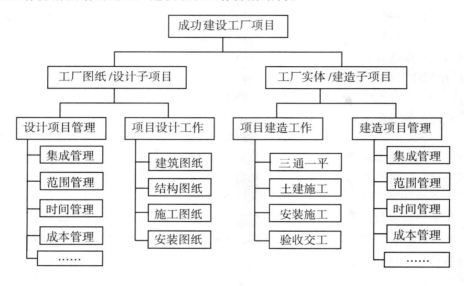

图3-5　工厂建设项目的工作分解结构示意图

2.项目工作分解结构编制的模板法或平台法

除了上述项目工作分解过程的方法以外,多数项目的工作分解可以使用项目工作分解模板法或平台法。所谓项目工作分解结构模板法就是指人们借助项目所属专业技术领域中的标准化或通用化的项目工作分解结构模板,然后根据具体项目的要求通过增加或删减而得到项目工作分解结构的方法。这种方法包括三个步骤:一是项目工作分解模板的确定,二是具体项目工作的增加和删减,三是项目工作分解结构的分析和检验。具体分述如下。

(1)项目工作分解模板的确定。这是选择和确定所需使用的项目工作分解模板的工作,人们既可以借用项目所属专业技术领域或行业的标准化或通用化的项目工作分解结构模板,也可以使用某个类似的历史项目工作分解结构作为模板或平台,甚至可以专门设计和定制一个项目工作分解结构的模板。通常这种项目工作分解结构模板的详尽程度要能满足具体项目工作分解的需要,一般这种模板所包含的项目工作包要比具体项目所需的项目工作包多一些,因为这样更有利于人们使用相对容易的消减法给出具体项目的工作分解结构。

(2)具体项目的工作增加和删减。在选定项目工作分解结构模板以后,人们就需要根据新项目的情况、要求和条件等,通过增加和删除一些项目工作包给出新项目工作分解结构。虽然每个项目都是独特和具体的,但是大多数同一所属专业应用领域的项目都有自己的标准或典型模板,至少会有类似的历史项目工作分解结构作模板使用。当然,如果实在没有就只能使用项目工作分层分解的技术方法了。这一步骤的主要工作是按照前面讲述的项目工作分解"充分必要"原则,增加或删除项目工作分解模板中的项目工作而形成新项目的工作分解结构文件。

(3)项目工作分解结构的分析和检验。由于这同前面在项目工作分解结构的编制中所讨论内容一样,所以在此不再赘述。实际上很多专业应用领域中均有标准或半标准的项目工作分解结构供人们作新项目的工作分解结构模板使用,图 3-6 就是一种信息系统开发项目的工作分解结构模板示意图。

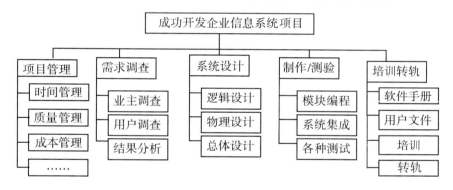

图 3-6 信息系统开发项目的工作分解结构模板示意图

(三)项目工作分解结构方法的拓展

项目工作分解结构方法是项目工作范围计划中使用最基础和最广泛的技术方法,这种方法可以有很多变种,在此总结出如下所述的四种项目工作分解结构方法的拓展。

1.自上而下的项目工作分解方法

这是指按照图 3-3 所给的层次结构模型,从项目的目标开始向下逐层分解给出项目产出物、项目可交付物、项目工作包的方法。这是最常用的项目工作分解法,具体可参照图 3-5 给出的建设项目工作分解结构的示意图。

2. 自下而上的项目工作分解方法

这是指按照图 3-7 所给出的自下而上的层次分解过程,即从项目工作包到项目可交付物和项目产出物逐层向上给出项目工作分解结构的方法。当项目工作的要求十分明确的时候,项目可以采用这种项目工作分解的方法。例如针对各种迎接评估的项目,因为评估要求或评估工作规定得十分明确,所以就可以使用这种方法生成项目工作分解结构。图 3-7 给出的是 EMBA 教育申请项目的工作分解结构示意图,因为国家教育部当时提出各校的申请报告书中必须满足六项基本条件的要求,所以这些要求就可以作为项目工作分解的起点,最终给出了这个项目工作分解结构。

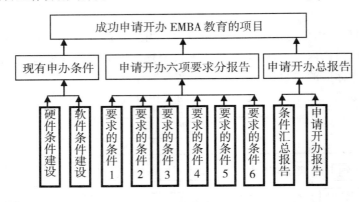

图 3-7　申请开办 EMBA 教育的项目工作分解示意图

3. 自左至右的项目工作分解方法

这是一种按照项目生命周期的进程和阶段逐步、逐层分解得到项目工作分解结构的方法,也是最为常用的项目工作分解法,图 3-6 所给出的信息系统开发项目的工作分解结构就是按照此法给出的。在这种方法中人们多数按照项目生命周期的四阶段划分方法,先分解给出项目定义与决策、计划与设计、实施与控制、完工与交付四个阶段构成的项目生命周期,然后再分解给出每个阶段所包含的工作包,最终形成一个项目的工作分解结构。

4. 自右至左的项目工作分解方法

这是指按照图 3-8 所给的项目工作分解结构模型分解项目工作的方法,这种方法按照项目生命周期进程和阶段的相反方向逐步、逐层分解得出项目的工作分解结构。这种方法多数时间用在项目的产出物和可交付物要求十分明确的情况下,如某种新产品的研发项目在各种指标和条件都十分明确时就可使用这种方法,具体可参见图 3-8 给出的某新产品研发项目工作分解结构示意图。

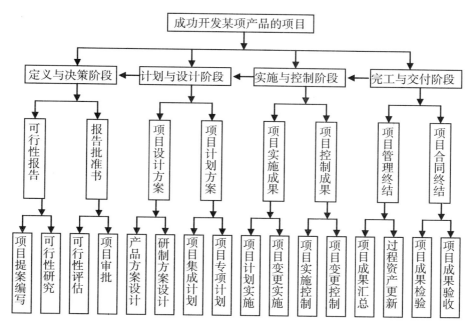

图 3-8　某新产品开发项目的工作分解示意图

四、项目范围计划的成果

项目范围计划的最终成果主要有两个,一个是项目工作分解结构文件,另一个是详细的项目范围说明书,二者的内涵具体分述如下。

(一)项目工作分解结构文件

项目范围计划的主要内容之一是项目工作分解结构文件,项目工作分解结构文件中主要包括如下两个方面的具体内容。

1.项目工作分解结构图

这是使用层次结构图给出的项目工作分解结构文件,其主要内容包含如下几个方面。

(1)项目目标或要求。这是项目工作分解结构图中最顶层的要素,它是指导人们分解得到项目产出物分解结构的依据。在多数情况下,项目目标和要求是在项目初始决策中确定的,是专门用来作为进一步分解得出项目产出物的依据。例如,图 3-5、图 3-6、图 3-7 和图 3-8 最上面一层都属于项目目标或要求的内容。

(2)项目产出物分解结构。这是项目工作分解结构图中第二层的要素,它是指导人们分解得到项目工作分解结构的依据。多数情况下,项目产出物分解结构是用来指导人们开展项目工作分解结构使用的,特别是在"自上而下"类的项目工作分解结构方法中更是如此。例如,图 3-5 和图 3-7 中的中间一层就属于项目产出物分解结构的内容。

(3)项目工作包分解结构。这是项目工作分解结构图中第三层的要素,它是人们依据项目产出物分解结构而分解得到的全部项目工作包。多数情况下,项目工作分解结构将进一步用来指导人们开展项目活动清单的识别和确定。例如,图 3-5、图 3-6、图 3-7 和图 3-8 中最下一层都属于项目工作分解结构的内容。

2.项目工作分解结构字典

项目工作分解结构字典是按照类似于字典的分列词条给出说明的方式,对于上述项目工作分解结构中的项目目标、项目产出物和项目工作包三个不同部分中的每个要素分别进行说明的文件。项目工作分解结构字典既是整个项目工作分解结构各个要素的说明,也是后续人们开展项目活动清单分解的主要依据。

(二)详细的项目范围说明书

详细项目范围说明书是针对项目初步范围说明书而言的,因为它是在项目初步范围说明书基础上进一步细化和制定而成的,所以详细的项目范围说明书详细地说明了项目产出物和项目工作的范围。这种详细的项目范围说明书是项目相关利益主体有关项目目标和要求的共同意愿表述,所以人们可以根据它去制定后续的详细项目计划和项目业绩评估基线,并据此开展各项项目的业务和管理工作。详细项目范围说明书包括如下几个方面的具体内容。

1.项目目标和项目范围的指标

这包括度量项目的目标和度量项目工作的具体指标,主要涉及项目各种要求、指标(如项目成本、质量、时间方面的要求和指标)、项目产出物的技术和质量要求等。所有这些指标都应该有具体的指标值,否则会给项目带来风险(这也可以在项目工作分解字典中给出)。

2.项目产出物的范围描述

这是说明项目产出物特性和构成的描述,人们需要据此生成项目产出物。这种描述为后续项目各种计划工作提供了依据,所以这种描述的最低限度要能清楚地给出项目产出物的安排,即项目产出物包括什么和不包括什么(这也可以在项目工作分解字典中给出)。

3.项目可交付物的规定

所谓项目可交付物包括在项目产出物的生成过程中所产生的各种可交付成果,这既包括项目产出物的零部件,也包括项目管理中生成的报告或文档等。在项目范围说明书中要或详细或简略地给出项目可交付物的构成和要求。

4.项目条件和项目假定条件

详细项目范围说明书中还应该给出与项目范围有关的各种项目限制条件和

项目假定条件,因为这些条件限定了项目产出物和项目工作范围。同时,这些也是确定项目合同或承包书的依据,所以这些条件需要较为详细地给出。

5.项目各方面的配置关系与要求

这是有关项目目标、产出物、可交付物、项目工作以及项目成本、时间、质量、组织和责任等各方面配置关系和配置管理的说明。例如,项目成本、时间、质量和范围的相互配置关系说明和项目各项工作之间的配置要求等。

6.项目批准过程中的要求和规定

这包括批准项目各种计划和项目相关利益主体提出的各种变更请求时给出的要求和规定,还包括对于项目目标、项目产出物、项目可交付物、项目工作的批准以及对于它们的变动请求过程中给出的各种要求和规定。

第三节　项目范围计划确认

通常项目管理专家们根据项目起始决策、项目章程和项目初步范围说明书等文件和信息,在按照上述方法制定出了项目范围计划以后,还必须由项目相关利益主体将这些项目范围计划文件进行最终的确认。因此,项目范围计划确认同样是项目范围管理中的一项重要工作,关于项目范围管理工作的概念、依据、内容和方法分述如下。

一、项目范围计划确认的概念和依据

在项目范围计划清楚给出之后和项目实施之前,人们都需要去做好项目范围计划的确认(Project Scope Verification,PSV)工作,有关这项工作的概念和依据分述如下。

(一)项目范围计划确认的概念

项目范围计划确认是指由项目相关利益主体对于项目范围计划的正式认可和接受的一项管理工作,项目范围计划确认既包括验证和确认项目范围计划所给出的项目范围计划结果,也包括对于项目范围实施可行性的全面检验和确认。其中,前者的作用是确保所有项目范围计划给出的项目产出物范围和项目工作范围都是充分必要的,而后者的作用是确保项目实施能够完成计划安排的项目范围。所以项目范围计划确认工作中还包括对于人们是否能够实施完成项目产出物范围和项目工作范围所进行的可行性分析、验证与认可。

1.项目范围计划确认的内容

项目范围计划确认工作既涉及对于整个项目范围计划的确认,也包括对每个项目阶段范围的确认工作;既包括对于计划安排的项目产出物范围的确认,也包括对于计划安排的项目工作范围的确认;既包括对于项目产出物范围实施可行性的确认,也包括对于计划安排的项目工作范围实施可行性的确认。这种项目范围计划确认关心的是项目产出物范围和项目工作范围的计划安排的对错以及项目产出物范围和项目工作范围的计划安排的可行性如何,因此这种项目范围计划确认工作在某种程度上是一种项目管理的决策工作。

2. 项目范围计划确认的成果

项目范围计划确认工作的最终成果有两项,一是经过确认和批准的项目产出物范围和项目工作范围计划安排,二是经过确认和批准的项目工作分解结构及其项目工作分解结构字典。其中,经过确认和批准的项目产出物范围和项目工作范围的计划安排必须要有由项目业主/用户等主要项目相关利益主体签发的项目范围计划确认文件以及他们接受和确认的项目或项目阶段生成的项目可交付物与完成的项目工作范围,而经过确认和批准的项目工作分解结构及其项目工作分解结构字典就是日后开展项目范围管理的根本依据。

(二)项目范围计划确认的依据

项目范围计划确认工作的主要依据有:项目范围计划中所使用的各种依据以及项目实施中各种范围变更文件和项目实施最终结果文件,对这些主要依据的讨论如下。

1. 项目的各种文件

项目范围计划确认工作需要依据各种已有的项目文件,包括项目初始决策文件、项目章程、项目集成计划要求、项目范围计划、详细项目范围说明书、项目工作分解结构及其字典、项目技术设计文件和其他各种在项目范围计划确认时已有的项目文件。

2. 项目的各种信息

项目范围计划确认还需要依据各种项目验证时已有的项目信息,这包括与项目有关的事业组织环境方面的信息、组织过程资产所包括的各种信息、项目变更请求和审批的信息、项目所属专业技术领域方面的信息以及其他各种相关的项目信息。

3. 项目范围计划结果

项目范围计划结果既是被确认的对象,也是在这种确认中所使用的依据之一,这包括项目或项目阶段的产出物、可交付物以及项目工作范围等安排结果文件,项目相关利益主体需要根据这些文件确认项目范围计划的安排情况。

二、项目范围计划确认的方法内容

项目范围计划确认就是对项目范围安排或完成安排的情况进行审查并做出

接受和确认既定项目范围的决策,所以此时人们需要使用合适的技术和方法对项目范围计划安排结果进行必要的分析审查,并最终给出是否确认的结果。由于项目范围计划确认的对象包括项目产出物范围计划的结果和项目工作范围计划的结果两方面,其中对于项目产出物范围计划的确认主要使用"充分必要"的审查和确认技术方法,而其中对于项目工作范围计划的确认主要使用工作的核检技术方法,现将这两种方法具体分述如下。

(一)项目产出物范围计划的确认方法

人们在对项目产出物范围计划的确认中主要使用的是"充分必要"的分析方法,有关项目产出物范围计划确认的这种方法讨论如下。

1.项目产出物是否充分的确认方法

这种方法是对照项目产出物范围计划的结果,通过对于既定计划和安排出的项目产出物是否能够满足实现项目既定目标的要求进行必要的分析和确认。在确认项目产出物范围计划是否"充分"的技术方法中,最主要的步骤就是分析和回答"根据既定的项目目标去分析和确认计划安排的项目产出物是否一个也不少,是否不需要做任何项目产出物范围的增加工作"这个问题,在给出答案后人们还需要进行相应的项目产出物范围计划调整和确认。

2.项目产出物是否必要的确认方法

这种方法是对照项目产出物范围计划结果,对既定计划和安排出的项目产出物中有无不是为实现项目既定目标服务的情况进行必要性的分析和确认。在确认项目产出物范围计划是否"必要"的根本技术方法中最主要的是分析和回答"根据既定的项目目标去分析和确认计划安排的项目产出物是否一个也不多,是否不需做任何项目产出物范围的删减工作"这个问题,在给出答案后人们还需要进行相应的项目产出物范围计划调整和确认。

(二)项目工作范围计划的确认方法

项目工作范围计划的确认方法主要使用的也是"充分必要"的分析确认方法,只是这种方法主要是针对项目工作范围计划的充分必要性的分析和确认,这种项目工作范围计划的分析和确认方法的具体说明如下。

1.项目工作包是否充分的确认方法

这种方法是对照项目工作包范围计划的结果,对于既定计划和安排出的项目工作包是否能够满足生成所有项目产出物的要求进行必要的分析和确认。在确认项目工作包范围计划是否"充分"的技术方法中最主要的步骤是分析和回答"根据计划安排的项目产出物分析和确认计划安排的项目工作包是否一个也不少,是否不需要做任何项目工作包范围的增加工作"这个问题,在给出答案后人们还需进行相应的项目工作包范围计划的调整和确认。

2.项目工作包是否必要的确认方法

这种方法是对照项目工作包范围计划结果,对既定计划和安排出的项目工作包中有无不是为生成项目产出物服务的情况进行的必要性分析和确认。确认项目工作包范围计划是否"必要"的根本技术方法中最主要的是分析和回答"根据既定的项目产出物分析和确认计划安排的项目工作包是否一个也不多,是否不需做任何项目工作包范围的删减工作"这个问题,在给出答案后人们还需要进行相应的项目产出物范围计划的调整和确认。

实践证明这两种方法在项目工作范围计划结果的确认中是行之有效的,当然项目工作范围计划的确认还有一些其他方法,但是主要是上面给出的这两种确认的方法。

第四节　项目范围管理计划

项目范围管理计划是项目范围管理的核心工作之一,这是项目团队根据项目初始决策、项目章程、项目初步范围说明书和项目要求等所做的项目范围管理工作的计划和安排。项目范围管理计划的主要内容是有关项目范围管理工作内容、方法和要求等方面的安排。

一、项目范围管理计划的概念

项目范围管理计划的主要内容包括两方面内容:一是在何时开展何种项目范围管理工作,二是人们需要使用何种方法开展这些项目范围的管理工作。其中,前者是对项目范围管理工作的全面计划和安排,后者是对项目范围管理方法的规定和要求。制定项目范围管理计划的根本任务是生成一份项目范围管理计划书(或叫项目范围管理规划或指南),这种项目范围管理计划书及其编制的具体概念分述如下。

(一)项目范围管理计划的定义

项目范围管理计划是项目管理者规划、定义、安排、确认、管理和控制项目范围的计划工作,它涉及人们如何确定项目范围,如何制定项目范围计划书或说明书,如何确定和管理项目工作分解结构文件以及如何确认和控制项目范围等方面的计划和安排。

(二)项目范围管理计划的内容

项目范围管理计划的核心内容包括:如何根据项目初始决策、项目章程以及项目初步范围说明书等编制项目范围计划的过程和方法,如何根据详细项目范围计划开展项目范围实施的过程和方法,如何控制项目范围变更的过程和方法等。项目范围管理计划同项目质量管理计划、项目成本管理计划和项目时间管理计划等构成了项目管理计划的整体。

（三）项目范围管理计划的编制

项目范围管理计划的制定主要是分析和给出项目范围管理工作和方法的计划与安排，这首先需要从分析项目初始决策、项目章程、项目初步范围说明书以及其他项目管理计划和项目集成计划要求入手，最终给出一份安排、计划、确认和控制项目范围的程序、方法和要求等方面的计划文件。项目范围管理计划同其他项目管理计划一样，既可以制定成详细、正式的项目计划书，也可以制定成简略、非正式的项目计划要求。

二、项目范围管理计划的依据

制定项目范围管理计划必须要有科学的依据和正确的方法，有关项目范围管理计划编制的依据主要依据有两个方面：一是初始项目范围决策的结果，二是其他有关项目范围管理的信息。前者主要是有关项目相关利益主体对于项目产出物和工作的质量规定与要求，后者主要是项目相关利益主体对于项目管理方面的规定和要求。这些项目范围管理计划的主要依据分述如下。

（一）项目起始决策与项目章程

1. 项目起始决策

由于项目起始决策是项目开展时实施与管理的起点，所以它是项目范围管理及其计划的主要依据。通常，人们在项目起始决策中做出了关于开展一个项目的决策、项目的目标、项目的要求、项目集成的初始安排、项目管理的原则和目标等方面的规定，因此人们可以依据项目初始决策的结果开展项目各种计划的编制工作。所以项目初始决策的各种信息都是项目范围管理计划制定的基本依据。

2. 项目章程

这也是制定项目范围管理计划的主要依据，因为项目章程中给出了项目的目标、项目的要求、项目的约束条件和项目的管理要求等各方面的信息和规定，所以不管是项目范围计划还是项目范围管理计划，以及其他的项目范围管理程序与方法都需要根据它来制定。需要特别指出的是，项目章程是项目主要相关利益主体共同制定的一种项目管理的大政方针和行为宗旨，所以在项目范围管理和项目其他专项管理中都必须遵循。

（二）项目初步范围说明书和其他项目管理计划文件

1. 项目初步范围说明书

这是根据相关利益主体对项目目标和质量的要求做出的项目产出物和工作

范围的初步规定,是给出了项目产出物和项目工作范围的大致内容与要求的项目范围初始规划文件,所以它也是编制项目范围管理计划的重要依据之一。

2.其他的项目管理计划

这包括项目质量、成本、时间、采购、沟通、风险管理等方面的专项管理计划。因为这些项目管理计划都对项目范围管理计划具有相互影响和相互作用,所以也都必须作为项目范围管理计划工作的主要依据。

(三)项目范围管理的其他有关信息

项目范围管理的其他有关信息中既包括项目所处环境与条件的信息,项目团队或项目实施组织的目标、政策、组织程序、管理机制、组织结构、组织文化、资源情况和历史项目信息,也包括项目团队和项目实施组织所处的市场环境、资源约束、不确定性环境等各种环境方面的情况。因为人们必须根据各种有关信息开展项目范围的管理,所以凡是与项目范围管理有关的信息都应该是项目范围管理计划制定的依据。

三、项目范围管理计划的方法

这是指制定项目范围管理计划所使用的主要方法和程序,是针对项目范围计划去制定出如何管理和控制项目范围和如何进行项目范围变更的技术方法和程序。项目范围管理计划的主要方法包括:项目范围管理工作的界定和计划的方法及程序,项目范围管理工作计划的确认方法及程序,项目产出物和项目工作包的管理控制方法及程序,项目范围变更的方法及程序,等等。这些项目范围管理的方法和程序都是用来指导人们开展项目范围管理的,所以都属于项目范围管理计划方法的范畴。

(一)项目范围管理计划的编制方法

项目范围管理计划的编制方法同多数项目规划或计划方法一样,主要是确定规划或计划的目标、条件、任务、方案、责任、预算以及应急措施等内容的方法。由于项目范围管理计划的制订处于项目较早阶段,信息缺口较大,所以主要采用下述两种项目规划的方法。

1.专家法

这是使用专家经验制订项目范围管理计划的方法,因为在制订项目范围管理计划的时候人们缺乏有关项目的信息,所以需要使用专家经验和判断去弥补信息的缺口,因此人们需要采用专家法编制项目范围管理计划。

2.模板法

这是一种使用类似的历史项目的范围管理计划作为模板信息制定新项目范围管理计划的方法。因为同类的历史项目经验教训在很大程度上可以作为参考信息使用,所以在编制项目范围管理计划时可以选用这种方法。当没有模板时则可使用专家法。

(二)项目范围管理计划具体内容的编制方法

项目范围管理计划具体内容的主要编制方法包括如下几个方面。

1.项目范围管理工作的界定方法

这是用于分析、找出和界定项目范围管理中所包含的各种工作的技术方法,是一种根据项目范围计划和项目集成计划等要求和需要,确定出人们何时应该开展哪些项目范围管理工作的技术方法,是项目范围管理计划制定的主要技术方法之一。

2.项目范围管理工作的确认方法

这是对人们分析、找出和界定的项目范围管理工作进行评审和确认的技术方法,这种方法根据人们在项目范围计划中界定出的项目范围管理工作,从这些工作的必要性、可行性、及时性和实效性进行分析和确认,所以这也是制订项目范围管理计划用到的主要技术方法。

3.项目产出物的范围管理控制方法

在项目范围管理计划具体内容的编制方法中最重要的是项目产出物的范围管理控制方法,全球项目管理的实践表明项目产出物范围管理控制的失误是造成项目范围失控和项目最终失败的主要根源,所以人们必须使用这种方法监督和控制项目产出物范围的变化。

4.项目工作包的范围管理控制方法

同样,在项目范围管理计划具体内容的编制方法中项目工作包的范围管理控制方法最重要,因为实践表明项目工作包范围管理的失控也是造成项目范围失控和项目最终失败的主要根源,所以人们还必须使用这种方法监督和控制项目工作包范围的变化。

5.项目范围变更的管理方法

在项目计划和实施的过程中都会出现项目范围的变更,这既包括项目业主、承包商或其他项目相关利益主体提出的主观项目范围变更,也包括由于项目环境与条件变化所导致的客观项目范围变更,所以人们还必须使用项目范围变更的管理方法。

第五节 项目范围控制

在项目开始按照项目范围计划实施以后,项目自身、项目各种条件和环境都会发生变化,这种变化会导致项目范围发生变动而需要对其进行必要的控制。

一、项目范围控制的内容和依据

不管是客观影响还是主观请求所导致的项目范围变更都会使项目时间、成本、质量、采购和风险等各方面发生相应改变,因此人们首先必须要对项目范围进行严格的管理和控制。这种控制是根据项目客观和主观的变更情况与项目范围管理的计划,运用项目范围变更控制系统和各种项目变更方法,按照项目集成管理的思想开展的一种项目范围管理工作。

(一)项目范围控制的内容

项目范围控制的主要内容有两个:一是按照充分必要的原则保障项目范围的实施,二是按照价值最大化的原则开展项目范围的变更。项目范围变更的控制又可以分成两个部分:一是对于客观影响而造成的项目范围变动的控制,二是对于人们主观提出的项目变更请求的控制,这主要是指项目相关利益主体所提出的项目范围变更请求的审批和监督实施等。项目范围控制必须同项目其他要素的控制集成进行,否则就会出现所谓的项目范围迁延。

在项目范围控制中人们开展的主要控制工作包括:分析和确定影响项目范围变动的主要因素和环境条件,管理和控制那些能够引起项目范围变更的主要因素和条件(这两项属于事前控制);分析和确认项目相关利益主体各方提出的项目变更请求的合理性和可行性,分析和确认项目范围变动是否已实际发生(实际偏离了计划)及其风险和影响,当项目范围变更发生时对其进行必要的控制(这些属于事中控制);最终人们还要设法使项目变更朝着有益于项目相关利益主体所获价值的方向发展,并努力消除项目变更带来的不利影响。

(二)项目范围控制的主要依据

项目范围控制的主要依据包括下列的项目文件和项目信息。

1.项目文件方面的依据

项目范围控制所依据的文件主要有:项目集成计划、项目范围管理计划、详细的项目范围说明书、项目工作分解结构及其字典,等等。这些项目文件安排并给出了项目范围的安排和控制基线,当项目实施范围超出了这些文件所规定的范围时,就表明发生了项目范围的变动而必须开展项目范围的控制工作了。

2.项目信息方面的依据

项目范围控制所依据的主要信息有:项目事业环境因素和组织过程资产方面的信息、项目范围变更请求及其审批的信息、项目范围实施绩效信息,等等。其中,项目实施绩效信息又包括两类:一是项目实施进度情况,二是项目范围、时间和成本变动情况。项目范围变更的信息也包括两类:一是项目客观影响而发生变动的信息,二是项目主观请求而发生变更的信息。人们需要根据这些信息开展项目范围控制。

二、项目范围控制的方法和成果

有了上述项目范围控制的依据之后,人们就可以使用项目范围控制的方法开展这方面的控制并通过项目范围控制生成项目范围控制成果了。

(一)项目范围控制的方法

项目范围控制有很多种方法,主要有如下几个。

1.项目范围控制系统的方法

建设并使用项目范围控制系统是项目范围控制主要方法之一,这一系统主要包括:项目范围变更控制的基本程序和方法、项目范围控制的责任划分和授权、项目范围变更的文档化管理、项目范围变更的跟踪监督、项目范围变更请求的审批等。这种项目范围控制系统的规定和要求都应在项目范围管理计划中明确给出,以便在项目实施过程中能够使用这一系统做好项目范围控制工作。这一系统实际上就是整个项目控制系统(又叫项目授权系统)的一部分,人们必须依照项目配置关系做好项目范围控制的集成管理工作。另外,当项目是按照合同进行时,项目的范围控制必须按合同规定进行。

2.项目配置管理系统的方法

建设并使用项目配置管理系统也是项目范围控制的一种方法,这种系统实际上是项目集成管理系统的一个组成部分。项目配置管理系统的方法主要按照项目目标、产出物、可交付物、工作和资源的配置关系进行控制,按照配置关系匹配的方法去管理和控制项目范围。这种控制方法由一系列综合平衡的配置管理和文档化的控制程序构成,借助这些方法人们能实现对于项目资源、工作、产出物和项目目标的合理配置,从而实现项目范围和项目各个要素的集成控制与管理。

3.项目偏差的分析方法

项目实施偏差情况分析方法也是项目范围控制的一种有效方法,这一方法通过分析项目范围是否已经发生变动、变动大小以及变动所造成影响的大小,然后决定人们所应该采取的预防、纠偏和补救措施。实际上项目范围控制最重要的工作就是识别、分析和度量已发生的项目变动及其原因,然后决策是否对这项变动(或偏差)采取行动。这种方法要求在发现项目范围出现偏差(或变动)后要立即缩短项目实施绩效的度量周期,以便由此严密监视项目实施进展情况以及其中出现的偏差和问题。

4.更新项目计划的方法

当项目范围发生变更时,人们必须对原有项目范围管理的各种计划文件进行必要的修改和更新。因为项目范围变化较大时会导致项目各方面计划无法实现,如项目时间、成本和质量等计划均会受到严重影响。所以在项目范围变更时,人们必须针对项目范围变更情况更新项目各种计划。此时使用的方法包括:追加计划法、全面更新法和重新修订法,等等。在使用重编制项目计划法时,要同时重新编制项目集成计划和项目专项计划,否则会破坏项目各方面的配置关系和集成管理。

(二)项目范围控制的主要成果

项目范围控制的结果包括由此生成的项目范围实施结果、相应项目范围控制文件和得到的经验教训,这些项目范围控制的结果分述如下。

1.项目范围实施的成果

这方面成果有两个:一是按项目范围计划实施而得到的项目范围实施成果,二是按项目范围计划变更方案实施所得到的项目变更结果以及各种预防、纠偏和补救措施。这些项目范围实施成果都是一种项目集成管理的结果(有好有坏),所以它要符合项目范围计划和项目集成计划的要求。

2.项目范围控制的文件

项目范围控制所生成的各种文件也是项目控制的成果之一,因为在项目范围实施中进行的变更必须用正式的项目文件描述。这方面的成果主要有:项目范围变更批准书及其辅助文件,更新的项目工作分解结构及其字典,更新的项目范围管理计划,更新的项目集成计划,更新的项目成本、时间和质量等专项计划等。

3.从中学到的经验与教训

在项目范围变更及其控制中都会出现经验和教训,这些经验与教训都应该最终形成文件,使这部分信息成为项目历史数据的一部分。这方面的成果既包括项目事业环境因素和组织过程资产的更新文件,也包括人们通过总结项目的经验教训真正学习到的经验和教训以及由此总结给出的各种经验教训报告等。

本章思考题

1.项目范围管理有哪些主要的工作?

2.项目范围管理有哪些主要的作用?

3.为什么对项目范围计划要进行确认?

4.为什么人们需要编制项目范围管理计划?

5.项目范围计划和项目范围管理计划之间有何关系?

6.为什么项目范围计划须经过主要项目相关利益主体的确认?

7.项目范围控制中所使用的项目配置管理系统方法的作用是什么?

8.项目范围控制中所使用的项目范围控制系统方法的作用是什么?

第四章　项目时间管理

4

【本章导读】

本章将全面讨论有关项目时间管理的内容、方法和理论，重点讨论由项目时点管理和项目时期管理这两个方面共同构成的项目时间管理的基本原理和方法，以及项目进度计划制订与控制的程序与方法。本章的具体内容包括：项目活动分解、项目活动排序、项目活动资源估算、项目活动工期估算、项目进度计划编制、项目进度控制等几个方面的内容。

第一节　项目时间管理的概念

项目时间管理以前又叫项目工期管理或项目进度管理，但是在最新的现代项目管理中将这二者合并称为项目时间管理，所以项目时间管理是现代项目管理知识体系中全新的叫法，其实质性内容是一种为实现按时完成项目所开展的项目专项管理。

一、项目时间管理的定义和内涵

人们对项目时间管理的理解和解释各有不同，甚至有些人在项目管理实践中还会混用项目时间管理、项目工期管理和项目进度管理的概念，本书具体定义三者如下。

（一）项目时间管理的定义

项目时间管理是与项目范围、项目质量和项目成本等项目专项管理一样的一种项目目标性的专项管理，是人们为能够按时完成项目而开展的一系列项目管理工作和过程。项目时间管理分为项目时点（项目进度）管理和项目时期（项目工期）管理两个方面的管理,它是现代项目管理知识体系中的一个专项管理或专门知识领域。项目时间管理的具体内容包括:项目活动分解、项目活动排序、项目活动资源估算、项目活动工期估算、项目进度计划编制和项目进度控制等具体的项目时间管理工作。

(二)项目时间管理的内涵

由上述项目时间管理的定义可知,它既包括对于项目时点性指标与要求的管理,也包括对于项目时期性指标与要求的管理,这两方面的时间指标和要求的管理工作构成了项目时间管理的两个维度。同时,项目时间管理并不是独立的,项目时间管理与项目范围、质量和成本的管理是相辅相成和相互影响的。特别需要指出的是,有些项目的时期或时点的要求是刚性的(如奥运会场馆建设的最迟完工时间是既定的),在这种情况下项目时间管理成了项目管理的第一优先要素,所以项目范围、质量和成本等管理活动都必须为满足项目时间的要求服务,至少人们需要通过增加投入资源、修改项目范围以及降低项目质量等方法去保障项目时间方面的需要和要求。

二、项目时间管理的主要内容和工作

同样,不同专业的人们对于项目时间管理所应该包含的内容也各有不同理解,根据国际上最新的现代项目管理研究结果,本书对于项目时间管理的主要内容定义如下。

(一)项目时间管理的主要内容

项目时间管理的主要内容包括:项目活动分解、项目活动排序(即分析和确定项目活动之间的活动顺序)、项目活动资源估算(即估算项目活动所需资源种类的数量)、项目活动工期估算(即对项目各项活动和整个项目所需时间周期做出估算)、项目进度计划编制(即根据所获信息制定出项目全过程的各个时点)和项目进度控制这六项具体的项目管理工作。

(二)项目时间管理主要工作之间的关系

这些项目时间管理的主要工作及其相互关系由图 4-1 给出了示意。

由图 4-1 可知,项目时间管理的内容是相互关联的。从理论上讲,它们是按照图 4-1 中给出的步骤开展的,但在实际中它们可能是相互交叉和重叠的。另外,项目时间管理与项目范围、质量和成本管理也密切相关,因为在项目范围管理中界定的项目工作包是项目活动分解的基础,而在项目时间管理中给出的项目资源估算(或要求)是项目成本估算和预算的依据,特别需要注意的是项目时间管理与项目质量管理可相互转换(所谓"慢工出细活儿"),因此项目时间管理必须按照项目集成管理的要求进行和开展。

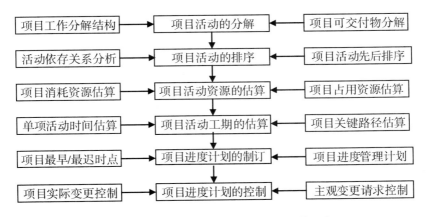

图 4-1　项目时间管理主要内容及其流程的示意图

第二节　项目活动分解

　　项目活动分解也叫项目活动界定,这是项目时间管理中的一项重要内容,这包括项目活动的识别、分解、确认和文档化等方面的具体工作,从而确定出为生成项目产出物及具体的项目可交付物所必须进行的各种具体项目活动。

一、项目活动分解的概念和依据

　　对于项目活动分解的定义和理解人们也有很多不同的说法,但是中国人说的"别看你今天闹得欢,小心将来拉清单"就很好地说明了人们要做成任何事情(项目),首先就必须分解和列出项目活动清单(即做事先拉清单),否则等事情(项目)完毕才发现有些活动没有开展那就完了,因为事情已经失败或受损了。根据国际上最新的研究结果,本书对于项目活动分解的相关概念和内涵讨论如下。

(一)项目活动分解的内涵

　　项目活动分解是指:在确认了为实现项目目标所需开展的项目工作包以后,进一步识别和分解出项目所必须开展的各种活动的管理工作。项目活动分解的根本依据是每个项目工作包中所包含的项目可交付物,每个分解出的项目活动必须是为生成一个完整而具体的项目可交付物服务的,即生成一个项目可交付物的一系列项目活动步骤构成了一个具体的项目活动。项目活动生成的项目可交付物既可以是有形的产品,也可以是管理或服务的记录或结果。所以项目活动分解就是对项目工作分解结构更进一步的分解,因此其所使用的方法与项目工作分解中使用的方法是一致的,都是一种结构化层次分解的方法。

在项目活动分解中人们需要科学地理解和区分有关项目工作包、项目活动和项目活动步骤(或叫项目活动工步)三者的概念和关系,图 4-2 给出这方面的示意。其区分的关键在于各自的产出不同,其中的每个项目工作包中包含有一系列的项目可交付物,每个项目活动都会生成一个相应的项目可交付物,而每个项目活动步骤只是项目活动的构成部分。

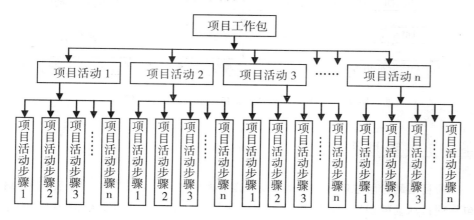

图 4-2　项目工作包、项目活动和项目活动步骤关系的示意图

(二)项目活动分解的依据

项目活动分解的主要依据是项目工作分解结构(WBS)及其字典(WBSD),项目范围计划中所包含的项目可交付物信息,各种历史项目的信息以及项目各种约束条件和假设条件信息等,项目活动分解所需的依据分述如下。

1.项目工作分解结构及其字典

项目活动分解最基本和最主要的依据就是在项目范围管理中人们分解和确认的项目工作分解结构,这是项目活动分解的出发点。同时,项目工作分解结构字典也是项目活动分解的重要依据,因为它给出了项目工作分解结构中各方面及其相互关系的说明和描述,尤其是有关项目工作包之间关系的说明和描述是很重要的依据。

2.项目范围计划或项目范围说明书

项目活动分解的另一个主要依据是详细的项目范围计划或项目范围说明书,因为它给出了项目目标、项目产出物、项目可交付物和项目工作的范围,以及这方面的相关信息和资料。其中,最为重要的是项目范围计划中给出的各种项目可交付物,如前一章中工程建设项目的项目成本管理工作包中就包含有项目成本估算书、预算书、结算书、变更报告和决算书等项目可交付物,这些就是该工作包进一步分解出各项具体项目活动的根本依据。

3.项目及其活动的环境与条件约束

项目环境与条件的约束情况是指人们在项目活动分解的过程中必须先认清项目所面临各种环境与条件的确定性的限制因素和条件,每个项目都会有各种各样的内部和外部环境、条件和资源等方面的约束情况,每个具体项目活动也会有自己的环境、条件和资源等方面的约束情况。这些项目和项目活动的约束情况必须作为分解项目活动的依据,否则分解出来的项目活动就会成为"无源之水"而无法实施和实现。这里必须说明一点,即这种项目及其活动的约束情况都属于确定性的,而不确定性的约束情况属于下述假设条件的范畴。

4.项目及其活动的假设前提条件

项目及其活动的假设条件是指在开展项目活动分解时,由于存在有不确定性的项目及其活动的约束条件,所以人们需要依据既有信息对此做出必要的人为假定情况,以便能够分解和确定出项目活动。这种人为假设的项目限制条件是一种项目风险管理的需要,因为人们需要根据自己的分析、判断和经验去假定出那些不确定性的项目约束条件,然后制订出项目计划和应急措施。需要特别指出的是,这些项目假设前提条件必须是不确定的,这种假设前提条件给出了项目存在的风险,所以必须制定相应的面对这些项目风险的应对措施。

5.项目及其活动的其他方面的信息

各种项目及其活动的相关信息也都是项目活动分解的依据之一,特别是类似项目的各种历史信息以及项目所处环境因素和项目组织的管理知识与能力等信息,这些都是项目活动分解的主要依据。因为项目实施组织有关项目活动计划安排的政策、程序、指南和信息等都会直接影响项目活动的分解,同时,相关各种历史项目的信息和组织的各种经验教训等也都是项目活动分解的依据,这既包括本项目在前期工作中所收集和积累的各种信息,也包括项目组织或其他组织过去完成的类似项目历史信息,等等。

二、项目活动分解的方法和结果

有了上述项目活动分解的依据之后,人们就可以根据下面的项目活动分解方法给出项目时间管理所需的项目活动分解及其结果了。

(一)项目活动分解的方法

项目活动分解要确定一个项目究竟需要开展哪些具体的项目活动,所以项目活动分解的结果就是要给出一份包括所有项目活动的清单。分解给出一份项目活动清单可以采用很多不同的方法,而且不同项目所需的活动分解方法也有所不同。对于不确定性很高的"开放性"项目人们可以采用"头脑风暴法"或"专家法"等集思广益的办法,借助专家经验分解、给出项目活动及其清单,而对于相对确定性的"封闭性"项目,人们可以使用结构化的项目活动分解方法分解、给出项目活动及其清单。

1. 项目活动层次分解法

项目活动层次分解法就是将项目工作分解结构进一步向下分解一层,从而给出每个项目工作包中包含的各项具体项目活动的方法。借助这种方法得到项目活动清单是一种结构化和层次化的,所以这种方法被称为项目活动层次分解方法。这种方法通过在"项目范围管理"一章中讨论的内容,人们使用项目工作分解方法所得项目工作包,进一步向下再分解出一层项目活动的技术方法。这种方法有利于人们按照"充分必要"的原则去检验按照层次分解得出的项目所有具体活动,这是借用项目工作分解的程序和做法去分解项目活动的方法。所以这种项目活动层次分解方法实际上就是项目工作分解方法的延伸,这种方法的示意图如图 4-3。

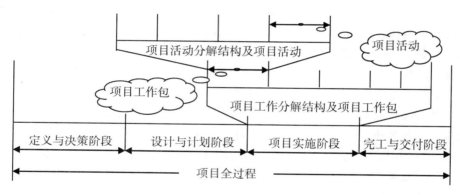

图 4-3　项目全过程的工作分解与活动分解示意图

由图 4-3 可知,一个项目的全过程可以按照逐层开展项目阶段分解、项目工作分解和项目活动分解的方法,将项目全过程先分解成一系列项目阶段,然后将这些项目阶段分解成项目工作包,进一步将项目工作包分解成项目具体活动,最终给出一个项目的活动清单。例如,"项目范围管理"一章中的工程项目工作分解结构就可以进一步分解其中的项目工作包,从而给出项目具体活动的分解。

下面的图 4-4 给出了一个工厂建设项目的项目工作分解结构和项目活动分解的示意图,该图中的项目工作分解结构部分就是在前一章的图 3-5 中所给出的该工厂建设项目的工作分解结构,而该图中最下面的部分就是根据图 3-5 中的该项目工作分解结构,通过进一步分解而获得的项目活动分解结构。这里需要说明的是,在项目活动的分解之前首先要分解和找出每个工作包中所包含的所有项目可交付物,因为生成任何一个项目可交付物的全部步骤就构成了项目的一项活动。

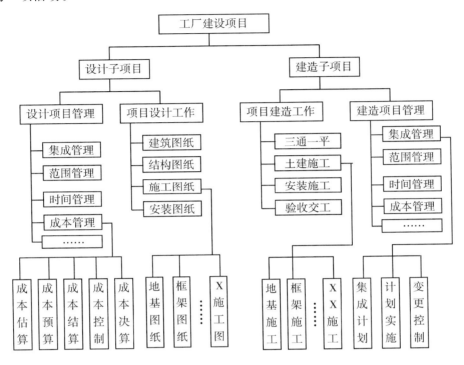

图 4-4　借助项目分解结构进行项目活动分解的示意图

2.项目活动分解平台法

项目活动分解平台法也叫原型法或模板法,这是使用一个项目活动清单标准模板或原型作为新项目活动分解的平台,或一个已完成项目的活动清单作为平台,然后根据新项目的具体限制条件与假设条件以及要求,通过在这个选定的平台上增减项目活动的方法,最终分解出一个项目的全部活动及其项目活动清单。这种方法的优点是简单快捷和简便易行,且具有较高的结构化水平,但有时可供使用的平台或原型中的缺陷会对新项目活动分解带来不良影响。这种方法的示意由表 4-1 给出。

表 4-1 给出的是一个建设项目活动分解的平台,其中不但包括需要完成的项目活动,也有这个具体项目不会开展的活动,如 102.1 的"评估报告"活动的成本为 0,这表示该活动不会开展也不会发生费用。由此可见,这种平台法中的平台范畴较大,而实际项目所包含的项目活动只是这种平台中的某些部分,这就是命名其为平台法的意义所在。

表 4-1　某建设项目活动分解的平台示意图

项目阶段	工作包代码	工作包名称	活动代码	活动名称	责任人	活动描述	单位	综合单价/元	数量	成本/元	总成本/元
定义/决策 1	101	定义工作									11000
			101.1	提出提案	工程师	编写下面的提案	小时	300	10	3000	
			101.2	可行性分析	经济师	可行性分析研究	小时	400	20	8000	
	102	决策工作									10000
			102.1	评估报告	咨询师	评价分析报告	小时	600	0	0	
			102.2	做出决策	经理	制定项目的决策	小时	1000	10	10000	
设计/计划 2	201	设计工作									86000
			201.1	建筑设计	建筑师	建筑图纸设计	小时	600	40	24000	
			201.2	结构设计	结构师	结构图纸设计	小时	500	60	30000	
			201.3	施工设计	工程师	施工图纸设计	小时	400	80	32000	
	202	计划工作									
			202.1	集成计划	经理	集成计划编制	小时	600	40	24000	
……	……	……	……	……	……	……	……	……	……	……	……

3.项目活动分解的其他方法

除了上述两种项目活动分解方法以外,还有一些其他的技术方法。其中,使用最多的是专家法,即借助专家经验进行项目活动分解的方法。另外,像滚动计划方法等也可以用于项目活动的分解,其好处是计划近期将要完成的项目活动会分解得比较详细,而计划远期完成的项目活动会分解得比较含糊,这使得临近计划的工作有更好的项目活动分解。这些方法虽然都可用于项目活动的分解,但是都不如前两种方法科学可靠。

另外,项目活动分解和计划在项目生命期中的不同阶段会有不同的详尽程度,因为人们所拥有的项目活动信息不同。在信息不完备的项目早期阶段,项目活动分解的详细程度会比较低,而随后人们逐渐有了更多信息就可以更好地分解出项目活动分解结构了。总之,人们所拥有的项目信息越详细,人们就能更好地去分解项目活动。

(二)项目活动分解的结果

项目活动分解的结果是给出一系列文件和信息,其主要信息和文件如下。

1.项目活动清单

项目活动分解工作给出的最主要文件是项目活动清单,它开列出了项目所需开展和完成的全部活动,它是在项目工作分解结构基础上通过进一步的分解和界定得到的。所以项目活动清单给出的项目工作信息远远比项目工作分解结构所给出的项目工作信息要详细、具体和具有可操作性。项目活动清单不但要包括项目必须开展的全部活动,而且不能包含任何不必要的项目活动内容,这就是项目活动分解的"充分必要"原则。另外,在项目活动清单中还应该包括项目工作范围的描述(即项目工作包及其相互关系等),以便项目团队能够清楚地知道项目活动的"来龙去脉"从而更好地开展项目活动。同时,项目活动清单还应包括项目活动属性或特性的说明和描述,如项目活动性质、代码、名称、责任人、先行活动、后继活动、资源需求、强制性日期制约等。

2.项目活动清单的支持细节

这是用于支持和说明项目活动清单的各种细节的文件,它既包括项目假设条件和项目约束条件的说明,也包括对于项目活动清单的各种解释和说明等。项目活动清单的相关支持细节通常须单独成文,并且以项目活动清单附件的形式存在。这样人们在项目时间管理中就可以很方便地使用它们,特别是在修订和变更项目活动清单的时候能够更好地使用它们。这种项目活动清单的支持细节的主要内容包括:项目活动之间的逻辑关系说明、项目活动提前与滞后时间的要求(必要时)、项目活动的强制性日期要求、各种制约因素和假设条件等。这些是制订项目进度计划的依据和信息,人们借此可确定项目活动的顺序和项目进度计划。

3.其他项目活动分解的结果

除了上述项目活动清单及其支持细节以外,项目活动分解的结果还应包括项目里程碑清单,它给出了项目的里程碑和这些里程碑的特性。另外,项目工作分解结构的更新也是项目活动分解的结果之一,它给出了人们在项目活动分解之后重新对于项目工作分解结构的界定和修订,所以在项目活动清单分解过程中人们需要更新原有的项目工作分解结构。

第三节　项目活动排序

在人们分解得到项目活动清单等文件以后,人们就需要开展项目活动的排序工作,这方面的工作内容和具体依据与方法分述如下。

一、项目活动排序的概念和依据

首先需要讨论的是项目活动排序的概念和依据方面的内容。

(一)项目活动排序的概念

项目活动排序是指通过分析和确认项目活动清单中各项活动的相互关联与相互依赖关系,然后对项目各项活动的先后顺序进行合理安排与确定的管理工作。为了制订科学合理的项目进度计划,人们必须科学合理地安排项目各项活动的顺序关系。项目活动之间的排序主要是安排好项目活动之间的"结束—起始"(A 活动结束 B 活动才能开始)关系、"结束—结束"(A 活动和 B 活动同时结束)关系、"起始—起始"(A 活动和 B 活动同时开始)关系、"起始—结束"(A 活动开始则 B 活动就结束)关系以及"并列开展"(A 活动和 B 活动同时进行)等顺序关系,这些就是项目活动排序所需要分析和找出的项目活动之间的关系。

一般较小项目的活动排序可以通过人工的方法完成,但对于复杂而大型的项目活动排序多需要借助于计算机信息系统完成。为了制订项目进度计划,人们必须准确合理地安排项目各项活动的顺序,并依据这些项目活动的顺序确定项目的路径以及由这些项目路径所构成的项目活动网络,所有这些都属于项目活动排序工作的范畴。

(二)项目活动排序的依据

项目活动排序工作所需的依据主要包括如下几个方面。

1.项目活动清单及其细节文件

项目活动清单及其细节文件都是项目活动分解阶段的工作结果,其中项目活动清单列出了项目所需开展的全部具体活动,而项目活动清单的细节文件则说明了项目活动清单的各种细节、依据、约束条件与假设条件等,这些都是在项目活动排序中使用的重要依据。

2.项目范围计划或说明书

项目范围计划或说明书是项目工作分解的结果,它也是项目活动排序的依据之一。因为项目范围说明书所给出的项目产出物范围和项目工作范围及其专业特性和管理要求会直接影响到项目活动顺序的安排与确定。通过对于项目产出物和项目工作范围特性的分析可以帮助人们科学地确定项目活动顺序,所以项目范围说明书也是项目活动排序的依据之一。

3.项目活动的约束情况

项目活动的约束情况是指项目活动所面临的各种资源与环境条件的限制,这既包括对于项目所需人力、物力和财力资源的限制,也包括经济、法律和社会环境等对于项目的限制。因为这些约束条件会对项目活动排序造成影响,所以这也是项目活动排序的依据之一。例如,在没有资源限制时两种项目活动可同时开展,但有了资源限制项目活动就只能依次进行了。

4.项目活动的假设前提条件

项目活动的假设前提条件是人们对项目活动所涉及的不确定性条件的假定,这是为了开展活动排序而必须做出的一种前提假设。项目活动的假设前提条件同样会影响项目活动的排序,而且人们所做假设不同会有完全不同的项目活动及其顺序安排。例如,假设项目露天施工期间下雨则该项目活动就需改期,假设项目露天施工期间不下雨就可以开展活动。

二、项目活动排序的方法和结果

项目活动排序就是根据项目活动间的依存关系分析,使用上述依据和可借鉴的历史信息,通过反复优化去编制出项目活动顺序的管理工作。

(一)项目活动排序的方法

项目活动排序需要使用项目活动依存关系分析方法、项目活动顺序图法、网络图或甘特图法等,项目活动排序的主要方法有下述几种。

1. 项目活动之间依存关系分析方法

项目活动排序的首要任务是分析和给出项目各活动之间的相互依存关系,所以项目活动排序中最重要的方法就是项目活动之间依存关系分析方法,这包括如下三种具体方法。

(1)项目活动之间必然依存关系的分析方法。这是指找出项目活动之间客观存在且不可违背的优先序列关系的方法。由于这种客观依存关系一般是由于自然环境条件和客观规律限制造成的,由此安排得出的项目活动间关系是一种"硬逻辑的关系"(即不可变动的)。例如,工程建筑项目多数只有建成了地基之后才能建造上层部分(使用逆作法的情况除外),这是客观规律的要求。人们需要使用根据项目所属专业技术领域客观要求和规律分析给出项目活动的客观依存关系,然后据其进行项目活动排序和进度计划安排。

(2)项目活动之间人为依存关系的分析方法。这是指由项目管理人员根据自己主观意志规定项目活动间依存关系的情况,所以这种项目活动的依存关系带有鲜明的人为性和主观性,由此得出的项目活动顺序关系是一种"软逻辑的关系"(即可变动的)。虽然这是人们根据主观意志安排项目活动间关系的方法,但是人们必须按照优化和项目价值最大化的要求做好这种项目活动关系的安排。项目管理者必须优化和优选项目活动的依存关系,他们必须使用项目所属专业领域的各种优化或优选的方法做好项目活动人为依存关系的安排,或者用项目组织所青睐的项目活动依存关系等去安排好项目活动的这种人为依存关系。

(3)项目活动的外部依存关系分析方法。这是指在项目活动排序中需要考虑外部环境和其他组织要求的项目活动依存关系分析的方法,这是通过分析项目活动对于其他项目相关利益主体的依赖去安排项目活动顺序的方法,由此得出的项目活动顺序关系是一种"软硬兼备的逻辑关系"(即相对可变动的)。例如,一个工程建筑项目的实施不但需要依赖于政府主管部门的评估和审批,而且需要由项目供应商提供材料和由分包商提供劳务,这些就是建设项目施工活动的外部依存关系。项目管理者必须做好项目活动外部依存关系的分析与安排,他们必须充分考虑项目活动对于其他组织的依存关系,安排好项目活动的外部依存情况。

上述都是分析和确定项目活动依存关系的方法,任何项目活动排序都需要先做好这些分析并给出项目活动的必然、人为和外部依存关系才能安排项目活动顺序和项目进度计划。

2.顺序图法

顺序图法也叫节点图法,这是一种通过编制项目网络图,进而给出项目活动顺序安排的方法。这一方法使用节点表示一项项目活动,使用节点之间的箭线表示项目活动间相互关系。这种项目活动排序方法是大多数项目管理中所使用的方法,该方法既可用人工绘制,也可以用计算机软件系统实现。图 4-5 给出了一个简单项目活动排序的顺序示意图。

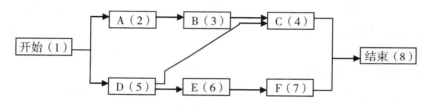

图 4-5　使用顺序图法绘制的项目排序示意图

在这种顺序图中有如下四种项目活动的顺序关系:一是“结束—开始”的关系,即前面的活动必须结束后后面的活动才能开始;二是“结束—结束”的关系,即一个项目活动结束以后必须等另一个项目活动结束了才能够开展后续项目活动;三是“开始—开始”的关系,即一个项目活动必须在另一项目活动开始以后才能开始;四是“开始—结束”的关系,即一个项目活动必须在另一个项目活动结束之前开始。

在这种顺序图中每项项目活动由方框或圆框的节点表示,对项目活动的描述或命名一般直接写在节点的框内。同时,这种顺序图规定每项活动只能使用项目活动控制代码给唯一性的项目活动编号,编号的项目活动间顺序关系也只能用单向的箭线表示,如在“结束—开始”的关系中单向箭线的箭头指向后续的项目活动(后序活动),箭尾指向的是此前开展的项目活动(前序活动)。项目后序活动只有在与其有关的全部前序活动完成后才能开始,如在一个信息系统开发项目中只有完成了“需求调查”之后才能开始“系统分析”的工作。

3.箭线图法

箭线图法也是一种安排和描述项目活动顺序的网络图方法,只是这种方法使用箭线代表项目活动而使用节点代表项目活动之间的相互关系。图 4-6 给出的就是使用箭线图法绘制的由图 4-5 中顺序图法所给出项目的网络图。由图 4-6中可以看出,箭线图法要比顺序图法复杂一些,因为箭线图法需要借用"虚活动"来描述两项活动存在的"结束—结束"关系。同样,箭线图可以由人工来完成,或者使用计算机及其专用软件系统完成。

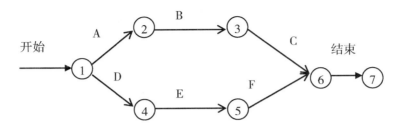

图 4-6　用箭线图法绘制的项目网络图

由图 4-6 可知,箭线图使用一条箭线来表示项目活动,对项目活动的命名或代码可写在箭线的上方。其中,箭线的箭尾代表活动的开始,箭线的箭头代表活动的结束,而箭线长度或斜度均与项目活动持续时间及重要性无关。在箭线图中的箭线通过节点连接起来,这些连接用的节点表示项目活动之间的关系或事件,这种节点既代表后序项目活动的开始事件,也代表前序项目活动的结束事件。所以在箭线图法中每个节点有唯一的代号,以便人们能够使用它进行分析和计算。

箭线图中的项目活动开始事件叫"紧前事件",而项目活动结束事件叫"紧后事件"。箭线图法有两个描述项目活动间关系的规则:一是图中每个事件(节点)必须有唯一的代号,二是图中每项活动必须由唯一的紧前事件和紧后事件组合来描述,因为只有这样才能描述清楚项目活动之间的关系。例如,图4-6中的项目活动 A 的紧前事件可由节点 1 表示,而它的紧后事件可由节点 2 表示,其中的项目活动 A 和 D 具有相同的紧前事件(节点 1)和不同的紧后事件(项目活动 A 是节点 2,而项目活动 D 是节点 4),具体见图4-7。

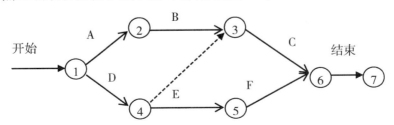

图 4-7　增加虚活动以后的箭线图示意

箭线图法中还有一种用虚的箭线来表示的"虚活动",这种"虚活动"并不消耗时间而只是用来描述项目活动之间的一种特殊的先后顺序关系,以满足每项活动必须用唯一的紧前事件和紧后事件组合来描述项目活动关系的要求。例如,图 4-6 中给出的项目活动 D 和项目活动 C 之间存在有"结束—结束"的关系(只有项目活动 D 和活动 B 都结束后项目活动 C 才能开始),所以此处就需要再插入一项"虚活动"而使项目活动 D 和活动 C 的关系可由唯一的紧前事件和紧后事件组合来描述。

使用上述项目活动清单及其信息,以及上述项目活动依存关系分析以及两种网络图的方法,人们就可以安排项目活动的顺序并绘制出相应的网络图为项目活动排序了。在决定项目活动顺序安排时人们需要明确三个方面的问题:在具体项目活动开始之前有哪些项目活动必须已经完成?哪些项目活动可以与该项目活动同时开始?哪些项目活动只有在某项目活动完成之后才能开始?在明确给出了这三个问题的答案后,人们就可以通过绘制项目网络图全面描述项目各项活动之间的相互关系和顺序了。

(二)项目活动排序的结果

项目活动排序的结果是生成一系列有关项目活动排序的文件,这些文件主要有下面三种。

1.项目网络图

项目网络图是项目活动顺序和依存关系的描述文件,是项目活动排序工作最主要的结果。项目网络图的编制既可以十分详尽,也可以相对简化。其中既可以包括项目所有具体活动,也可以只包括项目主要活动。项目网络图中必须有项目管理控制用的项目活动代号和项目活动命名,由此唯一定义每个项目活动。同时,在项目网络图中也可进一步添加各种有关项目进度和资源方面的信息,如项目活动的浮动时间、提前和滞后时间要求等信息。

2.更新后的项目活动清单及其细节说明

在项目活动排序的过程中人们有可能会发现最初的项目活动清单及其细节说明中存在遗漏或有人提出并获得批准进行项目活动变更,为此人们就必须对最初给出的项目活动清单及其细节说明进行更新,从而获得一份更新后的项目活动清单及其细节的说明文件。其中,项目活动排序之后更新的项目活动清单细节说明文件应说明和描述新的项目活动之间的逻辑关系,以及与项目活动有关的时间提前与滞后要求等。

3.其他方面的变化或更新结果

在项目活动排序过程中人们还会对初期给出的各种项目文件中的问题和疏漏进行必要修订或更新,这些也都属于项目活动排序工作的结果。其中最主要的是项目范围计划或说明书的更新，因为在项目活动排序过程中人们也会发现初期的项目范围计划和项目工作分解结构中存在的某些问题和遗漏，所以人们需要更新原有的项目范围计划等文件。另外，人们还需要更新项目环境和条件的发展变化情况，这些也是项目活动排序工作的结果。

第四节　项目活动资源估算

任何项目的实施都是通过开展项目活动实现的，任何项目活动的开展都需要消耗资源，所以要估算项目活动工期和安排项目进度计划就必须首先进行项目活动资源估算或假定。

一、项目活动资源估算的概念和依据

人们要估算项目工期和安排项目进度计划，首先必须进行项目资源的估算，由此确定开展项目活动工期估算和项目进度计划的假设前提条件。

(一)项目活动资源估算的概念

项目活动资源的估算是指根据项目活动分解和排序所获信息，为了满足项目活动工期估算、项目成本估算和项目进度计划安排等方面工作的需要，由人们对项目每项活动所需资源做出的大致估计和测算。项目活动资源估算是一种分析、识别和确定项目活动所需投入资源的种类（如人力、设备、材料、资金等）、数量、质量以及资源投入的时间，从而做出项目资源估算文件的管理工作。

由于在实际社会中资源永远是短缺的，人们不可能无限制地获取和使用资源，所以人们就必须进行项目活动所需资源的估算，以便有足够项目资源去满足开展项目活动需要，进而制订出项目进度计划和安排。项目资源配置不足或不当都会造成项目进度拖延或项目预算超支，其中，项目进度计划可能因项目活动资源估算不足而无法实现或工期拖延，项目预算会因项目活动资源估算错误出现超支或不足。所以人们必须科学合理地做好项目活动资源的估算，以保证项目进度计划和项目预算目标的实现。

(二)项目活动资源估算的依据

项目活动资源估算的依据涉及项目的范围、时间、质量、成本等各方面计划和要求及其相关支持细节等信息资料，这主要包括如下几个方面的文件和信息。

1. 项目活动清单及其细节说明

这是项目活动资源估算最主要的依据，人们必须根据项目活动清单及其细节说明做好项目活动资源估算工作。因为项目活动清单给出了项目实施过程中要完成的全部项目活动，项目需要根据要完成项目活动确定需要投入的各种资

源,因此项目活动清单及其支持细节是项目资源估算的根本依据。当然人们不但需要有项目活动清单,而且必须知道项目活动的相关支持细节,因为正是项目活动相关支持细节给出了具体项目活动的特性和要求,所以项目活动清单及其相关支持细节二者是项目活动估算的基本依据。

2.项目活动所需资源的相关信息

这主要是指与项目活动相关的各种环境发展变化和组织所有资源情况方面的信息,这包括:项目实施组织的人力资源情况,设备租赁与货物采购方面的信息,项目资源占用和消耗及其管理办法以及历史类似项目的资源需求信息等。其中,历史项目资源需求信息是指已完成同类项目在资源需求、项目活动资源估算以及项目活动实际消耗资源等方面的信息,这种信息可作为新项目活动资源估算的依据和参考资料。因为人们需要借鉴同类的历史项目在项目活动资源估算方面的经验和教训,以便人们在开展项目活动资源估算中更科学、更实际。另外,项目范围、质量、成本、资源供应等方面信息也是项目活动资源估算的依据。

3.项目活动所需资源的可行情况

任何项目活动资源的估算还必须考虑各种资源供给的情况,因为实际上任何项目活动所需资源的供应都会有某种限制或制约,所以这也是项目活动资源估算的依据之一。项目活动所需资源的种类、质量和数量都是有限的,人们在项目活动资源估算中必须考虑这方面的情况。所以在项目活动资源估算中必须回答下面几个问题:所需各种资源市场能供应吗? 项目活动所需资源的价格能承受吗? 项目活动所需资源的物流服务情况可行吗? 这些有关项目活动所需资源的信息及其不确定性情况的假定等也都是人们开展项目活动资源估算的依据。

4.项目活动所需资源估算的其他依据

除了上述这些项目活动所需资源估算的主要依据之外,人们还需要考虑像项目实施组织所处的资源供应环境发展变化情况和项目实施组织的资源定额水平等其他方面的依据。其中,项目实施组织的资源供应环境发展变化情况包括项目活动所需人力资源、劳力资源、物力资源和信息资源等各种资源的供应环境发展变化的情况。另外,在项目活动资源估算中还需要参考有关项目实施组织在项目活动所需资源估算中所使用的企业、社会和国家的劳动和材料消耗定额、标准和计算规则等,这些也是进行项目活动资源估算所需的依据。

二、项目活动资源估算的方法和结果

有了上述各种项目活动资源估算的依据之后,人们就可以使用具体方法开展项目活动资源的估算了,这方面所需的方法和所形成的结果分述如下。

(一)项目活动资源估算的方法

项目活动资源的估算有许多种不同的方法,人们需要根据不同项目和不同项目活动资源估算的精度要求选用不同的方法,其中最主要的项目活动资源估算方法分述如下。

1.专家法

这是指由项目活动资源估算方面的专家们根据自己的经验和判断去估算项目活动所需资源的方法,这种方法通常又有两种具体的形式:一是专家组法,这是指组织一组有关专家按照专家小组座谈会的方式通过共同探讨估算出项目活动所需资源的方法;二是特尔斐法,这是由一名协调者通过组织专家们独立进行项目活动所需资源的估算,然后汇集专家意见整理出项目活动资源估算的方法。专家法的优点是可以借助专家经验,基本不需要历史项目信息资料,适合于相对粗略和全新的开放性项目活动资源估算。

2.标准定额法

这是指使用国家、地方或企业的标准或定额估算项目活动资源的方法,这是指由国家、地方或企业自身的权威部门先制定出标准的人工、材料与设备消耗定额,即在一定的时期内、既定的技术装备与组织条件下人们为完成某种项目活动所需消耗、占用的资源质量和数量的标准额度。这些标准定额法给了人们一种项目活动所需资源估算的尺度,人们只要套用标准定额就能编制出项目活动资源的估算。但是由于国家或地方标准定额未能考虑具体项目活动所处的环境、技术、装备、劳动生产率等发展变化,所以这种方法在计划经济下普遍使用,而现在国家鼓励使用的是基于企业标准定额的项目活动资源估算的方法。

3.工料测量法

这是指使用统一制定的国家、地方或企业的工程量计算规则估算项目活动所需资源的方法,这种方法借助"工程量清单"(在我国是不包含项目管理活动的工程量清单)和统一的工料测量方法或规则,估算出项目活动所需资源的方法。这种方法可以统一项目业主/客户和项目实施者在估算项目活动所需资源方面的依据和方法,从而使编制出的项目活动所需资源能够为双方所接受。我国借用英国的经验而制定有《建设项目工程量清单计价规范》,现在使用的是GB50500－2008的规范进行项目活动所需资源的估算,但是对于私营企业的项目国家并没有硬性规定必须使用这种项目活动资源估算的方法。

4.资料统计法

这是指使用历史项目的统计数据资料,估算项目活动资源的方法。这种方法中使用的历史统计资料应该有足够的样本量,而且应该有具体的指标以反映项目资源的数量、质量、消耗、占用等。通常项目活动资源估算中用到的指标又可以分为实物量指标、劳动量指标和价值量指标,实物量指标用来表明物力资源需求的数量,劳动量指标用于表明人力资源的用量,价值量指标用于表示财力资源的数量。利用资料统计法估算项目活动资源比较准确、合理和切实可行,但是这种方法要求有详细的历史数据并且要求它们与新项目要具有可比性,所以这种方法的推广和使用有一定难度,现在主要还是北美的发达国家在使用。

另外,在使用上述项目活动资源估算方法的过程中还需要考虑项目活动之间是否存在资源争夺关系,即是否存在"关键链"(Critical Chain)的关系,且必须在项目活动资源估算文件中反映这种资源争夺关系,以指导后续的项目进度安排和项目成本估算及预算。

(二)项目活动资源估算的结果

项目活动资源估算工作的主要结果包括以下几个方面。

1. 项目活动资源需要及其细节说明

项目活动资源估算工作的结果就是识别与给出每项项目活动所需使用的资源种类、质量与数量,人们汇总这些项目活动所需资源就可以得到整个项目的资源需求估算文件了。项目活动资源需求及其细节说明的具体内容和详细程度会因项目不同而有所不同,但每个项目活动的资源需求及其细节说明都应该包括在项目活动资源估算文件中,因为后续项目活动工期估算和项目进度计划都需要以此为依据去编制。

2. 更新后的项目活动清单及其支持细节

由于在估算项目活动所需资源过程中会因项目资源供给情况的限制或发现原有项目活动清单疏漏等原因,而不得不对项目活动清单及其支持细节进行必要的变动和更新。特别是在这个过程中如果有人提出对项目或项目活动进行变更的请求,这些变更请求获得批准后也必须对项目活动清单及其支持细节进行更新。只要有项目活动的增加或删除等方面的更新,人们就必须重新估算项目活动所需资源种类、数量和质量。

3. 项目资源分解结构和项目资源日历时间要求

项目资源分解结构(RBS)是按项目活动所需资源种类和形式给出的一种层次性结构文件,这是对于项目活动资源需求信息按照层次化和结构化方法给出的一种描述。项目资源日历时间安排指人们使用项目活动所需资源的日历时间,该文件记录了项目所需各种资源的具体投入的日历时间,并使用日历时间描述的项目所需资源的供应或投入时间和时点。

第五节 项目活动工期估算

项目活动工期估算也是项目时间管理中的重要环节之一,有关项目活动工期估算的相关概念、依据、方法和结果具体分述如下。

一、项目活动工期估算的概念和依据

项目活动工期的估算以项目活动所需资源估算的结果为既定前提条件,通过分析和估计而给出每项项目活动所需的时间周期,以便人们随后据此开展项目进度计划工作。

(一)项目活动工期估算的概念

项目活动工期估算是对既定项目活动究竟需要多长时间的估算工作,这既包括对每项具体项目活动工作周期的估算,也包括对于整个项目工作周期的估算,即项目关键路径的计算。这种项目活动所需工期的估算通常要考虑的因素包括:项目活动所需作业时间、项目活动所需必要的休息时间、客观需要的延迟时间(如在浇筑混凝土工作中的浇筑时间和养生时间等)、项目活动所投入的资源、项目活动的各种提前和滞后时间要求、项目活动的假设条件和限制情况等,这些都是项目活动工期估算所需考虑的因素。

(二)项目活动工期估算的主要依据

在项目活动工期估算中所使用的主要依据和信息有如下几个方面。

1. 项目活动清单及其支持细节

项目活动清单及其支持细节是在项目活动分解过程中得到的项目时间管理文件,项目活动清单及其支持细节不但列出了项目所需开展的各项具体活动,而且给出了这些项目活动相互之间的关系说明,所以人们在估算项目活动工期时必须使用它们作为主要的依据。

2. 项目所需资源的需求及其细节说明

项目活动工期的长短直接受项目活动所投入资源的数量和质量的制约,所以项目所需资源的需求及其细节说明也是项目活动工期估算的主要依据。在多数情况下,项目活动所需资源的数量和质量是决定项目活动工期长短的重要参数之一。

3. 项目活动的约束情况和假设前提条件

这是指在项目活动所处环境与条件的各种约束情况和假设前提条件,这些条件也是人们在项目活动工期估算时必须全面考虑的因素。其中,项目活动约束情况是指项目活动面临的各种资源、条件和环境方面的限制,假设前提条件是对项目活动工期估算中各种不确定性情况的一种假定，这些都是项目活动工期估算的重要依据。

4.项目集成要求和项目范围计划或说明书

显然，项目范围计划或说明书是项目活动工期估算的依据之一，因为项目范围计划或说明书给出了项目产出物和工作的范围。项目集成要求是指项目范围、时间、成本、质量和风险等方面的特定优先序列和配置关系要求，这是项目活动工期估算的重要依据之一。例如，当项目活动的风险很大时就会影响项目活动的工期，人们就需要在项目活动基准时间中再加入为应对项目风险的活动时间裕量。

5.项目活动所需资源的供给情况

项目活动工期的估算还必须考虑项目活动所需资源的实际供给情况，如果项目活动所需资源的种类、质量和数量等某个方面的实际供给不能满足项目活动的实际需要，此时项目活动工期估算就必须充分考虑替代资源的使用等情况。总之，人们必须根据实际的项目活动所需资源的供给情况，做出相对合理的项目活动工期的估算。

6.项目活动工期估算的其他依据

在项目活动工期估算的过程中，人们还必须参考：项目环境和条件发展变化信息、项目实施组织的能力和条件信息，相似历史项目的实际项目活动工期情况、商业性项目工期估算数据库资料、项目团队成员有关项目工期估算的知识和经验等，所有这些都应该作为项目活动工期估算的依据或信息。其他任何与项目活动工期估算相关的信息也都应该是依据。

二、项目活动工期估算的方法和结果

有了上述项目活动工期估算的依据，人们就可以使用项目活动工期估算的方法和工具开展项目活动工期估算了，有关项目活动工期估算的方法和结果分述如下。

（一）项目活动工期估算的方法

项目活动工期估算精度的不同，人们使用的估算方法也不同。由于项目活动工期估算是随着估算依据和信息的完备而逐步精确的，所以项目活动工期估算方法针对信息完备情况进行分类。例如，工程建设项目需要按照初步设计、扩初设计和详细设计的不同设计深度，逐步给出不同精度的项目活动工期估算。这方面主要方法分述如下。

1.专家法

专家法是由项目时间管理等方面的专家，运用他们的经验和判断对项目活动工期做出估算的方法。由于项目活动工期受许多因素的影响，所以在使用其他方法估算和推理有困难时人们就需要依赖专家们的经验。专家法通常给出的项目活动工期估算相对比较粗略。

2. 类比法

类比法（属于自上而下的估算法）是以过去相似项目活动的实际工期为基础，使用类比的办法估算出新项目活动工期的一种方法。当新项目活动工期估算信息有限时，人们多数使用这种方法。这种方法的结果也比较粗略，所以一般仅用于最初的项目活动工期估算。

3. 定量分析法

人们可以使用定量分析和计算的方法估算项目活动工期，不同的行业或专业都有自己的标准规定劳动工时定额、材料消耗定额和设备工时定额等，人们可根据项目活动所生成的项目可交付物的情况定量分析和计算项目活动的工期。这种项目活动工期估算的精度相对较高，但是这种方法需要有关于项目活动的各种定额等数据，所以相对较困难。

4. 三点估算法

这主要用于对不确定性项目活动工期的估算，这种方法首先要分析给出项目活动的乐观时间 t_o、最可能时间 t_m 和悲观时间 t_p，然后需要根据这三者所对应的发生概率，选用某种期望值或平均数的计算方法求出具体项目活动的工期估算。例如，项目计划评审技术（Project Evaluation and Review Technique, PERT）的估算项目活动工期期望值的公式为：

$$t_e = \frac{t_o + 4(t_m) + t_p}{6} \tag{4-1}$$

假定模拟仿真得到一项活动的乐观时间（t_o）为 1 周、最可能时间（t_m）为 5 周、悲观时间（t_p）为 15 周，按照项目计划评审技术的方法则这项活动的工期期望值（t_e）为：

$$t_e = \frac{1 + 4 \times 5 + 15}{6} = 6(周)$$

5. 仿真模拟法

仿真模拟法是以一定的假设条件和数据为前提，运用人工或计算机仿真模拟的办法，进行项目活动工期估算的方法。这种方法主要用于高不确定性项目活动工期的估算，它既可以用来确定具体项目活动工期的估算，也可用来确定整个项目工期的估算情况。

6. 时间储备和最大活动工期

在项目工期的估算中也需要留有一定的时间储备，作为应对各种各种项目时间方面风险的手段。这种时间储备既可用项目活动工期估算的一个百分比的相对数,也可以是一定数量的绝对数。所以每个具体项目活动的工期中都需要规定有浮动时间,整个项目的工期中也应该包括必要的浮动时间。

(二)项目活动工期估算的结果

项目活动工期估算的结果包括如下几个方面的内容。

1.估算出的项目活动工期

项目活动工期估算的结果主要是对于具体项目活动所需时间的估算,项目工期估算的结果不但应该包括对于具体项目活动工期的估算,而且应该包括对于项目活动工期可能变化范围的估计。例如,一个项目活动的工期估算为 4 周 ±2 天,因为每周有 5 个工作日,所以项目活动工期总数为 18～22 天。

2.项目活动工期估算的支持细节

这是有关项目活动工期估算的依据与支持细节的说明文件,项目工期估算的依据包括前述各种项目工期估算中所使用的各种约束条件、假设条件和类似历史项目的信息,项目活动清单与项目资源需求数量和质量等方面的细节,项目活动可能的风险以及为这些风险而给定的项目活动工期中的浮动时间,等等。

3.更新后的项目活动清单及其细节

同样,在项目活动估算过程中人们也会发现已有的项目活动清单及其细节中存在某些问题和遗漏,此时人们必须对项目活动清单及其细节说明进行必要的修订和更新,这些更新后的项目活动清单及其细节说明是项目工期估算工作结果的一部分。

4.更新后的其他项目文件

另外,在项目活动估算中人们也会发现已有项目集成计划、项目范围管理计划、项目工作分解结构等项目文件中存在问题和遗漏,此时人们也需要对这些项目文件、事业环境因素以及组织过程资产等进行必要的修订和更新,这些都是项目工期估算工作的结果。

第六节   项目进度计划制订

经过了项目活动分解、项目活动排序、项目所需资源估算和项目活动工期估算而获得了信息以后,人们就可以开展项目进度计划的分析、编制与安排工作了。项目进度计划制定的概念和主要依据分述如下。

一、项目进度计划制订的概念和依据

项目时间管理的核心内容实际上就是两件事情:一是项目进度计划的制订,

二是项目进度计划的控制,前述的那些工作都是为这两件事情提供信息和支持服务的。

(一)项目进度计划制订的概念

项目进度计划是一种强调时点的项目时间计划安排,所以制定项目进度计划首选需要计划、安排项目和项目活动的起始时点和结束时点。实际的项目进度计划制订有两种做法:一是当项目的起始或结束时点有限制时,人们需要先确定项目的最早开工和完工时点、项目的最迟开工和完工时点以及项目的总体浮动时间,然后根据项目活动分解、项目活动排序、项目所需资源估算和项目活动工期估算等信息,进一步分解和确定出项目各项活动的最早开工和完工时点、最迟开工和完工时点以及浮动时间,最终安排和确定整个项目的进度计划;二是当项目的起始或结束时点有没有限制时,人们只要根据项目活动分解、项目活动排序、项目所需资源估算和项目活动工期估算等信息分解和确定出项目各项活动的最早开工和完工时点、最迟开工和完工时点以及浮动时间,最终按照项目互动间的接续关系安排和给出整个项目的进度计划即可。在项目进度计划制订中人们也必须同时考虑与项目时间相关的各方面问题和因素,尤其是必须考虑有关项目各要素的集成和项目风险方面的问题。

(二)项目进度计划制订的依据

项目进度计划制定的依据包括上述在开展的项目进度计划之前所获得的各种项目时间管理的文件和信息,以及项目集成管理和风险管理方面的信息。其中最主要的依据有两点。

1. 项目活动分解及其各方面估算的文件

这主要包括四方面信息:一是项目活动清单及其细节说明,这是在项目活动分解工作中给出的结果;二是项目网络图及其说明,这是在项目活动排序工作中给出的结果;三是项目活动的资源要求与供应情况,这是在项目活动资源估算工作中给出的结果,包括项目活动所需资源的种类、质量、数量和日历时间及其实际供给情况等;四是项目活动工期估算文件,这是在项目活动工期估算工作中得到的结果,包括项目活动最早、最迟和浮动时间等。

2. 项目活动其他方面的相关信息

这方面最重要的是项目风险方面的信息(主要是项目已识别风险的清单、细节说明和假设前提条件等)、项目集成方面的信息(主要是项目范围、质量、时间和成本等要素的优先序列说明)和项目范围计划方面的信息(主要是项目范围和项目范围管理计划的信息以及项目的各种约束条件),这些都是项目进度计划制订的主要依据和前提条件。另外,对于项目进度计划制订特别重要的信息是项目活动起止时间的强制要求、项目相关利益主体的相关要求和项目作业制度的安排(指每天作业几班)、项目活动提前或滞后时间要求等。

二、项目进度计划制订的方法和结果

项目进度计划的编制需要通过反复地试算和综合平衡计划才能形成,所以这实际是项目集成计划的一个组成部分,有关项目进度计划制订的方法和结果分述如下。

(一)项目进度计划制订的方法

项目进度计划编制所使用的方法主要有如下几种,其中之所以没有包括项目计划评审技术(PERT)很重要的一个原因是最初发明这种技术方法的美国国防部也已经不再使用这种方法,因为他们发现这种方法远不如关键路径法更为科学和可靠。

1. 关键路径法

关键路径法(Critical Path Method,CPM)最早是由杜邦公司在 20 世纪 50 年代发明的,这是一种通过计算项目和项目活动的最早开工时间、最早完工时间、最迟开工时间和最迟完工时间以及浮动时间等参数,然后据此安排和编制项目进度计划的方法。在使用这种方法计算项目和项目活动的各种时间参数时,人们需要考虑项目和项目活动的资源约束条件以及各种不确定因素,所以其结果能够反映出在有资源限制或其他因素的影响时项目进度计划安排的情况。这种方法中的关键路径就是使用时间最长的项目工作路径,这条关键路径可以通过灵活地调整项目资源配置而调整其时间的长短。关键路径法的项目进度计划安排的示意可见图 4-8,有关这几个关键路径法的基本参数及其具体方法分述如下。

由图 4-8 可知,项目进度计划的制订涉及如下几个方面的步骤和做法。

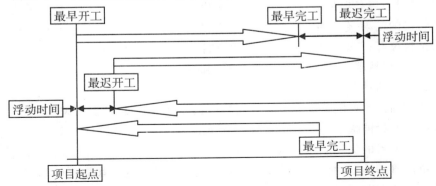

图 4-8　项目进度计划的关键路径法示意图

(1)确定整个项目的开始时间和结束时间。这是确定项目各项活动进度计划安排的基准,所以人们首先必须为整个项目确定出一系列的开工时间和完工时间(实际是时点),这两个时点的间隔就是项目所需的时间周期或关键路径的长度。整个项目的开始和结束时间包括:项目的最早开工时间、最早完工时间、最迟开工时间和最迟完工时间以及浮动时间,通常这些是项目绩效考核的规定目标,所以它们在项目合同或说明书中都应有明确的规定。

(2)确定项目活动的最早开工和完工时间、最迟开工和完工时间以及浮动时间。为了使项目能够保证在要求的开工和完工时间内完成,人们还必须确定出每个具体项目活动的最早开工和完工时间、最迟开工时间以及相应的浮动时间。其中,项目每项具体活动的最早开工时间使用"正排计划方法",是根据整个项目的最早开工时间以及该项目活动所有紧前活动的时间信息计算得来的;每项活动的最迟开工时间使用"倒排计划方法",是根据整个项目的最迟开工时间以及该项目活动所有紧后活动的时间信息计算得来的;而项目每项具体活动的最迟开工时间使用"正排计划方法",是根据整个项目的最迟开工时间以及该项目活动及其所有紧前活动的时间信息计算得来的;每项活动的最迟完工时间使用"倒排计划方法",是根据整个项目的最迟开工时间以及该项目活动所有紧后活动的时间信息计算得来的。同时,每项具体项目活动也需要给定一定幅度的浮动时间,留出足够的裕量防止项目各项活动的进度安排过度紧密而出现"多米诺骨牌"效应。

(3)分析给出项目的关键路径。在人们完成了上述项目进度计划工作后,还需要分析和找出项目的关键路径,其根本目的是为了通过控制项目的关键路径实现项目进度计划的目的以及优化项目资源配置的作用。因为使用关键路径法找出了项目的关键路径以后,人们不但可以确定出项目关键路径上每项活动的时间,而且可以通过重新配置项目资源改变项目关键路径,从而很好地控制整个项目的进度计划。

2.假设分析法(What-If Analysis)

假设分析法也是一种制订项目进度计划的技术方法,这是根据给定的一些假设条件与参数,然后运用各种不同假设的分析,最终制订出项目进度计划的方法。这种方法使用"假如某种假设发生了应该如何办呢"之类的问题作为分析的对象,然后使用项目进度逻辑网络计算等方法求出不同假设的项目进度安排。因此,一般这种假设分析法都用于计划和安排那些有较多不确定性的前提条件下的项目进度计划,以便在安排这种项目进度的计划中配备足够的时间储备和各种应急措施的时间。在这种方法中有时需要配合使用人工或计算机模拟仿真等技术,比如蒙特卡洛模拟等。

3.资源水平法

使用关键路径法制订项目进度计划的前提是项目实施条件和资源相对比较充分,但实际上有很多项目的实施条件都存在有资源约束和环境限制,因此人们有时需要使用资源水平法编制项目进度计划。这种项目进度计划方法的基本指导思想是将稀缺资源优先分配给处于项目关键路径上的项目活动,借此制订出的项目进度计划常常比使用关键路径法编制的项目进度计划的总工期要长。所以这种方法有时又叫做基于资源的项目进度计划方法,在许多情况下这种方法可与关键路径法配套使用,从而编制出更符合实际的项目进度计划。另外,加班加点、多班次安排和提高劳动生产率等也都是基于资源的缩短项目关键路径方法。

4.关键链的方法

这是另一种按照项目资源限制以及项目活动争夺资源的情况去制订项目进度计划的方法,也是一种将确定性的和不确定性和分析相结合的项目进度计划方法。这种方法首先要找出在项目进度计划网络图中的关键链条,即一些具有资源约束和资源争夺或共享等问题的项目活动(关键链)。然后,人们需要考虑项目所需资源的可得性和资源驱动的项目关键链条分析结果,按照项目活动之间的逻辑依存关系和确定的资源限制因素找出项目的关键路径和关键链。这种项目关键链的方法承认项目关键路径是变动的,所以对它必须进行关键性的管理。这种方法的关键在于找出关键路径上的关键链点并为其增加必要的资源作为"缓冲",然后人们需要将项目时间管理的重点从项目进度计划的浮动时间转到作为"缓冲"的项目资源配置方面,从而保证项目关键路径的计划工期不出问题。

5.项目进度压缩技术(Schedule Compression Technique)

项目进度压缩技术是一种用于缩短项目实施时间,但是又不得损害项目范围,同时能满足项目进度限制和其他项目目标的高级项目进度计划方法。这种方法主要有两种方式:一种是通过项目时间和成本的协调从而实现以较小项目成本的增加而获得较大项目时间压缩的方法;另一种是用项目活动平行作业代替项目活动接续作业从而压缩项目工期的项目进度计划方法。但是项目进度压缩技术方法可能会带来返工或其他风险,因为此时项目活动方面的信息存在缺口,所以我国的建设项目反对采用"三边工程"(边决策、边设计、边施工)的项目实施进度计划和管理方法。

6.其他技术和方法

其他技术和方法包括:代码结构方法,即每个项目活动必须有自己的代码,而整个项目活动按照一定的结构进行编码,从而使项目阶段、项目工作包、项目活动、活动责任人等都能按编码锁定；应用日历技术，这包括项目工作进度的日历和项目资源配置的日历等，工作进度日历中给出了有关工作时间、休假日、每日班次的信息，而资源配置日历给出了哪天项目所需的人员能够到位以及哪天项目所需物资能够到货等信息。另外，借助项目管理软件编制项目进度计划也是一种全新的技术方法，人们使用某种项目管理软件就可以按照关键路径法或资源水平法快速地编制出项目进度计划方案。

(二)项目进度计划制订的结果

项目进度计划编制工作的结果是给出了一系列的项目进度计划文件。

1.项目进度计划书

项目进度计划书中应包括项目整体、每项活动的计划开始时间和结束时间等信息，项目进度计划文件可以用文字描述形式给出，也可以用图表的形式给出。通常，人们使用的有项目进度计划网络图、棒图（或叫甘特图）以及项目里程碑图表等。例如，表 4-2 就是用一种以里程碑表的形式给出的某项目进度计划书示例。

表 4-2 项目进度计划里程碑式表

事件(里程碑)	1 月	2 月	3 月	4 月	5 月	6 月	7 月	8 月
分包合同签订			△▼					
规格书完成			△	▽				
设计审核					△			
子系统测试						△		
第一单元提交							△	
全部项目完成								△

2.项目进度计划书的支持细节

项目进度计划书的支持细节是指有关项目进度计划书的细节说明，其主要内容包括：所有项目和项目活动的已识别假设前提条件和约束情况的说明、具体项目进度计划实施措施的说明，等等。通常还应该包括的其他内容有：项目及其活动所需的资源、项目进度计划的备选方案、项目进度计划的应急时间储备，等等。例如，一个工程建设项目的进度计划书支持细节包括：项目的假设条件和约束条件的说明、项目的资源要求、项目现金流量表、项目物料采购计划和其他一些项目进度计划保障措施的说明等。

3.项目进度管理计划书

项目进度管理计划书是有关如何应对项目进度计划变更和如何开展项目工期控制工作的计划安排，通常较大规模的项目都需要有正式的项目进度管理计划书，一般规模的项目也可以将此作为项目进度计划书的附件，或者只给出一个大体的项目进度管理框架说明即可。无论采用什么方式给出,这都是整个项目进度计划的一个组成部分,并且应该按照项目进度计划的编制和修订而不断对其进行更新。

4.更新后的项目资源要求

在项目进度计划编制中可能会出现对于项目资源要求的各种调整和改动,因此在项目进度计划制订中需要对项目的资源要求进行必要的调整和改动,然后整理并编制成一份更新后的项目资源要求文件。这一文件将替代原有的项目资源要求文件并在项目进度计划管理、项目集成管理和项目资源管理中使用。

5.其他文件的更新结果

这主要包括在项目进度计划制订中根据项目进度计划的要求和已批准的各种项目变更请求等信息对项目集成计划的更新,对项目范围管理计划、项目工作分解结构、项目活动清单及其细节说明文件的更新,对项目应用日历的更新(包括班次安排、节假日、周末以及无工作班次的时间的变更),等等。

第七节　项目进度计划的控制

项目进度计划的管理与控制实际上是项目集成计划管理与控制的一个组成部分,更是项目变更总体控制的一个组成部分,所以属于十分重要的项目集成管理的内容之一。

一、项目进度计划控制的概念和依据

项目一旦开始实施就必须严格控制整个项目的发展变化,这包括为确保项目能够按项目进度计划进行和完成的项目进度计划的管理与控制。

(一)项目进度计划控制的概念

所谓项目进度计划控制就是指对项目进度计划的实施与项目进度计划的变更所进行的管理控制工作,项目进度计划控制的主要内容包括:对项目进度计划影响因素的分析和识别、对可能影响项目进度计划实施的各种因素的控制(事前控制)、对项目进度计划完成情况的绩效度量、对项目实施工期中出现的偏差采取纠偏措施(事中控制)以及对于项目进度计划变更的管理控制等工作。在项目进度计划控制中人们必须定期地将项目实施情况与项目计划进度进行比较并找出二者的差距,每当发现这种差距超过了项目进度控制标准就必须采取纠偏措施,以保证项目进度计划能够得以实现。项目经理必须根据项目实际进度和项目的具体情况,定期地改进项目工作或更新项目进度计划以实现对项目时间的全面有效的控制。

（二）项目进度计划控制的依据

项目进度计划控制的主要依据包括如下几个方面。

1. 项目进度计划及其支持细节

项目进度计划及其支持细节文件是项目进度计划控制最根本的依据,因为这些文件提供了制订项目进度度量基准和考核项目实施绩效以及报告项目进度计划执行情况的依据。

2. 项目进度计划实施情况报告

这一报告提供了项目进度计划实施的实际情况及相关的信息,这包括哪些项目活动已按期完成、哪些未按期完成以及项目进度计划总体完成情况等。通过比较项目进度计划和项目进度计划实施情况报告,人们可以发现项目进度计划实施的问题和差距。

3. 获准的项目进度变更请求

获准的项目工期变更请求是对项目进度计划所提出的改动,这可由任何项目相关利益主体提出。获准项目进度变更可以是要求延长或缩短项目工期,也可以是要求增加或减少项目活动,无论哪种获准项目工期变更请求都是项目进度计划控制的主要依据之一。

4. 项目进度管理计划书

项目进度管理计划书给出了如何应对项目进度计划变更的措施和管理办法,甚至包括项目资源配置方面的安排以及各种项目进度方面的应急措施安排等。这些项目进度管理计划和安排也都是项目进度计划控制的重要依据。

二、项目进度计划控制的方法和结果

项目进度计划控制的方法有很多种,使用这些方法人们可以控制项目进度方面的各个影响要素,并且得到人们想要的项目进度计划执行结果。

（一）项目进度计划控制的方法

项目进度计划控制的方法最常用的有如下几种。

1. 项目进度计划变更控制系统的方法

项目进度计划变更控制系统的方法是针对项目进度计划变更的客观变化和主观请求,按照一定的程序对于项目进度计划的变更审批、实施和结果进行全面控制的方法。这包括:项目进度变更的申请程序、项目进度变更的批准程序和权限安排、项目进度变更的实施程序和责任分配、项目进度变更的跟踪控制程序和方法等一系列的控制程序及相应的方法。

2. 项目进度计划实施情况的度量方法

项目进度计划实施情况的度量方法是一种测定和评估项目进度计划实现情

况,确定项目进度计划完成程度、项目实际完成情况与计划要求的差距大小的管理控制方法。这一方法的主要内容包括:定期收集项目进度的实施情况数据,将实际情况与项目进度计划进行比较,分析和给出项目进度计划实施中存在的偏差,给出并采用纠偏措施等。这一方法要求有定期与不定期的(这是指在出问题时缩短报告期)项目进度计划实施情况报告,以便人们及时发现项目工期进度出现问题,更好地控制项目进度计划的实施情况。

3.项目进度追加计划法

一个项目的实施很少能完全依照工期计划进行,有些项目活动会提前完成而另一些项目活动则会延期完成。因此项目进度计划控制方法中还有一种是项目进度追加计划法(或叫附加计划法),这种方法可以根据出现的工期计划变动情况使用追加计划修订原有的项目进度计划。追加计划法包括四个基本步骤:首先是分析项目实施进度并找出存在的问题,其次是确定应采取哪些具体的纠偏措施,再次是制订追加计划,最后是实施新的计划安排。这种方法需要重点分析两种活动,一是近期需要开展的项目活动,二是所需时间较长的项目活动,因为对于这两种活动的积极控制是最有效的。

4.项目资源配置方法

项目进度计划控制的另一种方法是通过项目资源的重新配置来改变项目进度,这既包括通过增加项目资源投入缩短项目实施时间的方法,也包括通过减少项目资源投入延长项目实施时间的方法,以及通过改善项目资源配置(包括项目实施的组织方案和技术手段等)缩短或延长项目时间的技术方法。实际上项目时间或进度与项目资源或成本是一对可转换的项目绩效指标,当人们在既定时间内多投入资源就会加速项目进度,但与此同时会导致项目成本的上升,反之则会导致项目成本的下降和项目时间的增加。

5.其他项目进度控制方法

对项目进度计划的控制而言,运用项目管理软件也是很有用的技术手段之一。这种技术方法可以用来追踪和对比项目进度计划的实施情况及其差距,预测和分析项目进度计划的变更情况及其影响,然后自动分析、调整、更新或修订项目进度计划。

(二)项目进度计划控制的结果

项目进度计划控制工作的结果主要包括如下几个方面。

1.项目进度计划的全面更新

这是根据项目进度计划实施中的各种变更和纠偏措施,对项目进度计划进行全面更新以形成新的项目进度计划。项目进度计划的更新是对原有项目进度计划的全面修订和更正,这种更新可能会对项目集成计划等造成影响(也可能不造成）。其中的项目进度计划修订只是一种项目起止日期的改变，这多数是由于项目范围计划或项目估算发生变化造成的。多数时间项目进度计划的更新并不影响项目进度控制基线的改变，除非这种项目进度的更新幅度过大，但是这种办法应该保留作为项目进度计划控制的最终使用手段。

2. 项目进度控制中采取的纠偏措施

这里的项目进度控制纠偏措施是指为纠正项目进度计划实施偏差所采取的具体行动，在项目进度计划控制中人们需要采取各种纠偏措施去保证项目的工期计划进度和项目的按时完工。所以在项目进度计划控制中所采取的各种纠偏措施及其结果，也都是项目进度计划控制工作的重要结果或后果之一。

3. 项目学习到的经验教训

在项目进度计划控制中获得的各种经验教训也是项目进度计划控制工作的结果之一。方法包括：有关项目进度计划变更及其原因、项目进度控制中所采取的纠偏措施、项目进度计划失控而造成的各种损失以及从这些当中可以吸取的经验和教训等。

4. 项目控制工作的改进

这也是项目进度计划控制工作最主要的结果。因为开展项目进度计划控制工作的根本目的是努力改善和提高项目进度计划的实施结果，以便在不断改进和提高的基础上使得项目实施工作能够按照计划去完成或提前完成项目进度计划规定的各项任务。

5. 其他的更新工作

这包括项目集成计划的修订、项目范围管理计划的修订、项目工作分解和活动清单的更新等项目管理文件的更新，以及项目的事业环境因素、组织过程资产的更新和修订，等等。

上述项目时间管理的内容构成了一个完整的项目时间管理理论和方法体系，所以它们是项目管理知识体系中一个专门的知识领域。人们只有努力学习和积极使用这些知识才能够做好现代项目的时间管理工作。

本章思考题

1. 如何从时点和时期两方面去理解项目时间管理？

2. 项目时间管理有哪些基本特性？为什么会有这些特性？

3. 项目活动分解在整个项目时间管理的地位和作用是什么？

4. 项目活动排序好坏对整个项目时间管理有什么影响或作用？

5. 项目活动工期估算与项目活动所需资源假设之间有何种关系？

6.项目进度计划与安排有哪些主要作用？为什么它会有这些作用？

7.项目进度计划的控制为什么要从项目中那些有不确定性的活动入手？

8.项目进度计划变更的管理控制与项目变更总体控制之间是什么关系？

第五章　项目成本管理

【本章导读】

本章将深入细致地讨论基于活动的项目成本估算与预算的成本确定方法、基于活动的项目成本控制方法以及项目成本集成管理的方法。项目成本管理的主要内容是项目成本估算、项目成本预算和项目成本控制。项目成本管理的关键在于正确地确定项目成本和科学地控制项目成本，这可借助于项目挣值管理等近年来发展起来的项目成本管理方法。

第一节　项目成本管理的概念

项目成本管理的实质是为确保项目既定功能的前提下，通过对于项目成本的管理实现项目价值的最大化。因为人们开展任何项目的根本目的就是要以最小的成本获得最大的价值，所以项目成本管理的根本目的是实现对于项目价值的增加，因此项目项目成本管理应该是以项目价值的增加为导向的，这是本书对于项目成本管理的最重要的界定。

一、项目成本的内涵

英文的项目成本是"Project Cost"，但是英文中的"Cost"本身既有"花费了多少"（成本）的意思，也包含着"价值是多少"（价值）的意思。既然英文的"Cost"本身包含有"成本"和"价值"两个方面的意思，因此项目成本管理应该包含项目价值和成本两方面管理的含义。

(一)项目成本的定义

项目成本的定义有狭义和广义之分。其中的狭义项目成本是指在为实现项目目标而开展的各种项目活动中所消耗资源而形成的费用。其中的广义项目成本是指项目价值的大小，而项目价值中不但包括狭义的项目成本，而且还包括所涉及的税金与承包商利润等方面的内容。在某些情况下我国将广义的项目成本称为项目造价，我国规定所有包含承发包的建设项目成本都必须被称为项目工程造价，因为这种项目成本中包含国家收取的税金和承包商利润。但是对那些自我开发项目而言，因项目业主和项目实施者是一家，所以这种项目没有税金和利润问题，此时人们将狭义项目成本称为项目花费或费用。

无论人们如何称呼项目成本，项目成本的本质特性是不变的。只是由于不同国家的会计制度规定不同，所以项目成本的范畴会有所不同而已。例如，我国规定建设项目的某些项目业主所发生的费用不允许计入项目造价，以保证项目业主不能够从承包商处支取花费，这与西方国家的规定就不同。然而，这些只是项目成本核算方面的法律或规定问题，它们并不影响项目成本的定义和特性。从经济观点出发，在满足项目时间和质量等指标要求的前提下，项目成本是越小越好。所以项目成本管理就是为实现项目价值最大化和项目成本最小化（这是项目利益最大化的关键）而开展的项目管理工作。

(二)项目成本的内涵

从价值工程的角度上讲，项目成本的内涵也有两个方面，一是指项目的花费，二是指由此花费而获得的项目功能以及由此体现出的项目价值。所以项目成本的内涵可以使用下面的式 5-1 给出全面性的描述。

$$V = \frac{F}{C} \quad \text{或 价值} = \frac{功能}{成本} \tag{5-1}$$

由式 5-1 可以看出，项目成本只是项目价值中的要素之一，它是为了实现项目价值所做出的项目投入。所以实际上项目成本就是为了实现项目价值所做出的一种垫付或投入，它是人们获得项目功能而付出的项目代价。因此项目成本管理必须以此为出发点，即项目成本管理必须以项目价值管理为导向，从扩大项目价值和降低项目花费两方面去做。

二、项目成本管理的内涵

综上所述可知，项目成本管理的根本目标是为了实现项目价值的最大化，所以项目成本管理的定义和内涵也有如下所讨论的广义和狭义之分。

(一)项目成本管理的定义

狭义的项目成本管理是指为保障项目实际发生的成本不超过项目预算而开

展的项目成本估算、项目预算和项目预算控制等方面的管理活动。广义的项目成本管理是指为实现项目价值的最大化所开展的各种项目成本管理活动和工作。狭义的项目成本管理也是为确保在既定项目预算内按时按质地实现项目目标所开展的一种项目管理专门工作,广义项目成本管理应该涉及项目成本、项目功能和项目价值三个方面的项目管理工作。近年来,项目成本管理的理论越来越向着项目价值管理的方向倾斜,以更好地满足人们对于项目价值的追求,这时的项目成本管理范畴不断扩大,而且其作用也显得日益重要。

实际上,项目成本管理首先考虑的是开展项目各种活动所需资源的成本管理,其次是在项目成本管理的同时考虑项目的价值,包括顾客使用项目产出物的成本等方面的价值。例如,降低项目建设的投入(C),其代价可能是项目的价值(F)或顾客的使用成本增加。这种广义的项目成本管理在某些地方也被称为项目全生命周期成本管理的方法或项目全生命周期成本核算的方法(Life Cycle Costing,LCC)。项目全生命周期成本核算和价值工程技术共同使用可以降低项目成本和项目时间,改进项目质量和项目绩效。由此可见,现代项目成本管理的范畴已经不仅仅是项目费用的管理,而是有了很大的拓展。

(二)项目成本管理的途径

长期以来,我国的项目成本管理主要限于对建设项目造价的确定与控制的范畴。但是,随着现代项目管理理论和方法的引进,人们开始认识各种项目的成本管理规律和方法,这对深化和发展项目成本管理的内涵起到了很大的推动作用。这种对于项目成本管理内涵的发展和变化主要表现在两个方面:一是现代项目成本管理包括各种项目的成本管理,而建设项目工程造价管理只是其中的一部分;二是现代项目成本管理的内涵包括项目价值和项目成本两方面的管理,这是现代项目成本管理与传统项目成本管理的最大不同之处。

现代项目成本管理认为:项目成本是由于人们开展项目活动而占用和消耗资源形成的,由于开展项目活动是为实现项目目标服务的,因此人们确保项目目标实现的前提必须通过管理和控制项目活动的多少、规模、内容和方法等方面实现对于项目成本的有效管理。项目成本管理有多种途径和方法,其中最主要的项目成本管理途径和方法包括三个方面,下面给出的式 5-2 对此做了简单明了的表述。

$$V \uparrow = \frac{^3 \uparrow \overrightarrow{F} \uparrow ^1}{^3 \uparrow \overrightarrow{C} \downarrow ^2} \tag{5-2}$$

由式 5-2 可以看出,当项目成本不变而项目功能上升时(式中标注为 1 的组合),或当项目功能不变而人们努力实现项目成本下降时(式中标注为 2 的组合),以及项目成本虽然有较小上升但会使得项目功能大大上升时(式中标注为3 的组合),这些都是价值导向的项目成本管理途径与方法。所以项目成本管理不仅是努力降低成本,而更应该努力提升价值。实际上项目全生命周期成本核算和价值工程等方法都是为实现项目价值最大化服务的,项目价值最大化才是项目成本管理的根本内涵。

(三)项目成本管理的主要内容

项目成本管理内容不仅包括通过管理实现以最低成本完成项目全部活动,而且更强调必须努力通过这种管理实现项目价值的最大化,同时还要努力避免项目成本管理对于项目产出物质量和项目工期的不利影响。这些是现代项目成本管理与传统项目成本管理最重要的区别,因为盲目地降低项目成本可能会造成项目价值、项目质量或项目时间方面的损失。例如,如果为降低项目成本而在项目决策支持工作上的成本投入不足,就会造成各种项目决策的纰漏或失误,这就会给项目产出物质量和项目时间等带来不利影响,甚至可能会大大降低项目的功能和价值。项目成本管理的核心内容包括项目成本的计划与确定、项目成本的监督与控制,其根本目标是努力保障项目实际成本的最小化和项目价值的最大化。

因此项目成本管理要求人们不能只考虑项目费用的节约,还必须考虑项目经济收益的提高。所以,不断地分析和预测项目产出物的经济价值与收益也是项目成本管理的重要工作之一。例如,在项目成本管理中需要运用投资回收期分析、现金流量分析、收益回报分析等方法,分析如何从项目费用的最小化和项目利益的最大化两方面综合平衡地考虑和管理好项目的成本与收益。

(四)项目管理的具体内容

现代项目成本管理的具体内容可以用图 5-1 给出示意。

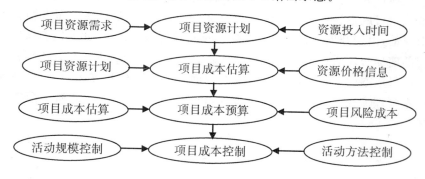

图 5-1　项目成本管理工作内容示意图

由图 5-1 可知,项目成本管理的具体内容包括下述几个方面。

1.项目资源计划

项目资源计划是指根据项目活动清单而提出的项目资源需求以及各种资源的投入时间等信息,通过计划安排而确定和给出项目各种活动所需资源的数量、质量、种类和投入时间的项目成本管理工作。项目资源计划中最主要的任务是确定整个项目所需人、机、料、费等资源的数量,以便为估算项目成本提供主要依据。

2.项目成本估算

项目成本估算是指根据项目资源计划以及各种项目资源的市场价格信息(包括预计的价格发展变化信息),估计和计算确定项目各种活动的成本和整个项目全部成本的项目成本管理工作。项目成本估算中最主要的任务是确定整个项目所有活动的人、机、料、费成本要素所形成的项目成本的数额。

3.项目成本预算

项目成本预算是一项根据项目成本估算制订出项目成本控制基线、项目成本计划以及项目成本管理计划的项目成本管理工作。这项工作包括根据项目成本估算和项目成本的风险大小确定出项目各项活动的预算水平以及确定整个项目总预算的水平这样两项工作。项目成本预算的关键是合理、科学地确定出项目成本的控制基线。

4.项目成本控制

项目成本控制是指在项目实施过程中依据项目成本预算,努力将项目实际成本控制在项目预算范围之内,根据项目工作的发展变化做好项目成本变更等方面的项目成本管理工作。这包括:不断度量项目实际发生的成本,分析和度量项目实际成本与项目预算之间的差异,采取纠偏措施或修订项目预算的方法实现对项目成本的控制。

另外,项目成本预测和评估也是项目成本控制的一个组成部分,它是依据项目成本和各种相关因素的发展与变化情况,评估和预测项目成本发展和变化趋势以及项目成本可能结果的项目成本管理工作。事实上项目成本管理各项工作之间并没有严格而清晰的界限,它们经常是相互重叠和相互影响的。

三、现代项目成本管理方法的发展

现代项目成本管理有许多发展并出现了很多不同的方法,这些方法各有优缺点,各有适用情况与条件。现代项目成本管理的最新发展和提出的方法主要有三种:一是全过程项目成本管理的理论与方法,二是全生命周期项目成本管理的理论与方法,三是全面项目成本管理的理论与方法。同时,现代项目成本管理的最新方法还有另外的分类,有关它们及其集成模型的讨论分述如下。

(一)现代项目成本管理的理论与方法

这主要是指 20 世纪 80 年代以后发展起来的现代项目成本管理的思想、理论和方法，主要包括如下几种。

1. 全过程项目成本管理的理论与方法

全过程成本管理的理论与方法是自 20 世纪 80 年代中期开始，由中国及其他一些国家的项目成本管理理论工作者和实际工作者提出的，它是一种从整个项目活动全过程的角度分析确定和管理项目成本的思想与方法。进入 20 世纪 90 年代以后，中国的项目成本管理学者和实际工作者进一步对全过程项目成本管理的思想与方法做了完善和验证，使得这种项目成本管理的理论和方法正在逐步成为中国和国际上的项目成本管理的主导方法。

2. 全生命周期项目成本管理的理论与方法

全生命周期项目成本管理理论是由英美国家的一些学者和实际工作者于 20 世纪 70 年代末和 80 年代初提出的。进入 20 世纪 80 年代以后，以英美国家项目成本管理学者与实际工作者为主的一批人，在全生命周期项目成本理论方面做了大量的研究工作和应用工作。现在全生命周期项目成本管理的方法已经成为一种项目投资决策工具和项目成本控制的一种思想与技术方法，是考虑项目建设期、运营期和拆除期等全部项目生命周期成本的管理方法。

3. 全面项目成本管理的理论与方法

根据国际全面成本管理促进会（AACE-I）前主席 R. E. Westney 的说法[1]，全面项目成本管理是在 1991 年的该协会春季研讨会上他们借用全面质量管理的思想提出来的一套项目成本管理方法，其目的是用它实现对所有项目成本进行全面管理。AACE-I 的定义："全面成本管理就是通过有效地使用专业知识和专门技术去计划和控制项目资源、成本与盈利和风险。"他们认为这种方法是 21 世纪项目成本管理中最有效的技术和方法[2]。

(二)现代项目成本管理知识体系模型

项目成本管理除了上述主流学派或重要理论和方法外，还有其自身独立的项目成本管理知识体系。这种现代项目成本管理的知识体系也被称为项目成本管理的方法论，它可由图 5-2 中的模型给出示意。

从图 5-2 中可见，项目工作与活动分解方法是现代项目成本管理的基础，因为现代项目成本管理使用基于活动的成本核算方法（Activity-Based Costing，

---

[1]　R. E. Westney，Total Cost Management：AACE-I Vision for Growth. Cost Engineering，Vol. 34，No. 10，1992.

[2]　戚安邦著. 工程项目全面造价管理. 天津：南开大学出版社，2000：45—46.

ABC)确定项目成本,使用基于活动的管理方法(Activity-Based Management,ABM)控制项目成本,所以项目成本的确定与控制都必须依赖这种项目工作与活动分解方法,因此它就成了这一方法论(模型)的核心部分。

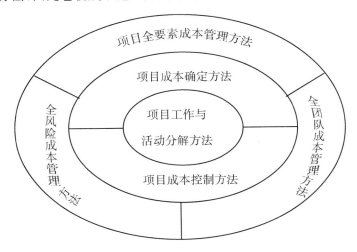

图 5-2　现代项目成本管理方法论的集成模型示意图[①]

图 5-2 给出的模型中项目成本确定和控制的方法是这个知识体系中的主导内容,它们与项目工作与活动分解方法构成了现代项目成本管理的基本方法体系。其中,项目成本确定方法是使用基于活动的成本核算方法确定项目成本,而项目成本控制方法是一种基于活动的成本管理方法。所以实际上现代项目成本管理管理的基本方法是一种基于活动的项目成本管理方法,有关这两个部分的内容将在后续章节中详细进行讨论。

图 5-2 中模型外围的项目全要素成本管理方法、全风险成本管理方法和全团队成本管理方法是现代项目成本管理理论体系的重要组成部分。项目全要素成本管理、全风险成本管理、全团队成本管理以及项目全生命周期成本管理等辅助方法分述如下。

1.项目全要素成本管理方法

项目全要素成本管理的方法是借助于美国国防部的项目"成本/工期控制系统规范"或叫"挣值管理系统"的原理发展而来的,这是一种项目成本与项目其他要素集成管理的先进方法。这种项目成本管理方法的基本思想就是任何项目要素的发展变化都会造成项目成本的变化,所以人们必须全面管理各种项目要素

---

① 戚安邦.项目成本管理.天津:南开大学出版社,2006:60.

的发展变化才有可能真正管理好项目成本,因此现代项目成本管理不应该局限于项目成本本身的管理,而应该按照项目集成管理的原理通过全面管理项目的全部要素,最终形成项目成本管理的成果。其中,项目挣值管理的方法是项目全要素成本管理的最基本方法,因为它只是项目成本和项目时间两要素的集成管理方法,其具体方法将在本章最后一节进一步深入地讨论。

2.项目全风险成本管理方法

项目全风险成本管理是对项目确定性成本和不确定性成本进行全面管理的一种方法,因为在项目成本中存在着三种项目成本:一是确定性的成本(Known),二是风险性的成本(Know Unknown)和完全不确定性成本(Unknown)。项目不确定性成本各有不同的概率分布,这是由项目各种风险事件造成的,具体可见图 5-3。图 5-3 中给出了 5 个项目活动成本的分布情况,可以看出每项项目具体活动成本的不确定性程度不同。因此,项目成本管理不应该只是对确定性成本进行管理,更应该对不确定性成本进行管理。因为项目确定性成本管和不管相差不大(已经是确定的了),而项目不确定性成本管与不管相差很大,不确定性成本会因项目各种条件的变化而发生很大的变化。

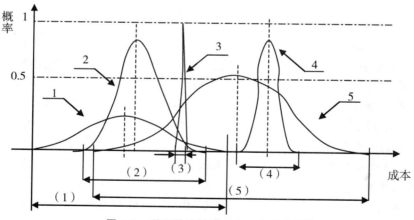

图 5-3　项目风险性成本分布的示意图[①]

3.项目全团队成本管理方法

项目全团队成本管理的方法就是通过项目全体相关利益主体一起参与和共同做好项目成本管理的方法。由于项目相关利益者之间各自有不同的利益,因此必须使大家能够"求同存异"而形成合作伙伴式关系,最终使用项目全团队的合作实现项目成本管理的目标。项目全团队成员之间的合作关系一方面通过相

---

① 　戚安邦. 项目成本管理. 天津:南开大学出版社,2006:98.

互签署的合同来保障,另一方面通过共同签署的项目合作伙伴协议来保障。项目全团队成员在项目合作中的地位是完全平等的,人们只有通过真正平等的合作才可能使用项目全团队成本管理的方法管理好项目的成本。这种方法中的项目全团队关系示意图见图5-4。

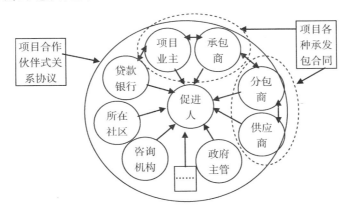

图5-4　项目全团队成本管理中的各种关系示意图

4.项目全生命周期成本管理方法

这一方法可以用英国皇家特许测量师协会(RICS)所给的定义来说明[①],RICS认为,项目全生命周期包括整个项目建造、使用以及最终清理的全过程;项目建造、运营和清理阶段还可以进一步划分为更详细的阶段,这些阶段构成了一个项目的全生命周期。面向这种项目全生命周期成本最有的管理方法就是项目全生命周期成本管理的方法,这种方法描述公式如式5-3。

$$LCC = \text{Min}\{C_1 + C_2 + C_3\} \tag{5-3}$$

其中:C_1 为项目的建造成本,C_2 为项目的运营维护成本,C_3 为项目的拆除成本。

上述项目成本管理的原理和方法适合于各种项目的成本管理,但是不同专业所属领域的项目有其独特的项目成本确定与控制方法,这些需要学习专门的课程和知识。

第二节　项目资源计划

项目资源计划是项目成本管理的首要工作,其实质是根据项目时间管理的

---

① RICS. Life Cycle Costing: A Work Example. London: Surveyors Publication, 1987: 35.

项目活动工期估算中分析而确定的项目资源需求以及项目风险管理中确定的项目资源风险情况,通过分析和预测确定出项目资源计划安排。这项工作的成果是开展项目成本估算和项目成本预算的基础和依据,所以这项项目成本管理的工作是整个项目成本管理工作的起点。

一、项目资源计划的概念

项目资源计划是指根据项目的资源需求和项目风险情况以及其他一些项目资源的信息,通过计划和安排的方法得到项目各种活动所需资源构成的项目资源计划的工作。任何项目都需要在项目成本估算和预算之前首先确定项目资源计划,尤其是通过承发包合同实施的项目必须具有项目资源计划。项目资源计划的名称会有所不同,如有的国家称其为项目资源计划,而有的国家则称其为项目工料清单等。但是项目资源计划的基本概念是一致的,都是指人们开展项目活动所需要的资源计划安排。

(一)项目资源计划的分类

项目资源计划可以根据作用的不同分为两种:一是自主性的项目资源计划,二是合同性的项目资源计划。这两种不同的项目资源计划被用于不同的场合,前者用于自我开发项目,后者用于业务承包项目。因为在自我开发项目中,项目业主和项目实施者是同一个经济实体,所以不存在任何的合同义务问题,因此此时用的项目资源计划可以是自主性的,人们在项目情况发生变化时可以自主调整项目的资源计划。但是在承发包的业务项目中,由于项目业主和项目实施者不是同一个经济实体,所以存在严格的项目合同义务问题,此时的项目资源计划就是合同性的,因为此时的项目资源计划是合同核心内容之一。通常,自主性的项目资源计划相对比较粗略,而合同性的项目资源计划相对比较详细。

(二)项目资源计划的主要工作

项目资源计划的主要工作包括三个方面:一是项目资源需求和项目资源风险的分析,二是项目资源风险储备的确定,三是项目资源计划的编制。其中,项目资源需求和项目资源风险的分析又包括对于在项目时间估算中所制订的项目资源需求的科学性和合理性的分析、项目资源需求中各种资源的需求供给风险的分析。前者是为了保证制订项目资源计划的依据(项目资源需求)科学可靠,后者是为了保证项目资源计划安排能够科学地考虑资源风险所需要的管理储备。

这种项目资源计划也可能包括几种不同项目资源计划备选方案,因为许多项目可能会有多种不同的项目设计方案或项目实施方案,这些不同的项目设计方案与实施方案会有不同的项目资源需求,在项目资源计划中人们必须努力给出不同项目设计方案与实施方案项目资源需求计划。同时,人们也可以使用这些不同的项目资源计划方案做优劣比较,以便选择最优的项目设计或实施方案以及与之相适应的项目资源计划方案。

(三)项目资源计划的构成细节

项目资源计划的最终结果是给出通过分析和计划安排得到的项目资源种类、数量、质量和投入时间,所以项目资源计划的构成细节包括这四个方面:项目资源计划中的资源种类是指所有项目具体活动所需的人力资源、物力资源、设备资源、信息资源、财力资源等具体项目资源的种类;项目资源计划中的资源数量是指全部项目工作所需的各类项目资源的数量要求;项目资源计划中的资源质量是指各种项目工作所需的各类项目资源的品质要求;项目资源计划中的投入时间是指项目活动所需的各类项目资源何时投入使用。同任何项目计划编制工作一样,项目资源计划编制必须给出这四个方面的细节。

项目资源计划的依据主要有两个来源:一是项目时间计划工作中所生成的项目资源需求信息,这是根据项目资源约束和项目资源假设所做出的项目资源需求的预测和估算信息,是编制项目资源计划的根本依据;二是项目资源需求与供给的不确定性和风险性信息,这是根据项目风险分析所得到的项目资源需求与供给方面的不确定性和风险信息,是确定项目资源计划裕量的主要依据。前者主要是项目在人力资源、物力资源、设备资源、信息资源、财力资源等方面的需求信息,后者主要是项目资源需求和供给的发展变化趋势信息。

二、项目资源计划的影响因素

项目资源计划的影响因素和我国现有项目资源计划方法的问题是本节的核心内容。

(一)项目资源计划的影响因素分析

项目资源的影响因素是指在开展项目资源计划的过程中都需要考虑哪些因素,从而能够制订出科学可靠的项目资源计划。通常,影响项目资源计划的主要要素如下。

1.项目资源的需求情况

项目资源的需求情况是指在项目的整个过程中人们开展各种项目活动所占用和消耗的各种资源的需求情况。这是项目资源计划的出发点和根本点,所以是影响项目资源计划的主要要素之一。项目资源需求情况是根据项目活动清单和项目进度要求,通过一系列的估算和预测以及综合平衡得到的。通常,如果项目的活动和进度相对确定,则项目资源需求的估算和预测就比较准确,项目资源需求的情况就更清楚。项目资源需求的情况越清楚,则项目资源计划就会越科学和可靠。

2.项目资源供给的情况

项目资源供给的情况包括两个方面:一是项目所需资源的供给能力,二是项目所需资源的供给时间。前者是指项目能否从各种渠道获得其必须的资源,后者事关项目能否在需要的时间获得其必须的资源。不管是项目所需的人力资源、物力资源、信息资源或财力资源,这两方面的供给情况都直接影响项目资源计划的制订。通常,如果项目所需资源的供给是常规性和市场性的,则项目资源供给的情况相对比较确定;如果项目所需资源的供给是独特性和垄断性的,则项目资源供给的情况就比较复杂多变。

3.项目活动的发展变化情况

这是指在项目过程中各项项目活动发生增加、减少和变更的情况,因为这些项目活动的变化会直接造成项目资源计划的变动,所以项目活动的发展变化情况也是影响项目资源计划的主要因素之一。实际上正是因为开展项目活动才会占用和消耗资源,所以一旦项目活动的内容或规模发生变化,项目活动所占用和消耗的资源也就必然发生变化。另外,虽然项目活动的规模和内容不发生变化,但是如果项目活动的时间进度发生变化,项目的资源需求计划也会发生变化,所以项目活动时间进度的变化也是项目资源计划的影响因素。

4.项目资源的市场变化情况

这是指项目所需各种资源的市场发生变化的情况,包括项目所需资源的市场价格变化、项目所需资源的市场供给能力变化、项目所需资源的供应商或承发包的变化,等等。这些项目资源市场的变化情况不但会影响项目资源的供给数量和价格,而且会影响项目资源供给的时间进度,所以这也是项目资源计划的主要影响因素之一。例如,项目所需进口设备或材料的市场价格和供给总量、供应商、运输商、保险商以及通关缴税等情况的发展变化,会直接影响项目资源计划中这部分内容的计划安排。

(二)我国现有项目资源计划方法的问题

国际上项目资源计划的编制方法多数是使用基于活动的项目资源计划方法,主要包括两种具体的技术方法:一是项目资源测量的方法(或叫项目工料测量法),二是项目资源统计的方法(或叫市场调查法)。但是,我国的项目资源计划编制方法在很多地方仍在沿用我国计划经济体制下的"标准定额法",这种方法不是从一个项目所要开展的项目活动以及这些项目活动所需实际消耗和占用的资源多少入手,而是根据国家或地方的"统一定额"或"标准定额"确定项目的资源计划。这种国家或地方的"统一定额"或"标准定额"包括两种,一是项目所需资源数量的"统一定额"或"标准定额"(量的定额),二是项目资源单价的"统一定额"或"标准定额"（价的定额）。这种"统一定额"或"标准定额"的方法不能科学地考虑项目实际所需活动、实际所用技术和方法、项目具体时间和地点、项目具体和独特的情况，而是机械地套用国家或地方的标准定额，所以不科学也不适合市场经济的要求和项目实施技术的迅猛发展。最新的研究成果证明，一个项目活动及其过程和方法是形成项目资源消耗和占用的根本动因，因为只有开展项目活动才会真正消耗和占用各种资源。人们要科学正确地确定项目资源计划就应该首先从分析项目具体活动的内容、过程和方法入手，然后依据开展项目活动所用的技术与方法以及项目所在的具体环境条件确定出项目的资源消耗和占用数量，最终才能科学地编制出项目的资源计划，所以人们应该使用基于活动的资源计划方法制定正确的项目资源计划。我国现有的这种"基于定额"的项目资源编制方法存在下列几方面的问题。

1. 项目的消耗性资源计划编制问题

项目所需资源通常包括两种，一是项目消耗的资源，二是项目占用的资源。前者是指资源的全部价值都转移到项目之中的资源（如投入到项目之中的原材料等），后者是指资源在项目实施的某个期间被占用而使其部分价值转移到了项目之中的资源（如项目实施用的机器设备）。按照我国某些地方仍在使用的"标准定额法"编制项目的资源计划并不区分这二者，一律都是通过套用国家或地方统一编制的"标准定额"来确定项目的资源计划。由此造成的主要问题是，在消耗性资源的计划编制中根本没有考虑具体项目不同的实施技术水平、不同的项目实施技术方法、不同的项目实施约束和限制、不同的项目实施现场条件等所有的项目独特性所造成的项目资源需求的变化，只是按照某种"标准定额"作为依据来编制项目的消耗性资源计划，从而造成了这种项目的消耗性资源计划严重脱离实际情况。

2. 项目的占用性资源计划编制问题

项目所需资源中的占用资源是指其在项目实施过程中的既定时间中被占用，从而使其部分价值转移到了项目之中的一类独特的资源。按照我国某些地方仍在使用的"标准定额法"编制项目资源计划时，这种资源多数并不是考虑其实际占用的时间长短和由此造成的实际资源占用需求，而是按照项目的实施时间长短来计算资源的占用时间。例如，一台红旗塔吊或一个活动办公室，按照我国现有资源计划方法它们是从项目开工那天算起一直计算到项目完工那天为止。实际上在项目的实施过程中，一旦这种占用性资源的占用结束，就应该立刻设法为其寻找新的用途。所以对于项目的占用性资源一旦不再需要占用，就不应该继续算作是项目的占用性资源，但是我国按照某种"标准定额"作依据编制项目的占用性资源计划时并不考虑这些，这同样使得我国项目的消耗性资源计划严重脱离实际情况。

3.项目资源计划的不确定性问题

我国现有的这种"标准定额法"的另一个主要问题是,由于在计划编制中不考虑或较少考虑具体项目的具体情况和发展变化,所以由此生成的项目资源计划是相对刚性和固定的。由于这种相对刚性和固定的项目资源计划对于项目发展变化可能造成的资源需求变化考虑得不多(最多只是附加一个既定比例的资源变动系数),所以依此编制的项目资源计划很难全面考虑和包含项目资源计划所存在的不确定性。但是实际上在项目实施中实际项目活动规模和项目活动内容以及项目实际所面临的环境和条件都会发生变化,所以由此编制的项目资源计划就无法满足项目的实际需要,这同样使得我国项目的消耗性资源计划严重脱离实际情况。

三、项目资源计划的方法和结果

项目资源计划的依据涉及很多方面,项目资源计划方法也有很多不同种类,二者的具体内容分述如下。

(一)项目资源计划的主要依据

虽然项目资源计划的依据很多,但是最主要的是三个方面。一是项目的资源需求数量和质量方面的依据,二是项目资源需求投入时间方面的依据,三是项目资源供给方面的依据。

1.项目资源需求数量和质量方面的依据

这方面的依据主要包括:项目范围及其管理的计划文件(包括项目范围说明书、项目范围管理计划和项目工作分解结构等)、项目集成计划及其相关文件、项目时间及其管理计划(这包括项目活动清单和项目时间管理计划等)、项目资源需求及其细节文件(给出了项目的资源需求估计)、项目活动和项目资源的假设前提条件和约束条件(给出了确定性和不确定性项目资源需求的前提条件)等,这些都是人们在编制项目资源计划的过程中决定项目资源计划的数量和质量的依据。

2.项目资源投入时间方面的依据

这方面的主要依据包括:项目进度计划安排(项目各项具体活动起点和终点)、项目的时间管理计划(一旦项目进度发生变化如何进行管理的安排)、项目各项具体活动所需资源的投入或占用时间的信息(包括项目活动所需资源的投入时间、项目活动占用资源的持续时间估算等)、项目活动及其所需资源投入时间和占用时间的可能发展变化情况等,这些都是人们在编制项目资源计划的过程中决定项目资源投入时间及其发展变化方面的依据。

3.项目资源供给方面的依据

这方面的主要依据包括：项目各项具体活动所需资源的供应商或承包商的信息（包括项目活动所需资源的可行供应商或承包商的数量、质量、可获得情况等）、项目活动所需资源的市场供应情况（包括项目活动所需资源的市场供应总量、市场的供求和竞争情况等）、项目活动所需资源配置的政策和宏观与微观管理的情况、项目各种已识别风险的相关信息、项目的事业环境因素信息、组织的过程资产信息以及各种历史项目的信息与参考资料等，这些都是人们在编制项目资源计划过程中决定项目资源发展变化及其应对措施方面的依据。

(二)项目资源计划的方法

项目资源计划方法主要有：标准定额法、工料测量法和统计资料法三种，这些项目资源计划方法的具体做法分述如下。

1.标准定额法

这种方法的某些内容已经在前面的"我国现有项目资源计划方法的问题"中做了一些讨论，并且指出了我国现有标准定额法的问题和不足。但是前面讨论的"标准定额"或"统一定额"是指是我国计划经济体制下所使用的国家或地方统一定额的方法，这并不代表所有的"标准定额"法（包括人工定额、材料定额、费用定额等）都是不对的或不好的。实际上企业或行业的"标准定额"或"统一定额"法是应该提倡的，因为使用企业或行业的"标准定额"或"统一定额"编制项目资源计划还是比较科学的。这种方法中使用的"标准定额"或"统一定额"是企业或行业按照自己多年积累和不断修订的各种"标准定额"或"统一定额"编制和安排项目的资源计划，因为这种企业或行业的"标准定额"或"统一定额"实际上是企业或行业劳动生产率的实际测定水平，所以这种套用企业或行业"标准定额"或"统一定额"进行项目资源计划的方法还是比较科学的。

2.工料测量法

这种方法首先要给出项目的工程量清单（即项目活动的规模和内容），然后再使用项目的工程量清单进行项目资源的计划安排。这种方法虽然相对比较烦琐，需要大量的科学计算，但是由此给出的项目资源需求和计划的精确度比较高。这种方法的优点是使用项目工程量清单作为项目工料测量的主要依据，使用工程测量和科学计算作为主要方法。这种方法的缺点是要求有详细的项目工程量清单信息，而且这种项目资源计划方法所需的计算和测量工作量较大。英国等国家的工程项目规定必须使用这种项目资源计划方法编制工程项目的工料清单，我国在 2003 年根据英国的这种方法提出了自己的《建设工程工程量清单报价规范》(GB 50500－2003)，并用这种方法安排项目的资源计划。这种方法可用表 5-1 给出示意。

表 5-1　项目资源计划的工程测量法示意表

项目阶段	工作包代码	工作包名称	活动代码	活动名称	责任人	活动描述	所需资源	单位	数量
定义/决策	101	定义工作							
1			101.1	提出提案	工程师	编写下面的提案	人工	小时	10
							纸张	千克	2
			101.2	可行分析	经济师	可行性分析研究	人工	小时	20
							纸张	千克	2
							计算机	台	3
			101.3	可行审批		……	……	……	……
……	……	……	……	……	……	……	……	……	……
全部项目	……	……	……	……	……	……	……	……	……

3.统计资料法

这种方法包括两类,一是使用企业自己的历史项目统计资料进行项目资源计划的方法,二是使用市场上存在的商业数据库的统计资料进行项目资源计划的方法。两种方法都必须给出具有统计意义的各种资源消耗或占用量的平均水平和先进水平,同时还应该给出各种项目活动资源消耗和占用的平均水平和最高水平等数据,从而人们可以使用它们编织项目资源计划。实际上第一种方法也是制订企业"标准定额"的方法,而第二种多数是由一些专业的项目成本管理咨询公司提供的统计资料的方法,这种方法是最接近实际情况和最适合市场经济使用的项目资源计划方法,也是以美国为主的市场型国家使用最多的项目资源计划的方法。

(三)项目资源计划的结果

项目资源计划的结果主要包括如下几个方面。

1.项目资源计划书

项目资源计划书是对完成项目所需资源的计划安排,它是项目成本管理文件中一个重要组成部分。项目资源计划书要对项目活动所需资源种类、资源数量、资源的使用方式(消耗还是占用)以及资源的投入时间进行必要的说明,这包括对项目所需人力资源、物料资源、设备和其他资源进行计划的全面规定和说明。另外,这一文件还要全面说明和描述项目资源的不确定性和风险性等方面的内容。项目资源计划书中的主要指标是实物量(工时或工日)和劳动量指标(吨、千克、米等),同时为了便于项目资源的投入也需要使用其他的一些指标对项目资源计划进行必要的描述。例如,项目资源计划需要使用价值量指标等指标,甚至在某些情况下还需要使用多种度量指标进行描述,以便开展项目资源的计划管理。

2.相关支持细节文件

这是对于项目资源计划文件的依据和细节的说明文件,一般这一文件作为项目资源计划书的附件使用。这一文件的主要内容包括:项目资源计划的依据说明,因为项目资源计划的依据是直接影响项目资源计划编制的关键因素;项目资源计划的编制方法说明,因为不同的编制项目资源计划的方法其结果会不同;项目资源计划的各种假定条件说明,这包括在项目资源计划编制中使用的各种假定项目所需资源水平和项目资源定额等方面的说明;项目资源计划可能出现的变动范围的说明,包括在各种项目资源计划假设条件、基础与依据发生变化后,项目资源计划可能会发生多大变化的说明。

第三节　项目成本估算

项目成本估算是项目成本管理的第二步工作,其实质是通过分析和估计确定出项目的成本。这项工作的成果是开展项目成本预算和项目成本控制的基础和依据。

一、项目成本估算的内涵

项目成本估算是指根据项目的资源计划和各种项目资源的价格信息,通过估算和预计的方法得到项目各种活动成本和项目总成本的工作。如果项目是按照承发包合同实施的,人们还需要仔细地区分项目业主/顾客的成本估算和项目承包商/分包商成本估算的概念,因为二者的范畴和内容有所不同。另外,对于某些小项目的成本估算和成本预算可以合并一起进行,从而可以将这两个项目成本管理的步骤变为一个项目成本管理的步骤。

(一)项目成本估算的概念

项目成本估算涉及从估算分类到估算内容以及估算结果等一系列的概念,这些项目成本估算的概念分述如下。

1.项目成本估算精度的分类

项目成本估算可以根据其估算精确度的不同而分为多种项目估算。例如,工程建设项目的成本估算就可分为:项目初步成本估算、项目设计概算和项目详细成本估算(或叫项目施工图预算)三种不同精确度的项目成本估算。因为在建设项目初步估算阶段,项目有许多细节尚未确定,只能粗略地估计项目的成本,所以此时的项目成本估算结果十分粗略。但是在项目完成技术设计(或叫扩初设计)之后就可以进行较为详细的项目成本估算,进一步等到项目各种设计细节确定之后就可以进行更为精确的项目成本估算。因此,项目成本估算在项目的成本管理中是分阶段做出不同精确度的成本估算,项目成本的估算工作是一个逐步细化和精确的过程。

2. 项目成本估算的主要工作

项目成本估算中既包括识别各种项目成本的构成科目,也包括估计和确定各种项目成本科目的数额大小。例如,在大多数项目中人工费、设备费、物料费、管理费、咨询费等都属于项目成本的构成科目,甚至在这些科目下面还可以进一步细分出二级科目甚至三级科目。同时,项目成本估算还包括分析和考虑各种不同项目实施方案,并分别做出各个项目实施方案的成本估算的工作。例如,一个项目会有多种不同的项目设计方案或项目实施方案,这些不同的项目方案会有不同的项目成本估算,人们需要给出不同项目方案的成本估算后选择最优的项目设计或实施方案。实际上项目的招投标过程就是人们解决这个问题的方法之一。

3. 项目成本估算的结果

项目成本估算给出的结果一般是用某种货币单位表述(一般使用本币)的项目各种资源价值所构成的估算书,以便人们进一步根据这种项目成本的估算书进行项目方案的比较和开展项目成本预算。有的时候项目成本工程师或估算师(我们国家也叫造价工程师)也需要使用其他度量单位或综合单价给出项目的成本估算。项目成本估算书的内容包括:项目单项活动成本的估算(这是一个项目活动所需占用、消耗资源数量和价格的总体测算)、整个项目成本的估算(这是一个项目所有活动成本估算的累计)。

项目成本估算的另一个结果是给出项目估算的各种依据和基础信息,主要有两个方面:一是项目资源计划的信息,二是项目所需资源的价格信息(包括项目所需资源的市场价格和未来发展变化趋势的信息)。所有项目所需的人力资源、物力资源、设备资源、信息资源、财力资源信息,各种市场通货膨胀情况和不可预见情况等所需的项目风险储备等信息都属于这个范畴。

(二)项目成本的构成及影响因素

项目成本的构成是指项目总成本或者是项目工作包成本的构成成分,而项目成本影响因素是指能够对项目成本的变化造成影响的各种要素。

1. 项目成本的构成

项目成本通常是由一系列的项目成本细目构成的,项目成本的构成可以有很多种聚类方法,按照项目成本不同工作可以将项目成本分成如下几个部分以便进行项目成本管理。

(1)项目定义与决策工作成本。这是每个项目都必须要经历的首要项目阶段,其好坏对项目设计、实施和建成后的经济效益与社会效益都会产生十分重要的影响。为了科学定义和决策一个项目,人们在这一阶段要进行各种调查研究、收集信息和进行可行性研究工作,最终做出项目的抉择。这些工作都需要占用或耗用人力和物力资源,从而会出现成本,这些就构成了项目定义与决策工作的成本。实际上项目定义与决策工作好坏决定了项目的成败,所以这部分工作所投入的成本不足一定会造成项目"先天不足",结果会使项目遭受不必要的损失。

(2)项目设计与计划工作成本。项目做出决策之后就可进入项目设计与计划阶段了,任何项目都必须经过这个阶段,只是不同项目的设计与计划工作内容不同。例如,建设项目就需要开展项目的初步设计、技术设计和施工图设计工作,同时还需要开展项目集成计划以及项目时间、成本、质量、范围和风险应对等方面的专项计划工作。这些项目的设计与计划工作同样会发生成本,该成本同样是项目成本的一个重要组成部分。同样,项目设计与计划工作在很大程度上决定了项目成败和绩效,所以如果这部分工作所投入成本不足也会给项目造成不可估量的损失或麻烦。

(3)项目采购与获得的工作成本。这是指人们为获得项目所需的资源(包括人力、物料、设备等)而必须开展的询价、选择供应商、承发包和招投标等工作的成本,这些也必须全面计入项目资源的成本之中。例如,项目所需进口设备的采购需要开展的询价、供应商选择、合同谈判、合同履约、设备运输、运输保险、通关缴税、国内运输等工作,这些工作都需要发生成本,这些成本就构成了项目采购与获得工作的成本。需要特别注意的是,这种项目成本往往会在项目成本估算中出现漏项,不是漏掉国际运费或保费就是漏掉了国家的关税或增值税,有的则是漏掉了国内运费。

(4)项目实施与作业成本。在项目实施与作业过程中为生成项目产出物所耗用的各项资源所构成的成本统一被称为项目实施与作业成本。这既包括在项目实施过程中所消耗资源的成本(这些项目成本的价值全部转到了项目产出物中),也包括项目实施中所占用资源的成本(这些项目成本部分转移到了项目产出物中)。项目实施与作业成本的主要科目包括:项目人工成本(工资、津贴、奖金等)、项目设备费用(使用设备、仪器和工具等费用)、项目物料成本(各种原材料的成本)、项目顾问费用(专家技术人员、咨询师或专业顾问的成本)、项目其他费用(不属于上述科目的其他费用)、项目不可预见费(针对意外情况而设立的项目管理储备费用)。这是项目成本的主要组成部分,因此它也是项目成本管理的主要对象。

2.项目成本估算的影响因素

影响项目成本高低的因素有许多,而且不同应用领域中的项目其项目成本影响因素也不同。但是最为重要的项目成本影响因素包括如下几个方面。

（1）项目所需资源的数量和价格。项目成本主要受两个因素的影响，一是项目各项活动消耗与占用资源的数量，二是项目各项活动消耗与占用资源的价格。所以项目成本估算必须考虑这两个要素，从而科学地估算出项目的成本。在这两个要素中项目所需资源数量是第一位的，项目所需资源价格是第二位的。因为通常项目所需资源数量是自主确定的确定性要素，而项目所需资源价格是市场决定的不确定性要素。

（2）项目所需资源的投入时间。在项目各项活动所要消耗或占用的资源都是在一定的时点或时期中发生的，项目成本与这些项目资源投入使用和占用时间直接相关。另外，项目所需资源（资金、设备和各种资源）都具有自己的时间价值，即等额价值量的资源在不同时间被消耗或占用会造成一定的资源价值差额。因为消耗或占用的项目资源可以用对于货币资金的占用表示，而货币资金占用的时间价值又表现为一定的基准利润率或利息率。所以项目所需资源的投入时间也是项目成本的影响因素之一。

（3）项目所需资源的质量要求。项目所需资源的质量要求是指项目所需资源应该具有的特性与效用，项目所需资源的质量要求的高低直接影响项目成本的高低，所以这也是项目成本的主要影响因素之一。项目所需资源的质量要求包括两方面，一是项目所需资源质量的定性要求，即项目所需资源必须达到的等级或其他质量基本要求；二是项目所需资源质量的定量要求，即项目所需资源必须达到的具体质量指标。这两个方面的要求都会产生对于项目成本的影响。一般而言，只要项目所需资源的质量要求越高，项目的成本就越高。

根据上述分析可以看出，在项目成本估算中必须考虑项目所需资源的价格、投入时间和质量要求，只有这样才能做出正确的项目成本估算。

二、项目成本估算的方法

由于项目成本估算和预算的方法都需要与项目所在国家或地区的现行财税制度相一致，所以人们现在使用的项目成本估算的方法是经过多年发展演进至今形成的。由于我国的市场经济改革仅有三十多年的时间，所以现在这方面还有许多问题和不足。

（一）项目资源的成本估算问题

同样，我国现有项目成本估算方法在很多地方仍在沿用计划经济体制下从前苏联引进的标准定额法，这种项目成本的估算方法存在下列几方面的问题。

1. 项目资源的成本估算问题

我国至今还有许多地方在使用依据标准定额估算项目成本的方法，这是一种本末倒置的项目成本估算方法，因为这不是从项目需要开展活动而消耗和占用资源的多少入手,而是根据国家或地方的"标准定额"确定项目所需资源数量(量的定额)和价格(价的定额),从而估算出项目成本的方法。这就很难科学地考虑项目实际所需活动、项目实际所用技术和方法、项目具体的时间和地点限制等影响因素,所以很难科学地确定出项目成本的估算。虽然我国在 2003 年开始就规定国有资金必须使用《建设工程工程量清单计价规范》(现行的是 GB 50500—2013)规定的工料测量的方法估算项目成本,所以已经取消了在国有资金建设项目中使用国家或地方统一定额的项目成本估算方法,但是至今还有许多非国有资金的项目成本估算仍在使用计划经济时期的基于标准定额的成本估算方法。

最新研究成果证明,项目活动、项目过程和活动方法是形成项目成本的根本动因,因为只有开展项目活动才会消耗和占用资源。人们要科学正确地确定项目成本就应该从分析项目活动和过程入手,依据项目活动所用方法确定出项目的资源消耗和占用数量,最终科学地确定出项目成本。所以"基于活动的成本核算方法"才是正确的项目成本估算方法。

2.各种项目取费的估算问题

在我国的标准定额法中的另一个问题是项目各种取费(现场管理费、企业管理费和其他费用)的估算问题,这种方法将那些不直接形成项目实体的活动费用按照承包商资质等级的不同水平估算和结算,所以同一个建设项目不同资质的承包商可按照资质估算或记取不同比例的费用,而且是资质越高的企业其取费要比资质低的企业高出很多。我国在 2003 年制定的国有资金必须使用《建设工程工程量清单计价规范》中,还规定在项目分部分项工程中的综合单价中按照一定比例记取企业管理费的方法。

这就出现了两个方面的问题:一是这种项目取费的估算办法不是依据项目真实需要、依据开展的各种管理活动的成本估算确定的;二是这种办法严重违背了市场经济的规律和科学估算的要求,因为按照市场规律高资质的好企业由于劳动生产率高其管理活动的费用就低。但是现有这种工程项目成本估算的方法是一种保护或偏袒某些企业和破坏市场竞争的方法,同时还会鼓励人们为争取获得更多取费而对项目成本直接费进行高估冒算。

3.项目成本估算依据方面的问题

我国这种标准定额法的项目成本估算依据主要是国家或地方主管机构编织的标准定额,甚至至今许多地方的造价信息仍然以这种标准定额为主,这些几乎还是官方规定的项目成本估算依据。但是不管是国家还是地方的标准定额都有严重的局限性和时滞性,因为它们在一定时期内是基本不变的,而且它们不区分具体项目所存在的时间、季节、技术和现场限制等问题。

实际上虽然这种标准定额在相当一段时期内是相对不变的,但是每个项目所用的技术和管理方法以及各自的实施环境等都是不同的和动态的,尤其是当今技术进步和技术创新都在高速发展,这些发展既会影响项目实施的绩效,又会影响项目消耗和占用资源的数量,从而全面影响项目的成本。所以我国标准定额法的项目成本估算依据是不科学的,更是无法很好地适应市场与技术的不断发展变化。

综上所述可知,我国现有项目成本估算的方法仍然存在许多问题。实际上现今世界上实行计划经济的国家已经很少了,使用"标准定额"的项目成本估算方法已经过时。所以我国在 2003 年开始改用工料测量的方法估算项目成本,美国则主要使用市场经济的资料统计法,但英联邦国家则多使用工料测量的项目成本估算方法。美国有许多项目咨询企业专门从事不同项目的成本数据收集、整理和加工,并将加工后的历史统计数据作为项目成本的确定依据。例如,设立在美国弗吉尼亚州的美国项目独立分析公司就是一家专门从事这方面项目咨询的公司,它有很大的项目成本资料数据库可供全球的项目成本估算使用。英国和多数其他英联邦国家使用的基于工料测量的项目成本估算法已经有百多年历史了,人们通过使用国家或行业统一的工程量测量和工料测量的方法估算出项目成本。例如,现在工程项目多使用英国土木工程师协会合同规范的工程量和工料测量方法(SMM7),这种方法就是基于工料测量的项目成本估算法的典范。

(二)项目成本估算的主要依据

项目成本估算需要依据很多方面的资料,图 5-5 给出了两类不同项目成本估算精度的方法所需的主要依据,这些依据的相互关系在图中给出了示意。

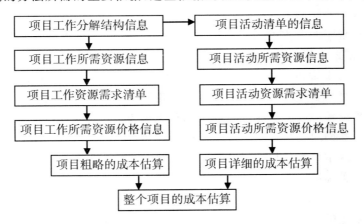

图 5-5　项目成本估算及其依据的示意图

有关这些主要依据的具体说明如下。

1.项目工作和活动的信息

有两类不同精度的项目成本估算，它们所需的依据的精度也不相同。一是项目工作分解结构文件给出的信息，二是项目活动清单所给出的信息。前者是项目初步成本估算所需的依据，后者是项目详细成本估算所需的依据。

2.项目工作和活动所需资源的信息

两类不同精度的项目成本估算所需的主要依据是项目所需资源的信息，一是项目工作所需资源的信息，二是项目活动所需资源的信息。同样，前者是项目初步成本估算所需的依据，后者是项目详细成本估算所需的依据。

3.项目工作和活动所需资源的价格信息

两类不同精度的项目成本估算所需的另一个主要依据是项目所需资源的价格信息，一是项目工作所需资源的价格信息，二是项目活动所需资源的价格信息。同样，前者相对比较粗略可用于项目初步成本估算，后者相对比较详细可以用于项目详细成本估算。

另外，项目成本估算的其他依据还包括：项目章程、项目范围管理的文件、项目集成计划、项目时间管理计划等项目管理信息，项目所需资源的占用和消耗方法，项目所需资源的供给和投入时间等方面的信息，项目各种已识别风险的相关信息，项目的事业环境因素信息，组织的过程资产信息，以及各种历史项目的信息与参考资料，等等。另外，项目管理团队的各种知识和经验教训等也都是项目成本估算中可供使用的信息。

（三）项目成本估算的主要方法

项目成本估算方法主要有：类比估算法、参数估计法、工料清单法、标准定额法、统计资料法等，它们又可分成相对粗略的自上而下项目成本估算方法和相对精确的自下而上项目成本估算方法。

1.自上而下项目成本估算方法

自上而下的项目成本估算方法比较粗略，其主要有类比估算法和参数估计法等方法。

（1）类比估算法。这是在项目成本估算精确度要求不高的情况下，通过比照已完成的类似项目实际成本，估算给出新项目成本的方法。类比估算法比其他方法简便易行、费用低，但其精度确也低，有统计资料显示其精确度一般在±30％。有两种情况可以使用这种方法，一是以前完成过类似的项目，二是项目成本估算专家具有类比的技能。这种方法的局限性是人们很难找到类似项目的成本数据，因为项目的独特性和一次性使得多数项目不具备可比性。但这种方法是基于实际经验和数据估算的，所以具有较好的可信度。

（2）参数估计法。这是利用项目特性参数建立一定的数学模型估算项目成本的方法。例如，工业项目可以使用项目生产能力作参数，民用住宅项目可以使用每平米单价等作参数估算项目的成本。参数估计法需要使用项目费用的参数估算关系式进行估算,所以参数估计法的关键在于参数的确定上。这种方法不考虑项目成本的细节,只是针对不同项目成本的参数和元素进行估算。有统计资料显示这种项目成本估算方法的精确度在±20%,但是如果不经校验则参数估计法的精度较低。

2.自下而上项目成本估算方法

这类方法的相对精度较高,主要有:工料清单法、标准定额法、统计资料法。

(1)工料清单法。这种方法首先要给出项目活动所需的工料清单,然后用项目工料清单进行每个项目活动的成本估算,最后向上滚动加总得到项目的总成本。这种方法详细却耗时,但估算精确度较高,其精确度可以达到±10%甚至可高达±5%。这种方法的缺点是它要求有详细的项目所需资源信息,而收集这些信息需要大量的时间和经费支持。这种方法可用下面的表 5-2 给出示意,由表中可见这种方法实际上综合考虑了项目时间和项目成本两个要素。我国和英国等国家规定使用的都是这种项目成本估算的基本方法,我国的《建设工程工程量清单报价规范》(GB 50500－2003)就是按照这个方法制定的。

表 5-2　项目成本估算的工料清单法示意表

项目阶段	工作包代码	工作包名称	活动代码	活动名称	责任人	活动描述	单位	单价/元	数量	成本/元	总成本/元
定义/决策	101	定义工作									11000
1			101.1	提出提案	工程师	编写下面的提案	小时	300	10	3000	
			101.2	可行分析	经济师	可行性分析研究	小时	400	20	8000	
	102	决策工作									10000
			102.1	评估报告	咨询师	评价分析报告	小时	600	0	0	
			102.2	做出决策	经理	制定项目的决策	小时	1000	10	10000	
设计/计划	201	设计工作									86000
2			201.1	建筑设计	建筑师	建筑图纸设计	小时	600	40	24000	
			201.2	结构设计	结构师	结构图纸设计	小时	500	60	30000	
			201.3	施工设计	工程师	施工图纸设计	小时	400	80	32000	
	202	计划工作									
			202.1	集成计划	经理	集成计划编制	小时	600	40	24000	
……	……	……	……	……	……	……	……	……	……	……	……
完工/交付	401	管理终结									16000
4			401.1	整理文件	管理者	编写总结文件	小时	500	20	10000	
			401.2	评估确认	经理	评估工作并确认	小时	600	10	6000	
	402	合同终结									18000
4			402.1	合同验收	工程师	组织完工验收	小时	400	30	12000	
			402.2	合同终止	经理	办理合同终结	小时	600	10	6000	
全部项目				总成本的估算为:1456700 元							

（2）标准定额法。本书前面讨论的标准定额法是一种计划经济体制下使用的国家或政府统一配置资源（平调）的方法，但是这并不代表所有的标准定额法都是不对的或不好的。实际上如果人们不是使用国家或地方的"标准定额"，而是使用企业或行业的"标准定额"估算项目成本还是比较科学的方法。这种项目成本估算方法使用企业自己通过积累和不断更新的各种"标准定额"（工时定额、材料定额、费用定额等）估算项目的成本，这也是一种科学的自下而上项目成本估算方法。特别需要指出的是，在国际建设项目承发包过程中任何低于成本价的投标都是违法的，这种企业或行业的"标准定额"（企业或行业的平均劳动生产率）是保证投标报价不低于项目成本价的证明和依据。

（3）统计资料法。这种方法包括两类，一是使用企业自己的历史项目统计资料进行项目成本估算，二是使用市场上商业数据库的统计资料进行项目成本估算。这两种方法都必须给出具有统计意义的项目资源消耗或占用的平均水平和先进水平，同时还应该给出项目所需资源的市场价格以及价格信息等数据，这样人们就可以使用这些数据做出项目成本的估算了。实际上第一种方法类似于上述的企业或行业标准定额法；而第二种就是使用类似前面提到的美国独立项目分析公司进行咨询的方法，这类方法接近实际情况，适合市场经济使用，所以这也是国际上使用最多的项目成本估算的方法。

三、项目成本估算的结果

项目成本估算的结果主要包括如下几个方面。

（一）项目成本估算书

项目成本估算书是对完成项目所需费用的估计，是项目成本管理文件中一个重要组成部分。项目成本估算书对项目活动所需资源及其成本进行全面的说明，这包括对项目所需人工、物料、设备和其他科目成本估算的全面描述和说明。项目成本估算书使用的主要指标是价值量指标，同时辅之以其他一些数量指标给出项目成本估算的描述。

（二）相关支持细节文件

这是对于项目成本估算文件的依据和细节的说明文件，一般这需要作为项目成本估算书的附件使用。这一文件的主要内容包括：项目范围的描述、项目成本估算的基础和依据文件、项目成本估算的各种假定条件说明、项目成本估算可能出现的变动范围的说明等。

（三）项目成本管理计划

这是关于如何管理和控制项目成本以及项目成本变更的说明文件，它也是项目成本管理文件的一个重要组成部分。项目成本管理计划文件可繁可简，具体取决于项目规模和项目管理工作的需要。项目实施中可能会发生各种无法预见的情况,从而危及项目成本管理目标的实现(如某原材料的价格高于最初估计的成本价格)。为防止、预测或克服各种意外情况,人们就需要计划安排好各种可能需要的应急措施控制项目实施中可能出现的成本变动和变更。项目成本管理计划的核心内容就是计划和安排对于项目成本的控制工作和对于项目成本变更的工作,以及计划、安排和规定有关项目不可预见费用的使用管理等。

第四节　项目成本预算

项目成本估算完成以后,人们还需要在项目成本估算的基础上进行项目成本预算,所谓项目成本预算就是一种制订项目成本计划安排的项目管理工作。

一、项目成本预算概念和依据

根据项目成本估算等各方面信息确定项目成本预算涉及项目活动成本预算、项目工作成本预算和项目总预算三个方面。

(一)项目成本预算的概念

项目成本预算就是项目成本多少和投入时间的计划安排,所以项目成本预算制定会有两种不同的情况:一是在项目由业主组织自行实施时根据项目成本估算等方面信息为项目各项具体活动确定预算和整个项目的总预算;二是在项目由专门承包商组织实施时出现的项目承发商和项目业主各自的项目各具体活动预算和整个项目的总预算。

因此,项目成本预算工作的具体内容包括:根据项目成本估算信息以及项目承发包过程等为项目各项具体工作或活动确定预算,然后汇总确定出项目总的预算、制定项目成本控制标准(或基线)和确定项目不可预见费等。项目成本预算是一种项目成本的计划安排,所以它必须留有一定的余地或裕量,要有相应比例的项目成本管理储备以备急需时使用。

(二)项目成本预算的依据

项目成本预算编制的主要依据包括如下几个方面。

1.项目成本估算文件或项目合同造价

项目成本估算文件是在项目成本估算工作中所形成的结果文件,项目合同造价是在项目有专门的承发包时的合同价格。一般项目的成本预算是依据项目成本估算确定的。在有项目承发包时,项目承包商的成本预算是根据它自己的项目成本估算制定的,而项目业主的成本预算是根据项目合同造价制定的。

2.项目工作结构分解和项目活动清单

这是在项目范围界定和确认以及在项目活动分解与界定中生成的项目工作分解结构文件和项目活动清单文件,项目成本预算必须依据这些文件分析和确定项目各项工作与活动的成本预算。因为实际上项目成本估算和预算的基本方法都是一种基于活动的成本核算方法,这种方法的英文虽然都是 Activity-Based Costing,但这不是日常运营中使用的"作业成本法",而是在项目成本预算中的真正基于项目活动开展的成本核算方法。

3.项目进度计划和项目时间管理计划

这是有关项目各项活动的起始与终结时间的文件,也是安排项目各项成本预算投入时间的依据。项目进度计划通常是项目业主/客户与项目组织共同商定的(有时是通过招投标程序确定的),它规定了项目工作与活动必须完成的时间,从而决定了项目何时需要何种资源,所以它也是项目预算编制的依据之一。

4.其他项目计划文件和资源日历

在编制项目成本预算时还应考虑项目集成计划、项目成本管理计划和其他各种项目专项计划等项目计划文件。另外,项目资源日历也是制定项目成本预算的重要依据。人们需要根据这些方面的信息编制项目预算书。

5.其他方面的信息

这包括项目各种已识别风险的相关信息、项目的事业环境因素信息、组织的过程资产信息、社会化的商业数据库信息以及各种社会化统计资料等。另外,项目管理团队的知识和经验等也都是项目成本估算中可供使用的信息。

二、项目成本预算内容和方法

项目成本预算是按照时间分阶段给出的有关项目成本预算的计划安排,这也是项目成本控制的目标和基线。

(一)项目成本预算的工作内容

项目成本预算的主要工作是编制给出"S"曲线的项目成本基线,图 5-6 给出了示意。

由图 5-6 可以看出,项目的成本预算的结果包括两个因素:一是项目成本预算额的多少,二是项目预算的投入时间。需要特别注意的是,项目成本预算并不是越低越好,因为成本预算过低会造成预备金或管理储备不足从而使企业无法应对项目实施过程中出现的各种突发事件,最终造成项目不必要的损失。例如,建设工程项目会出现的"烂尾"工程,信息系统集成项目的半途而废等。所以,项目成本预算编制工作必须留有足够的计划裕量。为此项目成本预算必须很好地完成如下工作。

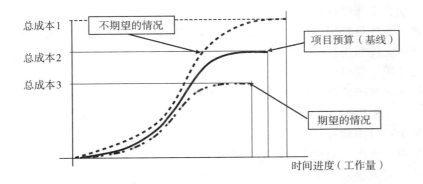

图 5-6   项目成本预算的"S"曲线图

1. 确定项目预算中的风险储备

根据项目风险的信息和项目估算结果,人们首先需要制定出项目的不可预见费以及项目的管理储备等各方面的比例额度。然后人们才能根据这些项目风险的成本储备,计划和确定出项目成本的总预算。

2. 确定项目成本的总预算

根据项目成本估算、项目不可预见费以及项目管理储备等方面的信息,按照"留有余地"的基本原则,人们就可以确定出项目成本的总预算,这种项目的总预算是确定项目各项工作和活动预算的依据之一。

3. 确定项目活动的预算

根据项目总预算、项目不可预见费以及项目各项活动的不确定性情况,人们就可以分析和确定出项目各项活动的成本预算了。这实际上是一种自上而下确定项目活动预算的方法,人们也可以使用自下而上的方法确定项目和项目活动的预算。

4. 确定项目各项活动预算的投入时间

根据项目、项目具体活动的预算以及项目进度计划安排,人们就可以确定出项目各项具体活动预算的投入时间,从而给出累计的项目预算成本。

5. 确定项目成本预算的"S"曲线

根据项目各具体活动的预算额、投入时间以及项目进度计划和项目预算的累计数据,采用在两坐标(项目成本和项目进度)找点连线的方法画出项目成本预算的"S"曲线(见图 5-6)。

(二)项目成本预算的方法

由于影响项目成本预算的因素很多,所以项目成本预算的方法有很多种。在项目成本管理中主要的项目成本预算方法包括如下几种。

1.常规的项目成本预算方法

项目预算的方法中最常用的是常规财务成本预算的方法,多数承包商的项目预算使用这种方法。这种方法使用企业财务预算的科目作为项目成本预算的科目,使用项目成本估算的信息作为基本信息,按照项目预算成本科目汇总项目估算信息和项目不可预见费编制出项目成本的预算书。表5-3给出了这种方法的示意,表中的这种项目成本预算共有三级科目:人工费和非人工费构成一级科目,其下面还有两级科目。这是一份项目承包商预算的示意表,但项目业主也可在此基础上编制项目成本预算。

表 5-3　项目成本的三级科目预算方法　　　　　（单位:元）

科目	名称	描述	单位	数量	估算成本（A）	预算成本（B）
一级	非人工费	全部非人工费			3,055,189	3,149,358
二级	本厂硬件	自制硬件费			314,426.00	316,053.00
三级	硬件1					
三级	硬件2				314,426.00	316,053.00
二级	本厂软件	自制软件费			89,839.00	89,839.00
三级	软件1				89,839.00	89,839.00
三级	软件2					
二级	外购	外购配件费			123,063	123,063
三级	外购件1				46,781.00	46,781.00
三级	外购件2				7,488.00	7,488.00
三级	外购件3				68,794.00	68,794.00
二级	物流费	物流服务费			5,000.00	5,000.00
三级	物流费1				2,500.00	2,500.00
三级	物流费2				2,500.00	2,500.00
三级	物流费3					
……	……	……	……	……	……	……
二级	担保费	担保造成费用			8,819.71	8,848.31
三级	担保费1				3,259.95	3,259.95
三级	担保费2				5,559.76	5,588.36
二级	财务费	垫款造成费用			14,204.20	12,049.17
三级	财务费1				1,944.20	2,049.17
三级	财务费2				12,260.00	
三级	财务费3					
二级	其他	其他无法分类				
三级	其他费1					
三级	其他费2					
一级	人工费	全部人工费用			28,119.92	45,751.40

（续表）

科目	名称	描述	单位	数量	估算成本(A)	预算成本(B)
二级	项目管理	管理人工费用			16,970.03	37,182.45
三级	管理费1				10,632.27	17,240.96
三级	管理费2				4,616.79	15,650.13
三级	管理费3					960.00
二级	项目设计	设计人工费用			1,720.97	3,331.37
三级	设计费1				10,799.89	3,608.95
三级	设计费2					
二级	分包管理	项目分包佣金			350.00	3,360.00
三级	佣金1					1,400.00
三级	佣金2				350.00	1,960.00
二级	项目实施	实施人工费用			1,600.00	1,600.00
三级	实施费1					
三级	实施费2				1,600.00	1,600.00
总成本					3,083,308.83	3,205,109.88
毛利润					286,571.17	294,770.12
毛利率					8.50%	8.55%

2. 专门的项目预算方法

项目预算的方法也包括各种项目成本预算的专用方法，甚至可以直接使用项目成本估算的方法。项目成本预算的不同方法适用于不同的项目和项目情况，这里介绍一种利用甘特图进行项目预算计划编制的方法，具体如图5-7所示。甘特图原本是一种项目进度计划的方法，它也可用来编制项目预算。由于甘特图简单明了、直观和易于编制，因此常用它作为综合性的项目成本和进度计划方法。

3. 项目成本预算中的不可预见费或管理储备的计算方法

项目管理储备是在项目预算中应对各种非计划性可能发生的项目变更需要所做的一种储备，这是针对项目的那些"未知的未知"情况所做的预算，这种项目预算储备只有在实际发生了"未知"情况时才能使用。项目管理储备不是项目预算基线的组成部分，但却应该包括在项目成本预算之中。项目管理储备不能分配到项目预算的"S"曲线中，也不能用作项目挣值的计算和分析的手段。项目管理储备不同于项目成本预算中的不可预见费，项目不可预见费是用来对付各种"已知的未知"，所以它属于项目预算基线的构成部分。因此这种项目管理储备的预算方法是独特的，属于项目风险性成本分析和确定的方法。

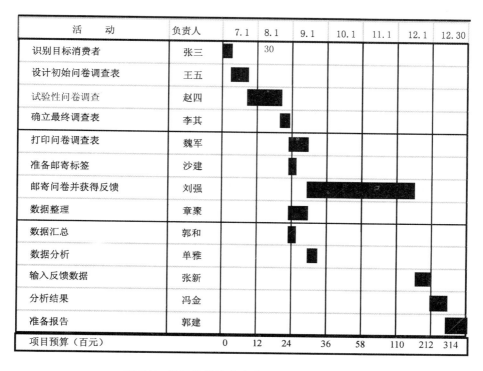

活　　动	负责人	7.1	8.1	9.1	10.1	11.1	12.1	12.30
识别目标消费者	张三	■	30					
设计初始问卷调查表	王五	■						
试验性问卷调查	赵四		■					
确立最终调查表	李其			■				
打印问卷调查表	魏军			■				
准备邮寄标签	沙建			■				
邮寄问卷并获得反馈	刘强				■■■■			
数据整理	章聚			■				
数据汇总	郭和			■				
数据分析	单雅			■				
输入反馈数据	张新						■	
分析结果	冯金						■	
准备报告	郭建							◨
项目预算（百元）		0	12　　24	36	58	110	212	314

图 5-7 带预算的消费者市场研究项目甘特图

三、项目成本预算的结果

项目成本预算工作的主要结果包括如下两个方面。

(一)项目预算的主文件

项目预算的主文件主要包括如下两个方面的项目成本预算结果。

1.项目预算文件

通常,项目成本预算工作的结果是生成一份有关项目预算的正式文件,这一文件的内容包括有关项目总预算规模的规定、项目各工作包的预算计划安排、项目各项具体活动的预算计划安排、项目不可预见费的计划安排、项目成本预算控制基线("S"曲线)等。

2.相关的支持细节

这是关于项目预算主文件的各种支持细节的说明文件,它包括了各种预算编制过程中使用的项目集成计划、范围计划、工期计划和项目资源计划等方面的支持细节,项目预算标准和定额等方面的支持细节,项目预算分配的原则等细节文件。

(二)项目预算的辅助文件

项目预算的辅助文件主要包括如下三个方面的项目成本预算结果。

1. 项目筹资计划与安排

这包括项目总的筹资和各个时段的筹资要求和计划安排,这是根据项目预算结果给出的。通常每个项目阶段的筹资都应该在给出一定的裕量以备出现各种不确定性情况所需的款项,所以项目筹资的数额应该在项目总成本之上再有一定的储备。图 5-8 给出了预算、期望成本和筹资要求曲线示意图。

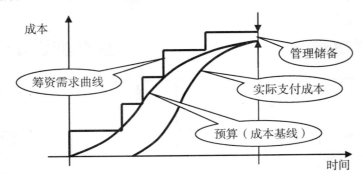

图 5-8   预算、期望成本和筹资要求曲线示意图

2. 项目预算管理计划

项目成本预算工作的另一个主要结果是要生成一份项目预算管理的相关规定文件,即项目预算管理计划文件。在这一文件中应该明确规定有关项目预算管理的各种规定和要求,这包括有关项目预算的管理、项目不可预见费和管理储备的使用规定等。

3. 更新后的项目估算等文件

在项目成本预算过程中会发现以前的项目成本估算、项目进度和范围以及集成计划等都存在一些问题需要更新或修订,这样就会产生更新后的项目成本估算书、项目成本管理计划或项目集成计划以及其他的项目文件的更新或修订,这也是项目预算的结果之一。

第五节   项目成本控制

在完成了项目成本估算和预算以后,人们就可以根据项目成本预算开展项目实施和项目成本控制工作了。项目成本控制的知识和工作主要包括如下几个方面。

一、项目成本控制的概念和依据

任何项目都必须做项目成本的控制,否则无法按照项目预算完成项目。所以项目成本控制是一项努力实现项目成本最小化和项目价值最大化的重要项目管理工作。

(一)项目成本控制的概念

项目成本控制是在项目实施过程中,通过开展项目成本的监督和管理努力将项目的实际成本处于受控状态,并使项目成本被控制在项目预算范围内的项目管理工作。因为随着项目实施的进展,项目实际发生的成本会不断发生变化,所以人们需要不断监督和控制项目的实际花费并修正项目成本估算和预算。另外,人们还需要不断地对项目最终完工时的可能成本进行预测和计划安排,这些工作都属于项目成本控制工作的范畴。

项目成本控制涉及对各种可能引起项目成本变化的影响因素进行事前控制、在项目实施过程中对项目成本进行事中控制、在项目实际成本发生以后进行事后控制这三方面的工作。要实现对于项目成本的全面控制,核心的任务是要控制项目各方面的变更,以及通过项目成本的事前、事中和事后控制去实现项目成本控制的目标。

项目成本控制的具体工作包括:监视项目成本的发展变化,发现项目成本出现的实际偏差,采取各种纠偏措施以控制项目成本不要超过项目预算,确保实际发生的项目成本和项目变更能够有据可查,防止因不正当或未授权的项目变更而发生的各种费用被列入项目成本以及有关项目不可预见费和管理储备的管理等。

有效控制项目成本的关键是要经常地分析项目成本的实际状况,尽早地发现项目成本出现的偏差和问题,以便在情况变坏之前能够及时采取纠正措施。项目成本控制需要使用项目集成管理的方法,因为如果在项目成本控制中不考虑对于项目质量或项目进度的影响,最终可能导致项目质量或项目进度方面出现问题,或者导致项目后期产生无法接受的损失。总之,在项目成本控制中发现问题越早,处理得越及时就越有利于项目成本的有效控制,而且对项目范围、质量和进度等方面的冲击也会越小,从而越能达到项目目标的要求。

(二)项目成本控制的依据

项目成本控制工作的主要依据有如下几个方面。

1. 项目成本实际情况报告

这是指项目成本管理与控制的实际绩效评价报告,它反映了项目预算实际执行情况。例如,有哪个阶段或哪项工作的成本超出了预算,问题出在何处等。这种报告是项目成本控制的工作成果和后续依据,通常要给出项目成本预算额、实际额和差异额,并且它们必须具有准确性、及时性和适用性。

2.项目各种变更的请求

项目变更请求既可以是项目业主/客户提出的,也可以是项目实施者或其他方面提出的。任何项目的变更都会造成项目成本变动,所以在项目实施过程中出现的任何变更都必须经过审批同意。如果擅自变更而导致项目成本的上升就有可能会出现项目变更无法获得索赔,甚至会造成各种不必要的项目合同纠纷。

3.项目成本管理计划

这是关于如何管理和控制项目成本的计划文件,也是项目成本管理工作的十分重要的指导文件。它所给出的内容包括:项目成本事前控制的计划和安排、项目成本事中控制的具体措施和办法、项目成本控制中的应急措施以及项目成本控制的具体责任分配等。

二、项目成本控制的方法和结果

项目成本控制具有自己的理论和方法,这方面的主要理论和方法分述如下。

(一)项目成本控制的理论

项目成本控制的基本理论观点有两个方面,一是项目成本控制的关键在于对项目不确定性成本的控制,二是项目成本的控制必须从消减项目的无效和低效活动、改进项目活动方法入手。只有从这两方面开展工作,人们才能真正对项目成本进行有效的控制。

1.项目不确定性成本的控制

项目成本的变动表现为不确定性成本的发展变化,所以项目成本控制的根本对象是项目的不确定性成本。项目成本一般都会有三种不同成分:一是确定性成本(人们知道这部分成本确定会发生且知道其具体数额),二是风险性成本(人们只知道它可能发生和它发生的概率大小与分布情况),三是完全不确定性成本(人们既不知道它是否会发生,也不知道它发生的概率和分布情况)。这三类项目成本构成了一个项目总的成本,而后两种项目成本是控制的主要对象,因为它们会发展变化。

项目不确定性成本的变动主要表现在三个方面:一是项目活动本身的不确定性,二是项目活动的规模及其消耗和占用资源情况的不确定性,三是项目所要消耗和占用资源价格的不确定性。对于这些特性和对其的控制与管理详细说明如下。

(1)项目活动本身的不确定性。这是指在项目实现过程中某些项目活动可能发生或不发生,如下雨时室外施工就要停工并组织排水,如果不下雨就不需要停工和排水。由于是否下雨是不确定的,所以停工和排水的活动就是不确定性的。虽然人们安排项目实施计划时有气象资料作参考,但是气象资料给出的只是降水概率而不是确定性结论。这种项目活动的不确定性会直接转化成项目成本的不确定性,这是造成项目成本不确定性的根本原因之一,这种不确定性成本的控制主要是靠项目不可预见费的合理使用。

(2)项目活动规模的不确定性。这是指在项目实施中某些项目活动规模大小的不确定性,由此会造成项目活动消耗与占用资源、项目成本的不确定性。例如,在建设项目地基挖掘过程中如果实际地质情况与地质勘察资料不一致,则地基挖掘工作量就会发生变化,因而消耗与占用资源的数量也会变化。虽然人们在确定地基挖掘工作量时有地质勘探资料作依据,但是地质勘探调查是一种抽样调查,其结果是存在着不确定性的相对可信资料。这种项目活动规模的不确定性会直接转化为项目成本的不确定性,这也是造成项目成本不确定性的主要根源之一,所以它也是项目成本控制的对象之一。

(3)项目活动耗资和占用资源价格的不确定性。这是指在项目实现过程中有些项目活动消耗和占用资源的价格会发生异常波动和变化,这与通货膨胀和可预测的价格变化不同。例如,进口设备由于汇率短期内大幅变化所形成的价格波动就属于这一范畴。同样,人们虽然可以对项目实现活动消耗与占用资源的价格进行种种预测,但是通常这种预测结果包含相对的不确定性,所以项目具体活动消耗与占用资源的价格也是不确定性的。这同样会直接形成项目成本的变化,所以它也是项目成本不确定性的主要根源之一。

实际上项目的不确定性成本会随着项目实施的展开,从最初的完全不确定性成本逐步地转变成为风险性成本,然后转变成确定性成本。因为随着项目的逐步实施,各种完全不确定的事物和条件将逐步转化为风险性的,然后风险性事件会再进一步转化成确定性事件。随着项目的实施各种事件的发生概率会逐步确定,而当项目完成时则变为确定,所以只有最终完成的项目成本是确定性的。因此,项目成本控制必须全面控制项目风险性和完全不确定性的成本,必须从对项目不确定性活动的控制出发去控制这些风险性项目成本。所以在项目成本控制中首先要识别项目具有的各种不确定性并确定出它们的不确定性成本,然后通过控制不确定性事件直接控制项目不确定性成本。同时,还要安排好项目不可预见费和项目管理储备,以便应对各种项目的不确定性成本。

2.项目活动及其方法的改进

项目成本控制的另一个主要理论观点是"基于活动的项目成本管理",这种理论观点认为任何项目成本都是由于开展项目活动而消耗或占用资源造成的,所以努力消减项目的无效活动和积极改进项目低效活动的方法是项目成本控制的根本出路。这种理论观点认为,项目成本管理的直接对象并不是项目成本本身,而是项目活动和项目活动方法。项目成本管理的方法并不仅是项目成本的算账和付款,而在于减少项目活动的资源消耗与占用。这种项目成本控制的理论最初是由国际知名的安永公司(E&Y)在 20 世纪 90 年代提出的,最初是针对日常运营成本管理的,现在人们已经将它发展到了项目成本的管理领域。①

(二)项目成本控制的方法

项目成本控制的基本方法包括两类,一类是分析和预测项目成本及其他要素发展变化的方法,另一类是控制项目成本和各种要素发展变化的方法。这两个方面的具体方法构成了一套项目成本控制的方法,这套方法的主要内容有如下几种。

1.项目变更控制系统的方法

这是指通过建立和使用项目变更控制系统对项目成本进行有效控制的方法。这包括从提出项目变更请求到变更请求获得批准,一直到最终修订项目成本预算的全过程控制系统。项目变更实际上就是对于项目计划的修订,如果最初的项目计划存在不足或问题时就必须进行变更。通常有两种方法可用于解决项目变更的问题。一是科学规避的方法,即在项目定义与决策阶段、设计与计划阶段人们努力正确地确定项目的目标和计划,在项目实施与控制阶段及时跟踪评审和反馈去避免项目发生变更,从而规避由于项目变更带来的成本变动。二是积极控制的方法,即通过建立严格的项目变更控制系统对各种项目变更进行有效评估和优化,从而使项目变更做到成本最小化和利益最大化。

2.项目成本实际情况度量的方法

这是指项目实际成本完成情况的度量方法,在现代项目成本管理中美国项目管理协会引入的"挣值"度量方法就是非常有价值的一种项目成本和工期绩效集成控制的方法。这种方法的基本思想就是通过引进一个中间变量即"挣值"以帮助项目成本管理者分析项目的成本和项目工期变化,并给出相应的信息使人们能够对项目成本的实际情况和未来发展趋势做出科学的预测与判断。

3.项目成本的预测和附加计划法

项目成本的预测方法是指根据已知项目信息和知识对项目将来的成本状况做出估算和预测,人们可以根据项目实施的绩效信息去预测项目成本在项目完工时的情况。项目成本的附加计划法是通过新增预算的办法对项目成本进行有效的控制,即在出现意外情况时项目管理者可以使用应付紧急情况的项目管理储备资金的方法。如果没有这种方法就可能造成因项目实际与计划不符而形成项目成本无法管理甚至失控的局面,所以附加计划法是未雨绸缪、防患于未然的

---

① 戚安邦. 工程项目全面造价管理. 天津:南开大学出版社,2000:78.

项目成本控制方法之一。

(三)项目成本控制的结果

开展项目成本控制的直接结果是带来了项目成本的节约和项目经济效益的提高。开展项目成本控制的间接结果是生成了一系列项目成本控制文件。这些文件主要有如下几个方面。

1.项目成本估算文件的更新

这是对项目原有成本估算修订和更新的结果文件,这种更新可以用于下一步的项目成本控制,另一方面将来可以作为项目历史数据和信息使用。

2.项目成本预算文件的更新

这是对项目原有成本预算修订和更新的结果文件,是项目后续阶段成本控制的主要依据,也是项目成本控制和项目成本历史数据的记录。

3.项目活动方法改进文件

这是有关项目活动方法改进与完善方面的文件,包括:项目活动方法改进方面的信息和项目活动方法改进所带来的项目成本降低方面的信息。

4.项目成本的预测文件

这是指在项目实施中根据项目成本实际情况和未来发展趋势对项目成本做出的必要预测和计划安排,包括预测到项目完工时的项目成本等。

5.应吸取的经验教训

这是有关在项目成本控制中发生的各种失误或错误后应该吸取的各种经验与教训的汇总文件,可用于后续项目成本控制和项目工作的控制。

三、项目挣值管理方法

项目成本控制的关键在于经常和及时分析项目成本的状况,尽早地预测和发现项目成本差异与问题,努力在情况变坏之前采取纠偏措施。项目挣值管理的方法就是实现这一目标的重要方法,其基本思想是运用统计学原理,通过引进一个中间变量即项目的"挣值"来帮助管理者分析项目成本的变动情况,并给出项目成本与工期相关变化的信息,从而指导人们做出科学的预测和正确的决策。

(一)项目挣值的定义及管理原理

为了建立科学的项目成本和工期的集成管理方法,美国国防部组织大量的专家经过多年研究和实践以后提出了一套项目成本与工期的集成管理方法,最初它被称为"项目成本/工期控制系统规范"(Cost/Schedule Control System Criteria,C/SCSC),这套方法在 1993 年开始逐步向民用开放,并最终被更名为

"挣值管理"(Earned Value Management,EVM)[1]。

1.项目挣值的定义

关于项目挣值的定义一般认为:项目挣值是表示已完成作业量的计划价值的中间变量,是使用预算成本表示的给定时间内已完成实际作业量的中间变量,其计算公式见式 5-3。

项目挣值(EV)＝实际已完成作业量(Q_1)×已完成作业量的预算成本(P_0)

$$(5\text{-}3)$$

从式 5-3 中可以看出,项目挣值实际上是一个统计学中指数分析的中间变量,是一个由计划质量指标 P_0 和一个实际数量指标 Q_1 构成的统计分析中间变量,利用这个中间变量人们就可以开展对项目质量指标和项目数量指标的影响的分析了。

2.项目挣值管理的原理

实际上项目挣值管理的基本原理是借用统计学中指数分析或因素分析的中间变量替代原理建立的,其具体分析和推导证明如下。

假定变量 F 是由一个质量变量 Q 和一个数量变量 P 按照相乘的关系构成的,即有

$$F = P \times Q \qquad (5\text{-}4)$$

若以 Q_0 和 P_0 表示变量计划值,Q_1 和 P_1 表示变量实际值,则 F 有计划值 F_0 和实际值 F_1:

$$F_0 = P_0 Q_0, \quad F_1 = P_1 Q_1 \qquad (5\text{-}5)$$

将 F 的计划值 F_1 与实际值 F_0 相比就可得到指数 E,即有

$$E = \frac{F_1}{F_0} = \frac{P_1 Q_1}{P_0 Q_0} \qquad (5\text{-}6)$$

根据统计学原理,在引入不同的中间变量后可以得到两个不同的指数 E_p 和 E_q。其中,若引进的中间变量为 $P_0 Q_1$ 时,则有

$$E_q = \frac{P_1 Q_1}{P_0 Q_1} \times \frac{P_0 Q_1}{P_0 Q_0} \qquad (5\text{-}7)$$

式 5-7 中两部分乘式的具体说明如下:

(1)式中的 $\dfrac{P_1 Q_1}{P_0 Q_1}$

这表示在数量指标 Q 固定在 Q_1 水平并保持不变的情况下,由于质量指标 P 从 P_0 变化到 P_1 所造成 F 的相对变化程度。同时可以用 $(P_1 Q_1) - (P_0 Q_1)$ 表示

---

① Fox, J. R., Roots of Earned Value System, The Measurable News. USA: Performance Management Association, March 1996:213.

在数量指标 Q 固定不变的情况下,由于质量指标 P 从 P_0 变化到 P_1 所造成 F 的绝对量变化。

(2)式中的 $\dfrac{P_0 Q_1}{P_0 Q_0}$

这表示将质量指标 P 固定在 P_0 的水平并保持不变时,由于数量指标 Q 从 Q_0 变化到 Q_1 所造成 F 的相对变化程度。同时可以用 $(P_0 Q_1)-(P_0 Q_0)$ 表示在质量指标 P 固定不变的情况下,由于数量指标 Q 从 Q_0 变化到 Q_1 所造成 F 的绝对量变化。

由前面的公式 5-3 可知,项目挣值实际上就是一个 $(P_0 Q_1)$ 的中间变量,其中的质量指标 P 就是项目已完成作业的预算成本(BC),其中的数量指标 Q 就是实际已完成的作业量(WP)。在引入项目挣值这一变量以后,人们就可以分别对由于项目作业量 Q 和成本 P 的变动所造成的项目成本的相对与绝对差异进行分析了。使用项目挣值这一中间变量时人们首先要将项目成本固定在预算水平 P_0 ,然后分析和比较项目作业量从计划水平 Q_0 变化到实际水平 Q_1 所造成的结果。进一步人们要将项目作业量固定在实际水平 Q_1 ,然后通过分析和比较项目成本从计划水平 P_0 变化到实际水平 P_1 所产生的结果进行分析。这样就可以找出项目在成本和工期管理方面的问题,并预测项目成本与工期的发展变化。

(二)项目挣值管理的变量和指标

项目挣值方法的分析中主要包括有三个基本变量、三个绝对差异分析的指标和两个相对差异分析的指标。

1.项目挣值的三个基本变量

项目挣值方法的三个基本变量是这种分析的基本数据变量,这些变量的内涵分述如下。

(1)项目计划价值(Budgeted Cost of Work Scheduled,BCWS)。这是用项目预算的计划成本(或价格)乘以项目计划工作量而得到的项目计划价值(Planed Value,PV)。

(2)项目的挣值(Budgeted Cost of Work Performed,BCWP)。这是用项目预算成本(或价格)乘以项目实际完成工作量得到的项目成本的中间变量(Earned Value,EV)。

(3)项目实际成本(Actual Cost of Work Performed,ACWP)。这是用项目实际发生成本乘以项目实际已完成工作量而得到的项目成本的实际值(Actual Cost,AC)。

这些基本变量都是项目挣值管理方法中根据不同的项目成本与项目工期(作业量)指标计算获得的数值,这些变量分别反映了项目成本、工期的计划和实际水平。

2. 项目挣值的绝对差异分析变量

根据项目挣值中的三个关键变量,人们就可以计算出如下三个绝对差异分析变量指标。

(1)项目成本/进度绝对差异(Cost/Schedule Variance,CSV)。这一项目挣值管理差异的计算公式如式 5-8

$$CSV = PV - AC = BCWS - ACWP = (P_0Q_0) - (P_1Q_1) \tag{5-8}$$

这一指标反映了项目计划作业量的预算成本与项目实际已完成作业量的实际成本之间的绝对差异值,这种差异值是由于项目成本从预算值变化到实际值和项目进度从计划作业量变化到实际已完成作业量这两个因素的综合变动造成的。这一指标值为正表示好,反之则表明项目管理出现了问题。

(2)项目成本绝对差异(Cost Variance,CV)。这一项目挣值管理差异的计算公式如式 5-9 所示。

$$CV = EV - AC = BCWP - ACWP = (P_0Q_1) - (P_1Q_1) \tag{5-9}$$

这一指标反映了项目实际已完成作业量的预算成本与项目实际已完成作业量的实际成本之间的绝对差异。这一指标剔除了项目作业量变动的影响,独立反映了项目预算成本和实际成本差异问题对于项目成本变动造成的影响大小。这一指标值为正则好,反之则表明项目成本管理出现了问题。

(3)项目进度绝对差异(Schedule Variance,SV)。这一项目挣值管理差异的计算如式 5-10

$$SV = EV - PV = BCWP - BCWS = (P_0Q_1) - (P_0Q_0) \tag{5-10}$$

这一指标反映了项目计划作业量的预算成本与挣值之间的绝对差异,这一指标剔除了项目成本变动的影响,独立地反映了项目计划作业量和实际已完成作业量的差异对项目成本的影响。这一指标值为正则好,反之则表明项目工期管理出现了问题。

3. 项目挣值的相对差异分析变量

根据项目挣值中的三个关键变量和三个绝对差异分析变量指标,人们就可以计算出如下两个相对差异分析变量指标。

(1)项目成本绩效指数(Cost Performance Index,CPI)。这一项目挣值管理中的相对差异指标的计算公式如式 5-11。

$$CPI = \frac{EV}{AC} = \frac{BCWP}{ACWP} = \frac{P_0Q_1}{P_0Q_0} \tag{5-11}$$

该指标的含义是:项目实际已完成作业量的实际成本与项目实际已完成作

业量的预算成本二者的相对差异值,这一指标排除了项目实际作业量变化的影响从而度量了项目成本控制工作绩效的情况,它是前面给出的项目成本差异指标的相对数形态。这一指标值大于 1 则好,反之则表明项目成本管理出现了问题。

(2)项目计划完工指数(Schedule Completion Index,SCI)。这一项目挣值管理中的相对差异指标的计算公式如式 5-12。

$$SCI = \frac{EV}{PV} = \frac{BCWP}{BCWS} = \frac{P_0 Q_1}{P_0 Q_0} \tag{5-12}$$

该指标是项目挣值与项目计划作业的预算成本(或造价)的相对数,这一指标排除了项目成本变动因素的影响从而度量了项目实际作业量变动对项目成本的相对影响程度,它是前面给出的项目进度差异指标的相对数形态。

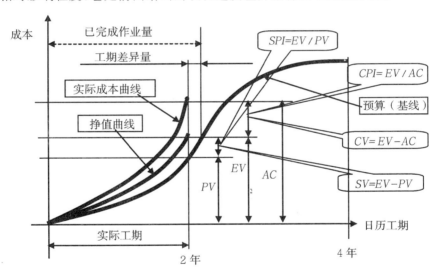

图 5-9　项目成本挣值分析方法的示意图

图 5-9 给出某项目挣值管理中各变量的示意,这样人们能够明确地区分由于项目工期管理问题还是由于项目成本控制问题所造成的项目成本差异。这对指导人们开展项目时间管理和项目成本管理是非常重要的,因为人们可以根据具体原因和后果采取相应措施。

(三)项目成本变化的预测分析

另外,使用挣值分析还可以预测未来项目成本的发展变化趋势,从而为项目成本控制指明方向。图 5-10 给出了根据项目成本和工期集成管理结果预测项目成本发展变化的示意。

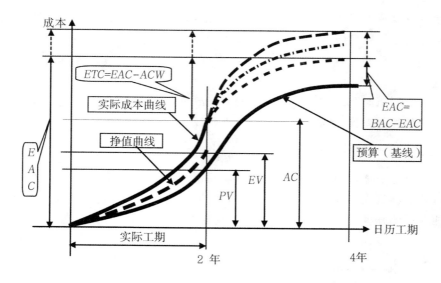

图 5-10 项目成本预测分析示意图

由图 5-10 可以看出,在项目进行到 2 年的时候要预测项目完工时的成本和工期情况可以有三种方法。这三种项目成本预测的方法和项目完工时成本的预测公式分述如下。

1.第一种情况的项目完工成本预测

这是假定项目未完工部分按目前实际效率进行预测的方法,其预算的公式如式 5-13

$$EAC = \frac{AC + (BAC - EV)}{CPI} \tag{5-13}$$

其中:EAC——到项目完工时的成本(Budget At Completion)

AC——项目实际已发生的成本(项目从开始到现在的成本实际值)

BAC——项目总预算(项目成本最初的计划值)

2.第二种情况的项目完工成本预测

这是假定项目未完工部分按计划效率进行预测的方法,其预算的公式如式 5-14

$$EAC = AC + BAC - EV \tag{5-14}$$

其中:EV——项目实际发生的挣值

3.第三种情况的项目完工成本预测

这是全面重估剩余工作成本的项目总成本预测方法,其预算的公式如式 5-15

$$EAC = AC + ETC \tag{5-15}$$

其中：ETC ——全面重新估算项目剩余工作的成本（Estimate to Completion）

在分析整个项目实际成本控制结果的基础上，预测项目成本的发展变化趋势和最终结果对于项目成本和时间的管理以及项目集成管理都是非常有价值的。但是这种预测需要有一定的数据积累，一般只有在项目已经完成作业量超过项目计划总工作量的 15％以上时做项目成本发展变化和结果的预测才有作用和意义。

本章思考题

1.你认为项目成本管理与项目造价管理有没有区别？

2.项目成本管理为什么需要以项目价值的增加为导向？

3.我国现有项目成本估算方法中有哪些方面的具体问题？

4.我国现有项目成本预算方法中有哪些方面的具体问题和不足？

5.基于活动的项目成本估算和预算的方法有哪些主要的不同和好处？

6.从统计学角度说明项目成本控制中"挣值"这一中间变量的主要特性？

7.项目挣值管理方法对于分析项目成本与项目时间管理问题起到什么作用？

8.用项目挣值管理方法对项目成本进行预测有哪些方面的作用和技术方法？

第六章　项目质量管理

【本章导读】

　　本章将重点讨论有关质量、质量管理、项目质量和项目质量管理等方面的概念,项目质量计划编制、项目质量保障和项目质量控制的原理与方法等。另外,本章还将讨论项目质量、项目成本和项目时间的合理配置关系,及项目质量保障与项目质量控制之间的科学配置关系,特别是这些不同项目方面和项目质量管理工作之间的相互作用和影响。同时,本章还会讨论国际标准组织的ISO10006 等近年给出的有关项目质量管理的方法和标准。

第一节　项目质量管理的概念

　　项目质量管理是指为确保项目质量的要求而开展的一种独特的项目管理活动,其根本目的是保障最终交付的项目产出物能够符合项目的质量要求。因此项目质量管理包括两个方面的内容,一是项目工作质量方面的管理,二是项目产出物方面的质量管理。项目质量管理的概念与一般质量管理的概念有许多相同之处和不同之处,这些不同之处是由项目的一次性和独特性等独有特性决定的。然而,人们要掌握项目质量管理的概念,首先要搞清楚质量和质量管理的基本概念,然后根据项目的特性去掌握项目质量管理的概念。

一、质量和质量管理的概念

　　在日常生活中人们每天都要消费各种各样的产品和服务,这些产品和服务的质量和质量管理都是日常生活中经常遇到的问题和工作。但是人们对于质量的确切定义和内涵还是有很多观念需要厘清,具体讨论如下。

(一)质量的概念

对于质量的定义有许多种,其中美国著名质量管理专家朱兰博士的定义和国际标准化组织的定义最具权威性,这两种定义的具体描述与含义如下。

1. 朱兰关于质量的定义

朱兰认为:质量就是产品的适用性,即产品在使用时能够满足用户需要的程度[①]。这一定义从两个方面对质量做出了解释:一方面质量就是产品的适用性,或说产品特性功能是否能够满足人们的需要,这表明产品适用就是达到质量要求的产品;另一方面质量是产品在使用时能够满足用户需要的程度,这表明产品质量的高低从根本上说取决于产品能够在多大程度上满足用户对其的具体需要,满足需要就是质量好的产品。

2. 国际标准化组织关于质量的定义

国际标准化组织在其《质量管理与质量保障术语》[②]中对于质量的定义是:"质量是反映实体(产品、过程或活动等)满足明确和隐含的需要能力和特性总和",有关这方面的内涵已经在前面做了深入的讨论,在此不再赘述。

另外,这一定义也适用于对服务或劳务质量的界定,此时的质量主要是指服务或劳务能够满足顾客要求和期望的程度,一般取决于用户对服务劳务的要求或期望与他们对服务或劳务的实际体验二者的匹配程度。同时,对于过程和活动的质量而言,通常是由过程或活动所生成的结果来衡量的,所以过程或活动的质量可以使用由此生成的产品或服务以及劳务的质量来度量。很显然,任何事情都是过程、工作或活动的质量决定了产品或服务的质量,因此在各种质量管理中人们必须通过对于过程、工作和活动质量的管理实现对产品或服务质量的管理,这也是为什么 ISO 质量认证首先认证的是过程或工作质量的根本原因所在。

(二)质量的能力特性概念

质量是指产品或服务满足人们明确或隐含需求的能力特性总和,这种产品或服务满足人们需要的产品或服务的能力特性总和实质就是产品和服务所能提供的各种功能。按照价值分析理论,产品或服务满足人们明确或隐含需求的能力特性总和可以使用文字和符号由公式 6-1 和公式 6-2 给出。

$$产品或服务的价值 = \frac{产品或服务满足人们需求的能力特性总和}{获得产品或服务的成本} \quad (6\text{-}1)$$

---

① 　J. M. 朱兰. 质量控制手册. 上海:上海科技文献出版社,1981.

② 　ISO. ISO8402:1994,质量管理与质量保证术语, 1994.

$$V=\frac{\sum\limits_{i=1}^{n}F_i}{C}=\frac{Q}{C} \qquad (6-2)$$

其中：V——产品或服务的价值

C——产品或服务的成本

F_i——产品或服务的某个功能或能力特性

Q——产品或服务的质量

由上述公式可以看出，产品或服务的质量是人们为满足自己明确或隐含需求的功能或能力特性总和，在花费了一定的成本以后而获得的价值。所以从根本上说，质量是一种满足人们需要的价值，而每个人都有自己价值观和价值偏好，所以质量不仅有客观的功能和成本的特征，同时还有人们主观价值或偏好的成分。其中，一般产品或服务的功能或能力特性又被分为：内在功能或能力特性、外在功能或能力特性、经济功能或能力特性、商业功能或能力特性以及环保功能或能力特性等多方面的功能或能力特性。它们的具体内涵如下。

1. 内在功能或能力特性

这主要是指产品或服务的性能、特性、强度、精度等方面的功能或能力特性。这种功能或能力特性主要是在产品或服务的使用中体现出来的质量特征。

2. 外在功能或能力特性

这主要是指产品或服务在外形、包装、装潢、色泽、味道等方面的功能或能力特性。这些功能或能力特性都是产品或服务外在表现方面的属性和特征。

3. 经济功能或能力特性

这主要是指产品的寿命、成本、价格、运营维护费用等方面的特性。这些特性是与产品或服务的购买和使用成本有关的特性。

4. 商业功能或能力特性

这主要是指产品或服务的保质期、保修期、售后服务水平等方面的功能或能力特性。这些功能或能力特性是与产品生产或服务提供企业承诺提供的各种商业责任有关的特性。

5. 环保功能或能力特性

这主要是指产品或服务对于环境保护的贡献方面的功能或能力特性。这些功能或能力特性是产品或服务对环境影响的特征或作用。

需要说明的是，服务质量所包含的功能或能力特性与产品的功能或能力特性会有较大差异，因为服务具有的无形性、体验性和不可储存性等特性，这是与产品特性不同的原因。

(三)质量管理的概念

一个企业或组织为了确保自己产品或服务的质量,就必须开展质量管理活动并通过它去保障和提高自己的产品或服务的质量。实际上,现在有很多企业或组织已经把质量管理作为自己在市场经济下安身立命之本,特别是把商业质量(功能或能力特性)看作最重要的竞争手段,因此本书有必要对于质量管理的概念和观念做相应的讨论。同样,质量管理的定义也有许多,其中日本质量管理学家谷津进和国际标准化组织对质量管理的定义从不同角度给出了质量管理的诠释,二者的具体含义如下。

1.谷津进的质量管理定义

谷津进认为质量管理"就是向消费者或顾客提供高质量产品与服务的管理活动。它使得产品和服务能够保证满足需求、价格便宜和供应及时"[①]。这一定义给出了质量管理的目的、目标和作用,明确了质量管理的根本目的是向人们提供高质量的产品与服务,指出了质量管理的目标和作用就是使产品或服务达到满足需求、价格便宜和供应及时的要求。

2.国际标准化组织的质量管理定义

国际标准化组织认为:"质量管理是确定质量方针、目标和职责并在质量体系中通过诸如质量策划、质量控制和质量改进使质量得以实现的全部管理活动。"[②]这一定义是从质量管理活动所涉及的内容和方法角度做出的,ISO认为质量管理是一项具有广泛含义的企业管理活动,其内容包括从企业质量方针制定到用户对质量的体验全过程的每项管理活动。

因此质量管理是一项贯穿在企业产品生产或服务提供的各阶段和各项工作中的专门保障与提高产品或服务质量的管理活动,所以质量管理的职责是企业或组织中各级管理者的重要职责之一。质量管理包括从高层管理者的质量管理决策,中层管理者对于质量管理任务的组织,一直到基层管理者对于质量管理工作的贯彻执行。另外,质量管理既涉及对于产品和服务本身的功能与能力特性方面的管理,也涉及对制造产品或提供服务过程中的工作质量的管理。因为人们的工作质量是生产和提供符合质量要求的产品和服务的根本保障,所以只有首先管理好人们的工作质量,才会最终形成产品或服务的质量。

(四)质量管理的术语和内涵

质量管理在工作中使用的许多独特术语具有非常深刻的内涵,ISO在其有关质量管理的定义和标准中给出了这些术语的内涵和解释,具体分述如下。

---

①　谷津进.质量管理实践.陈立权,译.北京:商务印书馆国际有限公司,1998.

②　ISO.ISO8402:1994,质量管理与质量保证术语,1994.

1. 质量方针

质量方针是一个企业或组织最高管理者正式确定和发布的关于企业或组织总体质量的宗旨和要求，是企业或组织的大政方针中的重要组成部分。它反映了企业或组织最高领导的质量意识、决心和观念，是企业或组织在一定时期内相对稳定的质量管理工作的指导思想。质量方针的制定、宣传、贯彻与实行的好坏会直接影响到企业或组织的质量管理水平。

2. 质量体系

质量体系以前也被称为质量保障体系，这是企业或组织为开展质量管理而建设的组织保障、程序保障和资源保障系统。一个企业或组织必须建立自己科学有效的质量体系，借此才能够全面地开展质量管理活动。因为质量体系是质量管理的基础和保障体系，没有它就无法开展科学的质量管理，也就无法保证产品或服务的质量。

3. 质量策划

质量策划是指确定产品或服务的质量的目标和要求，然后据此设计和筹划如何建设质量体系以及如何开展质量管理的具体活动等一系列工作的总和。实际上质量策划是质量管理中带有规划或计划性质的管理工作，通过质量策划工作人们可以确定出企业或组织的质量管理的目标、要求、措施和具体行动方案等。

4. 质量保障

质量保障是指人们借助质量体系，在事前为保证产品或服务能够满足人们要求而开展的质量管理活动。所以质量保障是一系列事前有计划安排的质量管理工作，这种工作的目的是为了事前确保产品或服务的质量能够达到要求。所以像质量认证工作以及企业或组织的生产和管理可靠性认证与和评价工作，这些属于质量保障的范畴。

5. 质量控制

质量控制是指人们为达到产品或服务的质量要求在事中所采取的各种度量实际、发现问题和采取纠偏措施具体步骤、技术等方面的工作与活动。其中主要包括：确定质量控制对象、制定质量控制标准、选用质量控制方法、开展质量度量或检验、分析找出质量偏差及其原因，采取纠正质量偏差的措施等一系列的质量管理工作与活动。

6. 质量改进

质量改进是为了增加企业、组织及其产品或服务的顾客收益而由企业或组织所开展的旨在提高或增加产品或服务质量的质量管理工作，这是一种按照持续改进与完善的思想和方法组织活动，对企业或组织的产品与服务质量、产品与服务的生产过程、作业方法以及组织各方面活动的全面而持续的改进和完善工作,包括事后的进一步改进和完善工作。

二、项目质量和项目质量管理的概念

项目质量在很大程度上既不同于产品质量,也不同于服务质量。因为项目本身兼具产品和服务两个方面,而且还具有一次性、独特性与创新性等项目独有的特性。

(一)项目质量的概念

1.项目质量的双重性

这是指项目质量既涉及项目产出物的质量,又涉及项目工作的质量,因为所有项目的产出物都是由一系列的项目工作所生成的成果,所以项目质量包括项目产出物质量和项目工作质量两个方面。其中,项目产出物的质量多数是有形性的、可度量的和可预先评估的,而项目工作质量则具有无形性、人为性和间接性等特性。例如,房屋建设项目所形成的房屋质量就属于项目产出物质量的范畴,而项目实施中的图纸设计和施工管理等则都属于项目工作质量的范畴,所以项目质量具有项目产出物质量和项目工作质量的双重性。

2.项目质量的过程特性

这是指一个项目质量是由项目全过程所开展的活动形成的,所以项目全过程活动的工作质量是根本和决定的因素。特别是由于项目具有的一次性、独特性和不确定性等特性,使得人们在项目的定义和决策阶段往往无法充分认识和界定项目产出物的质量,特别是项目工作的质量。所以项目质量在许多情况下只有当整个项目全过程全部终结时才能确定下来,尤其是一些高度不确定性和高风险性的项目(像科研项目、产品开发项目、创新项目等),它们的质量在很大程度上是在项目实施过程中通过不断地变更和修正而最终形成的。这与单纯的产品或服务质量的确定与形成过程有很大不同,所以项目质量管理具有过程性的特性。

3.项目质量同产品或服务质量的差别

项目质量同产品或服务质量的最大差别是:产品与服务的质量管理有事后控制,而项目的质量管理没有事后控制。因为多数产品生产和服务提供是周而复始的,所以其质量事后控制就是下一次的事前控制,所以在出现不良服务或废品的时候人们有机会重新来过。但项目只有一次机会,人们虽然能在项目实施过程中设法管理好项目质量,但是项目过程一旦结束就没有改变质量的机会了,所有项目质量问题和教训只能供今后开展新项目做借鉴用了。所以人们要尽量在项目定义与决策阶段和设计与计划阶段对项目质量做出相对科学的规定或要求,然后在项目实施过程中通过主观或客观的变更实现良好的项目质量。

(二)项目质量管理的概念

所谓项目质量管理就是人们为了保障项目产出物能满足项目相关利益者的需要,而开展的项目产出物质量和项目工作质量的全面管理工作。项目质量管理从概念上说与前面讨论的一般质量管理的概念有许多不同之处,这是由项目、项目工作和项目质量等方面的特性所决定的。所以项目质量管理既不同于产品的质量管理,也不同于服务质量管理,项目质量管理认为下述质量管理的理念是至关重要的。

1.项目质量管理的目的是使项目相关利益主体满意

任何项目质量管理的根本目的都是满足项目项目相关利益主体对于项目功能或能力特性方面的需要,不管是在项目合同、项目说明书和项目计划书中明确规定的需要,还是按照国家标准或约定俗成而隐含的需要,这些都应该通过项目质量管理去满足。所以项目质量管理的首要任务是全面理解项目所有相关利益主体的相关需求,然后努力设法去满足或超过项目相关利益主体的期望而使他们满意,这才是项目质量管理的根本目的。

2.项目质量是靠事前和事中管理出来的,而不是靠事后检验出来的

项目质量是通过项目实施、事前与事中管理活动形成的,不是通过单纯的事后质量检验得到的。项目质量检验的目的是为了找出项目质量问题。虽然事后检验也是一种必要的项目质量管理工作,但是人们需要靠事前和事中进行质量保障与控制,所以在项目质量管理中人们要把工作中心放在事前的项目质量保障和事中的项目质量控制上。

3.项目质量管理的责任是项目全体团队成员的

项目质量管理的责任并非只是项目质量管理人员的,而是项目团队全体成员的,项目质量管理的成功必须依靠项目全体团队人员的共同参与和努力。因此项目团队全体成员都需要明确和理解并积极地承担自己的项目质量责任,先有项目团队成员积极参与项目质量管理,后有项目工作质量的保障,最终才会实现项目产出物的质量。

4.项目质量管理的关键是事前保障和事中监控活动

由于项目的一次性和项目质量的独特性等特性,项目质量管理没有事后控制,所以项目质量管理的关键是做好专门质量的事前保障和项目质量的事中监控活动。因此项目质量管理首先是面向项目工作质量的,其次是面向项目产品质量的,所以在项目质量管理中更多地是使用控制工作质量方法,通常是一种广义的核检清单法。

5.项目质量好坏是在既定项目质量等级中的好坏

对于项目质量而言,人们还必须廓清项目质量等级和项目质量好坏的概念。

通常项目质量是指在既定项目质量等级之中去追求项目质量的好坏。因为人们是在既定项目成本和项目时间等前提下，努力追求和实现更高的项目质量指标。所以项目质量管理首先是要确保项目达到质量等级的要求，然后在此基础上努力追求项目质量的更好。

6.项目质量的初始决策与项目质量的跟踪决策和变更

在项目质量管理的概念中还必须明确项目质量的初始决策和项目质量跟踪决策或项目质量变更之间的关系，有许多项目在质量初始决策中无法正确确定出项目工作和项目产出物的质量，或者即使初始决策做出了项目质量的规定也存在问题或不足，所以人们需要在项目实施过程中通过有关项目质量的跟踪决策或变更而最终确定项目质量的目标与要求。

7.项目质量管理中的全面质量管理的思想和方法

按照 ISO 的说法："全面质量管理是一个企业或组织以质量为中心，以全员参与为基础，目的在于通过让顾客满意和本组织所有成员及社会受益而达到长期成功的一种质量管理模式。"所以现代项目全面质量管理包括三方面：一是项目全团队质量管理，这是一种所有项目相关利益主体共同做好项目质量管理的思想和方法；二是项目全过程质量管理，这是指做好项目每项活动的工作质量管理的思想和方法；三是项目全要素质量管理，因为项目质量受项目范围、时间和成本等要素的影响而必须全面集成地管理好这些项目要素。

（三）项目质量管理的主要内容

项目质量管理的基本内容包括：项目质量方针的确定、项目质量策划、项目质量计划、项目质量体系建设、项目质量保障、项目质量改进、项目质量监督和项目质量控制等一系列的质量管理工作。但是核心是项目质量计划、质量保障和质量监控工作，具体见图 6-1。

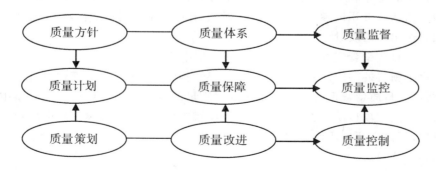

图 6-1　项目质量管理的主要工作示意图

由图 6-1 可以看出项目质量管理工作涉及从项目质量计划到监控的全过程,这些项目质量管理工作的概念分述如下,其具体内容将在后续各节中详细讨论。

1.项目质量计划工作

这是项目质量管理的首要工作,项目质量计划工作包含两方面的内容。一是项目质量方针的制定,这是项目质量目标和大政方针的制定工作。二是项目质量方案的策划,这是根据项目质量方针,全面筹划项目质量的具体指标和方案,以及策划项目质量等级和项目质量与项目范围、时间和成本等合理配置关系的工作。

2.项目质量保障工作

项目质量保障工作是项目质量管理的事前控制工作,这包括项目质量保障体系的建设和项目质量持续改进两方面的工作。其中,项目质量保障体系的建设涉及项目质量保障的组织体系建设、制度体系建设、资源配备与保障等一系列的工作,而项目质量持续改进涉及项目质量初始决策的变更、项目质量跟踪决策的制定以及项目质量的持续改善等。

3.项目质量监控工作

项目质量监控工作是项目质量管理的始终监督与控制工作,这包括项目质量监督和项目质量控制两个方面的工作。其中,项目质量监督方面的工作包括定期或不定期地对项目工作和产品的质量进行核检与检验工作;项目质量控制方面的工作主要是根据质量核检结果去分析找出项目质量偏差,然后积极采取项目质量管理中的纠偏措施等。

三、国际项目质量管理标准 ISO 10006

由 ISO 颁布的 ISO 10006 是参考美国项目管理协会的《项目管理知识体系指南》编制的,它专门用于保障和提高项目质量管理的标准。它给出了项目质量管理系统的构成、项目质量管理的概念和做法,对于提高项目质量管理是非常有价值的一份文件。需要说明的是,本章讨论的项目质量管理思想和方法是和 ISO 9000 认证标准、ISO 10006 的项目质量标准和方针是相一致的。有关国际标准组织的 ISO 10006 项目质量标准和方针的讨论如下。

(一)ISO 10006 标准介绍

ISO 10006 是由 ISO/TC176/SC2 国际标准化组织质量管理和质量保证技术委员会质量体系分委员会制定的,文件的全称是《质量管理－项目质量管理指南》。该文件分为两个部分,一个是主文件部分,另外一个是三个附件部分。其中,ISO 10006 主文件部分的核心内容包括三块:一是 ISO 10006 所涉及的范围和所引用的标准及其相关定义,二是有关项目特征的说明,三是项目管理过程中的质量规定。附件部分是主要内容,它包括了项目策划、集成管理、范围管理、时间管理、成本管理、资源管理、组织与人力资源管理、沟通管理、风险管理、采购管理等各个方面的质量保障与质量控制方面的规定。

1. ISO 10006 的项目管理概念

在 ISO 10006 中提出了一些重要的项目质量管理概念,如项目管理者要负责为项目质量工作创建一个好的环境,项目管理者要负责项目实施工作的持续改进,项目业主和实施者应相互合作和共同创建项目质量管理环境。创建这种环境的工作包括建立项目质量管理组织机构、收集和处理相关数据,做出正确的项目质量管理决策,开展项目实施绩效评估并将其结果用于项目质量控制,项目业主与承包商和其他组织在项目质量管理上建立互利关系,安排有能力的人员使用恰当的技术与方法开展项目质量实施、监测及控制并及时做好项目质量的事前、事中控制以及项目质量的改进工作,等等。ISO 10006 标准文件规定:为了实现项目目标,项目质量管理工作的重点应放在项目过程质量和项目产出物质量的管理方面。

2. ISO 10006 与 ISO 9000 系列的关系

实际上 ISO 10006 标准是 ISO 9000 系列的一个部分,它是 ISO 9004－1 的补充。所以在 ISO 10006 标准中大量借用了 ISO 9000 系列的方法和工具。其中,ISO 10006 标准的附录 A“项目质量管理的惯例”引用的 ISO 9000 族标准不但给出了适用于项目过程质量管理的方法和惯例,它还指明了在 ISO 9000 系列中的何处可以找到更详细的信息。ISO 10006 标准的附录 B“项目实施质量评价”给出了项目实施过程中质量控制方面的相应规定。

(二)ISO 10006 标准的不足

因为 ISO 10006 标准主要是参考美国项目管理协会的项目管理知识体系编制的,所以这一标准的内容和文字上都存在许多不足。尤其是与 ISO 9000 等标准系列相比,这一标准文件的不足是十分明显的。

1. ISO 10006 中没有关于项目质量管理工作的标准程序

ISO 10006 中没有项目实施过程中的质量控制标准程序,而只给出一大堆项目计划与实施管理过程的要求和说明,并不能给项目质量管理带来太多帮助。当然,对于项目质量管理而言,由于不同性质的项目和不同专业所属领域的项目会有不同的质量要求与规定,需要使用不同的质量管理方法和工具,所以很难确定统一的标准项目质量管理程序。

2. ISO 10006 标准缺乏广泛的通用性

由于项目自身的独特性和一次性等特性,ISO 10006 要想适用于各种规模和多种类型的项目是是非常困难,甚至是不可行的。同时,ISO 10006 标准对于项目质量管理工作的描述使用了相对模糊的自然语言而不是相对科学的工程语言,这也给人们理解和使用 ISO 10006 标准带来了很大的困难。例如,其中提到"本标准力图适用于在项目管理中具有实践经验并且他们的组织正在应用包含在 ISO 9000 族标准中的惯例和确有需要的人们,也适用于在质量管理方面具有经验,并且正在把他们的知识和经验应用到项目中,和要求就此与项目组织进行沟通的人们",人们很难或无法理解这段话的确切意思就是最好的例证。

(三)ISO 10006 标准的主要内容

ISO 10006 标准的主要内容是有关项目实施过程中的质量和质量管理问题,内容包括:本标准使用的范围、本标准中引用的标准条款、相关的定义、项目特征、项目过程中的质量管理和总结项目经验等六个部分。另外还有三个附录,其中附录 A 是项目质量管理的惯例——引用 ISO 9000 族标准,附录 B 是项目实施质量评价问题,附录 C 给出了本标准参阅的主要文献目录。按照 ISO 的说法,ISO 10006 国际标准提供了在项目管理中对于达到项目质量标准具有影响的质量体系要素、概念和惯例的指南。这一标准的六个部分的主要内容如下。

1. 本标准的适用范围

在第一部分(本标准的适用范围)中主要规定了 ISO 10006 标准适用于各种复杂程度的项目、规模大小不同的项目、工期长短不同的项目和在各种不同环境下进行的各种类型项目产品的项目。同时说明了为使本标准适用于具体项目可能需要对其进行适当的剪裁,并指出本国际标准不是对于项目管理本身的标准,只是针对项目质量管理的标准。

2. 本标准引用的标准条款

在第二部分(本标准中引用的标准条款)中对于其中所引用的其他标准条文进行了说明,由此与 ISO 9000 系列并行的其他质量标准条款可在项目质量管理中使用。根据这一规定,该标准发布时已经颁布各标准版本均为有效。但是由于所有标准都会被修订,因此 ISO 鼓励依据 ISO 10006 标准达成协议的各方要尽可能使用本标准所引用标准的最新版本。

3. ISO 9000 系列中的相关定义

在第三部分(相关定义)中规定了 ISO 10006 中采用的有关 ISO 8402 的一些定义以及其他一些定义的内容。这主要包括对于项目的定义(项目是由一系列有开始和结束日期、相互协调与控制的活动组成,在具有时间、成本和资源等约束条件下通过实施满足目标要求的独特过程)、对项目产出物的定义(由项目范围和项目产出物描述给出的最终提交给客户的产品)、对项目计划和项目相关利益主体的定义、对项目过程和项目绩效的定义等。

4. ISO 9000 系列中的项目特性

在第四部分(项目特性)中主要讨论了项目管理、项目组织、项目阶段和项目过程的特性,其中规定:项目管理包括在一个连续过程中为实现项目目标而对项目所有方面开展的规划、组织、监测和控制工作。同时还规定:ISO 840 给出的质量管理过程和目标都适用于所有项目管理过程。另外,这部分对于项目组织、项目发起组织、项目实施组织、项目的合资和国际合作组织作了规定。ISO 10006 标准认为:项目可以划分为许多互相依赖的子过程,这些子过程又可划分为多个阶段,这种过程又分为项目管理过程和项目产出物实现过程。

5. 项目过程中的质量管理

第五部分(质量管理)主要讨论了三方面的项目过程中的质量管理:一是在项目战略策划过程中的质量管理,此时应考虑如何努力满足全体相关利益主体明确和隐含的需要,适当划分好项目过程和阶段以确保项目过程和项目产出物二者的质量,积极为实现质量目标创造条件与环境并持续不断地进行质量改进工作;二是项目集成管理过程中的质量管理,此时应该考虑项目过程中的活动是如何影响其他活动或过程的,这些相互影响的过程应该如何集成以及集成过程中包括的具体内容;三是项目专项管理过程中的质量管理,此时应该做到项目各专项管理必须能够集成为一个整体而共同为实现项目目标服务,只有做好项目专项管理中的质量控制和集成管理,人们制定的项目质量目标才能够得以实现。

6. 总结项目质量管理经验和教训

在 ISO 10006 中还给出了有关项目业主和实施组织应该如何总结项目质量管理经验的要求,它规定这项工作应被视为现有项目或将来项目质量持续改进的工作内容。项目业主或实施组织应建立项目信息的收集、存贮、更新及检索系统,以确保有效地收集和利用项目质量管理的经验和教训。项目业主和实施组织应收集和总结项目质量管理的经验,包括来自项目业主及其他相关利益者的信息反馈。人们还应在项目结束之前对项目质量管理情况进行全面评审以获得可利用的经验和教训,这是项目质量管理中一项十分重要的工作。

(四)ISO 9000 标准的深层含义

上述 ISO 10006 是项目质量管理标准,但它也属于 ISO 9000 的一个质量管理技术指南。在 ISO 9000 质量标准的质量术语中说道:"质量是反映实体(产品、过程或活动等)满足明确和隐含需要的能力特性总和。"这段话中有几个十分重要的观点是在项目质量管理必须明确和努力去实行的,具体如下。

1. 质量反映实体(产品、过程或活动等)

首先 ISO 9000 这段话中最重要的观点就是质量是反映"实体(产品、过程或活动等)"的能力特性总和,这里的核心是"实体"一词。这不单指"产品",因为其后的括号解释中"实体"包含了"产品、过程或活动等"。所以质量并不是专指具体产品的好坏，而是包括生成具体产品的活动和过程中工作质量的好坏。这给出了一个十分重要的道理，即任何事情先有工作质量后有产出物的质量，不管是日常运行还是项目都是一样的道理。这就形成了现代项目质量管理一个最重要的观念：人们只有先做好项目工作、活动和过程质量的管理，然后才有可能生成高质量的项目产出物，从而确保项目的成功和实现项目的目标。中国古话说的"种瓜得瓜，种豆得豆"就是这个道理，先有"种"（工作）后有"得"（产品），没有"种"就没有"得"，没有努力认真地去"种"，就不要指望能够"获得"好的结果。

2. 质量是反映实体满足需要的能力特性总和

ISO 9000 这段话中的另一个十分重要的观点是：质量是反映实体满足"需要"的能力特性总和，这句话的核心在于说"质量的高低要看能否满足人们对事物特性能力总合的需要或要求"。所以质量并没有绝对的高低，事物特性能力总和能够满足人们对需要的程度是质量高低的度量。因此不惜代价和成本盲目追求事物绝对质量高低的各种做法都是错误或不妥的。这就形成了现代项目质量管理另一个最重要的观念，即任何项目的质量都是与该项目成本和时间等要素相关联的，超过人们对于项目功能需要部分的质量必然会导致项目成本或时间的浪费，这在项目质量管理中绝对是不可取和不应该的。中国人说的"恰到好处"和"止于至善"就是指事物（项目）质量管理必须按照人们的需要去做好管理，任何不能全面满足人们对于项目功能需要的项目就意味着项目质量不好，任何超过人们对项目功能需要的项目部分也说明项目质量管理不当，因为这会造成不必要的项目成本和时间损失。

3. 质量是反映实体满足明确和隐含需要的能力特性总和

ISO 9000 这段话中更为重要的一个观点是：质量是反映实体满足"明确和隐含需要"的能力特性总和。所以事物能够满足人们"明确（说出的）的特性能力总和需求"是一个方面，要事物满足人们"隐含（未明确说出的）的特性能力总和需求"是另外一个方面，二者共同构成了质量的内涵。其中，"明确需要的能力特性总和"是人们通过合同等文件明确规定出的，而"隐含需要的能力特性总和"是人们虽然并未在合同等文件中明确给出，但是按照国家标准、各种规范和文件等规定的或人们约定俗成的要求也必须是质量的内涵部分，因此人们绝对不能忽略了质量中关于"隐含需要的能力特性总和"。这就形成了现代项目质量管理又一个重要的观念，即任何项目的质量都包括双方约定和双方虽未约定但是必须满足的项目能力特性总和。因此项目质量管理必须兼顾"明确"和"隐含"两方面人们对项目功能的需要，特别是"隐含"的项目功能更需要作为项目质量管理工作重要的组成部分。

4. 质量是反映实体满足明确和隐含需要的能力特性总和

ISO 9000 上述这段话中的最后一个重要的观点就是：质量是反映实体满足需要的"能力特性总和"，这是说质量不仅要满足人们对事物某种或某些能力特性（或叫功能）的需要，而且要满足人们对于事物的能力特性总和的全部需要。任何事物的"能力特性总和"既包括内在和外在能力特性，也包括技术、经济和商业能力特性。人们对于事物的能力特性不但有自己的偏好，对事物的能力特性总和也有主观的要求和期望，所以质量在很大程度上取决于人们对于事物能力特性的偏好。现代项目质量管理的一个重要的观念是任何项目质量都要以人们对项目能力特性（即功能）的主观偏好为依据，任何项目质量管理工作必须满足的是人们对于项目能力特性总和的偏好，所以项目质量管理必须根据人们对于项目功能的具体偏好做好相应的管理工作。

第二节　项目质量计划

项目质量计划是项目质量管理中一项十分重要的工作，其具体内容和方法分述如下。

一、项目质量计划的概念

项目质量计划不同于日常运营中的产品或服务质量计划，这是一种随着项目进展逐步明确和完善的质量计划工作，所以项目质量计划有其自身的概念和特性。

（一）项目质量计划的概念

项目质量计划是人们在项目设计与计划阶段所制定的项目计划之一，但是项目质量计划必须每过一段时间进行必要的变更或重新修订，同时还要设法与其他项目专项计划进行动态配置和集成。实际上项目质量计划是整个项目计划的一个构成部分，所以它必须与其他项目专项计划进行合理配置和全面集成，而孤立制订的项目质量计划是无法实施的。

所以项目质量计划的最基本概念就是：项目质量计划的制订是动态的，随着项目的实施其质量计划会发生变更，这些变更在人们开展项目质量保障与项目质量监控等工作中完成。因此，项目质量管理必须从对于项目质量的计划安排开始，通过对项目质量计划的实施、开展项目质量保障与控制活动而得以实现。项目质量管理的首要工作是项目质量计划的制订，但是项目质量计划的实施与项目质量的实现才是项目质量计划的目的所在。

(二)项目质量计划编制的依据

项目质量计划编制的依据是人们为此所收集到的各种相关信息与文件。

1. 项目的环境与条件因素

这是指与项目质量相关的各种国家、企业及项目的环境、条件等方面的信息,最主要的是项目环境与条件的制约和发展变化趋势。这包括国家、地方和项目组织对项目的各种正式和非正式的政策、方针、规程和原则以及相应的各种产业、信贷和管理政策限制等。

2. 项目的质量方针与策划因素

这是企业或组织针对项目所做的大政方针和整体规划,也是企业或组织对待项目质量的指导思想和中心意图。任何项目都必须制定相应的项目质量方针和策划,因为它是制订项目质量计划的出发点,其主要内容包括:项目设计和实施的质量方针以及相应方案策划等。

3. 项目所必须遵守的标准或法规

这是项目质量计划中必须考虑的因素,也是前面讨论的质量定义中"隐含"部分的能力特性部分,所以项目质量计划制订的另一个重要依据是与项目相关的各种国家、地方、行业相关标准、规范和规定,以及项目所属专业领域和项目组织的相关标准和规范等。

4. 项目集成计划等其他项目计划

包括项目集成计划在内的项目其他专项计划也是项目质量计划的重要依据,因为项目的质量会受到项目范围、成本和时间等计划的影响和制约,所以在编制项目质量管理计划时必须集成考虑这些项目计划,尤其是项目的集成计划和范围计划,因为范围计划中包括项目目标、产出物和工作的要求,而项目集成计划给出了项目各专项计划的优先序列和集成安排。

5. 其他项目管理方面的信息

其他项目管理方面的信息是指除了上述这些方面的信息之外,其他与编制项目质量计划有关的项目集成管理和项目专项管理方面的要求和信息。例如,项目的工作分解结构、项目的进度计划、项目的成本计划和项目集成计划等方面的信息。

二、项目质量计划编制方法

人们在项目质量计划编制过程中会根据项目所属专业领域的不同而选择计划方法,特别是也会针对项目产出物质量计划和项目工作质量计划选用不同的方法。

(一)项目产出物质量计划的编制方法

项目产出物质量计划的编制方法有多种,最常用的方法有如下两种。

1.项目的经济质量计划方法

这种经济质量计划方法最初用于日常运营产品或服务质量计划,这种方法要求在制订项目产出物质量计划时必须考虑项目产出物质量的成本和收益问题,必须通过计划安排使得项目产出物质量收益大于成本。项目产出物质量成本是指开展项目产出物质量管理活动所需的开支;而项目产出物质量收益是指开展项目产出物质量活动所带来的好处。这种方法是借助质量成本与收益的比较分析去编制经济的项目产出物质量管理计划。这种方法的实质是平衡项目产出物质量管理两个方面工作的成本,即项目产出物质量的保障成本(为防止项目产出物质量缺陷而花费的成本)和项目产出物质量恢复成本(即在检验发现质量问题或设法恢复项目产出物质量而花费的成本),这种方法由图 6-2 给出示意。

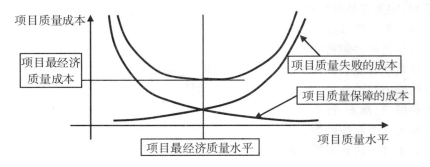

图 6-2 项目经济质量计划方法的示意图

由图 6-2 可见,如果项目产出物质量保障的成本升高,则项目产出物质量失败的成本就会越低;而项目产出物质量保障成本降低则项目产出物质量失败成本就会升高,所以项目最经济质量水平应该是这二者之和最小时的质量水平,因为此时的项目产出物质量成本最低而收益最高。所以此法是一种合理安排和计划项目产出物这两种质量成本,从而使项目产出物质量总成本相对最低的一种项目产出物质量计划方法。

2.项目产出物质量标杆计划方法

项目产出物质量标杆计划方法是利用其他历史项目的实际或计划质量结果作为新项目产出物质量计划的参照或比照目标(标杆),通过对照比较既定标杆制订出新项目产出物质量计划的方法,这是项目产出物质量计划中最常用和最有效的方法。通常,这种项目产出物质量计划方法以既定标杆项目产出物的质量方针、质量标准与规范、质量管理计划、质量核检清单、质量工作说明文件、质量改进记录和原始质量凭证等计划文件为蓝本,结合新项目产出物的特点制订出新项目产出物质量计划文件。使用这一方法时应充分注意吸取作为"标杆"的项目产出物质量计划在实施和管理中实际已经发生的各种问题及教训,在制订新项目产出物质量计划时必须要考虑尽可能避免类似项目产出物质量事故的发生以及在发生情况时如何采取相应的防范和应急措施。

(二)项目工作质量计划的编制方法

项目工作质量计划的编制方法有多种,最常用的这方面方法有如下两种。

1. 项目工作质量计划的实验设计法

项目工作质量计划的实验设计法主要适用于那些独特性很强的原始创新性项目工作质量的计划编制,因为这种项目的工作质量都没有具体的标准和依据可以参照,所以需要人们采用实验的方法逐步认识和识别项目工作的质量,然后据此逐步编制和修订出项目工作质量计划。例如,在原始创新性的科研项目中人们总是先进行各种实验活动,然后根据实验结果设计项目工作质量指标和制订项目工作质量计划,如我国"摸着石头过河"的改革开放项目工作质量计划就是用的这种方法。这种方法特别适用于项目工作质量计划的编制和逐步优化,这种方法的逐步优化是从项目初始工作质量计划开始而逐步完善的。

2. 项目工作质量计划的流程图法

这是一种使用描述项目工作流程和项目工作的相互关系图表编制项目工作质量计划的方法,人们可以利用项目工作流程图分析和确定项目实施过程和项目工作质量形成的过程,然后编制出项目工作质量的计划。在此方法中所使用的流程图有:项目系统流程图、项目生命周期流程图、项目实施过程流程图、项目作业过程流程图,等等。这种方法还可借助分析项目工作质量影响因素的图表,如帕累斯图、鱼骨图、$X-R$图等也都属于使用流程图法编制项目工作质量计划的方法。这些项目流程图有助于人们计划和安排项目工作质量,有助于人们分配项目工作质量的责任,有助于人们找出解决项目工作质量和项目工作质量的问题与纠偏措施,所以这是一种编制项目工作质量计划行之有效的方法。

三、项目质量计划编制结果

使用上述项目产出物和工作质量计划的方法最终编制出的项目产出物和工作质量计划的结果是生成一系列的项目质量计划文件,这些项目质量计划文件主要包括如下几种。

(一)项目产出物质量计划

项目质量计划编制的首要结果是生成一份关于项目产出物质量计划,其中包括对于项目质量目标和项目方针的描述和规定、项目产出物质量的要求和规定等。需要进一步说明的是,人们在实施项目产出物质量计划的过程中会发现初始的项目产出物质量计划中存在不足和问题,所以在这种计划的实施过程中人们需要对项目产出物质量计划做进一步的跟踪决策或变更,这些项目产出物质量计划的跟踪决策或变更也是项目产出物质量计划编制的结果。

(二)项目工作质量计划

项目工作质量计划也是构成项目质量计划的一项重要内容,通常项目工作质量计划多是使用一种结构化的项目工作质量核检清单的方式给出。这是一种项目工作质量管理与控制的计划文件,这种清单可用于检查和控制项目实施的各项工作质量计划执行情况和项目工作质量控制的实际结果,所以这是项目质量计划工作的主要形式。人们最常见的项目工作质量计划的形式是一份列出一系列需要检查核对的工作及其所要求达到标准的清单,以便人们能够用它对项目工作质量开展管理和控制。项目质量核检清单是根据项目工作和活动分解结果针对项目工作的特性和要求等质量而设计的。

(三)项目质量管理计划

这是项目实施组织和项目管理者为实现既定项目产出物质量计划和项目工作质量计划所做的项目质量管理工作的计划与安排,这一项目质量管理计划文件的内容应包括:项目质量(保障)体系的组织结构与建设、项目质量责任的划分与承担、项目质量体系的工作程序、项目质量管理的内容、应对项目质量问题的措施与方法以及实现项目质量管理所需资源等。这是人们开展项目质量管理工作的指导性的核心文件,所以这也是项目质量计划编制工作的重要结果之一。

(四)项目质量管理方法控制标准文件

这是对于项目质量控制工作的具体描述以及对于项目质量控制方法的具体说明,这是一种项目质量计划和项目质量管理计划的辅助性和支持性文件或附件。它应该全面地给出项目质量管理工作的具体方法、工具、图表和程序等各方面的规定和说明,还应全面给出对于项目产出物和工作各方面的质量控制标准的描述,这些都是项目质量保障和控制的重要依据。

(五)项目质量管理的相关信息

这是在项目质量计划编制过程中生成的一系列可用于项目集成管理和专项管理的各种计划信息,这些有关项目集成管理和专项管理的信息可用于对项目集成计划和项目专项计划以及项目质量计划的修订和改善。另外,在项目质量计划编制过程中还会生成一系列关于项目实施和管理工作的完善和改进信息,包括借助项目质量计划过程中发现的影响项目质量的各种因素以及通过项目过程改进所能产生的项目质量的改进等方面的信息。

第三节　项目质量保障

项目质量保障是项目质量管理中的事前性、预防性和系统性的工作,它不同于一般的项目质量控制工作,因为项目质量控制多数是项目质量实现过程中(事中管理)的管理工作。按照 ISO 组织颁布和推行的 ISO 9000 系列标准规定,项目质量保障与项目质量控制是两项不同时间进行的、具有不同工作内容的项目质量管理工作。

一、项目质量保障的概念

项目质量保障是一种事前的项目质量管理工作,虽然它在项目质量的事中控制中也会起到一定的作用,但它不同于事中的项目质量控制。有关项目质量保障的概念讨论如下。

(一)项目质量保障的概念

项目质量保障是在执行项目质量计划过程中所开展的一系列预防性、保障性和经常性的项目质量评估、质量核查与质量改进等方面的工作,这是一项为确保项目质量计划而开展的系统性的贯穿整个项目生命周期的项目质量管理工作。项目质量保障工作需要项目业主、项目实施组织、项目团队和项目其他相关利益主体的全面参与,需要足够的资源和组织保障。

(二)项目质量保障的内容

项目质量保障的系统性、保障性和预防性的工作内容主要有如下几个方面。

1.清晰明确的项目产品与工作质量要求

项目质量保障的首要工作任务是提出清晰明确的项目质量要求,这既包括清晰明确的项目产出物的质量要求,也包括清晰明确的项目过程与工作的质量要求。因为没有清晰明确的项目质量要求,人们就无法开展项目质量保障工作,即使开展了也是漫无目的和毫无方向的。由于许多项目质量计划是按照质量标杆法制订的,即只有相对具象但并不具体的项目产品和工作质量要求,所以这方面的工作就成了项目质量保障的首要工作。

2.科学可行的项目产品与工作质量控制标准

项目质量保障的第二项工作内容是制定科学可行的项目产品和工作的质量控制标准,在项目质量管理中人们不能使用项目目标、计划和要求作为控制标准,那样一旦项目失控而超过了项目目标、计划和要求就会直接导致项目的失败。所以人们必须根据项目目标、计划和要求去制定科学可行的项目产品和工作质量的控制标准,借此作为项目质量出现偏差的预警和留出足够的质量变动容忍区间。所以制定科学而可行的项目质量控制质量标准,包括项目质量控制界限和统计学性质的控制标准,就成了项目质量保障的一项重要工作。

3. 建设和完善项目的质量保障体系

项目质量保障的第三项工作内容是组织和建设具体项目的质量保障体系(也被称为质量体系),这包括为确保项目质量和开展项目质量管理所需的组织保障体系、结构、责任、工作、程序、资源等,这些一同构成了项目质量保障体系。因此如果没有健全和有效的项目质量保障体系就无法保障和实现项目质量计划和目标,所以每个项目都应该通过组织、建设和完善有效的项目质量保障体系,全面地开展项目质量的保障和管理工作,所以这种项目质量保障体系的建设和完善工作是项目质量保障工作中最重要的部分。

4. 配备合格和必要的项目质量保障资源

项目质量保障的第四项工作内容是配备合格和必要的各种资源以供在项目质量保障中使用,这包括项目质量保障所需的人力资源、物力资源和财力资源,等等。这方面的项目质量保障工作的内容涉及从计划和安排一直到实物配备这些项目质量保障所需资源,具体包括按质、按量、及时提供项目质量保障资源。不管是项目质量保障的人力资源、物力资源、资金和设备资源,只要出现缺口或配置不当人们就无法开展项目质量保障工作,所以配备合格和必要的资源也是项目质量保障中的一项重要工作。

5. 安排和开展有计划的项目质量改进活动

项目质量保障工作的另一项重要任务是为保障项目产出物能满足质量方面的要求,人们就需要在项目管理过程中持续开展有计划的项目质量改进工作,包括针对项目产品质量问题或项目工作方法问题所开展的相关评价、分析和改进等方面的工作。其中,持续的项目工作质量改进是为实现项目质量而采取的改进工作方法和提高工作效益和效率的行动,人们必须通过这种不断改进项目工作方法的途径去实现不断完善项目产品质量的最终结果。

6. 项目各方面变更的全面集成与控制

在项目质量保障中还有一项重要的工作就是对于项目任何方面的变更所开展的全面集成与控制,以防止由于项目某方面要素的变更而导致项目产品质量变差或失效,以至于无法满足项目业主、顾客或其他相关利益主体对于项目质量的要求。例如,项目范围的缩小、项目资源的降级替代、项目成本预算的消减、项目工期的缩短等变更都会对项目质量产生不利的影响,所以人们对于这些项目变更都需要进行全面集成与控制,找出并控制住项目任何一个要素变更对于项目产品质量的影响,这也是项目质量保障的重要工作内容。

(三)项目质量保障的依据

项目质量保障工作所依据的文件和信息主要包括如下几个方面。

1.项目质量计划和项目质量管理计划

这是关于项目质量和项目质量管理的全面计划和安排,在项目质量管理计划中包含有项目质量保障工作的目标、任务和要求等说明,所以它是项目保障工作的根本依据之一。

2.项目质量管理工作说明与项目质量工作核检清单

项目质量管理工作说明是对于项目质量计划和项目质量管理计划的支持文件,它给出了项目质量管理中各项具体工作的描述。项目质量工作核检清单是用于核查项目质量管理工作的文件,是用于核查项目工作质量的计划执行情况和工作质量实际结果的依据之一。

3.项目产品质量控制标准和项目产品质量检验方法

项目产品质量控制标准是按项目产品质量目标与要求而制定的相应控制指标,以供发现项目产品质量偏差和采取纠偏措施使用。而项目产品质量检验方法是根据项目所属专业技术要求制定的项目产品质量检验的技术方法,这些也都是项目质量保障工作的重要依据。

4.各种可行的项目质量改进、纠正和补救措施

由于在项目质量实际与项目质量计划间出现某种偏差时,人们需要及时采取纠正偏差或质量补救措施,所以这方面的文件和信息也是项目质量保障工作的重要依据。同样,项目质量改进工作方面的文件或信息也是人们开展项目质量保障工作的重要依据之一。

5.项目各方面的变更以及相应的集成安排信息

由于项目质量保障会受到项目其他专项或要素变更的影响,所以任何项目范围、时间、成本和资源等方面的变更信息,特别是这些项目要素变更对于项目质量的影响以及它们应该如何进行集成计划和安排等方面的信息,这些也都是项目质量保障工作的依据。

二、项目质量保障的方法

项目质量保障属于事前的项目质量管理工作,所以项目质量保障的方法多数是预防性和改进性的技术与方法,这方面的方法主要涉及如下几个方面。

(一)项目质量保障中的事前预防方法

项目质量保障中使用的事前预防方法主要包括如下几种。

1.项目质量计划和项目质量管理计划的方法

"凡事预则立,不预则废",项目质量保障也一样需要事先有计划和安排,所

以项目质量计划和项目质量管理计划的方法就是项目质量保障中的事前预防的方法。这是一种运用事前控制的思想开展项目质量保障工作的方法，即在项目质量实现之前做好各种项目产品和工作质量计划与安排的方法。在项目质量保障工作中，人们只有预先分析和认识项目产品或工作质量可能出现的问题，然后才能制定出相应的产品和工作质量计划与安排，才能够在尚未出现项目质量问题之前就制定好各种各样的预防和应对措施，而这样才能够避免各种项目质量问题的出现，规避因项目质量问题给各方面造成的损失。

2. 项目工作质量核检与审计的方法

项目工作质量核检与质量审计的方法也是用于项目质量保障的一种事前预防的方法，因为这种方法按照结构化项目工作核检和由两次以上的项目工作核检的方法（第二次项目工作核检就叫工作审计）核对和检查需要改进的项目工作质量的问题和机会，从而通过开展项目工作质量的改善与提高，预防和避免项目产品质量出现问题或失败。其中，项目工作质量的审计可以是定期或不定期的随机抽查，也可以是由第三方质量监理组织或专业机构进行核查。这种方法主要用于各项项目工作质量的保障，虽然这种项目质量保障方法需要新投入资源和努力，但是能够预防项目产品出现质量问题或损失，所以属于必要方法。

（二）项目质量保障中的持续改进方法

项目质量保障中所使用的持续改进方法主要包括如下几种。

1. 项目产品质量的改进与提高方法

如前所述，由于项目的一次性和独特性等特性使得项目质量从计划到实现都有一个持续改善和提高的过程，而在这个项目产品质量持续改善和提高的过程中所使用的就是项目质量保障中的持续改进方法。这类方法包括项目产品质量的初始计划、跟踪计划及其变更的方法，借助于项目团队成员经验和能力的项目产品质量的改进建议和改进行动的方法等。其中，项目产品质量改进建议的方法是通过要求和倡导项目团队成员根据自己的经验和知识提出项目产品质量改进的建议，从而更好地保障和提高项目质量的方法。这包括对于项目质量可能发生的问题及原因的分析与建议，需要开展和如何开展项目产品质量改进的建议等内容，然后根据项目质量改进建议采取必要行动以做好项目质量的保障。

2. 项目工作质量持续改进与提高的方法

由于项目实施过程中有很多项目工作是重复性的，这就给人们改进这类项目工作提供了机会和条件，所以人们就可以使用项目工作质量的持续改进与提高方法，去做好项目质量保障中的持续改进工作。这包括为改进和提高项目产品质量而增加或减少项目活动的持续改进方法，改变原有项目工作方法的持续改进方法，及改变原有项目组织和管理方法的持续改进方法等。其中，人们可以使用项目过程分析法对项目生命周期、项目阶段或项目活动的过程和步骤进行分析改进,通过从技术、组织和管理等角度去改进这些项目过程中列明的内容、步骤和方法,进而实现保障项目质量的目的。在项目过程分析方法中需要对项目各种过程中可能出现的问题、涉及的约束条件、包含的不必要活动和采用的不合理活动方法等进行分析和检查,从而消除项目过程中的不必要活动和改进项目活动所使用的不科学方法。

另外,除了上述方法之外,在项目质量计划、项目质量计划实施和项目质量控制中经常使用的各种统计分析工具和技术方法也是人们进行项目质量保障工作可以使用的方法。例如,项目质量标杆方法也是进行项目质量保障工作可使用的方法之一。

三、项目质量保障的结果

使用上述方法开展项目质量保障工作,最终就会产生实际的项目产品质量获得了提高和改善的结果,这包括项目工作质量提高而带来的各种效率和效果和由此导致的项目相关利益主体整体利益的扩大,项目产品质量的提高所带来的项目价值的增加和项目成本的降低,及整个项目集成和其他项目要素专项管理的综合改善等方面的结果,具体分述如下。

(一)项目质量方面的结果

项目质量保障工作的直接结果是项目产品和项目工作的质量均会获得提高和改善。

1.项目工作质量的全面优化

通过开展项目质量保障工作人们首先可以全面优化项目工作的质量,这包括项目的业务工作和项目管理工作质量的全面提高,而项目工作质量提高的必然结果是带来了项目工作效率和工作效果的全面提高,进而可以导致项目产品质量的全面提高。

2.项目产品质量的全面提高

通过开展项目质量保障工作人们还可以全面提高项目产品的质量,这包括项目的有形产品和无形产品(如各种服务或劳务)质量的全面提高,而项目产品质量提高的必然结果是带来了项目产品各方面功能或能力特性的全面提高,从而使项目价值获得直接的提高。

(二)项目整体方面的结果

项目质量保障工作的附加结果是项目变更的全面集成和项目绩效的整体改善等。

1.项目变更的全面集成

在项目实施过程中项目相关利益主体会提出某种项目变更的请求,人们需要借助项目质量保障工作对项目某个方面的变更请求和变更方案进行全面集成,这不仅不会造成项目质量因变更而受到影响,而且还会因变更的全面集成而使项目价值得到提高,并由此会给项目的相关利益主体带来相关利益的增加或扩大。

2.项目绩效的整体改善

通过开展项目质量保障工作人们还可以发现在项目实施过程中存在的项目活动及其工作方法中的问题或不足,进而人们可以针对这些项目活动及其方法的问题和不足采取各种改进措施。这些改进措施不但会使项目的质量得以提高,而且还会使项目范围、时间、成本、风险和资源等诸多方面得以提高,从而使得项目的绩效获得了整体的改善。

3.项目知识的积累和文件的更新

通过开展项目质量保障工作人们不但可以发现原有项目质量计划、项目集成计划、项目其他专项计划以及项目实施方法等各方面存在的一些不足或问题,而且人们可以找到解决这些不足或问题的途径和方法,这些都属于项目知识的积累和项目文件与信息更新的范畴。这些可以为项目未来阶段和未来人们要开展的项目提供相应的项目质量保障工作的知识和信息。

但是由于项目质量保障工作属于事前的预防性质量管理工作,所以项目质量保障工作的结果显示与度量都比较困难。因为无人会记录事先已经避免的项目质量问题及其可能造成的损失并将其作为项目质量保障的业绩,可实际上项目质量保障所避免的各种损失都是客观存在的,都应该作为项目质量保障工作的直接或间接的成果。

第四节　项目质量控制

项目质量控制是在项目质量保障工作前提下所开展的一项针对项目质量事中控制的工作,项目质量控制工作的概念、方法和结果分别讨论如下。

一、项目质量控制的概念

项目质量控制是指对于项目质量实施过程和情况的监督与管理,所以它有自己的概念和内容,它使用不同于项目质量保障的技术和方法。

(一)项目质量控制的概念

项目质量控制与项目质量保障在概念上的最大区别在于,项目质量保障是一种事前从项目质量管理组织、程序、方法和资源等方面为项目质量保驾护航的工作,而项目质量控制是事中对于项目产品和工作质量的监督与管理工作。所以项目质量保障使用的是预防性、保障性和提高性的质量管理工作和方法,而项目质量控制使用的是一种即时性、过程性、纠偏性和把关性的质量管理工作和方法。虽然项目质量保障和项目质量控制的目标是一致的,都是为满足项目相关利益主体对于项目质量的需要。但是有关项目质量控制的概念,人们还必须严格明确和区分以下这些不同概念。

1.项目质量核检工作和项目质量检验工作

项目质量核检工作属于对项目工作质量的控制工作,是一种为保障项目产品质量的事前管理和控制工作。但是,项目质量检验工作属于对项目产品质量的控制,是一种项目产品质量的事中控制工作。前者属于项目质量保障的范畴,后者属于项目质量控制的范畴,所以前者在很大程度上是一种"惩后"的工作和方法,而后者是一种"惩前"的工作和方法。

2.项目产品质量问题的特异原因和系统原因

项目质量控制中的项目产品质量问题有两种不同的原因,其中的特异原因是一种没有任何规律可循的随机性原因,它造成的项目质量事故很难预防;而系统原因是一种有规律可循的原因,人们可以根据它所表现出的规律和趋势采用必要控制措施。所以在项目质量控制中,人们要仔细分析和严格区分项目产品质量问题的这两种原因。

3.项目质量要求或目标和项目质量控制界限

在项目质量控制中人们不能使用项目质量要求或目标作为项目质量控制的界限或标准,因为这样一旦项目质量实际触碰到项目质量要求或目标会导致项目质量失控或失效,所以人们需要制定更为严格的项目质量控制界限或控制标准,从而使得项目质量要求或目标与项目质量控制界限或标准之间形成"容忍区间",及时发出需要纠偏的信号。

4.项目质量的抽样样本和项目质量的总体

在项目质量控制过程中人们经常需要使用抽样检验的方法,此时人们使用项目总体中一定数量的样本所具有的质量属性去推断项目总体的质量属性,所以人们在使用这种方法时必须严格区分项目质量的总体和项目质量的抽样样本二者的不同概念。因为这种项目质量控制方法的置信区间(或叫可信度)是有限的,其置信区间的大小与抽样样本的多少有关。

(二)项目质量控制的内容

项目质量控制工作的主要内容包括:项目质量控制界限或标准的制定,项目质量实施情况的度量,项目质量实际结果与项目质量控制标准的比较,项目质量误差的分析与问题确认,项目质量问题的原因分析,采取改善项目质量实际或修订项目质量标准的纠偏措施等一系列的项目质量控制活动。这些项目质量控制工作构成了一个项目"计划、实施、检验、行动"的项目质量控制工作循环,这种项目质量控制工作的循环贯穿于整个项目全过程的项目质量的控制之中。需要特别指出的是,由于项目的一次性等特性使得某些项目质量问题一旦出现就具有后果不可挽回的性质,所以人们需要采取修订项目质量目标、要求和度量标准的应对措施。有关项目质量控制工作的这些内容和环节以及它们之间的相互关联和项目衔接的关系可以见图 6-3 所给出的示意。

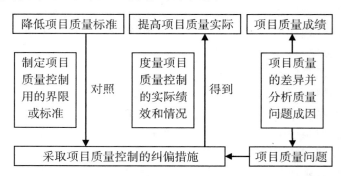

图 6-3　项目质量控制工作内容或环节间的相互关联关系示意图

由图 6-3 可知,在项目质量控制工作中人们首先需要制定项目质量控制用的界限或标准,然后对照这种项目质量控制界限或标准去度量项目质量控制的实际绩效情况,进一步找出项目质量控制实际和标准之间的差异并分析这种差异是项目质量控制的成果还是问题。如果出现的是项目质量控制的问题,那么人们就需要进一步开展项目质量控制的纠偏措施了,这种项目质量控制的纠偏措施有适合不同情况的两种措施:当项目质量控制问题是人们可以通过采取行动而改变的,那么就可以采用"提高项目质量实际"的纠偏措施;当项目质量控制问题不是人们可以通过采取行动而改变的,那么就必须采用"降低项目质量标准"的纠偏措施了,这就是项目质量控制工作的内容或活动之间的相互关系。

(三)项目质量控制的依据

项目质量控制的依据有些与项目质量保障的依据是相同的,但是也有一些是不同的。项目质量控制的主要依据有如下几个方面。

1.项目质量计划和项目质量管理计划

这是在项目质量计划编制中生成的项目质量计划和项目质量管理计划文件,它给出了整个项目质量和项目质量管理工作的计划和安排,所以它是项目质量控制的主要依据。

2.项目质量管理工作说明与项目质量工作核检清单

这些是项目质量计划和项目质量管理计划的支持文件,其中的项目质量管理工作说明给出了各项项目质量控制工作的描述,项目质量工作核检清单给出了项目工作质量的要求。

3.项目产品质量控制标准和项目产品质量检验方法

这些也是项目质量计划和项目质量管理计划的支持文件,项目产品质量控制标准是人们为控制项目产品质量而制定的,项目产品质量检验方法是按项目所属专业技术要求制定的。

4.各种可行的项目质量控制、纠正和补救的措施

包括人们根据需要制定的提高项目质量实际的纠偏措施和降低项目质量标准的纠偏措施,这些也都是人们开展项目质量控制工作的重要依据。

5.项目环境发展变化和项目工作绩效方面的信息

包含了项目所处环境与条件的发展变化信息、企业或组织的项目质量方针变动以及项目实际工作绩效的信息,这些都是项目质量控制的重要依据。

6.项目变更请求及其对项目质量控制影响的信息

如果项目某个方面或要素发生变更则原有的项目质量计划和质量管理计划以及项目质量控制标准等也需要随之发生变化,这方面的信息也是项目质量控制的依据之一。

二、项目质量控制的方法

项目质量控制的方法与日常运营质量控制的方法在许多方面是相同的,因为项目质量控制与日常运营质量控制的原理是相通的。但是项目质量控制的方法也有许多与日常运营质量控制的方法是不同的,因为这二者所做的质量控制对象有所不同,具体分述如下。

(一)项目质量控制图法

这是用于开展项目质量控制的一种图示方法,是一种从日常运营的质量控制中借用的项目质量控制方法。项目质量控制图法可用来确认项目过程、工作或结果是否处于受控状态以及是否存在有项目质量系统问题导致的误差,图 6-4给出了相关的示意。

由图 6-4 可知,项目质量控制图的方法有两个不同的标准:一是按照图 6-3的方法所设定的项目质量控制的标准或界限,二是按照抽样检验的方法统计得出的项目质量控制的标准或界限。其中,按照抽样检验方法中统计学的经验公式可知,当项目质量控制的实际度量结果向同一方向连续变化七个样本点时,或项目质量实际度量结果中连续有七个点在项目质量控制图中线的同一侧时,人

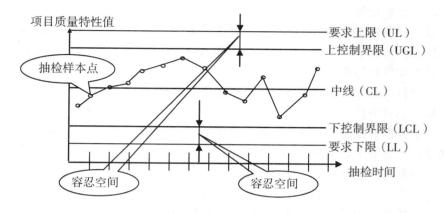

图 6-4　项目质量控制图法的示意

们就可认定项目质量实际出现失控状况或问题,因而就应该采取项目质量控制的纠偏措施了。由此可见,项目控制图法是建立在统计质量管理方法基础之上的,它需要利用统计数据建立控制标准界限,也需要根据测量得到的项目质量实际统计数据开展项目质量控制。

　　由图 6-4 还可知,项目质量控制图中的上下项目质量控制界限或标准是人们根据项目质量控制的需要和项目实施者的实际能力设定的,这种人为设定的项目质量控制上下界限或标准要比项目质量的计划、要求或目标低一些,以便这二者之间能够形成一个用于项目质量问题预警的容忍区间。如果项目质量控制实际结果的数值处于项目质量容忍区间就可以发出预警信号,虽然此时项目质量控制的实际结果已超出项目质量控制界限或标准,但是因为没有超过项目质量计划、要求或目标即是可容忍的。但是此时给出了项目质量实际出现问题的报警,所以人们就能够及时采取纠偏措施而不会造成项目产品质量的报废或返工,这就是项目质量容忍区间的作用和项目质量控制图法的优越之处。

　　需要说明的是,这种项目质量控制图法不仅可用于控制项目产品的质量,而且可用于控制项目工作的质量。例如,如果通过统计度量有人连续 7 天都迟到早退,那么一定是他遇到某种系统因素导致的问题了,虽然此时该人的迟到早退并没有超过组织规定的工作质量控制界限或标准,但是这种情况不能等到超过了组织规定的工作质量控制界限或标准,那样会造成由于系统因素的惯性而致使他的工作质量问题不但超过组织规定的工作质量控制界限或标准,而且会超过工作质量的目标和要求,最终导致无可挽回的不良后果。

(二)因果图等项目质量控制的图表法

　　这方面既包括日常运营质量控制中使用的因果图法和直方图法等分析质量

问题原因的图表方法,也包括像帕累托(Pareto)图等分析问题原因重要程度的一类方法。对后者有兴趣者可以参阅相关资料,本书只介绍项目因果图分析的图表方法。

在日常运营质量控制中使用的因果图又名鱼刺图,它能直观地反映出项目质量问题的结果与其原因之间的直接或间接关系。但在项目质量控制中人们也可以使用这种因果图法,因为项目质量问题的因果之间也存在一定的对应关系,所以项目质量控制人员可以使用因果图找出导致项目实际质量问题的具体原因,进而针对项目质量问题的原因采取有针对性的纠偏措施,这种项目质量控制用的因果图可由下面的图 6-5 给出示意。

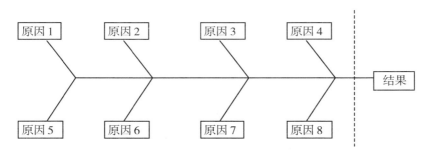

图 6-5　项目质量控制用的因果图示意

(三)流程图和系统流程图等流程分析的方法

流程图法是在项目质量控制中另一种非常有用和经常使用的方法,因为项目自身所具有的过程性决定了在项目质量控制中需要使用项目过程或系统流程图的方法。在项目质量控制中这种方法主要是用于分析项目流程或系统中各环节及其界面中存在的项目工作质量问题以及由此造成的项目产品质量问题,特别是这些项目工作和产品质量问题的发展与形成的过程中的质量问题,图 6-6给出了这种项目质量控制的流程图示意。

(四)项目工作质量核检法和项目产品检验法

项目工作质量核检法是指通过检查和测试等手段去核查项目工作过程和方法是否符合项目工作质量要求的质量控制方法,而项目产品检验法是指通过测量、检查和测试等手段保证项目项目产出物与项目质量要求是否一致的质量控制方法。其中,项目工作质量的核检法又可分为:自我核检(自己不断检验自己的工作和工作方法)和核检审计(由专门质量监督人员检验工作和工作方法)的工作质量核检方法,而项目工作质量的核检审计方法要求每次核检严格记录结果,并由授权人员进行核检和决定最终是否接受项目工作质量。这种方法需要使用列出项目工作及其步骤中所需核检科目的核检清单,然后对照这种核检清

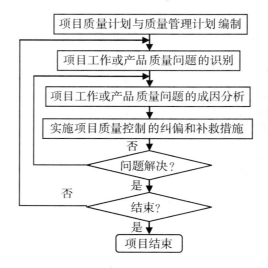

图 6-6　项目质量控制流程图示意

单去检查项目工作的实施情况,从而发现问题并给出相关相应对策。

对于项目产出物的质量检验方法又可分为:自检(自己检验自己产品的方法)、互检(项目团队成员相互检验的方法)和专检(专门的项目质量检验人员检验的方法)三种不同的质量检验方法。项目质量检验中专检方法要求每次严格地记录检验结果,并由授权人员进行结果评定和决定最终是否接受。因为项目是一次性工作,所以必须更严格地使用项目质量检验方法做好项目质量控制,以免造成项目产出物报废的严重后果。

三、项目质量控制的结果

项目质量控制的结果就是项目质量管理全部工作所形成的最终结果,这包括项目质量控制和项目质量保障工作共同形成的综合结果,这种结果的主要内容包括如下几个方面。

(一)项目产品质量控制的结果

这是项目质量控制工作最终生成的项目产品的实际质量效果,这方面的结果最终表现为人们对于项目产品质量的赞赏、接受、返工和降低质量要求。

1. 对于项目产品质量赞赏的结果

对于项目产品质量赞赏的结果有两层含意:一是指项目产品质量控制的最终结果超过了项目产品质量计划,二是指项目产品质量超出了项目业主、顾客或用户等相关利益主体对于项目产品质量的要求甚至期望,他们对项目产品实际质量给予了赞美或奖赏。

2.对于项目产品质量认可的结果

对于项目产品质量认可的结果也有两层含义,一是说项目产品实际质量达到了项目质量计划的要求或目标,二是说项目产品实际质量获得了项目业主、顾客或用户等相关利益主体的接受和认可,这说明项目产品质量的控制工作获得了成功。

3.项目产品质量需要返工的结果

对于项目产品质量需要返工的结果也有两层含义,一是说项目产品实际质量没有达到项目质量计划的要求或目标,二是说项目产品实际质量可以通过返工获得恢复从而最终达到质量要求,这说明项目产品质量的控制未获得成功,但是也没有完全失败。

4.需要降低项目产品质量要求的结果

项目质量控制的另一重要结果是人们不得不降低对于项目产品质量的要求,这一结果也有两层含义,一是说项目产品实际质量没有达到项目质量计划的要求或目标且通过返工也无法最终达到质量要求,二是说人们只能接受项目产品质量控制失败的结果了。

(二)项目工作质量控制的结果

很显然,项目工作质量控制的结果最终首先表现为项目产品质量的好坏,其次表现为在项目工作质量控制过程中所产生的其他结果。例如,在项目工作质量控制中所产生的各种更新后的项目计划文件、所获得的各种相关经验和教训等都属于这一范畴。

1.项目工作质量控制中生成的各种文件

这包括在项目工作质量控制中更新后的项目质量计划、项目质量管理计划、项目集成计划、项目专项计划以及这些变更后的项目计划文件的支持细节或说明等。

2.项目工作质量控制中生成的核检结束清单

项目工作质量控制中生成的核检结束清单(Checked List)是项目工作质量控制的一种结果,这些核检结束清单中记录了人们开展的项目工作质量控制工作和结果,这些信息可以作为下一步或未来项目工作质量控制的借鉴。

3.项目工作质量控制中获得的经验与教训

在项目工作质量控制过程中人们会产生一系列有益的经验或教训,这也是项目工作质量控制的结果。人们在项目工作质量控制结束后需要及时将它们整理并形成文档,以便今后用以指导项目后续的工作质量控制或未来类似项目的工作质量控制。

4.项目工作质量控制中采取的纠偏措施

在项目工作质量控制中提出和采用的项目质量控制纠正措施也是项目工作质量控制的结果之一,包括人们实际执行的项目质量变更措施等也都需要整理和归档,最终这些经过整理和归档的项目工作质量控制的纠偏措施或变更行动也都是这种控制工作的成果。

本章思考题

1.你认为项目质量保障与项目质量控制有什么区别?

2.项目产出物质量管理与项目工作质量管理之间是何种关系?

3.项目质量管理和日常运营的质量管理在哪些方面有相应的区别?

4.项目工作质量计划与项目产出物质量计划间有哪些关联和相互影响?

5.项目质量管理中的项目质量计划、质量保障和质量控制三者各有何作用?

6.请从统计质量管理理论的角度说明项目质量控制图的主要作用和使用方法。

7.请说明项目工作质量核检法主要有哪些作用和要求以及为何会有这些作用和要求?

8.请说明项目产出物质量检验法主要有哪些作用和要求以及为何会有这些作用和要求?

第七章 项目集成管理

【本章导读】

本章全面讨论了有关项目集成管理的概念、作用、原理、内容和方法，其中重点讨论的是项目集成计划的方法。本章中的具体内容包括：项目集成管理的方法、项目集成计划的编制、项目集成计划的实施和项目变更集成管理等内容。本章的核心内容是如何通过项目的科学集成工作，实现项目各方面（项目全要素、全团队和全过程）的合理配置。

第一节 项目集成管理的概论①

项目集成管理是一个全新的现代项目管理知识领域，自 20 世纪 90 年代前后出现而逐渐发展成一个项目管理专门知识领域。实际上项目集成管理是一项系统性、综合性和全局性的项目管理工作，它是根据项目全过程各阶段工作、项目全要素各专项管理和项目全团队各相关利益主体这三方面的合理配置关系所开展的一项综合平衡的集成性项目管理工作。

人们需要根据项目全过程中项目各阶段的全面集成，项目各个要素专项管理的全面集成，项目全体相关利益主体要求、期望与行动方面的全面集成这些方面的各种配置关系，通过开展充分、积极和正确的综合平衡等集成管理，最终实现项目各方面的合理配

① 注：本节中的主要观点和内容是作者承担国家教育部人文社科基金课题"现代项目集成管理技术开发与应用研究"（课题批准号：01JA630041）所做出的研究成果与结论。

置关系,从而实现借助项目集成管理对项目的各方面进行全面的协调与控制的目的。

一、项目集成管理的原理

项目集成管理是一种为实现项目各方面客观存在的特定合理配置关系(Configuration Relationship)所开展的一种全面性、综合平衡性、整体性的科学集成管理工作。国内有些书称其为"项目整合"或"项目综合"管理,这些只说了项目集成管理的部分内涵。因为这些所谓项目综合管理或项目整合管理多数只是某种程度的项目优化或整体性的管理,并非是实现项目自身所具有的合理配置关系而开展科学集成的管理工作和过程。

在 20 世纪 80 年代前后,"配置"和"集成"这两个词汇首先是在信息系统和 IT 产业中开始使用,经过多年的推广和借鉴人们逐渐将"配置"和"集成"的原理和方法用到了现代项目管理领域。发展至今,在美国项目管理协会和国际项目管理协会的项目管理知识体系中仍没有十分科学而成熟的项目集成管理的原理和方法,但是为确保项目各方面能够实现合理的配置关系,人们就必须开展科学的项目集成管理工作。所以本书作者花了十多年的时间去专门从事这方面的研究,本书中的多数内容都是这些研究的成果。

(一)项目集成管理的定义

根据美国项目管理协会的项目管理知识体系中有关项目集成管理的定义:"项目集成管理知识领域包括在项目全过程中识别、界定、合成、统一、协调项目管理的各种过程与活动的管理工作。在整个项目管理中项目集成管理具有合成、统一、关联和集合等方面的特点,这些不仅对于项目的成功实施是至关重要的,而且对于满足项目相关利益主体的需要和管理他们的期望方面也是很重要的"[1]。所以项目集成管理是一种为项目成功实施所需的重要的管理工作,而且是九个项目专项管理中统领全局的项目专项管理工作。

本书作者认为,项目集成管理是一种为找出和实现具体项目的各个阶段和各项活动的管理,各个专项或各个知识领域的管理,以及项目全体相关利益主体的要求和期望之间的合理配置关系,所开展的一系列项目各方面的综合平衡和关系合成方面的集成管理工作。开展项目集成管理的根本目的是要努力找出并实现项目自身客观要求的配置关系,从而将项目各项活动、各个要素和各相关方集成为有机整体。所以项目集成管理的核心工作在于分析和找出项目各方面的配置关系,

---

[1]   Project Management Institute. A Guide to the Project Management Body of Knowledge. 4th Edition. PMI,2008.

然后根据这种配置关系去做好项目各方面的合成、统一、关联、协调等集成管理工作，以保障项目的成功实施和项目利益最大化以及项目利益分配合理化。

(二)项目集成管理的主要特性

由于项目集成管理涉及项目各项活动，各个专项(或要素)，项目各个相关利益主体的要求和期望等方面的合成、统一、协调与整合，因此其主要特性有如下几个方面。

1.为实现项目合理配置所进行的管理

项目集成管理最重要的特性是基于具体项目特有合理配置关系所开展的系统性和全局性项目管理工作，此处的"合理配置关系"是指每个具体项目自身要求的独特项目目标与要求、项目产出物与项目工作、项目资源与项目价值、项目范围与项目时间、成本和价值以及项目质量等各方面相互的正确匹配关系。这是一种客观存在的合理匹配关系，人们只有找到这种可续而配置关系并依此开展好项目的集成管理才有可能最终实现项目目标、满足项目相关利益主体的要求与期望。项目集成管理既不同于所谓项目综合管理，也不同于所谓项目整合管理，因此为实现项目合理配置关系就是项目集成管理的根本特性。

2.实现项目全面优化系统的管理

项目集成管理的第二个特性是这种管理的系统性，即它是按照具体项目客观存在的合理配置关系去集成项目各项活动、项目各相关者和项目各要素，从而为实现项目的系统性最优所开展的一种项目管理工作。每个项目都会有许多目标、要求、活动、资源和专项管理工作，项目集成管理就是要将这些方面全面集成为一个有机的系统。因为每个项目活动、目标、要求和专项都是项目这一系统的要素或元素，如果它们不能够很好地集合、统一和协调就无法构成一个系统，所以实现项目全面优化的系统也是项目集成管理的主要特性之一。

3.针对项目各方面全面协调的管理

项目集成管理第三个特性是它的全面协调性，即它是一种从项目全局出发去全面协调和控制项目活动、要求、目标和要素的独特的项目管理工作。如果项目的诸多方面不能够全面协调就会出现虽然局部最优或有利，但是项目全局不利或受损甚至失败的情况。所以项目集成管理的重要特性之一就是要从全局角度出发统筹安排和协调整个项目的各方面，从而最终实现项目全局的最优或满意，这也是项目集成管理的一个重要特性。

4.按照统一授权开展全面管理的特性

项目集成管理的第四个特性是统一管理的特性，即项目相关各方必须按照某种授权系统统一授权全面管理项目各方面的这种特性。这包括统一授权管理项目内部与外部资源，统一授权计划安排项目各个方面的管理工作，统一授权应对和控制项目实施中出现的各种项目自身、项目环境与条件的变化,统一授权考虑和协调项目各相关利益主体提出的要求和变更请求,统一授权计划安排和审批变更的请求,统一授权进行项目变更的集成管理(因为项目变更会改变原有的合理配置关系,需要按新的配置关系做全面集成)。

二、项目集成管理的作用

项目集成管理虽然也是现代项目管理知识体系的一个专门领域,但是它同其他项目管理知识领域或专项管理在基本原理和具体方法上都有很大不同。因为其他的八个项目专项管理都是针对项目某个侧面或要素的,而项目集成管理是针对整个项目集成的专项管理。

(一)项目集成管理的基本作用

根据美国项目管理协会的项目管理知识体系的观点:项目集成管理是在项目管理中根据实际情况进行资源配置和工作的科学选择、预见各种潜在的问题、在问题尚未变得无法挽回之前进行处理以及协调项目的各项工作以便使项目的总体更好。同时项目集成管理也涉及有关各种相互冲突的不同目标、不同方案和不同利益之间的全面协调和整合[①]。由此可见,项目集成管理的基本作用是通过按照项目各方面的配置关系做好项目的全面管理。

该项目集成管理定义中的所谓"合成"是指对于项目各要素的全面综合与优化,这需要按照具体项目的客观要求和配置关系去综合项目目标、条件和资源等而最终"合成"给出项目的计划及其变更审批。项目集成管理定义中的所谓"统一"是指统一授权管理项目各目标、工作、资源和变更等,人们需要按照对整个项目价值的贡献和事情的优先序列统一安排项目工作和资源。项目集成管理定义中的所谓"协调"是指综合平衡项目各相关利益主体的要求和期望,人们必须通过协调和妥协去实现项目利益的最大化和项目利益分配的合理化。

(二)项目集成管理的主要作用机制

项目集成管理的主要作用机制包括如下几个方面。

1.项目集成计划的集成管理作用机制

在项目集成计划过程中努力找到并根据项目各方面合理配置关系的要求做好项目集成计划安排,以便在项目集成计划实施中能够按照合理配置关系做好项目各个方面的工作。这是人们在项目初始决策时根据项目目标、活动、要素和相关利益主体要求找到的合理配置关系,然后按照全面合成、统一和协调的要求

---

① Project Management Institute. A Guide to Project Management Body of Knowledge. 4th Edition. PMI,2008.

制定项目集成计划和实施项目集成计划而形成的项目集成管理的作用机制。

2.项目变更的再次集成管理机制

在项目实施过程人们通过不断分析和发现项目各方面配置关系的发展变化，然后借助项目变更及其集成管理去实现新的项目合理配置关系，这就是项目集成管理作用机制。实际上任何项目的每一个变更都是对于已有项目集成计划的变更，所以人们必须通过项目变更的总体控制系统，在项目计划出现变更时按照新的项目合理配置关系进行再一次的项目计划集成，而这种项目变更集成管理就是一种项目变更的再次集成管理的作用机制。

3.其他方面的项目集成管理机制

项目集成管理的具体作用机制还包括：通过协调项目各个要素之间相互冲突的目标和要求，优化和选用最佳或满意的项目备选行动方案，协调好项目相关利益主体的要求和期望，集成控制项目的变更和持续改善项目工作方法等方面的内容。项目集成管理从本质上说就是从全局的观点出发以项目整体利益最大化为目标，以项目各专项管理（项目范围、时间、成本、质量、资源和风险等）的协调与整合为内容所开展的系统性项目管理工作。

对具体项目而言，项目各种目标、活动、方案以及相关利益主体的要求与期望都会有冲突、对立和不一致的地方，这些都需要通过项目集成管理去协调和统一，所以人们必须开展项目集成计划及其实施与监控。另外，项目某个方面的变动和某个相关利益主体的变更请求都会破坏原有的项目集成关系并直接影响项目目标的实现，所以人们必须在项目实施中主动采取开展项目变更的集成管理，以便按照变化的配置关系集成管理好项目的实施。

三、项目集成管理的内容

项目集成管理涉及很多方面的管理内容和完全不同的项目管理原理，有关项目集成管理的主要内容和具体工作包括下述几个方面。

（一）项目全面集成管理的主要内容

项目全面集成管理有三个方面的基本内容，这些项目集成管理的内容分述如下。

项目集成管理最终要实现的是项目各个方面的全面集成管理，即对于项目全过程的集成管理、项目全要素的集成管理和项目全团队的集成管理。这种项目全面集成管理的基本内容可以用图 7-1 给出示意。由图 7-1 中可以看出，项目全面集成管理包括三方面的内容，一是项目全过程的集成管理，二是项目全团队的集成管理，三是项目全要素的集成管理。同时，这三个方面还必须相互之间进行集成，最终形成项目全面集成管理的要求结果。

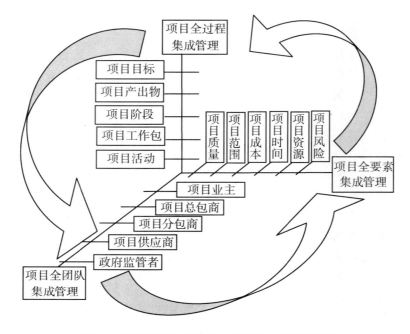

图 7-1　项目全面集成管理内容及集成关系示意图

由图 7-1 可以看出,项目全面集成管理的基本内容和相互集成过程是:先有项目全过程的集成管理,因为项目首先要实现目标、产出物、阶段、工作包和活动的全面识别、确认和集成;然后要针对项目目标的落实、项目产出物的生成、项目任务的实施找出究竟需要有哪些项目相关利益主体参加整个项目的工作以及它们各自承担哪些方面的责任和义务,所以就有了项目全团队的集成管理;接着项目利益主体在不同的项目阶段所需管理的项目专项或要素是不同的,所以要找出这些具体管理的对象并对它们进行集成管理,这就是项目全要素集成管理。有关项目三项集成管理的基本内容分述如下。

1.项目全过程集成管理的主要内容

这是指人们根据项目目标和项目产出物,对项目全过程各项工作与活动的集成管理工作,其目的是找出并按照它们之间应有的合理配置关系安排所有的项目目标、产出物、阶段、工作包和活动,从而防止人们只是根据自己的主观意志,而不考虑项目各项活动相互依存的配置关系去任意妄为、随便计划与安排。例如,多数项目应该根据项目目标分解得到项目产出物,然后根据项目产出物分解得到项目阶段和工作包,然后根据项目包分解给出活动及其先后顺序和时间安排。另外多数项目全过程中的项目阶段应该依次是项目定义与决策阶段、项目计划与设计阶段、项目实施与控制阶段和项目完工与交付阶段,而如果有人违背这种项目全过程的合理配置关系最终一定会导致项目失败。

2.项目全团队集成管理的主要内容

这是指对于人们根据上述全过程集成得到了项目阶段、项目工作包和项目活动的安排以后,就需要找出由数去完成项目的哪些方面的工作最为合理或合适,然后找出项目的全体相关利益主体。例如,有些项目阶段的事情应该由项目业主或中介机构帮忙完成,有些应该是由项目的总包商或分包商完成,有些应该由项目的供应商完成,而有些则需要政府的项目主管部门完成。这是项目全团队集成管理的首要任务,然后还需要做好项目全体相关利益主体不同要求和期望的全面集成。因为项目相关利益主体之间的利益和要求有冲突和矛盾的一面,如项目业主要求和希望"少花钱多办事"而项目承包商要求和希望"少干点活儿多拿钱",所以项目全团队集成还必须按照项目价值最大化和项目价值分配合理化的合理配置关系与原则做好这方面的集成管理工作,很好地相互协调和集成项目各方面的要求和期望。

3.项目全要素集成管理的主要内容

这是指在项目不同阶段由不同项目相关利益主体开展项目管理的时候,人们必须按照项目各个要素或专项管理之间应有的合理配置关系开展项目各个要素的集成管理工作,以防止人们只考虑某方面的最优而造成项目整体失败。一般情况下,项目全要素集成管理涉及项目质量、范围、时间、成本、资源、风险等各要素,按照它们之间的配置关系进行协调和综合平衡方面的管理。项目失败多数有两种情况,一是因为没有进行项目全要素的集成管理,而只是单一强调某个项目要素的管理(如项目成本不能突破预算的管理),造成项目整体损失或失败的情况;二是因为没有进行项目全要素的集成管理,但是却盲目强调项目每个要素都要达到最优,造成项目整体损失或失败的情况。例如,我国曾经多年强调的"多快好省"原则,实际上就是一种破坏项目全要素集成管理的空想,因为"多"就是项目范围,"快"就是项目时间,"好"就是项目质量,"省"就是项目成本,没有人也没有任何方法能够同时实现这四个方面的最优。项目范围大(多)了所用的项目时间就会长(快不了),而所花的项目成本就会高(省不了);同样,要想项目质量好就需要多干活儿(慢工出细活儿,快不了),就需要多花项目成本(省不了)。所以这些项目要素或专项之间存在着合理的配置关系,存在着某种相互干涉、相互影响和项目交换的关系,实现这些关系的合理配置就必须开展项目全要素的集成管理。

综上所述可知,项目全面集成管理的内容不但包括项目全过程的集成管理、项目全团队的集成管理和项目全要素的集成管理,而且包括这三者之间的全面集成管理。

(二)项目集成管理的具体工作

项目集成管理的具体工作也包括三个方面,一是项目集成计划的编制工作,二是项目集成计划的实施与控制工作,三是项目变更的全面集成管理工作。这些项目集成管理的具体工作内容及其相互关联和关系如图 7-2 所示,有关这些项目集成管理具体工作的详情将在后续各节中做进一步的展开和讨论。

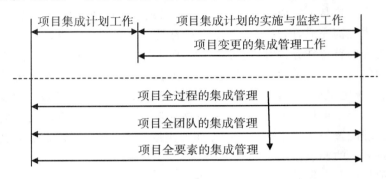

图 7-2   项目集成管理具体工作示意图

由图 7-2 可知,项目集成管理的具体工作包括:项目集成计划编制、项目集成计划的实施与控制和项目变更的集成管理这三个方面,只有全面开展了这三个方面的项目集成管理工作,才能真正做好项目全过程集成、项目全团队集成、项目全要素集成以及涉及这三方面的项目全面集成的管理。

1.项目集成计划的编制工作

所谓项目集成计划是根据项目各方面的合理配置关系编制而成的项目综合性和集成性的计划,所以又有人称它为"项目管理计划"或"项目主计划"。项目集成计划的编制工作就是一个全面集成、综合和协调项目目标、产出物、工作、工作者、工作者利益以及项目各专项计划和项目环境与条件的影响和要求,而综合平衡和全面集成给出项目整体计划的工作。项目集成计划的编制需要通过反复优化和全面的集成才能完成,因为项目集成计划必须考虑项目各个专项目标或计划(项目质量、范围、时间和成本等计划)的相互配置关系,最终才能形成综合项目各相关利益主体要求和项目各个专项计划的目标与安排的项目集成计划。需要说明的是,项目集成计划才是用于指导项目实施的计划,项目的各个专项计划只不过是项目各要素的考核要求和具体安排而已。由图 7-2 中虚线以下的竖线可知,项目集成计划编制工作必须全面涵盖项目全过程、全团队和全要素的集成,这才是真正的项目集成计划。

2.项目集成计划的实施与控制工作

所谓项目集成计划的实施是指根据项目集成计划的安排开展项目的实施工

作,而所谓项目集成计划的控制是指根据项目集成计划的实施过程努力通过各种监督发现偏差和采取纠偏措施,使项目实施工作处于受控状态的活动。项目集成计划的实施与控制工作也是一种全面集成、综合和协调项目目标、产出物、工作、工作者、工作者利益、项目各专项计划和项目环境与条件的影响和要求,从而完成项目集成计划规定的各项任务和工作,进而最终实现项目集成计划各方面要求的过程。项目集成计划的实施也必须使用反复优化和全面集成的方法,因为人们实施项目集成计划的过程就是实现项目各专项目标或计划的过程,这可能会出现破坏或改变项目专项计划的相互配置关系,打破了项目各相关利益主体的要求,从而需要采取各种纠偏措施而恢复和满足项目集成计划要求的工作。需要说明的是,人们只能依据项目集成计划开展项目的实施和控制,而不能使用项目各专项计划作为项目实施和控制的依据。由图 7-2 中的竖线可知,项目集成计划的实施工作中同样也必须全面涵盖项目全过程、全团队和全要素的集成,否则项目集成计划的实施就会出现问题。

3. 项目变更的集成管理工作

项目变更的集成管理也被称为项目变更总体控制,这是贯穿项目集成计划实施全过程的重要工作之一。因为项目集成计划的实施与控制并非一直都能使项目的实施工作处于受控状态,有很多时候当项目环境与条件发生较大变化,或某个项目要素出现了变更需要,甚至是某个项目相关利益主体出现了主观要求和意愿方面的重大变化,这时候人们就必须开展项目的变更,而项目任何一个方面的变更都必须开展相应的集成管理工作或叫项目变更的集成管理工作。实际上任何项目都或多或少会出现客观或主管因素造成的项目变更,当项目出现变更时原有项目集成计划中的合理配置关系就被破坏或改变了,所以项目变更的集成管理实际上就是项目集成计划的全面修订或改变,就需要按照变更以后的项目各方面的合理配置关系做进一步的全面集成工作,最终确定出项目变更的方案和项目变更方案的实施与控制安排,而这些实质上就是项目变更后的全新项目集成计划。所以项目变更的集成管理实际是一种非零起点的项目集成计划再次编制和进一步实施与控制的工作,其独特之处就在于"非零起点",所以人们此时需要考虑所有已完成项目集成计划部分的影响,并以此作为项目变更集成管理的出发点或基础。

(三)项目集成管理具体工作的内容

项目集成管理的具体工作包括上述三个方面,这些项目集成管理具体工作的内容可由下面的表 7-1 给出示意,具体讨论见后。

表 7-1　项目集成管理具体工作的内容

项目集成管理具体工作	项目集成管理具体工作的内容		
项目集成计划制订	项目配置关系分析	项目配置关系确认	项目集成计划编制
项目集成计划的实施与控制	项目集成计划实施	项目集成计划评审	项目实施的纠偏工作
项目变更集成管理	项目变更的审批	项目变更方案制订	项目变更方案实施

表 7-1 中给出了九个方面的项目集成管理具体工作的内容,由此可见在项目实现过程中人们需要不断地开展项目集成管理工作。特别需要指出的是,项目集成管理这九个方面的具体工作内容在实际的项目实施中有些是相互关联、前后反复与交叉进行的。

1.项目集成计划制订中的具体集成工作内容

在项目集成计划制订中,首要的工作内容是分析和找出项目各个方面的配置关系,这既包括项目全过程集成中项目目标、项目产出物、项目阶段、项目工作包、项目可交付物和项目活动的合理配置关系,也包括项目全团队中各个相关利益主体之间要求与期望的合理配置关系,以及项目全要素中各个专项目标和计划的合理配置关系。然后,项目管理者需要开展项目配置关系的确认工作,是一种涉及项目所有相关利益主体参加的同意和确认工作,这是项目集成计划编制的前提条件和基础,因为只有项目所有相关利益主体在各方面达成一致以后才能够制订出切实可行的项目集成计划。然后这方面的具体集成工作内容就是开展项目集成计划的编制了,具体原理和方法将在后面展开讨论。

2.项目集成计划实施中的具体集成工作内容

项目集成计划实施中的具体集成工作内容首先就是项目集成计划的实现工作或者说实施工作,这是项目具体业务工作和管理工作的开展或展开,是生成项目产出物和实现项目目标的实际工作。在项目集成计划实施工作中要不断进行开展项目集成计划的评审,这实际是一种项目绩效考核和项目问题与偏差的发现工作,通常项目这方面的工作多数按每周或每月定期进行一次或不定期地进行,以便能够及时发现项目实施工作是否处于受控状态以及项目实施的绩效与项目集成计划的偏差情况。一旦人们发现项目实施绩效与项目集成计划有偏差且需要改变的时候,人们就必须开展项目实施的纠偏工作,这是一种使项目各方面偏差恢复到项目集成计划要求范围之内的工作。但是当项目的偏差过大且项目纠偏措施已经无法使其回复到项目集成计划要求范围的时候,人们就不要开展项目变更及其集成管理了。

3.项目变更集成管理中的具体集成工作内容

项目变更集成管理中的具体集成工作内容的第一项是项目变更的审批,包括对于项目主管变更请求的审批和对于项目偏差过大而客观需要项目变更的审批工作。由于任何项目的变更都会改变原有的项目既得利益格局，所以任何项目的变更都必须经过项目有关各方的批准。例如，项目业主提出对于项目范围的扩大请求，项目承包商就需要多干活儿因而会提出项目索赔的请求，这些项目变更的请求都需要获得相关各方的批准。一旦项目变更获准后，人们就必须根据批准的项目变更制订项目变更方案了，这项工作实际上是一种非零起点的项目集成计划，所以项目变更方案的制订在很大程度上与上述项目集成计划制订是一致的，只是此时的项目集成计划起点不是项目起点而是项目变更的时点。人们有了项目变更方案以后就可以开展项目变更方案的实施工作了，这实际与上述项目集成计划的实施与控制工作几乎是一样的，只不过这也是非零起点的项目集成计划实施与控制工作。

第二节　项目集成管理的方法

综上所述可知，项目集成管理的内容主要是三个方面，即项目全过程集成管理、项目全团队集成管理、项目全要素集成管理，这些不同项目集成管理的应用所使用的原理和方法是不同的，本节将全面介绍项目集成管理方法的内容。

一、项目全过程集成管理的方法

项目全过程集成管理方法的很多内容在前面第二章中已经做了相关讨论，只是没有直接叫做项目全过程集成管理的方法，但实际上整个第二章讨论的就是项目全过程集成管理的内容。按照项目全过程集成管理主要集成管理项目目标、项目产出物、项目阶段、项目工作包、项目可交付物和项目活动的概念，现将项目全过程集成管理的方法讨论如下。

（一）项目全过程集成管理方法的模型

项目全过程集成管理就是要按照项目目标、项目产出物、项目阶段、项目工作、项目可交付物、项目活动之间的合理配置关系，通过按照层次模型分步集成的方法，实现项目全过程的集成计划和管理。

1. 项目全过程的层次集成方法模型

图 7-3 给出了项目全过程集成管理的层次集成模型，由该模型中可以看出这种项目全过程的集成包括多个层面的集成工作。其中，既有项目目标的集成，也有项目目标与项目阶段的集成，还有项目阶段与项目产出物的集成，进一步是项目产出物与项目工作包的集成，然后是项目工作包与项目可交付物的集成，其次是项目可交付物与项目活动的集成，最终还需要开展工作实现所有这些层次之间的全面集成。在图 7-3 中作者使用了一个工程建设项目作为示例，其他项

目与此道理是一样的。

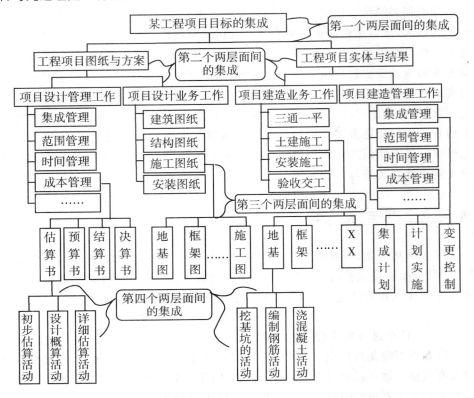

图 7-3　工程建设项目全过程的层次集成模型示意图

由图 7-3 中可以看出,这种项目全过程的集成分多个层面。第一层面的集成是人们首选需要做出项目目标的集成,这是一种实现组织的使命、愿景、大目标、战略与项目目标的集成工作和过程。第二个层面的集成是项目目标与项目产出物的集成,这是一个根据项目目标分解、产生出项目产出物,从而保障所有项目产出物都为实现项目目标服务的集成工作和过程。第三个层面的集成是人们根据项目产出物去分解得到项目工作包,从而保障所有项目工作包都必须满足生成变项目产出物服务的集成过程和工作。第四个层面的集成是人们需要根据项目工作包分解得到每个项目工作包中所包含的项目可交付物,从而保障每个项目工作包中已经包含了所有应有的项目可交付物的集成过程和工作。最后一个层面的集成是人们需要根据项目可交付物分解得到所有项目活动,从而保障所有项目活动都为生成项目可交付物而服务的集成过程和工作。最后的集成是将所有项目活动按照时间顺序和分工合作的合理配置关系而集成成为不同的项目阶段,从而给出项目生命周期的集成工作和过程,这是确保项目全过程中各项活动能按合理配置关系生成所需项目产出的全面集成。

2.这种层次集成方法的抽象模型

图 7-4 给出了项目全过程集成的抽象模型,以进一步解释图 7-3 中给出的项目全过程层次集成的方法。由图 7-4 可以看出,自下而上,人们先需要做好项目目标的集成,然后将项目目标的实现分解成一系列的阶段(如图 7-3 中给出的是项目总包商的全过程层次集成模型,所以该项目中只有工程图纸设计和工程实体建造两个阶段),进一步给出项目各个阶段的产出物(如图 7-3 中给出的项目设计阶段就有一系列的图纸和管理计划等方面的产出物),然后根据项目各阶段的项目产出物确定出生成它们所需的项目工作包(如图 7-3 中给出的项目成本管理计划的产出物是四份项目成本文件,所以就需要有四个相应的工作包);再进一步需要根据项目工作包分解出其中所包含的各种可交付物〔如图 7-3 中给出的项目成本估算的工作包就包含有项目初步估算书、项目设计概算书和项目详细估算书(或叫施工图预算)三个方面的可交付物〕;然后确定相互的具体项目活动(如图 7-3 中给出的项目初步估算活动、项目设计概算活动和项目详细估算活动三方面的项目活动);最终按照项目各个阶段中各项目活动的顺序做好全面集成工作即可。

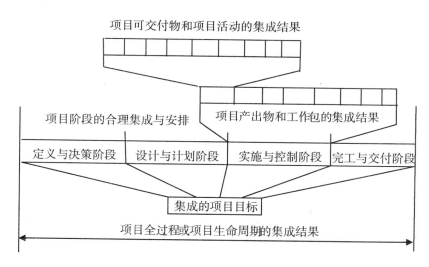

图 7-4　项目全过程层次集成方法的抽象模型图

(二)项目全过程集成管理的具体方法

有关上述项目全过程分层集成模型中所需使用的各个层面上的集成技术方法以及其中的科学原理分述如下。

1. 项目目标的集成

所谓项目目标的集成是指将项目目标与组织既定目标进行全面的集成，这是确保人们能够做"正确事情"的根本保障。在这一层面的集成中所使用的具体方法如图7-5所示。

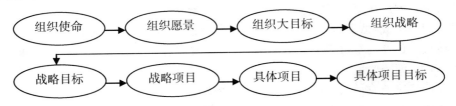

图 7-5　使用战略选择方法生成项目的过程模型图

如图7-5所示，人们必须根据自己组织的使命、大目标和战略目标确定是否开展一个项目以及确定出具体的项目目标。作者的研究结果显示，只要没有这一层面的集成所确定的项目或项目目标多数是盲目的，会导致项目损失或失败。例如，很多计划经济时期的项目就没有很好地实现这种项目目标层面的集成，结果导致我国大量项目的失败和损失。所以人们首先需要根据组织使命确定组织的愿景，然后根据组织愿景确定组织在较长时间内的大目标，接着根据这些组织的大目标确定实现它们的组织战略，然后根据这些组织战略确定实现它们的各种项目群或项目组合，最终给出每个具体项目的目标。由图7-5中可以看出，组织开展的任何项目的目标都必须是为实现组织战略和大目标服务的，而组织战略和大目标的都必须是为实现组织愿景和使命服务的。

2. 项目目标与项目阶段的集成

在项目目标集成完成后，人们须根据实现项目目标的需要将项目划分成相应的阶段。这首先需要将项目目标分解成系列的阶段性目标，然后根据系列的阶段性目标划分出项目的阶段。因为在人们确定了项目阶段性目标以后，多数时间就能够判断出每个阶段的大致工作以及是由组织自身还是由其他组织去实现阶段性项目目标。所以项目目标与项目阶段的集成方法最重要的技术方法是项目阶段性目标的分解，如在前面第二章中讨论的常规项目四大阶段：项目定义与决策阶段的阶段性目标就是做出项目的科学决策，因此这必须是项目业主自己或找专家及咨询公司帮忙做出；项目计划与设计阶段的阶段性目标就是做出项目的设计和计划，而这多数需要委托项目设计公司完成；项目实施与控制阶段的阶段性目标就是做出项目的工程实体，而这多数需要委托项目承包商来完成；项目完工与交付阶段的阶段性目标就是做出实现项目的管理与合同终结，而这必须由项目业主和承包商共同完成。由此可见，项目目标与项目阶段的集成实际是一种项目阶段性目标及其实现主体的分解技术。

3.项目阶段与各阶段项目产出物的集成

人们划分好项目阶段以后就可以根据项目目标和项目阶段性目标分解和获得这个项目和每个项目阶段的产出物了。这个层面集成的具体方法就是一种项目产出物分解的技术方法，即如何将一个项目的最终产出分解成每个项目阶段的产出，然后将每个阶段的产出进一步分解成具体的项目产出物的方法。例如，研制汽车的项目会将要研制的整个汽车分解成车体、车身、发动机、传动箱、油电气控制等一系列的总成，这些汽车的总成就属于项目阶段中的产出物，因为它们本身还可以进一步分解成一个一个的零件，而这些零件在项目集成管理中就被称为项目可交付物。所以项目各阶段与项目产出物的集成所使用的方法实际是一种项目产品的层次分解、然后有机集成的具体方法。

4.项目阶段产出物与项目工作包的集成

项目阶段产出物与项目工作包的集成所使用的具体技术方法实际就是前面讨论过的项目工作分解技术中的部分方法，在此就不再详述了。有一点需要说明的是，项目阶段的每个产出物有时可以由单个项目工作包来完成，但是如果项目阶段产出物过大也可以将其进一步分解（机械工程中叫做机器的分总成），然后由两个或多个工作包来完成项目阶段产出物的不同部分（分总成）。

5.项目工作包与项目可交付物的集成

项目工作包与项目可交付物的集成是一种对于一个项目工作包所要生成的项目产出物的进一步分解，然后将这些分解得到的项目可交付物进一步有机集成的方法。例如研制汽车的项目，人们将要研制的整个汽车分解成车体、车身、发动机、传动箱、油电气控制等一系列的总成后，这些汽车的总成还可以进一步分解成一个一个的零件，而这些零件在项目集成管理中就被称为项目可交付物。所以项目工作包与项目可交付物的集成所使用的方法实际上也是一种项目产品的层次分解、然后有机集成的具体方法。

6.项目可交付物与项目活动的集成

项目可交付物与项目活动的集成是一种一对一的集成，即每个项目可交付物必须对应一个具体的项目活动，而这个项目活动的所有步骤和过程都是为生成这个项目可交付物服务的。项目活动是项目全过程中最下一层的元素，是不能进一步分解和集成的元素，所以它与项目可交付物是一对一的集成。这方面所使用的集成方法是一种项目活动分解结构（Activity Breakdown Structure，ABS）的具体方法。

除了上述有关项目全过程的集成模型和方法的讨论之外，在第二章的项目过程管理中也做了相应的讨论，读者可复习第二章内容以全面理解项目全过程集成管理的原理和方法。

二、项目全团队集成管理的方法

有关项目全团队的集成模型和方法在第九章的项目组织管理中将会做全面的讨论,读者可参阅第九章内容以全面理解项目全团队集成管理的原理和方法。此处主要讨论项目全团队与项目全过程的全面集成管理模型和方法方面的内容。

有关项目全团队的集成主要是项目全体相关利益主体如何相互配合与合作,按照合理的配置关系开展所有项目工作方面的集成,这其中需要考虑项目所有相关利益主体的利益和能力。这种集成只有综合平衡项目全体相关利益主体的分工与合作才能够实现项目价值的最大化和项目价值分配的合理化,才能够算是实现了项目全团队的集成。例如,项目业主要投资但是项目实施能力不行,而项目承包商是专门通过实施项目进行盈利的,所以他们之间就需要考虑各自的经济利益和实施能力做好分工与合作,这就是项目全团队集成的关键所在。实际上项目集成管理中最重要的是项目全团队的组织集成管理,因为如果没有项目全团队的组织集成管理,任何项目的实施和成功都是无法完成和没有保障的。

(一)项目全团队与项目全过程的价值集成模型

作者的研究结果表明,在市场经济环境下的项目全团队中各个相关利益主体都是为了自己的利益而参加合作的,所以人们必须考虑在将项目全过程的所有活动分别交给不同的项目相关利益主体去实施或实现的时候,一定要首先考虑这些项目全团队成员开展项目全过程工作时所能获得的价值和利益。下面的公式 7-1 和 7-2 给出了这种项目全团队成员分担项目全过程活动中所应该实现的项目价值分配的合理化和项目价值最大化的价值传递与集成模型。

$$MaxV = MaxV_O + MaxV_{CC} + MaxV_C + MaxV_{SC} + MaxV_S + \cdots \quad (7\text{-}1)$$

其中:$MaxV$ ——项目价值的最大化

$MaxV_O$ ——项目业主的价值最大化

$MaxV_{CC}$ ——项目总包商的价值最大化

$MaxV_C$ ——项目分包商的价值最大化

$MaxV_{SC}$ ——项目专业包商的价值最大化

$MaxV_S$ ——项目供应商的价值最大化

$+ \cdots$ ——其他项目相关利益主体的价值最大化

由公式 7-1 可知,项目全团队的所有成员之所以参加这个项目都是为了自己能够获得最大的利益,而项目全团队的最大利益是靠大家共同努力做出项目价值的最大化,然后按照合理配置关系分配给每个项目相关利益主体的。所以项目全过程的所有工作和活动都应该按照价值最大化的原则分配给不同的项目全团队成员去完成。很显然,项目业主如果自己能干得很好就不可能找项目承包商承包,同样承包商如果为业主做项目不赚钱而赔钱也肯定不会干的。

(二)项目全团队与项目全过程集成中的价值传递模型

有关项目全团队与项目全过程的集成最重要的一条是项目全团队成员们在承担项目全过程的所有工作中需要获得自己所需的价值或最大价值,这就涉及第九章中所讨论的项目价值分配的合理化问题,公式 7-2 给出了项目全团队与项目全过程的集成中的价值传递模型。

$$V_O = \frac{F_O}{C_O} \nearrow V_{GC} = \frac{F_{GC}}{C_{GC}} \nearrow \sum V_{C_i} = \sum \frac{F_{C_i}}{C_{C_i}} \nearrow \sum V_{SC_j} = \sum \frac{F_{SC_j}}{C_{SC_j}} \nearrow \sum V_{S_i}$$

$$= \sum \frac{F_{S_i}}{C_{S_i}} = \cdots \tag{7-2}$$

其中: V_O ——项目业主通过项目所获得的价值

F_O ——项目业主通过项目所获得的功能

C_O ——项目业主为获得 F_O 所付出的项目代价或成本

V_{GC} ——项目总包商通过项目所获得的价值($\nearrow$ 代表 $C_O = V_{GC}$)

F_{GC} ——项目总包商实施项目所创造的功能(F_{GC} 应该等于 F_O ,但是实际情况是并不完全相等)

C_{GC} ——项目总包商为创造项目功能而实际花费的成本($\nearrow$ 代表 C_{GC} $= \sum V_{C_i}$)

$\sum V_{C_i}$ ——项目全体分包商通过做项目而获得的价值总和

V_{C_i} ——项目某分包商通过做项目而获得的价值

F_{C_i} ——项目某分包商为项目创建的某种功能

C_{C_i} ——该项目分包商为创造项目的某种功能而付出的项目成本($\nearrow$ 代表 $C_{C_i} = \sum V_{SC_j}$)

$\sum V_{SC_j}$ ——所有为项目提供专业服务的专业包商的价值

V_{SC_j} ——为项目提供某种专业服务的专业包商的价值

F_{SC_j} ——某专业分包商所提供的某种专业分包为项目创建的某种子功能

C_{SC_j} ——该专业分包商为项目创建某种子功能过程中所花费的项目成本($\nearrow$ 代表 $C_{SC_j} = \sum V_{S_i}$)

$\sum V_{S_i}$ ——为项目提供各种资源的供应商所获得价值

V_{S_i} ——为项目提供某种资源的供应商所获得价值

F_{S_i} ——某供应商为项目提供某种资源所带来的功能

C_{S_i} ——该供应商为项目提供某种资源所产生的成本

$=\cdots$ ——其他项目相关利益主体的价值、功能与成本。

综上所述可知如下几个方面的项目全团队价值集成与传递的过程和内涵。

1. 项目业主的新增价值

项目业主的价值 V_O 就是通过项目获得项目功能 F_O，但是为此项目业主就必须花费项目成本 C_O，只要当 $V_O - C_O > 0$ 时项目业主就可以通过做项目而获得一定的新增价值，这就是项目业主投资的意义所在。

2. 项目总包商的新增价值

项目总包商所以承包项目就是为借助项目去获得 V_{CC} 所代表的价值，这就是项目业主所付出的成本 C_O（有 $C_O = V_{CC}$），但是项目总包商要想获得 V_{CC} 就要去创造项目的功能 F_{CC}（理论上 $F_{CC} = F_O$，但因项目实施中有诸多变更故会有差），为此项目总包商在实施项目中就需要花费成本 C_{CC}，只要当 $V_{CC} - C_{CC} > 0$ 时项目总包商就可以通过做项目而获得某种新增价值，这就是项目总包商承包项目的根源。

3. 项目分包商的新增价值

所有项目分包商之所以承包项目也是为借助项目获得 $\sum V_{C_i}$ 所代表的项目分包总价值，这就是项目总包商所付出的成本 C_{CC}（有 $C_{CC} = \sum V_{C_i}$），但每个项目分包商要想获得 V_{C_i} 就要去创造项目的功能 $\sum F_{C_i}$（理论上 $F_{CC} = \sum F_{C_i} + \Delta$，其中 Δ 是总包商自己创造的项目功能），为此项目分包商也需要花费成本 C_{C_i}，只要当 $V_{C_i} - C_{C_i} > 0$ 时项目分包商就可获得新增价值，这就是项目分包商承包项目工作的根源。

4. 项目专业分包商的新增价值

所谓项目专业分包商是指那些专门做某种特殊服务的承包商，如项目评估、项目造价咨询、项目监理等。项目专业分包商之所以要承包项目的专业服务也是为借助项目去获得 $\sum V_{SC_j}$ 所代表的项目专业分包的总价值，这就是项目总包商或全体分包商们所付出的成本 C_{C_i}，但每个项目专业包商要想获得 V_{SC_j} 就要去创造项目的功能 F_{SC_j}，为此项目专业包商就需要花费成本 C_{SC_j}，同样只要当 $V_{SC_j} - C_{SC_j} > 0$ 时项目专业包商就可获得新增价值，这就是项目专业包商承包项目专业工作的根源。另外，由于专业分包商从事专业工作的绩效远远高于项目总包商或分包商,所以人们才会选用他们去承担专业的项目工作,由此可见社会分工的细化使得人们能够获得新增价值。

5. 项目供应商的新增价值

所谓项目供应商是指那些为项目提供某种资源的组织,所有项目供应商也是为借助项目去获得 $\sum V_{s_i}$ 所代表的项目供应商的总价值才提供资源的。但每个项目供应商要想获得 V_{s_i} 就要提供具有功能 F_{s_i} 的资源,为此项目供应商就需要花费成本 C_{s_i} ,同样只要当 $V_{s_i} - C_{s_i} > 0$ 时项目供应商才可获得新增价值,这也是项目供应商为项目提供资源的根源。同样,由于供应商专门从事某种资源的生产而绩效远远高于其他人,所以人们才会选用他们给项目提供资源,由此可见大家都有新增价值才能做成生意。

6. 其他项目相关利益主体的新增价值

公式 7-2 中的" = … "代表的是其他项目相关利益主体的价值、功能与成本,所有参与项目的相关利益主体都要从项目中获得新增价值。例如,国家需要从项目中获得国民经济的新增价值,否则代表国家的政府主管部门就不会批准项目;项目所在社区需要从项目中获得更多的就业或新增福利的机会,否则项目很难在其所在社区中立足,等等。

(三)项目全团队与项目全过程的层次集成模型

项目全团队与项目全过程的全面集成还有一个重要的方法,图 7-6 中给出了这种项目全过程工作或活动与项目全体相关利益主体之间的合理配置关系的层次集成模型与方法。从图 7-6 可知,该图上半部分就是前面所述项目全过程集成所用的层面集成方法的结果,而该图中的下半部分则是按照项目全团队集成中为实现项目价值最大化和项目价值分配合理化而借助招投标等方法配置劳动生产率和价值创造最佳的项目实施组织。市场经济中的项目招投标和其他竞争方法就是为找出项目全过程各项活动的最佳承担者,然后再进一步通过项目合同的法律关系集成和项目相关利益主体合作伙伴关系的互助合作关系集成,最终实现项目全过程与项目全团队的全面集成。

所以图 7-6 中的上半部分就是项目全过程层次集成的结果,其下半部分则是借用项目组织分解结构给出的项目全团队的集成,而二者之间那个层次的全面集成就是项目全过程与项目全团队的全面集成,因为这使得项目全过程各项活动的实施全面落实到具体的项目实施组织或团队中。图 7-6 是按虚拟案例给出的,从图中可以看出项目目标分解成项目阶段性目标 ABC 以后(因篇幅所限图中省略了项目阶段性目标 B、C 的下层部分分解),进一步分解得到项目阶段性目标 A 必须生成项目产出物 1、2、3(图中省略了项目阶段性产出物 1 和 3 的下层部分分解),而项目产出物 2 则需要由项目工作包 1、2、3 去生成。这三个项目工作包可以进一步分解得到八项项目活动,这些项目活动需要由三个不同的专业团队或组织去完成,这三个项目团队可以使用同一个项目实施组织或不同的项目承包商。同样,项目阶段性目标 B、C 的下层部分也可以分解得到一系列项目活动而最终需要配备相同或不同的项目承包商或分包商,这样就可以实现项目全团队与项目全过程的全面集成。

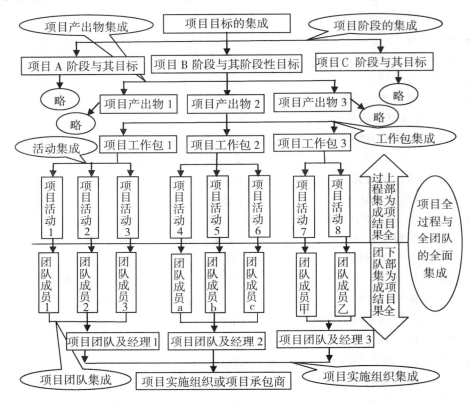

图 7-6　项目全过程与项目全团队的层次集成模型示意图

三、项目全要素集成管理的方法

如前所述,项目全要素集成管理是指在项目不同阶段由不同项目相关利益主体开展项目管理时,人们按照项目各要素或专项管理之间应有的合理配置关系开展项目各要素的全面集成管理工作。因此,任何项目管理者(项目全团队的成员)都有自己在一定项目时期内(项目全过程的部分)按照一定优先序列的合理配置关系开展的项目全要素集成管理。

(一)项目全过程、全团队和全要素的全面集成

例如,某项目业主自己的投资项目需要全要素集成,而这个项目贷款银行的贷款项目需要全要素集成,这个项目承包商的施工项目也需要开展项目全要素集成管理。所以实际上项目全团队成员以项目业主为主导,分担一个项目某个部分的任务,然后这些被分担的项目任务从分担者角度出发实际就是他们自己的一个具体项目。所有这些从分担者的角度来看,他们的项目不但有自己的全过程集成和全团队集成,还有自己的项目全要素集成。

图 7-7 给出了项目业主的投资项目、项目贷款银行的贷款项目和项目总包商的施工项目的全面集成模型,由该图中可以看出项目业主做的是投资项目(这是核心),项目贷款银行做的是贷款项目(为该投资项目提供金融服务),项目承包商做的是施工项目(为该投资项目提供劳务、技术和管理等服务)。通过项目业主、项目贷款银行和项目承包商各自项目的全面集成就可以实现项目全过程、全团队和全要素的全面集成,因为他们各自的项目不是独立存在的,而是相互依存的,所以就必须在项目目标、阶段、产出物、工作包和活动上实现项目全过程的集成,然后在项目的工作者上实现项目全团队的集成,进而在他们对自己所承担的部分项目的管理中实现项目全要素的集成,这些共同构成了项目的全面集成。

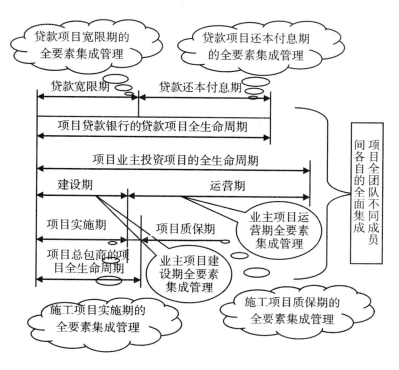

图 7-7 项目全过程、全团队和项目全要素的全面集成示意图

　　由图 7-7 可知,项目承包商完成实施任务并度过质保期,它所承担的项目任务(即承包商的项目)就完成了,但他必须按项目业主要求的时间、产出物和质量完成工程施工;项目贷款银行在项目实施中必须放款而不能收回贷款,因为此时项目业主投资需要钱,而贷款项目的还本付息期决不能超过业主项目的运营期,那样就会造成无法收回贷款了。因此只要项目业主、贷款银行和承包商们所分担的项目任务按照图 7-7 所示实现了全面集成,也就实现了项目全过程、全团队和全要素管理的全面集成。

　　(二)项目全要素集成管理的原理

　　项目全要素集成管理最基本的原理有两条:一是任何项目、项目阶段或项目任务的管理都必须按照客观存在的合理配置关系进行项目全要素的集成管理;二是项目全要素集成管理的实质性内容就是找出和实现项目各要素之间的合理配置关系。

　　1.项目各要素之间的合理配置关系

　　如上所述,任何项目、项目阶段或项目任务的管理各要素之间都有其客观存在的合理配置关系,而且这种项目管理各要素之间的合理配置关系在不同项目时间、不同项目相关利益主体和不同的项目管理方法中是不同的。例如,项目挣值曲线就是项目成本和项目时间这两个要素的配置关系曲线,不同的项目有不同的项目挣值曲线,在同一项目不同时点上项目成本和项目时间之间有不同的合理配置关系。不同项目的范围(多或少)、时间(快或慢)、成本(省或费)和质量(好或坏)的这四要素之间也有合理的配置关系,再加上项目资源和项目风险还有项目六要素之间的合理配置关系,等等。所以项目全要素集成管理的首要任务是找出这些项目两要素、四要素、六要素和全要素之间的合理配置关系。

　　2.项目各要素之间的科学集成管理

　　项目全要素集成管理的根本任务是在找出这些项目两要素、四要素、六要素和全要素之间的合理配置关系以后,借助一定的方法或技术实现这些要素的合理配置关系。这就需要借助后续讨论的项目集成计划编制、项目集成计划实施和项目变更的集成管理,按照动态管理的方法逐步实现项目全要素的科学集成管理。实际上,项目集成计划编制工作的核心就是在项目既定任务和考核指标要求的基础上,按照项目各要素间客观存在的合理配置关系计划安排好项目的实施,所以项目集成计划最重要的内容就是实现项目全要素合理配置关系的全面集成。项目集成计划的实施实际就是在维护和保持这种项目全要素合理配置关系的前提下完成项目任务,而项目变更集成管理就是在项目出现变更时努力在新条件下做好变更后新项目集成计划编制与实施的工作。所以项目全要素集成管理的核心任务是按照项目两要素、四要素、六要素和全要素之间的合理配置关系去计划、实施、变更和完成项目任务。

(三)不同数量的项目要素集成管理领域

通常项目全要素集成管理并非将项目所涉及的管理要素都去做集成管理，原因有两个方面：一是对于某些简单和规模较小项目的非主要项目要素可以不用进行集成管理，二是项目全要素集成管理涉及八个项目要素的全面集成会大大增加项目管理的工作量。所以通常项目全要素集成管理方面的主要应用范畴包括如下项目两要素、三要素、四要素、五要素、六要素和全要素集成管理方面的具体应用。

1. 项目两要素的集成管理

多数项目全要素集成管理的应用是由人们根据项目各要素管理的优先序列，选出最重要的两个项目要素(或叫项目专项管理)开展项目全要素集成管理的应用。按照不同项目要素管理的优先序列，项目两要素集成管理方面主要应用有如下几种。

(1)项目时间和成本的集成管理。多数项目都需要开展项目时间和项目成本的两要素集成管理，这方面现有最成功的项目两要素的集成管理方法就是美国国防部 20 世纪 60 年代使用的项目成本和进度控制系统规范(CSCSC)，它后来发展而成了项目挣值管理方法(EVM)。因为任何项目时间的快慢都会引起项目成本的升降，而任何项目成本的增减也都会造成项目时间快慢的变化。例如，任何项目要"赶工"去缩短项目时间就要支付"赶工费"而使项目成本上升；反之任何项目要消减项目成本，其投入和占用的资源就会下降而直接影响项目的进度。因此项目时间和成本相互连接且紧密相关，所以必须进行项目两要素的集成管理。

(2)其他项目两要素的集成管理。另外，还有项目时间和质量，项目成本和质量、项目成本和范围、项目范围和质量等方面的两要素集成管理。因为这些项目两要素之间也有自己的相互关联和相互影响的合理配置关系，所以也需要找出并集成这些两要素的合理配置关系。但是一个项目究竟选择哪两个要素去开展两要素的集成管理，取决于项目各个要素在具体项目管理中的优先序列。例如，美国国防部的挣值管理方法是将项目时间要素作为最优先项，因为打仗的时间一到就必须投入使用；但博士论文项目的质量是第一位的，只要质量达不到要求就别想获得博士学位。所以在项目两要素集成管理的应用中，人们首先需要按照项目要素的优先序列找出需要集成管理的两要素，然后才可以开展应用。

2. 项目三要素的集成管理

项目要素集成管理的更高一个层次是项目三要素集成管理，实际有多个方面的项目三要素集成管理的应用，但其中最主要的项目三要素集成管理应用只有如下两个。

(1)项目时间、成本和质量三要素集成管理。项目这三个要素是紧密相关和相互作用的,所以这种三要素的集成管理是实际中最主要的项目三要素集成管理的应用。因为这三者中的任意一个项目要素的变动都可能引起其他两个要素的互动,所以人们必须对它们进行集成管理。例如,项目时间的缩短会导致项目质量下降("萝卜快了不洗泥")和项目成本的上升(赶工费),所以项目的这三个要素必须按照具体项目要求的合理配置关系开展集成管理。

(2)项目范围、时间和成本三要素集成管理及其他。因为项目范围是根据项目目标(这实际就是项目质量指标)和项目产出物的要求分解得到的,所以项目质量、时间和成本的三要素集成管理有时可演变成项目范围、时间和成本的三要素集成管理,这也是项目三要素集成管理的主要应用之一。另外,还有一些其他的项目三要素集成管理的应用,但是由于在项目管理实践中人们使用得不多,所以在此就不做过多讨论了。

3.项目四要素的集成管理

项目要素集成管理再高一个层次是项目四要素的集成管理,这方面的应用主要就是项目质量、范围、成本和时间四要素的集成管理。因为项目在多数情况下有这四个方面的目标要素,本书前面讨论过的"多快好省"说法虽然并不科学,但讲的也是人们对于项目四大目标要素的全面期望。实际上这四个项目目标要素的确是相互关联和相互作用的,所以这四个项目要素必须进行科学的集成管理。如前所述,其中任意一个要素的变动都会给其他三个项目要素造成影响或引起关联变动,如人们想要提高项目质量就必须多干活儿而这就需要投入成本和时间,因此人们必须对这四个项目目标要素进行集成管理。

4.项目六要素的集成管理

项目要素集成管理更高一个层次的是项目六要素的集成管理,这是在项目质量、范围、成本和时间四个项目目标要素的基础上,再进一步加上项目资源和项目风险而构成的项目六要素集成管理的应用。因为项目在多数情况下项目四个目标要素既会受到项目资源要素的制约(所谓"巧媳妇难为无米之炊"),又会受到项目风险要素的影响(所谓"树欲静而风不止"),因此人们需要对项目这六个要素进行集成管理。实际上这六个项目目标要素的确是相互关联和相互作用的,其中任意一个要素的变动都会给其他五个项目要素造成影响或引起关联变动,如当出现项目风险损失时就需要补充项目资源,结果就会导致项目成本、时间、质量和范围都出现改变,因此大型项目必须对这六个项目要素进行集成管理,否则就等于无法实现项目的有效管理和成功。

5.项目全要素的集成管理

项目要素集成管理的最高应用层次是实现项目范围、时间、成本、质量、风险以及项目三种资源(人力、物力和信息资源)的全面集成管理,因为实际上项目这八个要素都是相互关联和相互作用的。在项目全部这些要素中的任何一个项目要素发生变动,都会引起其他项目要素的变动,所以对于大型而复杂的项目人们就需要开展项目全要素(或叫项目八要素)的全面集成管理。例如,项目缺乏信息资源就会出现不确定性和风险性的升高,从而造成项目人力和物力资源以及项目成本、时间、质量、范围和风险等各要素的关联变动,甚至这些变动会直接影响到项目的成败和价值高低,所以人们需要开展项目全要素集成管理。

(四)各种项目要素集成管理的方法

不同项目的管理复杂程度不同,需要集成管理的项目要素也不同,从而不同项目要素集成管理的方法也不同,有关各种项目要素集成管理的方法及其评价分述如下。

1. 项目两要素集成管理方法

在现有项目要素集成管理方法中最成熟的是项目成本和时间的两要素集成管理方法,这就是本书第五章中讨论的项目挣值管理方法。

(1)项目两要素集成现存问题。项目挣值管理方法的重要缺陷是它简化掉或掩盖了项目范围和项目质量这两个目标要素的集成,更简化掉了项目资源和项目风险要素的集成。本书作者在 20 世纪 90 年代博士论文研究期间发现其原因也很简单,因为项目挣值管理方法只能使用两维坐标的几何描述方法给出项目时间和项目成本的配置关系,所以项目挣值管理方法的发明者美国国防部为简化问题就只选择了项目时间和成本两要素进行集成管理。

(2)项目两要素集成现存问题的成因。造成项目挣值管理问题的根本原因是项目三要素、四要素和多要素没有办法使用两维坐标的平面几何方法描述和集成,更无法使用数学解析方法或其他方法描述。图 7-8 给出了这方面问题的示意,从中可以看出项目本应该有四个目标要素的集成管理,但项目挣值管理方法简化掉了项目范围和质量要素的集成。

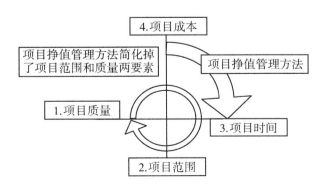

图 7-8 项目范围与质量要素的简化

2.项目三要素集成管理的方法

现有项目三要素集成管理技术方法也是一种使用几何方法描述项目要素配置关系和开展项目三要集成管理的方法,这是一种使用所谓"项目三角形"的方法进行项目三要素配置关系描述和进行集成管理计划与控制的系统优化方法。

(1)项目三要素的合理配置关系。图 7-9 给出了项目三要素配置关系的示意,图中所有实线描述的就是项目三要素最终的合理配置关系,而图中的虚线描述的是项目三要素的配置关系的变化过程。需要注意的是任何不同项目的目标要素都有自己的优先序列安排,有的项目是按照质量、时间、成本排序,也有的项目是按照时间、成本、质量排序,还有其他的项目三要素排序情况。图 7-9 给出两种常用项目三要素优先序列的配置关系和变化过程,其中实线项目三要素图标中的 1、2、3 是它们的优先序列,虚线项目要素图标中的 2' 和3'是项目第二和第三优先序列要素的原有情况,实线三角形是项目三要素的合理配置关系。

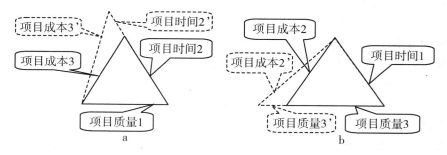

图 7-9　项目时间、质量和成本三要素的配置关系示意图

(2)项目三要素的科学集成过程。项目管理的实践中表明,人们在项目集成计划编制、实施和项目变更集成管理中,首先按项目需要确定第一优先要素的指标,然后配置和调整第二优先要素和第三优先要素的指标,借此分步集成而形成项目三要素的合理配置关系,以用于开展项目三要素的集成实施与控制。所以这种项目三要集成管理方法是一种分步两两集成的方法,这种两两分步双向集成的过程如图 7-10 所示(该图以图 7-9 中的 a 为例)。由图 7-10 中可知,第一步是标号①和①的双向集成步骤去实现项目第一和第二优先序列要素的集成(这可以使用平面几何两维坐标的技术进行要素配置关系的识别、确认和描述);第二步是标号②和②'的双向集成步骤实现项目第二和第三优先序列要素的集成,如果这样能实现项目三要素的合理配置关系则集成过程终止,如果不行则进行标号③和③'的双向集成步骤进一步调整项目第三和第一优先序列要素的集成,最终可实现三者的合理配置关系。显然，这种集成方法要比项目挣值管理方法的两要素集成方法和过程复杂得多，但是这种复杂代表的是一种项目集成管理内容和方法的巨大进步。因为这种方法突破了使用平面几何描述的两维坐标系统只能开展项目两要素集成管理的约束。虽然这种项目三要素集成管理方法也存在简化掉了项目范围以及项目资源和风险等项目要素的问题，但是这种方法中的两两分步集成技术的确是项目集成管理的一个进步。

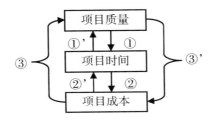

图 7-10　项目三要素两两双向分步集成过程的示意图

3.项目四要素集成管理的方法

项目四要素集成的方法也是借助两两分布集成技术和两维几何描述方法去开展项目要素配置关系的发现和确认以及集成管理的方法，这种方法使用项目三角形及其内切圆所构成的模型表示和描述项目范围、时间、成本、质量四个要素之间相互关联和影响的合理配置关系，并且借此对项目这四个目标要素进行集成计划编制、实施和变更集成管理。

（1）项目四要素的合理配置关系。在项目四要素集成方法中所使用的"项目三角形"的边分别表示三个项目集成的次要要素，而三角形中的内切圆是项目集成的第一优先要素。图 7-11 给出项目质量、范围、时间和成本四要素配置关系模型的示意，在这四要素中项目质量是第一优先并用内切圆代表，其他三个要素由项目三角形的各边来代表，并使用数字 2、3、4 给出了它们的优先序列。实际上还有许多种项目四要素的不同优先序列配置关系情况，这些都可以使用这种四要素配置关系模型，只是人们需要根据项目实际情况确定出项目四要素的优先序列，然后调整图 7-11 中各个要素的排放位置即可。另外，图 7-11 中用虚线表示当项目质量发生变化后（即变成了图中虚线给出的内切圆），项目其他三个要素必须按合理配置关系进行变化（即必须变成由虚线表示的三角形）。因为如果项目质量由实线变化到了虚线（即项目质量要求提高了），项目范围就会扩大而导致项目时间和成本的增加而变化到虚线三角形，最终虚线描述的就是项目质量变更后项目四要素的全新配置关系。

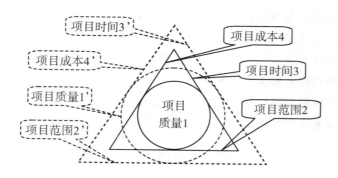

图 7-11　项目目标四要素的合理配置关系模型示意图

　　(2)项目四要素的科学集成方法。如上所述,项目四要素的科学集成方法也是一种两两分步集成的方法,这种方法的示意可见图 7-12。由该图中可知,项目质量、范围、时间和成本四个要素可以按照分步集成的方法找出它们之间的配置关系,然后按照项目各要素间的配置关系开展项目集成管理。这种两两分步集成的过程技术方法如下:首先确定出项目各要素的优先序列,而多数情况下项目质量是第一位的;然后需要根据项目质量要求确定项目范围(步骤①),因为项目产出物和项目工作范围都是根据项目质量确定的,同时也可根据项目范围客观要求去修改项目质量(步骤①');进一步是根据项目范围确定项目时间(步骤②),因为项目时间是根据项目工作和项目活动分解确定的,同时也可以根据项目时间的客观要求修改项目范围(步骤②');再进一步是根据项目时间去确定项目成本(步骤③),因为项目成本是根据在项目时间确定中所假定的项目资源需求确定的,同时也需要根据项目成本的情况调整项目时间(步骤③');如果由此确定的项目成本需求超过了项目所有的资金情况,人们就需要根据实际所有资金情况调整项目范围(步骤④),同时人们也可以根据项目范围的容许程度调整项目成本(步骤④');然后一旦项目范围发生变化就需要根据新的项目范围调整项目质量(步骤⑤),因为项目范围变动之后需要重新调整项目质量,同时人们也可以根据项目质量的变化调整项目范围(步骤⑤');最终人们使用这种两两分步集成的方法一定能够找出项目四要素的合理配置关系,并可以按照项目四要素的合理配置关系开展项目集成管理。

　　当然,这种项目四要素两两分步集成的方法虽然全面集成了项目四个目标要素,但是这种方法也有自己的缺陷。因为实际上项目这四个目标要素的实现都必须要有各种资源的保障,同时也都会受到项目各种风险要素所造成的发展变化的影响。所以对于重大项目和发展项目的管理而言,这种项目四要素的集成管理方法仍然不能满足项目集成管理的实际要求。

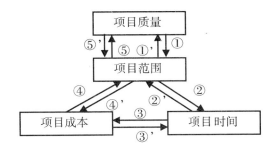

图 7-12　项目目标四要素的两两分步集成方法示意图

4.项目六要素集成管理的方法

实际上每个项目除了需要项目目标四要素的集成管理方法,还应该全面考虑项目资源要素和项目风险要素的集成,所以就会有本节讨论的项目六要素的集成管理方法。

(1)项目六要素集成管理的原理并综上所述可知,项目四要素的集成只是集成了代表"多快好省"四方面项目目标的要素,但是这四个方面要素只能算是项目管理目标函数中的要素,而这种集成后的项目目标函数还有自己的约束变量或要素。因此这种项目六要素集成管理的原理可以使用公式 7-3 和公式 7-4 给出其相互关系的描述。

项目目标集成管理的函数 $Y = f(S, T, C, Q)$　　　　　　　　　　(7-3)

项目目标集成管理的约束条件 $Sub: R, R'$　　　　　　　　　　(7-4)

其中:S——项目范围要素

　　　　T——项目时间要素

　　　　C——项目成本要素

　　　　Q——项目质量要素

　　　　R——项目风险要素

　　　　R'——项目资源要素

由公式 7-3 和公式 7-4 可以看出,项目质量、范围、时间和成本是项目目标集成管理函数中的四个变量,其中有一个是自变量(第一优先序列要素),而其他三个是因变量,它们四个之间具有相互影响和相互作用的合理配置关系。虽然人们不能使用数学解析的方法描述出项目这四个目标要素的确切关系,但是可以使用图 7-11 给出它们之间相互关系的几何描述,并且使用图 7-7 给出它们之间科学集成的方法和过程。同时,项目目标集成管理的目标函数也有自己的约束条件,这种约束条件中包含项目资源和项目风险两个约束变量。同样,虽然人们不能使用数学解析的方法描述出项目目标函数与这两个约束要素的确切关系,但是人们可以使用图 7-13 给出它们之间合理配置关系的几何描述,并且使用图 7-14 给出它们之间科学集成的方法和过程。

(2)项目六要素的合理配置关系。如上所述,图 7-13 给出项目目标四要素与项目资源和项目风险两要素之间合理配置关系的几何描述。由该图中可以看出,代表项目目标四要素既定合理配置关系的实线内切圆和项目三角形被放在了图中央,而代表项目资源要素的外接圆紧紧包围着项目三角形,以表示项目资源对于项目四个目标要素的强制约束。该图中的虚线代表由于项目风险要素所引起的项目目标四要素和项目资源要素发展变化的可能性,因为这种项目风险引发的其他要素发展变化是不确定的,所以使用虚线给出了几何描述,而且使用标号 6 所给出的项目风险要素指向的是虚线和实线之间,这就是项目六要素应有的合理配置关系的几何描述。

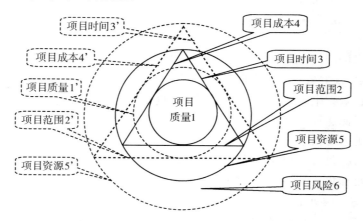

图 7-13　项目六要素的合理配置关系模型示意图

由图 7-13 可知,项目目标四要素和项目资源要素都会受到项目风险要素的影响,而且只要项目风险导致这五个要素中任何一个要素的变化,其他四个要素也都会必须做出相应的变化。所以人们可以使用该图中的配置关系模型进行项目集成的计划和项目变更方案的集成管理,实际上任何一种项目变更都是项目风险引发的,这正是图 7-13 所描述的情况。

(3)项目六要素的科学集成方法。由图 7-14 中可知,项目质量、范围、时间、成本四个目标要素以及项目资源与项目风险的六要素集成也可以按照两两双向分步集成的方法找出它们之间的配置关系,然后按照项目六要素的合理配置关系开展项目集成管理。但不同的是在项目六要素的集成方法中,人们不但要找出项目六要素确定性的部分,还要按照项目风险管理的 6δ 方法找出项目六要素可能出现风险变化的部分,也就是图 7-13 和图 7-14 中的虚线所表示的部分。同时在项目六要素的两两分步向集成过程中要将图中实现和虚线所表示的确定性和风险性的两个部分都实现合理的配置关系,具体做法如图 7-14 所示:首先确定出项目目标四要素的优先序列(图中现确定项目质量是第一位的),然后根据项目质量要求确定项目范围(步骤①),同时可根据项目范围客观要求修改项目质量(步骤①');进一步是根据项目范围确定项目时间(步骤②),同时也可根据项目时间的客观要求修改项目范围(步骤②');再进一步根据项目时间确定项目资源(步骤③),同时也需要根据项目资源的供给情况调整项目时间(步骤③');如果此时发现缺乏项目资源的供给就需要直接调整项目范围(步骤④),同时也需要根据项目范围需要调整项目资源种类(步骤④');更进一步是根据项目资源确定项目成本(步骤⑤),同时也需要根据项目成本情况调整项目资源(步骤⑤'),如果在这二者集成过程中发现项目成本未超过项目预算或人们有足够的项目资金,那么整个项目的集成过程就结束了,因为项目六要素的合理配置关系已经实现了;但是如果此时发现项目成本的缺乏远远超过了项目预算且人们没有更多资金投入项目,那就需要调整项目范围(步骤⑥),同样也可根据项目范围需要调整项目成本(步骤⑥');如果一旦变动了项目范围就需要根据新的项目范围去调整项目质量(步骤⑦),同时也可以根据项目质量的变化去调整项目范围(步骤⑦');最终用这种两两双向分步集成的方法可找出项目六要素的合理配置关系,然后可据此开展项目六要素集成管理。通常项目六要素的集成管理方法就已经可以满足项目集成计划编制、实施和项目变更集成管理的需要了,但是实际上项目六要素集成管理并没有全面考虑项目资源要素需要进一步分解成项目所需的信息资源、人力资源、物力与劳力资源,所以实际上人们应该考虑这些不同项目所需资源的合理配置关系,因此就有了下面要讨论的项目全要素的集成管理方法。

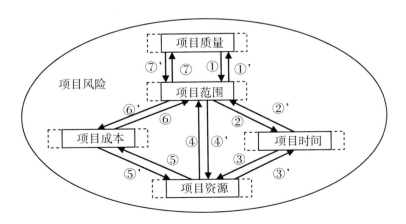

图 7-14 项目六要素的两两双向分步科学集成方法过程模型

5.项目全要素集成管理方法

如上所述,项目全要素的集成管理方法是在项目六要素的集成管理方法基础上,进一步考虑项目资源要素的分类而出现的。所谓项目全要素集成管理方法就是包括项目四个目标要素、三个项目资源约束要素和项目风险要素的项目八要素集成管理方法,具体讨论如下。

(1)项目全要素集成管理的原理。综上所述可知,项目六要素的集成管理方法中没有考虑项目资源要素中的三种不同种类资源在集成管理方面的需要。因此这种项目全要素集成管理的原理虽然仍可以使用公式 7-3 作为其项目目标集成管理的函数,但是却需要公式 7-5 给出项目目标集成管理的约束条件。

项目目标集成管理的约束条件 $Sub:R,R_1,R_2,R_3$　　　　　　　　　(7-5)

其中:R —— 项目风险要素

R_1 —— 通过项目沟通管理获得的项目信息资源要素

R_2 —— 通过项目人力资源管理获得的项目人力资源要素

R_3 —— 通过项目采购管理获得的项目劳力和物力资源要素

由公式 7-3 给出的项目目标四要素之间的自变量和因变量及其合理配置关系的情况同前所述,由公式 7-5 可以看出项目约束也是四要素,其中的三个项目所需资源要素中信息资源要素是首要的,正是因为项目信息缺口才造成了项目各方面发展与变化的风险;但是项目所需信息资源是由项目人力资源进行加工和使用的,所以项目人力资源与信息资源之间有十分紧密的配置关系要求,只有项目劳力和物力资源常只要有足够的资金就可以从市场上采购和获得。由于项目所需信息资源、人力资源和项目风险等要素之间的关系属于软逻辑关系,所以本书作者尚未全面完成项目全要素的科学集成方法研究,因此只能使用图 7-15 给出项目全要素之间合理配置关系的几何描述。显然,对于涉及管理学中软逻辑(艺术逻辑)的关系人们就不能使用数学解析的方法去描述了,所以本书只能用图 7-15 去给出项目全要素之间合理配置关系的几何描述,人们可借鉴项目六要素科学集成方法做项目全要素的集成计划编制、实施与控制、项目变更的集成管理。

(2)项目全要素的合理配置关系。任何项目真正的全面集成管理都应该是项目全要素的集成管理,因此人们需要根据项目目标四要素的优先序列找出项目全要素的合理配置关系,并使用项目全要素的集成管理方法开展项目要素的全面集成管理。图 7-15 给出了项目全要素的合理配置关系示意,由该图中可以看出项目目标四要素在同心圆的核心,从而确定了项目目标四要素的核心地位和项目资源三要素与项目风险要素的约束地位。同时,项目这四个约束要素也是项目四目标要素实现的保障,所以在该图中使用了同心圆作为这四个约束要

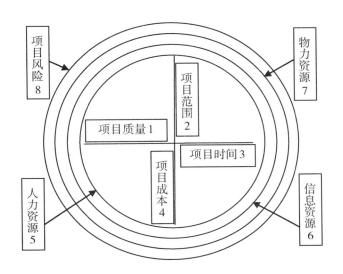

图 7-15　项目全要素的合理配置关系模型示意图

素的几何描述。需要说明的是,图 7-15 中所给出的项目目标四要素 1、2、3、4 的优先序列安排只是常用的项目目标四要素优先序列情况,在项目管理实践中还有其他各种不同的项目目标四要素的优先序列安排。同样,图 7-15 中所给出的项目约束四要素 5、6、7、8 的优先序列安排在项目管理实践中也有其他选择。但是该图中将项目信息资源要素的优先序列安排为第 6 是想突出项目信息资源的重要性,而将项目人力资源要素的优先序列安排为第 5 是想突出它与项目信息资源的关联性以及它自身的重要性,将项目物力资源要素的优先序列安排为第 7 是因为这些资源自身的重要性较低,但是将项目风险要素的优先序列安排为第 8 是想表明它所包含的七个项目要素都存在风险,即这些要素都有出现发展变化的可能,所以都需要使用项目风险管理的方法进行全面的集成管理。

第三节　项目集成计划的制订

有了上一节所讨论的项目全过程、全团队、全要素和全面集成的原理与方法,人们就可以开展项目集成计划的制订了,这方面的相关内容分述如下。

一、项目集成计划的概念

项目集成计划是在项目全过程和全团队集成管理的基础上,根据前述项目目标四要素和项目约束四要素的情况而做出的综合计划和安排,所以它是项目管理的出发点和依据。

(一)项目集成计划的定义和内涵

1. 项目集成计划的定义

项目集成计划是项目管理中最为重要的计划,所以它也被称为项目主计划,因为项目集成计划是一种全面集成、综合和协调了项目各方面影响、要求和专项计划的整体计划,它是指导整个项目实施和管理的根本依据、安排和方案。项目集成计划是人们根据项目各种限制因素与假设条件和各项目相关利益主体要求以及项目各专项计划的限制条件等编制而成的项目整体管理计划,它是整个项目实施和管理的总体计划与安排,是用于指导项目实施和管理的集成性、综合性、全局性的计划。

2. 项目集成计划的内涵

项目集成计划的编制需要按照前述项目全过程、全团队和全要素集成管理的方法,通过反复优化和修订编制完成,而且项目集成计划既包括在项目起始阶段编制的项目初始集成计划,也包括在项目后续阶段的项目变更中所指定的项目集成计划更新与修订。特别需要说明的是,项目集成计划必须与项目各个专项计划(项目质量、范围、时间、成本资源和风险管理等专项计划)很好地合理配置,人们必须使用上述项目全要素集成管理的方法努力找出项目各方面的要求并实现项目专项计划的全面集成。

(二)项目集成计划的主要作用

项目集成计划作用很多,但是其主要作用有如下几个方面。

1. 指导项目的集成实施

为达到项目各方面的目标和要求,所制订的项目集成计划就是用来指导项目全团队开展项目实施用的,只有项目集成计划才是项目可实施性计划(专项计划只是考核指标)。

2. 开展项目的集成管理

项目集成计划的根本作用是作为开展项目集成管理的依据,它是项目各方面计划、组织、协调、考核和指挥的指导性和全局性的计划文件,它是项目集成管理的根本依据。

3. 进行项目绩效的监控

项目集成计划给出了度量项目绩效和开展项目监控的基准,所以在项目绩效的监控中人们使用项目集成计划做好项目绩效全面监控,最重要是用它作为项目绩效评估的依据。

4. 项目相关利益主体沟通的基础

因为项目集成计划集成了项目相关利益者的要求,给出了实现这些目标和要求的计划安排,所以它是项目相关利益者进行沟通的基础,人们借此可以知道自己所获利益情况。

5.记录项目制约和项目假设条件

项目集成计划的另一个作用是记录制订这种计划的约束情况、假设前提条件与项目决策理由,以指导人们日后对于项目集成计划进行修订和注意项目集成计划实施中的风险。

6.激励项目团队士气的武器

同任何计划的激励作用一样,因为项目集成计划中包括了项目目标、任务、范围、时间、预算、绩效等诸多内容,所以它对于项目团队士气具有很好的激励和鼓舞作用。

二、项目集成计划的编制

项目集成计划的编制涉及项目集成计划编制所需信息和依据的收集、项目集成计划的编制、编制方法和编制结果三个方面的内容,具体分述如下。

(一)项目集成计划信息和依据的收集工作

项目集成计划的编制必须有其科学依据和相对完备的信息,所以项目集成计划编制的首要任务就是收集项目集成计划所需的信息和依据,具体分述如下。

1.项目集成计划编制所需收集的依据

项目集成计划编制所需收集的主要依据包括:项目全过程集成的相关信息和文件,项目全团队集成的相关信息和文件,项目全要素集成的相关信息和文件以及项目全面集成的相关信息和文件。另外,还有项目各个专项计划的要求和期望,历史类似项目的集成计划经验与教训以及国家和行业有关的管理规范、标准和制度,等等。

2.项目集成计划编制所需收集的信息

项目集成计划编制所需收集的主要信息有:项目各方面现状的信息、项目未来发展变化的预测信息(包括项目自身与环境条件发展变化的预测信息等)、项目的限制条件和项目假设条件以及与项目不确定性和风险相关的信息、相关历史项目的信息与数据、项目相关利益主体的政策与规定、项目实施组织的各种绩效方面的信息,等等。

3.项目集成计划变更所需信息更新

项目集成计划在项目出现变更时也需要进行相应的变更或修订,此时由于项目集成计划所依据的信息会不断地发展变化,所以人们也必须及时更新项目集成计划编制所需的信息,这种信息更新的具体表现如图7-16所示。由该图可知,项目集成计划编制所依据的信息存在着每过一定时期就需要使用项目在该时期中实际的数据去替代原有项目预测数据,并重新对后续阶段做出新的预测数据的这样一种过程,以确保这些信息的时效性。

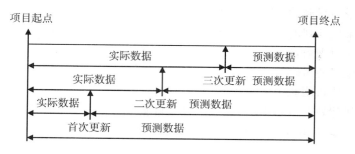

图 7-16   项目集成计划信息和数据不断更新示意图

(二)项目集成计划的编制工作

根据上述收集到的依据和信息,人们就可以开展项目集成计划的编制工作了。在项目集成计划的编制过程中人们首先要集成考虑项目各方面要求和项目各个专项计划目标及其优先序列安排,然后用前面给出的项目集成计划方法制订项目集成计划的一系列备选方案,最终按照择优选择做出项目集成计划。这方面的主要工作内容如下。

1.项目各方面合理配置关系的分析

在项目集成计划的制订中人们首先需要考虑和分析项目全过程集成中的合理配置关系、项目全团队集成中的合理配置关系、项目全要素集成中的合理配置关系,特别是要对项目各相关利益主体的要求、期望和目标进行合理配置关系的分析,通过分析给出在项目集成计划中这些要求和目标的优先序列与相互关系。例如,对于项目范围、时间、质量和成本要素的优先序列合理配置关系的分析,及对于项目业主、最终用户与承包商等方面的要求和目标的优先序列与合理配置关系的分析等。人们必须首先找出这些方面的优先序列和合理配置关系才能够编制出可用于指导项目全面实施的项目集成计划。

2.项目集成计划备选方案的编制

根据上述项目集成计划各方面合理配置关系的分析以及人们收集到的项目集成计划依据与信息,人们就可以开始编制项目集成计划的系列备选方案了。所谓项目集成计划的系列备选方案就是指需要有多个可替代的不同项目集成计划方案,它们可以是按照不同优先序列与配置关系制订出的项目集成计划方案,也可以是按照不同项目目标、要求、期望的优先序列和配置关系安排集成出来的项目集成计划方案。通常这些项目集成计划的系列备选方案各有千秋,所以需要在全部找出来后做进一步综合平衡与优化、优选,以便最终确定的项目集成计划方案是最佳的项目集成计划备选方案。

3.项目集成计划备选方案的优化与选优

在编制出项目集成计划系列备选方案之后,人们还使用优化和优选的方法对这些项目集成计划备选方案进行进一步的全面优化。这种项目集成计划备选方案的优化方法就是进一步综合和对比选出在项目各相关利益主体的目标、要求、期望以及项目的任务、范围、进度、成本、质量、资源和风险等要素的集成方面更优的项目集成计划备选方案。此时，在这一工作中最重要的是由项目相关利益者参与项目集成计划备选方案的评价、优化和调整，最终优选出能满足相关利益者要求和期望的项目集成计划方案，并使用这一项目集成计划备选方案作为用于进行最终审批的项目集成计划方案。

4. 项目集成计划方案的最终审批

在最终选定了优化了的项目集成计划方案以后，人们还必须对这一项目集成计划方案进行正规的审查与批准手续。项目集成计划的最终方案多数是项目业主、用户和项目实施组织等的一种妥协方案，所以项目集成计划方案的最终审批应该有所有这些项目相关利益主体的参加。但是因为项目业主是项目的最终决策者（包括自我开发项目），所以项目业主最终审批通过的项目集成计划方案应该是项目集成计划的最终方案。

(三)项目集成计划编制的结果

项目集成计划编制的主要成果是给出最终批准的项目集成计划书，同时还必须给出一份项目集成管理的计划书，这是关于项目集成计划的实施遇到问题如何应对的计划文件。

1. 项目集成计划书

项目集成计划书的主要内容包括：项目的理由（是解决问题还是抓住机遇），项目审批情况的说明，项目目标的说明，项目范围的说明和规定，项目成本，时间和质量方面的说明和要求，项目绩效度量基准的描述和说明，项目重要里程碑与目标日期的说明，项目经理的指定和项目团队成员的描述与说明，项目实施责任的划分与说明，项目风险和风险管理计划的说明，项目其他各个专项计划的描述和说明，项目制约条件和建设前提条件的说明，项目现存遗留问题和后续决策要求问题的说明（以便将来有足够信息时进一步修订项目集成计划）。另外，不同规模和不同专业领域项目的集成计划会涉及一些独特的内容，还有一个就是项目集成计划的支持细节，这种项目集成计划的支持细节文件给出了项目各方面的支持信息和项目集成计划的原因、理由、依据、解释和说明，及项目相关标准文件的信息等。

2. 项目集成管理计划书

项目集成管理计划书与前面各章中给出的各种管理计划的作用是一样的（如前一章中项目采购管理计划），其内容就是关于在项目集成计划的实施中遇到问题时人们应该如何应对的计划与安排文件，所以项目集成管理计划书中的主要内容有如下两方面。

（1）项目配置管理系统。这是项目集成管理整个系统中的一种子系统，它给出了项目集成管理中必须遵循的项目各方面的配置关系和配置管理方法。这既包括在项目集成计划编制的时候所应遵循的项目各方面配置关系和配置管理的方法，也包括在项目集成计划变更和修订的时候所应遵循的项目各方面的配置关系和配置管理方法。同时，这种项目各方面的配置关系和配置管理还涉及如何提出、评估、批准项目变更，如何确定变更审批的权限层级和手续，等等。另外，大多数项目配置管理系统还包括一系列项目正式的技术和管理指导与监督的文档化管理程序和步骤，这些项目配置管理系统文档化管理的主要用途是识别和记录项目产出物在功能或物理特性方面的特点、控制这些特性的变更、记录和报告各种变更及其实现情况、支持和保障项目产出物及其要求的一致性。

（2）项目变更整体控制系统。项目变更整体控制系统是整个项目工作授权系统中最为重要的组成部分之一，它是由一系列关于项目变更和项目集成计划修订的申请和批准程序以及相关权限安排和规定、项目变更的文档化管理要求等构成的。同时，项目变更整体控制系统也是项目配置管理系统的一个子系统，因为任何项目变更必须按照项目各方面的配置关系和配置管理的要求去进行。有关这方面的内容将在项目变更集成管理中做进一步讨论。

第四节　项目集成计划的实施

在项目集成计划编制工作完成以后，人们就可以开展项目集成计划的实施了。在项目集成计划实施中的项目集成管理工作主要包括两方面：一是项目集成计划实施的组织，二是项目集成计划实施的控制，这些工作相互关系示意如图7-17所示，具体内容分述如后。

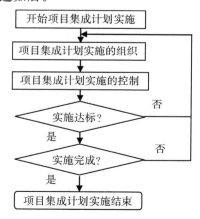

图 7-17　项目集成计划实施的组织与控制循环

一、项目集成计划实施的组织

所谓项目集成计划实施的组织就是采取项目集成管理的方法组织项目集成计划的实施,全面完成项目集成计划的工作并最终生成项目产出物。

(一)项目集成计划实施的组织工作内容

项目集成计划实施的组织工作涉及很多内容,其最主要内容分述如下。

1.组织好项目资源的配备工作

这方面的组织工作包括:组织好通过组织内部或外部招聘等方式获得、配备、培训项目团队成员的工作,然后组织建立好项目团队的沟通渠道和沟通工作;组织好项目招投标以便获得和配备好项目所需的各种劳务与服务;组织项目的采购工作以获得和配备好项目所需的各种资源组织好项目所需的自有资金和借贷资金,为项目提供和配备所需的财力资源。

2.组织好项目的全面实施工作

这方面的组织工作主要包括:组织好项目相关利益主体的工作与活动,组织好项目团队为实现项目目标的业务工作,组织好项目团队士气的激励工作、组织好项目资金和资源的科学配置工作,组织好项目团队按计划规定的方法和标准开展好项目工作,组织好项目管理团队收集和处理项目各种数据并报告费用、进度、技术与质量进展,组织好项目团队创造、实现、确认并交付在项目集成计划实施工作所生成的项目可交付成果等。

3.组织好项目风险管理和应对工作

这方面的组织工作主要包括:组织好各方面的项目风险管理工作并适时开展项目风险应对活动,组织好各种项目变更的提出和申请工作,组织好按照已批准的项目变更更新项目的各项计划和实施工作,组织好收集项目数据的工作并积极预测项目计划的实现前景和项目环境的发展变化,组织好收集与记载项目所吸取的经验教训的工作,组织好批准和实施已获批准的项目方法的改进工作。

4.组织好项目的评估、控制与纠偏工作

除了上述三方面的组织工作以外,人们还应该组织开展好项目绩效评估、项目偏差控制和各种纠偏工作。这方面的组织工作的主要内容包括:组织好项目实施绩效的评估工作,组织好项目各项实施工作已获批准的项目纠偏行动以使项目实施结果能够更好地符合项目的要求,组织好已获批准的项目变更行动从而消减项目潜在的不利后果,组织好已获批准的缺陷补救行动以便全面恢复项目质量或努力消除项目工作和产出物的质量缺陷。

项目经理与项目管理团队必须齐心协力去做好这种项目集成计划实施的组织工作,并管理好项目内部各种各样的资源、信息、技术与组织接口。这种项目集成计划实施的组织工作一方面要使用项目所属专业应用领域的经验和技术，另一方面要用到项目管理方面的专业经验和技术，所以项目管理者必须从这两个方面去做好项目集成计划实施的组织工作。

(二)项目集成计划实施组织工作的依据

项目集成计划实施的组织工作是依据下列信息和文件开展的。

1.项目的文件

这种指导和管理工作最重要的依据是项目的各种计划(如项目集成计划和项目各个专项计划)、项目规范和项目工作标准等。这些项目文件必须是在时效期的，即在人们开展项目集成计划实施组织行动的时候。人们所依据的项目文件必须是已生成并正在使用的，过期和未及时更新的项目文件都不能作为项目集成计划实施组织的依据。

2.项目的信息

项目集成计划实施组织工作的另一个重要依据是项目自身和环境发展变化的信息以及项目未来发展变化的预测信息等。其中，最主要的有项目环境发展变化的信息、项目绩效的信息、项目风险识别与度量信息等。这些信息也必须是在时效期的，即这些信息必须是在人们开展项目集成计划实施组织行动的时候，必须是及时更新的，否则不能作为依据。

3.批准的项目变更

项目集成计划实施组织工作还必须按照在项目可能出现问题与变动时，积极组织采取各种项目变更方面的行动，即当项目出现问题与环境出现变化时要积极采取措施。所以项目集成计划实施的组织工作依据还包括：项目变更方案及其评估报告，项目变更方案的批准书，项目变更的实施方案等。

二、项目集成计划实施的控制

项目集成计划实施的控制工作是指对于项目集成计划实施过程和工作的全面监督和控制，这种项目集成计划实施的控制工作内容和方法等分述如下。

(一)项目集成计划实施控制工作的内容

项目集成计划实施的控制工作不但包括对于项目实施的各种业务工作自始至终的监督与控制，而且也涉及在项目实施各个阶段的项目管理过程的监控。图7-18给出项目集成计划实施的管理过程中的五项工作所形成的相互关系示意，具体讨论如下。

由图7-18可见，项目集成计划实施的控制工作不仅涉及对于项目业务工作的控制，而且涉及对于项目集成计划实施管理工作的控制，即包括对项目或项目阶段起始过程、组织过程、计划过程和终结过程的控制，所以这种控制贯穿于项目集成计划实施全过程的工作。

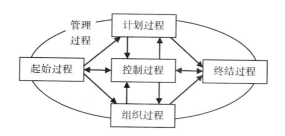

图 7-18 项目集成计划实施管理过程的相互关系示意图

1.项目集成计划实施控制工作的基本内容

项目集成计划实施控制工作的基本内容主要有:度量、收集、加工和发布项目集成计划实施的信息,对照控制标准评价和度量项目集成计划实施的结果,分析和发现项目集成计划实施情况的发展趋势,发现这种实施工作中需改进的地方,分析和发现项目集成计划实施中各种可能出现的问题,然后设计和采取各种必须的纠偏和补救行动,采取必要的项目变更行动以控制项目集成计划实施的效果。

2.项目集成计划实施控制工作的具体内容

项目集成计划实施控制工作的具体内容主要有:对照项目集成计划制订项目集成计划实施的控制标准,根据项目集成计划实施的控制标准度量项目集成计划实施工作的实际绩效,分析和评价项目集成计划实施的差距和问题,设计和安排项目集成计划实施工作所需要的纠偏和补救行动以及提出并采取项目变更行动,从而使项目集成计划实施能够始终处于受控状态或者在出现工作失控时能够尽快回复到受控状态。

(二)项目集成计划实施控制工作的方法

项目集成计划实施控制工作的方法主要涉及四个方面的内容:一是制订控制所用的控制标准,二是度量项目集成计划实施的实际情况,三是分析和发现项目集成计划实施的偏差,四是采取相应的纠偏措施或项目变更。图 7-19 给出了项目集成计划实施控制工作的示意图,具体做法分述如下。

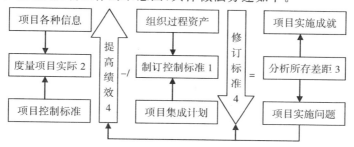

图 7-19 项目集成计划实施控制工作方法示意图

1.制订项目集成计划实施控制标准的方法

项目集成计划实施控制的方法首先就是要制订项目集成计划实施的控制标准或控制界限,以便在项目集成计划实施中当实际情况超过了控制标准或界限的时候,人们能够获得报警信息并借此采取项目集成计划实施的纠偏和变更等控制措施。这方面的方法主要就是不能使用项目集成计划的目标和要求作为控制界限或标准,必须高于项目集成计划的目标和要求而留出必要的报警区间或项目集成计划实施控制的容忍区间。

2.度量项目集成计划实施实际情况的方法

这实际就是对于项目集成计划实施工作的绩效考核或评估所用的方法,这包括一系列的项目统计和分析方面的方法。其中,最重要的方法就是使用绝对数和相对数的统计分析方法度量项目集成计划实施工作完成的百分比和绝对差。

3.分析项目集成计划实施中存在差距的方法

该方法就是根据度量出的项目集成计划实施的实际情况,对照项目集成计划的控制标准或界限,进而找出项目集成计划实施中的差距。然后,分析和确定项目集成计划实施工作中的这些差距是成果还是问题,如果是问题那就需要进一步采取项目纠偏或变更措施了,如果这些差距是成果而不是问题,那么就证明项目集成计划实施处于受控状态。

4.采取项目集成计划实施控制措施的方法

该方法主要有两个:一是采取努力提高项目实施组织在项目集成计划实施中的绩效之方法,这包括采取各种激励措施和奖惩手段以及增加人力和物力资源等方法;二是采取调整项目集成计划实施控制标准的措施和方法,通常这就是项目变更的措施了,因为这种项目集成计划实施控制标准或界限的调整肯定会使项目集成计划原有的目标和要求发生改动,所以这就是一种项目变更的控制措施和方法了。

第五节　项目变更的集成管理

项目变更的集成管理也被称为项目变更总体控制,这是贯穿项目集成计划实施全过程的工作之一,因为一旦项目发生某个方面或要素的变化,人们就需要进行项目集成计划的变更,此时就必须开展项目变更的集成管理工作。

一、项目变更集成管理的作用和内容

任何较大的项目都很少会完全按照项目集成计划一成不变地进行实施,因

此项目变更和项目变更的集成管理是必不可少的。

(一)项目变更集成管理的作用

实际上多数项目的集成计划和专项计划以及项目的产出物和可交付物等成果都会出现变更,所以都需要开展项目变更的集成管理。

1.项目变更集成管理的基本作用

项目变更集成管理是指在项目实施过程中,如果项目目标、范围、计划、进度、成本和质量的某个方面发生变更,由于这种项目要素的变更会对于其他项目要素产生影响,所以任何项目要素的变更都需要进行项目变更集成管理。因此,项目变更集成管理的基本作用实际上就是对于项目原有计划的变更时,能够对变更后的项目新计划进行全面的集成。

2.项目变更集成管理的具体作用

这主要包括:在进行项目变更时努力保持原有项目绩效度量基线的完整性,保证项目产出物的变更与项目工作变更以及项目资源配置变更的一致性(项目需要变更时人们必须同时变更项目产出物和项目工作及其计划),统一和协调好项目各相关利益主体提出的变更请求(因为任何人提出的项目变更请求都会直接影响到项目其他相关利益主体的利益,所以他们提出的变更请求要进行全面地协调和统一控制)。

(二)项目变更集成管理的内容

项目变更集成管理涉及的基本内容和具体内容包括如下几个方面。

1.项目变更集成管理的基本内容

项目变更集成管理的基本内容就是分析和找出客观需要的项目变更和主观要求的项目变更,分析这些项目变更对于项目各方面配置关系的影响,再次集成项目后续的计划和安排,制订各种项目变更的优化方案,集成管理各种项目变更的实施与控制。

2.项目变更集成管理的主要内容

项目变更集成管理的主要内容是:项目变更方案的集成计划、项目变更方案实施的集成控制、项目变更的合同集成修订等方面的工作。另外,根据项目不断地发展变化的环境与条件的情况而及时提出、审查与批准项目团队所采取的变更行动和措施也属于项目变更集成管理的范畴,这些都需要按照后续给出的项目变更集成管理方法进行集成管理。

二、项目变更集成管理的依据和方法

项目变更集成管理是依据各种所需信息和使用必要的项目变更集成管理方法完成的,有关这两个方面的具体内容分述如下。

(一)项目变更集成管理的依据

项目变更集成管理需要依据一系列项目变更文件和信息,具体分述如下。

1. 项目变更集成管理所依据的信息

项目变更集成管理所依据的信息主要包括:项目变更的客观环境与条件信息,项目环境与条件发展变化的信息,项目变更请求方面的信息,项目集成计划实施绩效评估方面的信息,项目集成计划实施出现偏差和问题的信息等。项目变更集成管理要依据这些信息做出项目变更方案、方案优化、批准、实施和协调工作。

2. 项目变更集成管理所依据的文件

项目变更集成管理所依据的文件主要包括:项目的集成计划文件,项目各种专项计划文件,项目集成计划实施的绩效报告(这是项目集成计划实施的实际情况数据和资料,包括项目实施的问题和可能出现的变更),项目相关利益主体提出的项目变更请求文件,项目变更的方案和措施文件等。项目变更集成管理要依据这些文件开展项目变更实施工作。

(二)项目变更集成管理的方法

项目变更集成管理需要一系列的方法与工具,其中最主要的方法与工具有如下几项。

1. 项目变更集成控制系统的方法

这是指对于项目变更内容、方案与文件的正式申报和审批程序及办法所构成的一种集成管理的控制系统,这种系统中应该包括项目变更方案的书面审批程序,项目变更实施的跟踪控制方法、审批项目变更的权限规定,等等。一般项目变更集成管理系统首先需要建立一个专门负责批准或拒绝项目变更请求的项目变更控制委员会,该项目变更控制委员会的权利和义务必须由正式文件做出明确的规定和说明。项目变更控制系统还必须包括那些处理各种项目突发事件的应急处理程序,同时还需要按照项目文档化管理的要求充分安排和规定项目变更的分类、分级管理权限与控制方法以及所有项目变更的正式文件和记录等。

2. 项目变更的配置管理方法

在项目变更集成管理中人们需要按照项目变更后的各方面配置关系使用项目配置管理的方法开展项目变更集成管理,这方面的主要内容包括:项目各方面合理配置关系的识别(这与前面讨论的集成管理方法是一致的),项目各方面合理配置关系的确认,根据项目各方面合理配置关系开展项目变更的集成管理。图 7-20 给出了这种配置管理方法的示意。

由图 7-20 可以看出,运用这种项目变更配置管理的方法,人们就能对项目某个方面的变更进行全面的配置和控制。例如,当项目目标发生变更时,人们就

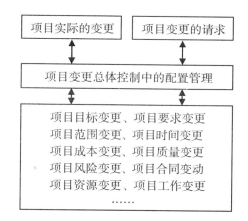

图 7-20　项目变更集成管理中的配置管理方法示意图

必须对项目产出物、项目工作进行合理配置管理；而当项目某相关利益主体要求变更时，人们就必须重新配置项目所有相关利益主体的目标和要求；当项目产出物出现变更的时候，人们就必须对项目工作和项目资源进行合理的配置管理；特别是当项目时间变更时，人们就必须对项目范围、成本、质量、资源、风险、合同等各方面进行合理的配置与集成管理。

本章思考题

1. 项目全过程集成管理的核心内容是什么？
2. 项目全团队集成管理的核心内容是什么？
3. 项目全要素集成管理的核心内容是什么？
4. 项目四要素集成管理的核心内容是什么？
5. 项目六要素集成管理的核心内容是什么？
6. 项目集成计划编制有哪些主要作用和方法？
7. 项目集成计划实施有哪些主要的管理内容？
8. 项目变更集成管理的内容和作用是什么？

第八章 项目风险管理

【本章导读】

任何项目管理最根本的任务是对由项目的不确定性而引起的项目风险进行管理,而对没有风险和变化的项目确定事件根本就不需要进行管理。所以本章将全面讨论有关项目风险和项目风险管理的一般概念与思想,项目风险产生的原因和分类,项目风险管理的原理和过程,项目风险识别和项目风险度量的方法和技术,项目风险应对措施计划和行动方案的制订以及项目风险控制的技术方法与过程等。

第一节 项目风险及其管理

项目都是有风险的,因为项目的实现过程中存在着很大的不确定性。由于项目本身具有的一次性、创新性和独特性等特性和项目过程所涉及的内部、外部的许多关系与变数造成了在项目的实现过程中会存在着各种各样的风险①。如果不能很好地管理项目中的风险就会给项目相关利益主体造成损失或丧失机会,因此在项目管理中必须积极地开展项目风险管理。这涉及项目风险的充分识别、科学度量和全面控制等,从而努力降低风险发生的概率和影响。确切地说,项目管理中最重要的任务就是对于项目风险的管理。这里有三个方面的理由:一是因为项目的确定性和常规性的工作及其管理都是程序化和结构化的管理问题,它们所需的

---

① Trauner, Theodore J., Managing the Construction Project: A Practical Guide for the Project Manger, New York, John Wiley & Sons, Inc. 1993:27.

管理力度是十分有限的;二是因为项目风险是一种带来损失的可能性,如果不管理或管理不好就会造成损失;三是因为项目风险还包含机会成分,如果能够很好地开发和管理将会有效地提升利益相关主体的满意程度。

一、项目风险的定义与概念

要做好项目风险管理工作,首先需要了解项目风险和项目风险管理的基本概念。项目风险所涉及的主要概念有如下几个方面。

(一)项目风险的定义

项目风险是指由于项目所处环境和条件本身的不确定性以及项目业主/顾客、项目实施组织或其他相关利益主体主观上不能准确预见或控制影响因素,使项目的最终结果与项目相关利益主体的期望产生背离,从而给项目相关利益主体带来损失或增长的可能性[①]。形成项目风险的根本原因是人们对于项目发展与变化情况的认识不足从而在应对决策方面出现了问题。项目风险的根本原因是有关项目的信息不完备,即当事者对事物有关影响因素和未来发展变化情况缺乏足够和准确的信息。因为项目的一次性、独特性和创新性等特性就决定了在项目过程中存在着严重的信息不完备性,这就使项目中存在着许多风险性高的工作。

项目风险这个定义可以进一步使用公式 8-1 表述

$$R = P \times (L/B) \tag{8-1}$$

其中:R ——项目风险

　　　P ——项目风险发生的可能性

　　　L ——项目风险损失

　　　B ——项目风险收益

由公式 8-1 可以看出,项目风险不仅可能会带来损失,同时项目风险也有可能会带来收益,所以项目风险管理的根本是努力做好"趋利避害"的管理工作。这就是说,项目风险管理一方面要努力避免由于项目风险可能造成的各种损失,而更重要的一方面是努力抓住项目风险带来的各种收益。实际上,项目风险越大其项目风险性损失的可能性就会增加,但同时其项目风险性收益的可能性也会大大增加,所以才会有"高项目风险、高收益"的管理规律。

通常人们对于事物的认识可以划分成三种不同的状态,即:拥有完备性信息的状态、拥有不完备性信息的状态和完全没有信息的状态,这三种认识状态的具体分析和说明如下。

---

① 戚安邦等. 项目管理概论. 北京:清华大学出版社,2009:34-35.

1. 拥有完备性信息的状态

此时人们不但知道某事物肯定会发生或者肯定不发生，而且人们还知道在该事物发生和不发生的情况下会带来的确切后果。一般人们把拥有这种特性的事物称为"确定性事件"。例如，某建设项目露天从事浇灌混凝土的作业，如果晴天每天可完成 10 万元工程量，而下雨天则需要停工并会因窝工而损失 5 万元。现有天气预报报道第二天降水概率为 0，那第二天开展施工作业并完成 10 万元工程量就是确定性事件。同样，如果天气预报报道第二天的降水概率为 100%，那么第二天不能施工并因窝工而损失 5 万元也是确定性事件。

2. 拥有不完备性信息的状态

此时人们只知道某事物在一定条件下发生的概率（即发生的可能性）以及该事物发生或者不发生可能会出现的各种后果，但是人们并不确切地知道该事物究竟是否会发生及其确切后果。人们将拥有这种特性的事物称为"不确定性事件"或"风险性事件"。例如上述露天浇灌混凝土作业的例子，如果天气预报报道第二天的降水概率为 60%，则第二天开展施工作业就有 60% 的可能会因下雨而无法完成 10 万元的工程量并且会损失人、机、料费。如果不开展施工作业就要发生 5 万元的窝工费，而且有 40% 的可能丧失了不下雨而能赚取 10 万元工程费的机会。这使得该项目第二天的作业就成了一个不确定性事件或风险性事件了。

3. 完全没有信息的状态

此时人们对某一事物是否发生及其发生的条件和概率都不知道，而且对于该事物的后果也完全不清楚，所有对于该事物的认识最多只是一些猜测。具有这种特性的事物被称为"完全不确定性事件"。例如，在从事露天浇灌混凝土作业的例子中，如果人们根本就没有得到天气预报的信息，对于第二天是否下雨根本不清楚，那么该项目第二天如果开展作业就有可能完成 10 万元工程量，也可能反而会损失工料费。反之，如果第二天不作业则有可能避免了工料费损失，也有可能损失 5 万元的窝工费还丧失了赚取 10 万元的机会。在这种情况下目第二天的作业都成了一个完全不确定性事件了。

在项目的整个实现过程中，确定性、风险性和完全不确定性事件这三种情况都是存在的，其中项目风险性事件（或叫不确定性事件）所占比例是最大的[①]，而确定性的事件和完全不确定性事件都不多。由于在实际中人们会将一些风险性不大的事件简化成确定性事件，这就给人们造成了有很多事物都是确定的印象，而实际上许多确定性的事件是有一定假设前提条件的事件。在上述三种情况

---

① 戚安邦. 项目十大风险管理. 北京：中国经济出版社，2004：57－59.

中,项目风险性和完全不确定性事件是项目风险的根源。

(二)项目风险产生的原因

项目风险是由于不确定性事件造成的,不确定事件又是由信息不完备造成的,即由于人们无法充分认识项目未来的发展和结果造成的。从理论上说,项目信息的不完备程度可通过人们的努力而降低,但却无法完全消除。这与项目风险产生的原因有关,原因主要有三个方面。

1.人们的认识能力有限

任何事物都有自己的属性,这些属性由数据和信息加以描述。但由于人类认识世界的能力有限,所以至今人们对于许多事物属性的认识仍然存在很大的局限性。从信息科学的角度上说,人们对事物认识的这种局限性的根本原因是由于人们获取数据和信息能力的有限性和客观事物发展变化的无限性这一矛盾造成的,这一矛盾使得人们无法获得事物的完备信息。人们对于项目的认识同样在广度和深度方面存在认识能力的限制,很多时候人们尚不能确切地预见项目未来的发展变化和最终结果,这是形成项目风险的主观方面原因。

2.信息本身的滞后性特性

从信息科学出发,信息不完备性的起因是信息本身具有的滞后性。世上所有事物的属性都是用数据加以描述的,人们只有在事物发生后才能够收集到描述事物的实际数据,然后人们对数据进行加工处理以后才能获得对于决策有支持作用的信息。由于只有在事物发生后才能获得数据,且只有在对数据加工以后才能产生信息,所以任何事物本身的信息总会比该事物的发生有一个滞后时间,这就形成了信息的滞后性。这种带有滞后特性的信息影响了人们正确地认识项目,所以项目的不确定性事件是不可避免的。实际上人们在项目决策中使用的信息都是历史信息后预测信息,所以信息滞后性也是造成项目风险的根本原因之一。

3.项目环境条件的发展变化

造成项目风险的另一个主要原因是项目环境和条件的不断发展变化,由于这种项目环境条件发展变化的不确定性而导致了项目本身的不确定性和风险性。如前所述,项目可以分为开放性、半开放性、半封闭性和封闭性四类,其中开放性项目的不确定性和项目风险最大。其根本原因是这种项目的环境条件等方面的因素不确定,所以人们既不知道什么情况会发生,也不知道这些情况发生以后会有什么样的后果。此时即使人们有历史项目的信息可以参考,也无法避免出现很多"意外"。正如老子所言"道可道,非恒道","玄而又玄,众眇之门"①。

---

① 老子.道德经. 呼和浩特:远方出版社,2004:47.

这些客观事物的发展变化是造成项目不确定性和风险性的关键原因。

4.项目信息资源和沟通管理的问题

项目信息资源管理方面的问题主要包括:数据收集问题、数据加工问题和信息资源的合理使用问题。项目沟通管理方面的问题主要包括:项目相关利益主体的知识分享问题和及时沟通的问题。项目的特性使得项目信息资源管理相对比较困难,有时项目只有很少信息(资源)可作参考,所以项目信息资源存在着严重不足。如果在这方面的管理不善,就会大大增加项目的不确定性和风险。另外,项目沟通管理涉及诸多项目相关利益主体之间的利益协调和跨组织管理,所以项目沟通管理中不但会有沟通不足问题,而且会有信息不对称问题(即委托代理机制问题),这些都是形成项目不确定性和项目风险的重要原因。

二、项目风险的分类及其特性

项目风险可按不同标志进行分类,通过分类人们可进一步认识项目风险及其特性。

(一)项目风险的分类

项目风险的分类方法主要有如图 8-1 所示的几种[①],具体描述如下。

1.按项目风险发生概率分类

按项目风险发生概率分类的方法可使人们充分认识项目风险发生可能性的大小,一般可以将项目风险按发生概率大小分为三级、五级或多级,以区分不同的项目风险。

2.按项目风险后果严重程度分类

这种分类方法可使人们充分认识项目风险后果的严重程度,一般可以将项目风险按照后果严重程度分为三级、五级或多级(按损失大小分成若干级),以区分不同的项目风险。

3.按项目风险引发的原因分类

这可以使人们充分认识造成项目风险的原因,以便人们有针对性地采取风险管理措施。可以按照主观/客观、组织内部/外部以及按技术、经济、运行或环境等原因进行分类。

4.按项目风险造成的结果分类

这可以使人们充分认识项目风险可能带来的后果,从而使人们预先采取风险防范措施。可按人、财、物的损失(或收益)分类或按其他方法分类,但是必须给出项目风险结果。

---

① 　戚安邦. 项目十大风险管理. 北京:中国经济出版社,2004:79.

5.按有无预警信息分类

最常用的项目风险分类分为:无预警信息而突然爆发的项目风险(即风险I)和有预警信息的项目风险(即风险II)。前者在项目全部风险中占很少部分,后者是项目风险的主体。但是对于前者人们难以事前识别、度量和控制,所以只能在项目风险发生时(或之后)采取类似于救人、救火的办法去控制和消减这类项目风险的不利后果。对于后者人们可以通过收集各种预警信息去识别和预测它并对其发生和发展施加影响,以求避免或消减这类项目风险的危害。

6.按项目风险关联程度分类

这可以使人们充分认识项目风险是独立发生的还是关联发生的。其中,关联程度小的项目风险多数独立发生而很少对项目其他事务造成关联影响,关联程度大的项目风险则会对项目其他方面造成关联影响并引发其他风险。这种分类有助于人们采取针对性的管理措施。

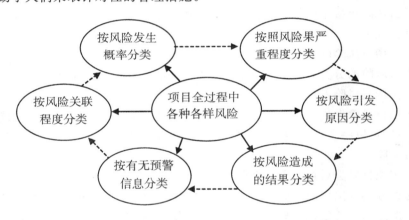

图 8-1　项目风险分类方法及其关系示意图

(二)项目风险的主要特性

由于项目本身的一次性、独特性和创新性等特性,所以项目风险也具有一系列的特性,项目风险的主要特性有如下几个方面。

1.项目风险事件的随机性

项目风险的发生都是随机的(即偶然的),没有人能够准确预言项目风险发生的确切时间和内容。虽然通过长期的统计研究可以发现某事物发生变化的基本规律,但是那也只是一种统计规律而具有随机性。项目风险事件的随机性使得项目风险的危害性大大增加。

2.项目风险的相对可预测性

不同项目风险具有不同的影响,人们要做项目风险管理就必须预测和认识项目的各种风险。但由于项目环境与条件的不断变化和人们认识能力所限，没有人能确切地认识和预测项目所有风险，只能相对预测项目的发展变化，这就是项目风险的相对可预测性。

3.项目风险的渐进性

这是说绝大部分项目风险不是突然爆发的，而是随着环境、条件和自身固有的规律逐渐发展和变化的。通常，随着项目内外部条件和环境的逐步发展变化，项目风险的大小和性质会随之发生变化，即项目风险不断增大或者是项目风险不断缩小。

4.项目风险的阶段性

这是指绝大多数项目风险（即风险Ⅱ）的发展是分阶段的，而且这些阶段都有明确的界限、里程碑和风险征兆。项目风险发展一般分三个阶段：一是潜在风险阶段，二是风险发生阶段，三是造成后果阶段。项目风险的阶段性为人们开展风险管理提供了可能。

5.项目风险的突变性

项目及其环境的发展变化有时是渐进的，有时是突变的。当项目及其条件发生突变时，项目风险的性质和后果也会随之发生突变。无预警信息的风险（即风险Ⅰ）多数表现为这种项目风险的突变性，这一项目风险特性使得项目风险管理变得十分困难。

三、项目风险管理的概念和方法

项目风险管理是以项目经理和项目业主/顾客为代表的全体项目相关利益主体，通过采取有效措施以确保项目风险处于受控状态，从而保证项目目标最终能够实现的工作。项目的一次性和独特性使得项目不确定性较高，而且项目风险一旦发生并形成后果则没有改进和补偿的机会。所以项目风险管理的要求通常要比其他事物的风险管理要求高许多，而且项目风险管理更加注重项目风险的预防和规避等方面的工作。

（一）项目风险管理的定义

项目风险管理是指由项目风险识别、项目风险度量、项目风险应对、项目风险监控以及妥善处理项目风险事件所造成的结果等构成的一种项目专项管理工作。对于一个项目来说，究竟存在什么样的项目风险和需要开展哪些项目风险管理工作，一方面取决于项目本身的特性，一方面取决于项目所处的环境与条件。不同的项目和项目环境与条件以及不同的团队成员构成等因素会造成不同的项目风险，不同项目的环境影响因素和项目发展变化规律使得项目风险也不同，因此，项目风险管理本身也有很大的不同。

项目风险管理的定义可使用下面的公式 8-2 予以描述。

$$RM = P\uparrow \times (L\downarrow /B\uparrow) \tag{8-2}$$

其中：RM ——项目风险管理

　　　$P\uparrow$ ——通过收集信息而提高项目的确定性

　　　$L\downarrow$ ——通过管理努力降低项目风险带来的损失

　　　$B\uparrow$ ——通过管理努力提高项目风险的收益

由公式(8-2)可知,项目风险管理的内容必须包括两个方面:一是努力规避和降低项目风险可能造成的损失,二是努力抓住和扩大项目风险所带来的收益。在我们现有的传统项目风险管理工作中,只是强调规避和转移项目风险是不对的,因为项目风险管理还存在抓住项目风险所带来的各种机遇的管理内容。

(二)项目风险管理的基本理论

由于项目风险可分为有/无预警信息的风险,所以主要有两种不同的项目风险管理理论。第一种是针对无预警信息项目风险的管理理论,由于这类风险难以提前识别、跟踪和应对(即难以进行项目风险事前控制),所以多数只能在项目风险发生时或之后采取类似救人、救火式的管理方法去管理这类项目风险。所以无预警信息项目风险的管理主要有两种方法,一是消减项目风险后果的方法,二是项目风险转移的方法(即通过购买保险等方式转移风险)。第二种项目风险管理的理论是针对有预警信息项目风险的,由于人们可以通过收集预警信息去识别和预测项目的这类风险,所以人们能够根据项目发展变化的情况采取各种项目风险管理措施,以设法避免这类项目风险的发生和防止产生项目风险后果。

(三)项目风险管理的基本方法

项目风险管理理论认为,只要方法正确人们就可以在项目进程中识别、度量和应对项目风险,从而在项目风险渐进的过程中就能对项目风险实现有效的管理与控制。这种项目风险(风险 II)管理的主要方法包括如下几个方面。

1. 项目风险潜在阶段的管理方法

在项目风险潜在阶段人们可以使用各种预防风险的方法,这类方法通常被称为风险规避的方法。项目风险造成的后果多数都是由于人们在项目风险潜在阶段未能够正确识别和度量项目风险造成的,如果人们此时就能够识别这些潜在的项目风险并预见其后果,就可以采取各种规避风险的办法而避免项目风险发生。例如,若已知某项目存在很大的技术风险(技术不成熟),人们就可以不使用该技术或不实施该项目而规避这种风险。

2. 项目风险发生阶段的管理方法

此时人们可以采用风险转化与化解的办法对项目风险进行控制和管理,这类方法就被称为项目风险化解的方法。人们不可能识别所有的项目风险和预见所有的项目风险后果,因此在项目发展进程中一定会有一些项目风险进入项目风险发生阶段。此时如果人们能立即发现项目风险并找到应对和解决它的方法,多数情况下项目风险仍然可能不会造成项目风险后果,至少可以降低这种项目风险的后果或减少项目风险后果所带来的损失。

3.项目风险后果阶段的管理方法

在这一阶段中人们可以采取消减项目风险后果的措施去消除和减少项目风险所造成的影响,这类方法通常被称为项目风险后果消减的方法。实际上人们不仅无法在项目风险潜在阶段识别和度量项目的全部风险,也无法在项目风险发生阶段化解全部项目风险,总会有一些项目风险最终会进入项目风险后果阶段。此时人们只能采取措施去消减项目风险后果和损失,人们采取的措施得当就会将项目风险的损失消减到最少。

由此可以看出,人们可以通过运用正确的方法开展对项目风险的管理与控制活动,从而规避和化解风险或者消减风险带来的消极后果。在项目风险的不同阶段,人们都是可以对风险有所作为的,因为项目风险的渐进性和阶段性等特性使人们能够在项目风险的不同阶段采取不同的应对措施实现对于项目风险的有效管理。

(四)项目风险管理工作的主要内容

项目风险管理工作的主要内容如图 8-2 所示。

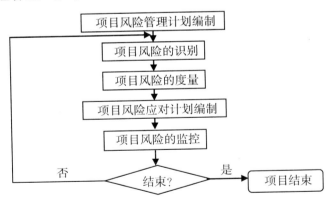

图 8-2　项目风险管理主要工作示意图

由图 8-2 可知,项目风险管理工作的主要内容包括如下几个方面。

1.项目风险管理计划工作

这是确定如何在项目过程中开展项目风险管理活动的计划安排工作,这一工作给出的项目风险管理计划书(或指南)是整个项目风险管理的指导性文件。

不管是对于有预警或者无预警的项目风险都需要制订管理计划,因为人们需要在项目风险管理计划中记录和说明如何在项目全过程中开展项目风险的各项活动和分配项目风险管理的职责等。

2.项目风险的识别工作

这是指识别和确定项目究竟存在哪些风险以及这些风险影响项目的程度和可能带来的后果的工作,其主要任务是找出项目存在的风险、识别引起项目风险的主要因素,并对项目风险后果做初步的定性估计。项目风险识别工作要使用演绎和推理等方法对项目风险做出识别和推断,这一工作的好坏取决于人们掌握项目信息的多少和人们的知识与经验。

3.项目风险的度量工作

这包含项目风险的定量度量和定性度量两个方面的工作,项目风险定性度量是度量已识别出的项目风险会造成哪些影响以及对这些风险的可能性粗略估计,而项目风险定量度量是对项目风险及其后果进行定量化的分析和预测以及项目风险统计分布的描述。人们可以选择使用定性项目风险分析,也可以选择定量项目风险分析,或两者都使用。项目风险度量的基本公式如式 8-3,它给出了项目风险的数学度量关系。

$$R = (\sum_{i=1}^{n} P_i \times L_i) + (\sum_{j=1}^{m} P_j \times B_j) \tag{8-3}$$

其中:R——风险

$\quad\quad P$——风险发生概率

$\quad\quad L$——风险损失额

$\quad\quad B$——项目收益额

所以项目风险的定量度量等于各种项目风险发生的可能性与这些项目风险的损失额或收益额的乘积之总和。

4.项目风险应对措施制定

这是一项根据项目风险识别和度量结果,计划和安排项目风险应对措施和相应资源的工作。这一工作通常要使用项目风险损失分析、效益分析、效用分析、多因素分析和集成分析等方法,根据分析结果设计好项目风险应对的措施。此时人们要尽量减少风险应对措施的代价,全面考虑由此可能带来的风险收益,并且根据项目风险应对的收益决定是否需要付出代价去应对项目风险,避免出现在项目风险应对中的得不偿失的情况。

5 项目风险的监控工作

这是指根据项目风险的计划、识别、度量、应对所开展的对整个项目全过程中各种风险的监督和控制工作。其具体内容包括:根据项目发展与变化情况不断地重新识别和度量项目的风险,不断地更新项目风险应对措施,在项目风险征兆出现时决策和实施项目风险应对措施等。确切地说,项目风险监控工作是一个动态的过程,是一种周而复始、不断重复进行的工作循环。

第二节　项目风险管理计划

项目风险管理计划工作是确定项目风险管理相关的活动计划安排的工作,是规划和设计如何进行项目风险管理活动的工作,也是项目风险管理的首要工作。项目风险管理计划的结果是给出一份项目风险管理计划书,其主要内容包括:选择适合的项目风险管理方针政策和技术方法,计划安排项目团队成员的项目风险管理职责,计划安排项目风险管理的行动方案和行动方式等。项目风险管理计划的重要之处在于它描述了整个项目生命期内项目团队如何组织和开展项目风险识别、度量、应对和监控等项目风险管理活动,所以项目风险管理计划书是一份指导项目团队进行项目风险管理的纲领性文件。

一、项目风险管理计划的任务和内容

项目风险管理计划是项目风险管理的首要工作,由此给出的项目风险管理计划书是项目团队开展项目风险管理的计划安排和工作指南。

(一)项目风险管理计划的主要任务

项目风险管理计划工作的根本任务是给出一份项目风险管理计划书,它规定了项目风险管理中的风险识别、风险分析与度量、风险应对措施的制订以及风险监控等各项工作的基本原则,给出了系统全面的、有机配合的、协调一致的项目风险管理策略和方法以及项目风险管理的有效、协调和系统的技术和工具。因此,项目风险管理计划的主要任务包括如下两个方面。

1. 制订项目风险管理的一般性指导原则

在项目风险管理的一般性应对原则中,人们主要根据项目章程、项目利益相关主体的风险偏好与风险承受能力、组织的风险管理政策等,制订一套项目风险管理过程中能够为有关各方所普遍接受的指导性原则。这是在项目风险管理过程中共同遵循和共同协作的平台,通过这个平台可以解决有关各方的冲突与矛盾,从而达到化解矛盾、规避风险、提高项目风险管理的效果、提高项目成功率的目的。

2. 制订项目风险应对的计划和原则

项目风险的应对计划和原则是具体指导人们应对各种项目风险的计划和原则规定,它规定着什么样的项目风险是可以接受的,什么样的项目风险是无法接受的,什么样的项目风险需要进行规避,什么样的项目风险需要购买保险,什么样的项目风险可以使用风险管理储备金等。这套项目风险应对的计划和原则是制订项目各种合同的重要参考和依据,因为任何项目合同都会涉及项目风险分担问题,所以都需要按照项目风险应对计划和原则办事。

(二)项目风险管理计划的主要内容

项目风险管理计划的内容主要包括:项目风险管理的方法、角色和责任、预算、时间安排、度量和应对方法、项目风险阈值、项目风险报告内容及其格式、项目风险跟踪评估等。

1.项目风险管理方法

这主要是指项目风险计划要定义出可用来开展项目风险管理的方法、工具和数据来源等。任何项目风险的管理工作都必须采用一定的方法进行,项目管理团队在进行项目风险管理方法的选择中必须结合自身的知识和经验,从团队成员的知识水平、管理水平、团队文化氛围以及团队应对风险的能力与资源等实际情况出发,选择适合于项目的风险管理方法。

2.项目风险管理角色和责任

这是指项目风险管理计划要定义出项目风险管理每种行动的领导者、支持者以及风险管理小组的角色和责任。这些项目风险管理小组通常由项目组织外的人员组成,这样才能进行独立的、没有偏见的项目风险分析。在进行项目风险管理的过程中,项目业主和项目团队以及项目的其他利益相关者都有自己项目风险管理的义务和责任,但是他们之间所承担的责任和所担负的角色并不相同,只有各自承担好自己的角色和责任项目风险才能管理好。

3.项目风险管理的预算

这是指在项目风险管理计划中要计划和安排好项目风险管理所需的资金,因为项目风险管理必然会耗费资源而形成花费,所以必须要有项目风险管理的预算。项目风险管理的资源包括:数据收集所需的资金和人力资源、购置项目风险分析工具和软件所需的资金、购买项目风险分析与识别的外脑资源所需的资金、项目风险应对措施所需的各种资源等。这些项目风险管理的资源都需要资金,所以必须在项目风险管理计划中给出相关预算安排。

4.项目风险管理的时间安排

这主要是指在项目风险管理计划中要计划和安排好项目风险管理所需的时间,这包括在项目生命周期内多长时间进行一次项目风险的识别和度量以及何时开展何种项目风险应对措施,等等。项目风险管理必须在项目的整个生命周期内对项目风险进行不断的识别和度量以及持续不断的监控,以便能够及时发现问题和识别出以前尚未识别出的项目风险。在项目风险管理计划中必须制订出有关各方都能够接受的项目风险管理时间表,必须制订严格的项目风险报告时间表,这样才能够保证项目风险管理的及时和有效。

5. 项目风险度量和应对方法

这主要是指在项目风险管理计划中要给出项目风险度量所需的定性和定量项目风险分析类型、与时间相关的项目风险度量和应对的方法等。在进行项目风险管理过程中风险度量是其中不可或缺的重要环节,所以在项目风险管理计划中必须根据项目各方自身期望和要求以及他们对项目风险的偏好与承受能力制定必要的项目风险定性和定量分析方法及相关的度量与应对方法。这对于项目风险度量以及项目风险信息的传达将起到重要的作用,对于是否应该对某一项风险采取行动以及如何采取行动都是非常重要的。

6. 项目风险阈值(征兆)

这主要是指在项目风险管理计划中要给出风险管理所需的确定项目风险阈值的条件(包括由谁以何种方式使用风险阈值进行评判)。由于项目业主/顾客和项目团队会有不同的风险阈值,因而必须制定人们可接受的项目风险阈值以指导项目风险的应对。在项目风险管理中由于不同项目利益相关者所关注的重点不同和风险偏好不同以及风险承受能力不同,造成他们对什么是风险、什么是要关注的风险、什么是要管理的风险以及什么是必须高度重视的风险等有不同的理解,所以项目风险阈值的规定是非常必要的。

7. 项目风险报告的格式和内容

项目风险管理计划中还应该规定项目风险报告的格式和内容,这主要包括项目风险识别报告、项目风险度量报告、项目风险应对计划报告和项目风险监控报告的内容和格式。在项目风险管理过程中严格的报告时间(报告周期和频率)、报告格式和内容是保证项目风险管理效率和效果的基础,为此必须很好地制定出严格的项目风险报告时间、内容和格式。项目风险报告格式一般由项目利益相关主体的习惯和项目风险管理体系决定,只要能够保证需要项目风险管理信息的组织和成员能够获得所需的必要信息和能够保证项目风险管理沟通的效率即可。

8. 项目风险的跟踪评估

项目风险管理计划中的项目风险跟踪评估主要是指:各种项目风险管理活动的文档化管理规定(这可为当前项目和未来项目积累经验教训并带来好处),各种项目风险管理工作和过程的审计规定,各种项目风险的跟踪识别和度量的规定,等等。项目风险管理的一项非常重要的作用是在项目风险管理中积累经验和知识,所以项目团队和相关利益主体必须在项目风险管理过程中记录和积累这方面的经验和教训,必须记录项目实施过程中遇到的风险事件和风险后果以及项目团队如何应对这些项目风险,这些项目风险管理的经验和教训在将来的哪些项目或工作中可能使用等等。

二、项目风险管理计划的依据和方法

要制订一份清晰并能为项目有关各方都接受且能取得预期效果的项目风险管理计划,人们必须首先理解项目风险管理计划编制的基本过程、基本方法和主要依据,只有这样才能够在制订项目风险规划的过程中做到有的放矢。

(一)项目风险管理计划的依据

在制订项目风险管理计划时主要的依据包括:项目章程、组织风险管理政策、项目风险管理的角色和任务、项目利益相关主体风险承受程度、组织项目风险计划模板和项目工作分解结构(WBS),等等。它们的具体内涵分述如下。

1. 项目章程

项目章程是指项目管理的"根本大法",它正式授权项目经理和项目团队并规定为开展项目所提供资源的权力。它的主要作用包括:承认和确认项目的存在,授权项目经理为完成项目而在执行组织中使用资源,总体描述业务需求、项目结果与项目目标。

2. 组织风险管理政策

这是项目实施组织在应对项目风险时使用的一些基本原则,它是整个组织处理各种风险问题的基本指南和指导性原则。组织的任何风险管理活动都必须遵照这一基本原则展开,项目的风险管理也不例外,其管理必须符合组织的风险管理的基本政策。

3. 定义角色和任务

这是在进行项目风险管理过程中最基本的风险管理人员与责任的安排,在项目风险管理计划过程中必须有关于项目风险管理的角色和任务的规定,这可以使用责任矩阵的方法给出,它可以有效地确保主要的项目风险由专门的人员负责。

4. 利益相关主体风险承受度

项目利益相关主体的风险承受度是制订项目风险管理计划必须考虑的内容之一,因为任何组织对风险的看法、认识和容忍程度是不同的,组织对项目风险的偏好也是不同的。在项目风险管理计划中必须了解项目相关组织对待风险的态度以及他们可以接受的风险程度。

5. 组织项目风险管理计划的模板

组织的项目风险管理计划模板是项目团队编制项目风险管理计划的重要依据之一,这种模板是组织在以往项目风险管理过程中不断积累起来的各种知识的集合。在项目风险管理计划中使用这种模板可以使项目风险管理计划更加系统化和完善化,从而提高计划效率和质量。

6.项目风险管理的约束

项目风险管理的约束包括:资源能力、风险管理能力等各方面的约束。其中,组织的资源能力是项目风险管理计划制订过程中必须依据的,因为项目风险管理必须要花费资源。项目风险管理能力也是在制订项目风险管理计划时必须考虑的核心内容之一,因为这是由组织项目管理成员对待风险管理的态度、认识、知识状况等构成的项目风险管理制约条件。

(二)编制项目风险管理计划的方法

项目风险管理计划所采用的主要方法是计划会议的方法,项目各利益相关主体通过开会协商与分析而最终形成一个项目的风险管理计划。这种方法所涉及的主要要素分述如下。

1.参会的主要成员

参加项目风险计划编制会议的人包括项目经理、项目团队成员和项目相关利益各方、项目实施组织中负责管理风险计划和实施的人员以及其他应参与人员。由于项目经理在项目风险管理中的主导地位和角色,使他成为项目风险规划会议的主导者,项目相关利益主体和项目团队成员都必须参会,因为他们必须参与项目风险管理计划的编制和实施。

2.会议的主要内容

项目风险管理计划会议上必须对项目风险管理的基本过程、项目风险管理的基本原则、项目风险管理决策形成的过程、风险管理汇报关系、项目风险管理过程中冲突的解决方法等内容进行充分的协商,达成广泛的共识,同时还必须将项目风险管理计划与项目的时间、成本、质量等计划进行集成,使整个项目的计划形成一个有机的整体。

3.会议的结果

项目风险规划会议的结果就是项目风险管理计划,风险管理计划描述如何安排与实施项目风险管理,它是项目管理计划的从属计划。风险管理计划可包括以下内容:方法论、角色与职责、预算、管理频度、风险类别等。

三、项目风险管理计划的使用和修订

项目风险管理计划编制完毕以后人们就可以使用并进一步修订它了。

(一)项目风险管理计划的使用

一般而言,在使用项目风险管理计划的过程中应遵循如下几个原则。

1.宏观指导的原则

项目风险管理计划是在项目前期计划阶段所开发的关于项目风险管理方面

的各项工作和安排的计划,在整个项目管理的生命周期过程中它主要是起宏观指导的作用,因此在项目风险管理实施过程中必须坚持和尊重项目风险管理计划的宏观指导性作用。项目风险管理计划是项目各相关利益主体共同参与制订的各方均接受的一种计划,它代表着有关各方的利益和各方允许的行动范围与规范。如果使用项目风险管理计划作为宏观指导,那么项目风险管理行动就很难得到项目相关利益主体的认可和支持,也就难以取得满意的效果。

2.灵活性原则

由于项目风险管理计划是在项目的前期计划阶段完成的,而在项目风险管理过程中项目的环境和条件会发展变化,因此项目风险管理计划的使用必须具备灵活性。实际上这种计划并不是一个项目风险管理的最终解决方案,在具体的项目风险管理过程中人们必须根据项目所面临的实际情况,根据项目风险管理计划中所规定的指导性原则而适当地做出调整,并按照灵活性的原则开展具体的项目风险的应对活动。当然,在进行风险管理计划调整的过程中,一定要根据项目风险管理计划的基本原则进行并且要向项目利益相关者及时征询意见,尽可能在各方面达成妥协的基础上开展工作。

3.学习性原则

项目风险管理计划本身也不是一成不变的,项目风险管理计划也需要根据项目的具体实际以及有关各方利益关系的变化而做出必要的调整。由于项目风险管理计划是项目各个利益相关主体在协商一致的基础上制订出来的项目风险管理的基本指导性原则和行动指南,因此当在项目实际运作的过程中发现项目风险管理计划本身并不能够满足项目风险管理的实际需要或项目利益相关主体的利益时,就需要对项目风险管理计划做出必要的调整。

4.选择适当的风险管理工具

在项目风险管理计划的实施过程中,人们一方面必须以项目风险管理计划所规定的原则和方法来管理项目风险,但是又不能够一味拘泥于项目风险管理计划的执行。项目管理人员必须根据项目的实际情况以及项目组织自身的能力状况去选择适当的项目风险管理工具。

5.发挥项目管理者的主观能动性

项目风险管理工作不是只要通过简单实施项目前期风险管理计划就可以完成的,因为项目有太多的不确定性而且项目环境也过于复杂,所以项目面临的风险是不可完全预知的。因此在项目风险管理过程中人们要在坚持项目风险管理计划的指导作用的同时充分发挥项目管理者的主观能动性,使人们时刻监控项目所面临的各种风险并积极主动寻求解决办法,这样才能够及时有效地处理项目所面临的风险。

6.构建良好的项目风险管理环境

项目风险管理计划是整个项目管理计划系统中的一个子系统,它必须在一定的环境中运行,因此便于项目风险管理计划得以执行的项目风险管理环境是十分必要的。一个良好的项目风险管理环境必须能够确保项目风险管理相关信息交流的畅通,确保项目成员能够坦诚地交流工作中面临的各种问题和风险,能够使项目团队成员相互帮助和积极合作,等等。

(二)项目风险管理计划的修订

项目风险管理计划不是也不可能是一成不变的,项目风险管理计划必然会随着项目的进展以及随着项目各个利益相关者利益关系的变化、自身管理状况和需要的变化而逐步做出修订。但是这种修订必须依照严格的程序进行,否则项目风险管理计划的指导性将会削弱。

一般而言,项目风险管理计划的调整或修订需要遵循如图 8-3 所给出的程序进行。修订程序包括如下几个方面的主要内容。

1.提出修订请求

这种计划修订的请求可以由项目全团队中任何一个成员提出,但是需要以书面的形式向项目经理提出并在其认可后召集项目各主要利益相关主体进行讨论和评估。一般而言,项目风险管理计划是在项目遇到未预计到的重大事件或不确定性环境和条件时才需要做出调整和修订。这可能是对项目本身的影响(如严重影响项目时间、成本或质量等),也可能是对项目利益相关主体的影响(如无法满足某些利益相关主体的需要等)。

2.修订请求的评估

这种评估主要包括两个方面,一是修订方案是否有碍于项目主要利益相关者之间的利益,二是修订是否真有必要。项目风险管理计划的修订必然会涉及项目主要利益相关者在项目管理中的权力与地位等问题,而这对于项目风险管理及其资源分配、各种支持是非常重要的,所以在这种计划修订时必须进行认真评估。有关这种修订的必要性也必须进行评估,只有在原有项目风险管理计划无法满足项目风险管理的需要时才能进行修订。

3.征求意见与实施修订

这种修订请求一旦通过项目利益相关者的共同审批,人们就可依靠开展征求意见和提出修订方案的工作。因为项目风险管理计划的修订必然会涉及多方面的利益协调问题,这样就需要有关各方充分发表各自的意见和看法,在新的基础和平台上探讨相关问题、达成一致并进行修订计划,即使是不被采纳的修订意见也需要进行存档。另外,项目风险管理计划的修订还会涉及项目管理的其他方面,所以还需要做好项目风险管理的权责利分配、项目资源的配置、项目管理的进度安排,等等。

4.修订后的计划执行与监督

项目风险管理计划的修订完成后就必须按照新的项目风险管理计划执行,因此项目风险管理计划修订完成后必须确保项目团队能够及时按照新的项目风险管理计划开展。在这个过程中项目团队必须有专门的机构来负责监督和推动新的项目风险管理计划落实情况,一般这需要由项目管理办公室负责或由项目业主代表监督执行。

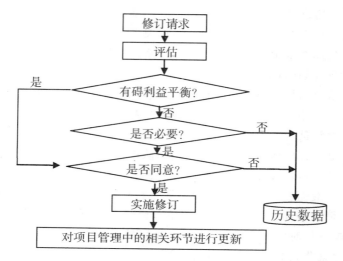

图 8-3 项目风险管理计划修订程序

第三节 项目风险的识别

项目风险识别是一项贯穿项目全过程的项目风险管理工作,其目标是识别和确定项目究竟存在哪些风险,这些风险有哪些基本特性,这些风险如何影响项目的哪些方面等。

一、项目风险识别的概念和内容

所谓项目风险识别就是根据项目风险计划、项目的集成计划与其他专项计划,识别出项目全过程所有各种风险的一项项目风险管理工作。

(一)项目风险识别的概念

项目风险识别的根本任务是识别项目究竟有些什么风险以及这些风险都有些什么特性。例如,一个项目究竟是否存在着项目工期、成本和质量风险,一项项目风险是有预警信息的风险还是无预警信息的风险,一项项目风险会给项目范围、工期、成本、质量等方面带来什么影响等,这些都属于项目风险识别的范畴。

项目风险识别还包括风险原因的识别,即识别和确认项目风险是由于项目什么因素造成的。例如,是项目团队内部因素造成的还是外部因素造成的项目风险(因为项目团队内部因素造成的风险较好管理和控制),是项目工期还是项目质量方面的风险,是项目所需资源的市场价格上涨的风险还是项目组织或团队的人力资源风险,等等。

在项目风险识别的过程中,人们不但必须全面识别项目风险可能带来的各种损失,而且还要识别项目风险所带来的各种机遇。这种项目风险带来的机遇是一种正面影响和获得额外收益的可能性,在项目风险识别中找到项目风险带来的机遇并分析这种机遇能使人们在制订项目风险应对措施和开展项目风险监控中努力使项目风险的威胁和损失得以消除,使项目风险带来的机遇转化成组织的实际收益。

(二)项目风险识别的内容

项目风险识别是项目风险管理中的首要工作,它的主要工作内容包括如下几个方面。

1. 识别并确定项目有哪些潜在的风险

这是项目风险识别的第一项工作目标,因为只有识别和确定项目可能会遇到哪些风险,才能够进一步分析这些风险的性质和后果。所以在项目风险识别中首先要全面分析项目发展变化的可能性,进而识别出项目的各种风险并汇总成项目风险清单(项目风险注册表)。

2. 识别引起项目风险的主要影响因素

这是项目风险识别的第二项工作目标,因为只有识别出各项目风险的主要影响因素才能把握项目风险的发展变化规律并有可能对项目风险进行应对和控制。所以在项目风险识别中要全面分析各项目风险的主要影响因素及其对项目风险的影响方式、影响方向、影响力度等。

3. 识别项目风险可能引起的后果

这是项目风险识别的第三项工作目标,因为只有识别出项目风险可能带来的后果及其严重程度才能够全面地认识项目风险。项目风险识别的根本目的是找到项目风险以及消减项目风险不利后果的方法,所以识别项目风险可能引起的后果是项目风险识别的主要内容。

二、项目风险识别的依据和方法

识别项目风险的关键是找到足够的项目信息和依据，然后通过分析识别出项目风险。

（一）项目风险识别的依据

人们可以用作项目风险识别的依据主要包括如下几个方面。

1. 项目产出物的描述文件

这是项目风险识别的主要依据之一，因为项目风险识别最重要的是识别出项目能否按时、按质、按量和按预算生成项目的产出物和实现项目的目标，所以项目风险识别首先要根据项目产出物的描述和要求识别出各种影响项目产出物质量、数量和交货期的项目风险。

2. 项目的计划文件和信息

这包括项目的集成计划和各种专项计划以及它们之中所包含的全部信息。这些信息有两方面的作用，一是作为项目风险识别的依据，二是作为项目风险识别的对象。例如，一个项目的成本计划（预算）信息可以是分析与识别项目质量风险的重要依据，因为如果项目预算缺口比较大，就会出现由于资源不足而造成项目的质量问题。同时，项目成本计划也是项目风险识别的对象，人们需要通过对项目成本计划实现的可能性进行分析去识别出项目超预算的风险情况。

3. 历史项目的资料和信息

这是完成类似项目的实际发生情况（或风险）的历史资料，它们对于识别新项目风险是非常重要的信息和依据。这种"前车之鉴"在项目风险识别中是最重要的参考和依据之一，所以在项目风险识别中要全面收集各种有用的历史项目信息，特别是各种历史项目的经验与教训。这些历史项目的资料中既有项目风险因素分析和各种风险事件发生过程的记录，也有项目风险带来的损失等方面的信息，这些对于项目风险的识别是非常有用的。一般历史项目的资料包括三种。

（1）历史项目的各种原始记录。这可以从实施历史项目的组织方得到，人们一般都会保留历史项目的各种原始记录，这些原始记录对于项目风险识别是非常有帮助的。在一些专业应用领域中某些项目管理组织及其成员也保存项目的原始记录，如造价工程师和造价师协会都会保留历史项目的各种成本资料。

（2）商业性的历史项目数据库。有许多项目管理咨询公司保留有大量的历史项目信息、统计资料或数据库，他们就是通过提供这种资料和开展相关经营活动而盈利的，所以可以通过这类商业性项目管理咨询公司获得项目风险识别所需的各种历史项目信息和资料。

（3）历史项目团队成员的经验。有许多人会保留自己参与的历史项目经验，经验是一种思想型的历史项目信息,它也是项目风险识别的重要依据。但是这种信息通常比较难以收集,多数需要通过与历史项目团队成员面谈的方式获得,而且这需要在历史项目的团队成员主观愿意的情况下才能够实现。

(二)项目风险识别的方法

项目风险识别的方法有很多,既有结构化的方法也有非结构化的方法,既有经验性的方法也有系统性的方法。使用最多的项目风险识别方法有如下几种。

1. 假设条件分析法

这是一种通过在项目计划和决策过程中对于项目各种条件和成果的假设进行分析,从而识别和找出项目风险的方法。因为在项目的计划和决策过程中有很多不确定性的条件和因素,人们不得不对这些不确定性的条件和因素进行必要的假设。但是在后续的项目实施过程中,这些假设的项目条件和后果都会发生各种各样的变化,所以我们必须使用所谓的"假设条件分析法"去分析和找出由于这些假设的条件和成果已经发生了变化而带来的各种项目风险。实际上,项目风险都是由于人们在计划和决策中所做的假设与客观实际不相符合而形成的,所以这种"假设条件分析法"是识别项目风险的根本方法。

2. 系统分解法

这是一种利用系统分解的原理将一个复杂的项目分解成一系列简单和容易认识的子系统或系统元素,从而分析和识别出项目各子系统、系统要素和整个项目中的各种风险的方法。例如,投资建造一个化肥厂项目就需要根据该项目本身的特性将项目风险分解成市场风险、投资风险、经营风险、技术风险、资源及原材料供应风险、环境污染风险等子系统风险,然后可以对这些项目子系统风险做进一步的分解(如将市场风险进一步分解成竞争风险、替代风险和需求风险等等),从而全面识别这一投资项目的各种风险。

3. 流程图法

项目流程图给出了一个项目的工作流程,给出了项目各工作流程之间的相互关系。流程图包括项目系统流程图、项目实施流程图和项目作业流程图等各种不同详细程度的流程图。在项目风险识别中使用这些流程图去分析和识别项目风险就叫流程图法,这种方法的结构化程度高并且对识别项目风险和风险要素非常有效。例如,一个建设项目会有一个由项目可行性分析、技术设计、施工图设计、计划、施工组织等一系列的环节构成的流程,这些流程构成的项目流程图就可以用来分析和识别该项目的各种风险。

4. 头脑风暴法

头脑风暴法是一种非结构化的方法,它是运用创造性思维和发散性思维以及专家经验,通过会议等形式去识别项目风险的一种方法。在使用这种方法识别项目风险时,要允许与会的专家和分析人员畅所欲言,共同分析和发现项目存在的各种风险。此时组织者要善于提问和引导并能及时地整理项目风险识别的结果,促使与会者能够不断地发现和识别出项目的各种风险和项目风险影响因素。在使用这种方法时需要专家们回答的问题包括:如果实施这个项目会遇到哪些项目风险,这些项目风险的后果严重程度如何,这些项目风险的主要成因是什么,项目风险事件的征兆有哪些,项目风险有哪些基本的特性,等等。

5.情景分析法

这是通过对项目未来的某个状态或某种情况(情景)的详细描绘与分析,从而识别出项目风险与项目风险因素的方法,在具有较高独特性和创新性的项目风险识别中需要使用这种方法。项目情景(项目未来某种状态或情况)的描述可以使用图表、文字或数学公式等形式,对涉及的影响因素多、分析计算比较复杂的项目风险识别作业可借助于计算机情境模拟系统进行情景分析。使用情景分析法识别项目风险需要先给出项目情景描述,然后找到项目变动的影响因素,最后分析项目情景变化造成的风险与风险后果。

6.风险核检清单法

这是利用历史项目风险管理的经验,首先设计一份某个领域或专业的项目风险核检清单,然后对照这份项目风险核检清单,核检和找出具体项目的风险。例如,霍尼韦尔公司(中国)的自动化集成项目风险识别就使用了项目风险核检清单,他们将这种项目的风险划分成技术风险、商务风险、分包风险和项目服务风险四类,然后将找出的每类可能出现的风险构成一份项目风险核检清单,随后他们就可以使用这一核检清单去识别他们所开展的各个自动和集成项目的风险了。这种方法简单实用,是一种十分有效的项目风险识别方法。

三、项目风险识别的结果和应用

通常,项目风险识别工作的结果及其应用主要包括以下几个方面。

(一)识别出的各种项目风险

识别出的各种项目风险是项目风险识别工作最重要的成果。通常人们将这种识别出的项目风险列出,并称其为项目风险清单。项目风险清单所包括的项目风险都是可能影响项目最终结果的各种可能发生并造成损失的事件。项目风险清单的列表要尽可能易于理解和详尽。例如,项目风险清单包括的信息有:项目风险的性质和内容、项目风险可能造成的损失,项目风险发生的概率、项目风险可能影响的范围、项目风险发生的可能时间和范围、项目风险可能带来的关联风险等。

（二）潜在的项目风险

潜在的项目风险是一些相对独立而且无法明确识别的项目风险，比如各种不可预见的天灾人祸。潜在的项目风险与已识别出的项目风险不同，它们是尚没有任何迹象表明未来会发生、只是人们想象到的一种主观判断性项目风险。当然，潜在的项目风险也可能会发展成真正的项目风险，所以对可能性较高或者一旦发生则损失相对较大的潜在项目风险也应该严密跟踪和严格评估，特别是当潜在项目风险向实际项目风险转化时更应该对它们十分注意。

（三）各种项目风险的征兆（阈值）

项目风险的征兆也叫阈值，这是指那些指示项目风险发展变化的现象或标志，所以它们又被称为项目风险的触发器。例如，国家或地区如果发生通货膨胀就会使项目所需资源的价格上涨从而使项目实际的成本不断上涨。假设当通货膨胀率大于 8％ 的时候项目实际成本就会突破项目预算，则对于这个项目而言，通货膨胀率 8％ 就是项目预算风险的征兆或阈值。项目风险的征兆较多，要识别和区分主要和次要的项目风险征兆，并且说明项目风险征兆发生和项目风险发生的时间及因果关系，从而使项目风险征兆能更好地为项目风险管理服务。

第四节　项目风险度量

项目风险度量也是项目风险管理重要工作之一，其内涵和主要影响因素分述如下。

一、项目风险度量的内涵和影响因素

项目风险度量是对于项目风险的大小、项目风险影响程度和后果所进行的评价与估量。

（一）项目风险度量的内涵

项目风险度量包括对项目风险发生可能性（概率大小）的评价和估量、对项目风险后果严重程度（损失大小）的评价和估量、对项目风险影响范围的评价和估量以及对项目风险发生时间的评价和估量等多个方面。项目风险度量的主要作用是根据这种度量去制订项目风险的应对措施以及开展项目风险的控制。所以项目风险度量的主要工作内容有如下几个方面。

1.项目风险可能性的度量

项目风险度量的首要任务是分析和估计项目风险发生概率的大小，即项目风险可能性的大小，这是项目风险度量中最为重要的工作之一。因为一个项目风险的发生概率越高，造成损失的可能性就越大，对它的控制就应该越加严格。

所以在项目风险度量中首先要分析、确定和度量项目风险可能性的大小。

　　2.项目风险后果的度量

　　项目风险度量的第二项任务是分析和估计项目风险后果的严重程度,即度量项目风险可能带来的损失大小。这也是项目风险度量中的一项非常重要的工作。因为即使一个项目风险的发生概率并不大,可它一旦发生且后果十分严重的话,就必须对它进行严格的管理和控制,否则这种项目风险的发生会给整个当事方造成十分严重的损失。

　　3.项目风险影响的度量

　　项目风险度量的第三项任务是分析和估计项目风险影响,即项目风险可能会影响到项目哪些方面和哪些工作,这也是项目风险度量中的一项十分重要的工作。因为即使一个项目风险发生的概率和后果严重程度都不大,但它一旦发生会影响到项目各个方面和许多工作,也需要对它进行严格的管理与控制,以防止因它影响整个项目的工作和活动。

　　4.项目风险时间进程的度量

　　项目风险度量的第四项任务是分析和估计项目风险时间进程,即项目风险可能在项目的哪个阶段或什么时间发生。因为项目风险的管理与控制都必须根据项目风险发生时间进行安排,一般是先发生的项目风险就应该优先控制,而后发生的项目风险可以延后采取措施,通过监视和观察它们的发展进程做进一步风险识别和风险控制。

　　(二)影响项目风险度量效果的因素

　　项目风险度量受多种因素的影响,在项目风险度量与分析过程中必须对可能对项目风险度量效果产生重要影响的因素进行认真的分析,这些影响因素主要包括如下几个。

　　1.项目的状态

　　项目风险大小取决于项目的状态和项目所处的阶段,在项目定义与决策阶段,开放性项目的风险最高,随着项目的逐步实施项目所面临的不确定性逐步降低。所以在项目风险分析和度量过程中必须对项目状态和项目所处阶段进行准确把握。

　　2.项目的类型

　　项目的类型对于项目的风险也有着重要的影响,项目实现和管理过程所涉及的环节和部分及其关系越复杂,项目所面临的不确定性和风险性也就越高。项目相关利益主体的要求越高,项目的风险性也就越高,项目团队越不熟悉项目的情况,其所面临项目风险就越高。

3. 数据的精确性

在进行项目风险度量的过程中,必然会需要用到各种历史信息和来自各个方面的数据,而这些数据的精确性程度也就决定了项目风险度量的精确度。编制数据和进行数据分析的人员的素质、能力和经验等也直接影响着项目风险度量的结果。

4. 项目风险管理计划的科学性

项目风险管理计划规定了项目风险管理的基本原则和基本管理过程,它所规定的项目风险度量的基本原则与基本方法直接决定着项目风险度量的效果,一个科学严谨的项目风险管理计划将会对项目风险的度量起到至关重要的影响。

5. 项目风险度量者的素质与能力

无论项目风险度量的方法与工具多么先进都必须有人使用,项目风险度量者的素质、责任心、能力与经验直接决定了项目风险度量结果的科学性和可靠性。人们需要在项目风险度量中注意克服各种偏见,全面提高项目风险度量的能力和概念等。

当然,项目风险识别过程中所生成的项目风险清单、项目风险事件之间的关联程度等也是影响项目风险度量效果的重要因素。组织在进行项目风险度量的过程中必须从更加全面和科学的视角出发有效管理所有这些影响因素,保证项目风险度量的科学性和有效性。

二、项目风险度量的常用方法和过程

项目风险度量的方法和过程主要包括如下几个方面的内容。

(一)项目风险度量的方法

项目风险度量中所使用的主要方法有如下几个方面。

1. 损失期望值法

这种方法首先要分析和估计项目风险发生概率的大小和项目发生风险所带来的损失大小,然后将二者相乘以求出项目风险损失的期望值,并使用项目损失期望值度量项目风险的大小。其具体做法如下。

(1)项目风险发生概率及其分布的确定。这是项目风险度量中最基本的内容,一般应该根据历史信息资料来确定。当没有足够历史信息资料时,项目管理者就需要利用理论和经验估计和确定项目风险发生的概率。由于项目具有一次性和独特性等特性,所以在许多情况下人们很难找到大量的历史信息资料而只能根据有限的历史资料估算项目风险发生概率,甚至有时在一定程度上要依靠人们的主观判断。依据经验和主观判断得到的项目风险发生概率被称为先验概率,虽然它是凭经验和主观判断估算或预测出来的,但它并不是纯粹的主观随意性的估计,而是项目管理者依照过去的管理经验做出的客观判断。

(2)项目风险造成损失的确定。这可以从三方面来衡量,一是项目风险造成损失的性质,这是指项目风险可能造成的损失是环境危害性的、经济性的,还是技术性的或其他方面的;二是项目风险造成损失的大小,这是指项目风险可能带来损失的严重程度,它们需要用损失的数学期望与方差表示;三是项目风险造成损失的时间分布。这是指项目风险是突发的,还是随时间的推移逐渐致损的。

(3)项目风险损失期望值的计算。项目风险损失期望值的计算一般是将上述项目风险发生概率与项目风险造成损失估计相乘得到的。其计算如公式 8-4 所示

$$E = \sum_{i=1}^{n}(P_i \times L_i) + \sum_{j=1}^{m}(P_j \times O_j) \tag{8-4}$$

其中:E——风险损失的期望值

P——项目风险发生概率

L——项目风险的损失值

O——项目分析的收益值

ij——项目第 i 或 j 种项目不确定性

2.模拟仿真法

这是用计算机模拟仿真分析模型和软件去度量项目风险的方法,这种方法多数使用蒙特卡罗模拟或三角模拟等具体技术方法。这可用来度量项目各种能量化的风险,它通过系统仿真模拟项目风险事件发生时的各种条件和影响因素,然后使用计算机模拟仿真给出项目风险概率及其分布和损失大小的统计规律与结果。模拟仿真法多数用在大型项目或是复杂项目的风险度量上,小项目多数使用损失期望值法。由于项目质量、时间(工期)和成本(造价)的风险直接关系项目的成败,所以模拟仿真法在这些项目风险的度量中广为使用。

3.专家法

专家法也是在项目风险度量中经常使用的方法之一,它可以代替或辅助其他风险度量的方法。在许多大型和复杂的项目管理中都会邀请各方面专家运用自己的经验做出项目范围、项目工期、项目成本、项目质量等各方面项目风险的度量。这种项目风险的度量通常是比较准确的,甚至有时比期望值计算和模拟仿真方法确定的项目风险度量结果还要准确和可靠,因为这些项目专家的经验通常是一种比较可靠的思想型信息数据。另外,在很多项目风险度量中仅仅要求专家给出高、中、低三种项目风险概率的估计和多种项目风险损失严重程度估计的数据,其结果一般是足够准确和可靠的。

4. 敏感性分析法

这是一种分析项目风险事件对项目影响的量化分析方法,敏感性分析法研究在项目寿命周期内当项目某个因素的变化时,项目的目标或相关项目收益指标等会发生怎样的和多大的变化。这种方法能够给出哪些项目因素的变化对项目的目标和结果的影响最敏感(或最显著),从而帮助人们识别和度量出哪些项目因素是敏感性因素。

5. 风险矩阵分析法

在对项目风险进行度量的过程中,通常采用矩阵分析法来度量每项风险的重要性及其紧迫程度。风险矩阵给出了各种项目风险的概率和后果的组合并规定哪些组合被评为高重要、中等重要或低重要的项目风险,然后根据组织的偏好人们可以使用描述性文字或数字表示这种风险矩阵分析的结果。这里需要注意的是由于项目风险既包含损失又包含机遇,所以在进行风险矩阵分析的过程中需要对项目风险损失和机遇的概率和后果进行度量。

(二)项目风险识别与度量的过程

项目风险识别与风险度量的具体步骤由图 8-4 给出。由图可知,项目风险度量的主要工作包括如下步骤。

1. 项目风险管理信息系统的开发与建立

这种系统既可以是以计算机和人为基础的人－机信息系统,也可以是纯人工的信息系统。这一信息系统的主要功能是及时收集、处理和存储有关项目每个具体活动与过程的各种风险信息,以便为项目风险的识别、度量和管理与控制服务。

2. 项目风险信息收集、处理和生成

这是使用项目风险管理信息系统收集、处理和生成有关项目全过程和项目各种具体活动的风险信息,这是一个不间断的项目信息收集与处理工作,是为开展项目风险识别与度量活动提供动态信息的工作。

3. 项目风险的识别与判断

这是运用项目风险管理信息系统生成的信息,加上项目管理人员的风险管理经验所进行的一种对项目各种风险分析、识别和判断并找出项目所面临各种风险的工作。在许多情况下项目管理者的经验、判断甚至直觉是识别和判断项目的各种风险过程中必不可少的。

4. 项目风险的分类与开列

在识别出项目风险以后,人们还需要使用既定标志对项目风险进行必要的分类,以便更加全面和深入地认识项目风险的各种属性。在完成了项目的风险分类工作以后,人们就可以给出项目风险的清单了,这种项目风险清单是项目风险管理中的一份十分重要的基础文件。

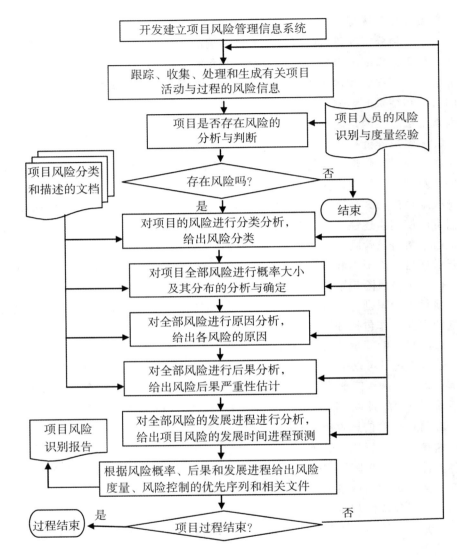

图 8-4　项目风险识别与度量过程示意图①

5.项目风险概率的分析与确定

这是要对已识别出的项目风险进行概率及其分布的分析,以便确定项目风险应对措施和项目风险控制的优先序列。这一分析需要借助项目现有信息、历史数据和专家的经验等,这是项目风险识别和度量的重要工作之一。

---

① 戚安邦.工程项目全面造价管理,天津,南开大学出版社,2000:123—125.

6.项目风险原因的分析与确定

这是运用现有项目风险信息、历史项目信息与项目管理人员的经验,对已识别出的全部项目风险进行风险原因的分析与确认,由此找出各种引发项目风险的主要原因。需要特别注意的是,不同项目风险有不同的引发原因,所以必须针对具体项目风险进行深入的分析。

7.项目风险后果的分析与确定

这是对项目全部风险可能造成的后果及其严重程度所做的全面分析与确定,人们不但要分析项目风险可能造成的后果,还要分析这些项目风险后果的损失值的大小。这种“项目风险后果损失值大小”是确定项目风险控制优先序列的依据之一。

8.项目风险时间进程的分析与确定

这是指对已识别的项目风险所进行的项目风险时间发展进程及其征兆的分析,这一分析主要是要找出项目风险会在何时和何种情况下发生、引发项目风险的诱因何时会出现、诱因出现以后项目风险会如何发展等。

9.项目风险度量与控制优先序列的确定

在完成上述一系列项目风险分析工作之后就可以给出项目风险识别与度量的结论,并确定出项目风险应对和控制的优先序列了。为有效地控制项目的各种风险,人们需要根据项目风险信息安排好项目风险应对与控制的优先序列。这种优先序列安排的基本原则是后果严重、发生概率高和发生时间早的项目风险要优先应对和控制。

10.给出项目风险识别和度量报告

这是项目风险识别与度量过程的最后一个步骤,但这不是项目风险识别和度量的终结。因为需要进行多次的项目的风险识别与度量,每次都会给出一份项目风险识别和度量报告。这种报告包括:项目风险清单、风险分类、风险原因和后果分析、风险度量和全部项目风险应对与控制的优先序列说明等内容。

第五节　项目风险应对措施

在完成了项目风险识别和度量以后,就可以根据由此获得的信息去制订项目风险应对措施了。关于项目风险应对措施的制订有如下几方面的内容。

一、项目风险应对措施的概念和内容

项目风险识别和度量完成以后,人们就可以根据其结果开展项目风险应对措施的制订。

(一)项目风险应对措施的定义

经过项目风险识别和度量而确定出的项目风险一般会有两种情况：一是项目风险超出了项目组织或项目业主/顾客能够接受的水平；二是项目风险未超出项目组织或项目业主/顾客可接受的水平。这两种不同的情况各自有一系列不同的项目风险应对措施。对第一种情况，项目组织或项目业主/顾客基本的应对措施是停止项目或取消项目，从而规避项目带来的风险。对于第二种情况，项目组织或项目业主/顾客要积极主动地努力采取各种措施避免或消减项目风险的损失。所有用于规避项目风险损失的措施都属于项目风险应对措施的范畴。

(二)项目风险应对的主要措施

项目风险应对措施主要包括如下几种。

1.项目风险规避措施

这是从根本上放弃项目或放弃使用有风险的项目资源、项目技术、项目设计方案等，从而避开项目风险的一类应对措施。例如，对于尚不成熟的技术坚决不在项目实施中采用就是一种项目风险规避的措施。

2.项目风险遏制措施

这是从遏制项目风险引发原因的角度出发应对项目风险的一种措施。例如，对可能因项目财务状况恶化而造成的项目风险（如因资金短缺而造成烂尾楼工程项目等），采取注入新资金的保障措施就是一种典型的项目风险遏制措施。

3.项目风险转移措施

这类项目风险应对措施多数是用来对付那些概率小但是损失大（超出了承受能力）或者项目组织很难控制的项目风险。例如，通过购买工程一切险等保险的方法将工程项目的风险转移给保险公司的办法就属于风险转移措施。

4.项目风险化解措施

这类措施从化解项目风险产生出发，控制和消除项目具体风险的引发原因。例如，对于可能出现的项目团队内部和外部的各种冲突风险，可以通过采取双向沟通、调解等各种消除矛盾的方法去解决，这就是一种项目风险的化解措施。

5.项目风险消减措施

这类风险应对措施是对付无预警信息项目风险的主要应对措施之一。例如，对于一个工程建设项目，在因雨天而无法进行室外施工时，采用尽可能安排各种项目团队成员与设备从事室内作业的方法就是一种项目风险消减的措施。

6.项目风险储备措施

这是应对无预警信息项目风险的一种主要措施，特别是对于那些潜在巨大损失的项目风险，应该积极采取这种风险应对措施。例如，储备资金和时间以对付项目风险、储备各种灭火器材以对付火灾、购买救护车以应对人身事故的救治等都属于项目风险储备措施。

7.项目风险容忍措施

风险容忍措施是针对那些项目风险发生概率很小而且项目风险所能造成的后果较轻的风险事件所采取的一种风险应对措施。这是一种最为经常使用的项目风险应对措施,但是要注意不同组织的风险容忍度必须合理地确定。

8.项目风险分担措施

这是指根据项目风险的大小和项目相关利益者承担风险的能力大小,分别由不同的项目相关利益主体合理分担项目风险的一种应对措施。这种项目风险应对措施多数采用合同或协议的方式确定项目风险的分担责任。

9.项目风险开拓措施

如果组织希望确保项目风险的机会能得以实现,这就要采用积极的风险措施,该项风险应对措施的目标在于确保项目风险机会的实现。这种措施包括为项目分配更多和更好的资源,以便缩短完成时间或实现超过最初预期的高质量。

10.项目风险提高措施

这种措施旨在通过提高项目风险机遇的概率及其积极影响,识别并最大程度发挥这些项目风险机遇的驱动因素,致力于改变这种项目风险机遇的大小,最终促进或增强项目风险的机会,以及积极强化其触发条件提高其发生的概率。

另外,还有许多项目风险的应对措施,但是在项目风险管理中上述应对措施最常用。

二、项目风险应对措施制订依据和结果

使用上述项目风险应对的多时就可以制订这个方面的计划和安排了。

(一)制订项目风险应对措施的依据

在制订项目风险应对措施时参照的主要依据包括如下几个方面。

1.项目风险的特性

通常,项目风险应对措施必须是根据项目风险的特性制订的。例如,对于有预警信息的项目风险和没有预警信息的项目风险就必须采用不同的风险应对措施,对于项目工期风险、成本风险和质量风险也必须采用完全不同的风险应对措施。

2.组织抗风险的能力

项目组织的抗风险能力也是决定项目风险应对措施的主要依据之一。一个项目组织或项目团队的抗风险能力是许多要素的综合表现,包括项目经理承受风险的能力、项目组织或团队具有的资源和资金,等等。

3.可供选用的应对措施

一种具体的项目风险实际上存在几种既定的可供选用的应对措施,这也是制定项目风险应对措施的另一个依据。对于一个具体的项目风险而言,有多少种可供选择的项目风险应对措施,对于项目风险应对和控制都是十分重要的。

(二)项目风险应对措施制订的结果

由项目风险应对措施制订过程所生成的结果包括如下主要内容。

1.项目风险管理计划

项目风险管理计划是项目风险应对措施选用和项目风险控制工作的计划与安排,是项目风险管理的目标、任务、程序、责任、措施等一系列内容的全面说明书。它应该包括:关于项目风险识别和风险度量结果的说明,关于项目风险控制责任分配的说明,关于如何更新项目风险识别和风险度量结果的说明,关于项目风险管理计划的实施说明以及项目储备资金如何分配和使用等方面的说明、计划与安排。项目风险管理计划根据项目的大小和需求,可以是正式或非正式的,可以是详细的或粗略的计划与安排。

2.项目风险应急措施安排

项目风险应急措施安排是在事先假定项目风险事件发生的前提下确定出的针对一些重大项目风险事件所准备实施的行动和措施计划。项目风险应急措施安排通常可以是项目风险管理计划的一个组成部分,也可以是独立的一个项目风险应对措施计划,项目风险应急安排会涉及各种不同项目风险的应急措施和不同的应急措施方案。

3.项目储备资金计划

项目储备资金是一笔事先准备好的资金,它也被称为项目储备。这是用于补偿差错、疏漏及其他不确定性事件发生造成对项目费用的增加而准备的,它在项目实施中可以用来消减项目成本、进度、范围、质量和资源等方面的风险。项目储备资金在项目预算中必须单独列出,而且只有项目不可预见事件出现时才能使用。为了使这项资金能够提供更加明确的消减风险的作用,通常它被分成几个部分,包括项目管理储备,项目风险应急储备,项目进度和成本储备等。另外,项目储备资金还可以分为项目实施储备资金和项目经济储备资金,前者用于补偿项目实施中的风险费用,后者用于对付通货膨胀和价格波动所需的费用。

4.项目的技术后备措施

项目的技术后备措施是专门用于应付项目技术风险的,它是一系列预先准备好的项目技术措施方案。这些技术措施方案是针对不同项目风险而预想的技术应急方案,只有当项目风险情况出现、需要采取补救行动时,才需要使用这些技术后备措施。

第六节　项目风险监控

上述项目风险管理工作数属于事前管理的范畴，而项目风险监控则属于事中控制的范畴。

一、项目风险监控的概念和内涵

有关项目风险监控的基本概念、目标与依据是项目风险监控的首要内容，具体分述如下。

（一）项目风险监控的概念

项目风险监控是指在整个项目过程中根据项目风险管理计划和项目实际发生的风险与项目发展变化所开展的各种监督和控制活动。这是建立在项目风险的阶段性、渐进性和可控性基础之上的一种项目风险管理工作，因为只有当人们认识了项目风险发展的进程和可能性以后项目风险才是可控的了。更进一步说，当人们认识了项目风险的原因及其后果等主要特性以后，那么它就可以开展监控了。只有当人们对项目风险一无所知时，它才是不可控的。

项目风险是发展和变化的，这种发展与变化也会随着人们的控制行为而发生变化。人们对于项目风险的控制过程就是一种发挥主观能动性改造客观世界（事物）的过程，此时产生的各种信息会进一步完善人们对项目风险的认识和把握程度，使人们对项目风险的控制行为更加符合客观规律。实际上人们对项目风险的监控过程就是一个不断认识项目风险和不断修订项目风险监控决策与行为的过程。这一过程是通过人们的行为使项目风险逐步从不可控向可控转化的过程。

项目风险监控的内容主要包括：监控项目风险的发展、辨识项目风险发生的征兆、采取各种风险防范措施、应对和处理已发生的风险事件、消除或缩小项目风险事件的后果、管理和使用项目不可预见费、实施项目风险管理计划和进一步开展项目风险的识别与度量等。

（二）项目风险监控的目标

项目风险监控的目标主要有如下几种。

1. 努力及早识别和度量项目的风险

项目风险监控的首要目标是通过开展持续的项目风险识别和度量，及早地发现项目存在的各种风险以及项目风险的各种特性，这是开展项目风险监控的前提条件。

2. 努力避免项目风险事件的发生

项目风险监控的第二个目标是在识别出项目风险以后要积极采取各种风险应对措施，努力避免项目风险事件的发生，从而确保不给项目造成不必要的损失。

3. 积极消除项目风险事件的消极后果

项目风险并不是都可以避免的,有许多项目风险会由于各种原因而最终发生,这种情况下的项目风险监控目标是要积极采取行动,努力消减这些风险事件的消极后果。

4. 充分吸取项目风险管理经验与教训

项目风险监控的第四个目标是对于各种已经发生并形成最终结果的项目风险,一定要从中吸取经验和教训,从而在今后避免同样项目风险事件的再次发生。

(三)项目风险监控的依据

项目风险监控的依据主要有如下几个方面。

1. 项目风险管理计划

项目风险监控活动都是依据这一计划开展的,但是在发现新风险后需要立即更新项目风险管理计划,所以项目风险监控工作都是依据不断更新的项目风险管理计划开展的。

2. 实际项目风险发展变化情况

有些项目风险最终实际发生了,有些项目风险却没有发生。这些项目风险实际的发展变化情况也是项目风险监控工作的最重要依据之一。

二、项目风险监控的方法与内容

项目风险监控是按照一定步骤和流程进行的,项目风险监控的步骤与做法分述如下。

(一)项目风险监控的流程图

项目风险监控的具体步骤、内容与做法可见图 8-5。

(二)项目风险监控各具体步骤的内容与做法

项目风险监控各具体步骤的内容与做法说明如下。

1. 建立项目风险事件控制体制

这是制订整个项目风险监控的方针、程序和管理体制的工作,这包括项目风险责任制、项目风险报告制,项目风险监控决策制,项目风险监控的沟通程序等。

2. 确定要控制的具体项目风险

这是按照项目风险后果严重程度、概率大小、组织风险监控资源等情况确定出对哪些项目风险进行控制、对哪些项目风险容忍并放弃对它们的控制。

3. 确定项目风险的控制责任

所有需要监控的项目风险都必须落实具体负责控制的人员并要规定他们所负的具体责任。每项项目风险监控工作都要由专人负责而不能分担,而且要由合适人员负责。

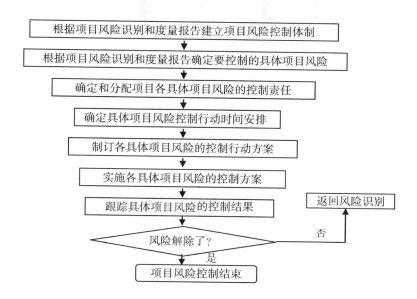

图 8-5 项目风险监控的步骤、内容与做法示意图①

4.确定项目风险监控的行动时间

这是项目风险监控时间的计划和安排,它规定出解决项目风险问题的时间限制等。项目风险的损失多数是因为错过监控时机造成的,所以项目风险监控时间计划很重要。

5.制订各个具体项目风险的监控方案

这首先要找出能够监控项目风险的各种备选方案,然后对方案做必要的可行性分析和评价,最终选定要采用的风险监控方案并编制项目风险监控方案文件。

6.实施各个具体项目风险监控方案

此时人们必须根据项目风险的实际发展与变化,不断地修订项目风险监控方案与办法。对于某些具体的项目风险而言,项目风险监控方案的修订与实施几乎是同时进行的。

7.跟踪各个具体项目风险的控制结果

其目的是要收集项目风险监控工作的结果信息并给予反馈,以指导项目风险监控工作。通过跟踪给出项目风险监控信息,根据信息改进项目风险监控工作,直到风险监控完结为止。

---

① 戚安邦.工程项目全面造价管理.天津:南开大学出版社,2000:136—138.

8.判断项目风险是否已经消除

如果认定某项目风险已经解除则该项目风险监控作业完成,若判定某项目风险仍未解除就需要重新识别和度量项目风险,然后按图 8-5 给出方法开展下一步的项目风险监控作业。

本章思考题

1.如何理解项目风险的内涵?

2.如何理解项目风险管理的内涵?

3.为什么项目比日常运营中的风险要多很多?

4.为什么项目风险管理要对项目的各种风险做分类?

5.如何才能更好地发挥项目风险识别在项目风险管理中的作用?

6.如何才能更好地发挥项目风险度量在项目风险管理中的作用?

7.如何才能更好地发挥项目风险应对在项目风险管理中的作用?

8.如何才能更好地发挥项目风险监控在项目风险管理中的作用?

第九章　项目沟通管理

　　本章将全面讨论项目沟通及其管理方面的内容。本章的重点包括四个方面：一是管理沟通的基本原理和过程；二是项目沟通的特定方法和技术；三是项目沟通管理计划编制；四是项目沟通管理的实施与执行。本章将相对深入地讨论项目沟通管理与项目信息管理的关系，项目沟通管理的作用、方法、内容以及技能和要求等方面的内容。

第一节　项目沟通管理的概念

　　项目沟通管理的对象是项目过程中的全部沟通活动及其效果，所以要学习项目沟通管理首先必须对管理沟通的相关概念和特性有所了解。有关项目沟通管理中最重要的概念、原则和特性有如下几个方面。

一、项目沟通管理的内涵

　　沟通虽然是每个人每天都要做的事情，但却是一项需要努力学习和实践才能学会和做好的事情。一个成功的项目管理者的最主要任务之一就是充分发挥自己的沟通能力做好沟通工作，使自己的组织或团队更加合理和有效地开展工作。因为根据哈佛商学院的统计，经理们且尤其是项目经理们有 90％ 以上的时间是在做沟通及其管理工作，以借此获得足够的信息做出正确的管理决策。按照美国联邦调查局的说法，他们的管理者 95％ 以上的时间是在沟通或做沟通管理，因为他们就是做情报和信息工作的。

(一)沟通的基本概念

项目的沟通管理比一般运营的沟通管理要重要得多,因为项目存在信息缺口而需要通过更多的沟通去获得这些信息,弥补项目存在的信息缺口。同时,项目是以团队的方式开展工作的,项目团队成员及其作业需要更多的沟通和信息交流。所以在项目管理中,沟通成为一项十分重要的工作和管理对象,有关沟通的最基本的概念包括如下几个方面。

1. 沟通的目的是使人们相互理解和交流

人们无论通过什么渠道和借助什么媒体进行沟通,根本目的是使沟通双方能够相互理解。所以沟通双方是否真正能够理解相互之间传递的数据、信息及其含义,是否理解各自表达的思想和感情,以及是否理解字里行间或话里话外的真实意思是至关重要的。

2. 沟通的内容包括数据、信息和思想

在沟通的过程中双方相互交流的包括三种东西,一是数据,二是信息,三是思想。其中,数据是对于客观事物的描述,信息是经过加工以后对于决策支持作用的数据,思想是人们对于特定事物的主观想法、主意和感情等人们心中对某人或某事的判断。

3. 沟通主要是提出、回应问题或要求

沟通的方式主要是由双方相互提出各种各样的问题和要求,提出一方希望另一方回应其问题或满足其要求(如去做某件事情或回答某个问题),双方因此会获得一定的数据、信息或回报。所以沟通的关键就是双方能够关注和理解对方的问题和要求并做出相应回应。

4. 沟通是信息交换和思想交流的过程

在沟通过程中双方主要是信息交换和思想交流的过程,因为信息交换可以使人们的决策更加科学合理,思想交流可以使人们更加相互理解与合作。所以任何沟通过程都离不开信息的交换和思想的交流,而且很多情况下信息交换和思想交流是同时并存的。

5. 管理沟通应该是一种有意识的行为

管理沟通不同一般人之间的沟通,管理应该是一种有意识的行为,是一种受管理者主观意志支配的沟通活动。所以管理沟通的效果在很大程度上受双方主观意愿和情绪的影响,而不像人们在通常的沟通中会无意识地破坏沟通或制造沟通障碍等。

(二)项目沟通管理的概念

根据上述沟通的概念可知,在项目管理中必须包括对于项目沟通的管理,以便在项目实施过程中人们的沟通行为和结果能够满足项目对于信息资源的需求。所以项目沟通管理实际上是一种对于项目信息资源的收集、加工和使用等方面的全面管理,具体分述如下。

1.项目信息资源收集的管理

项目沟通管理首先是对于项目信息资源收集工作过程和结果的管理,这方面的管理要求人们必须按照项目决策与管理实际需要收集足够的项目、项目环境与条件等方面的各种客观数据,以便下一步能将这些获得的数据进行加工处理和供人们进行项目决策使用。

2.项目信息资源加工的管理

项目沟通管理其次是对项目信息加工的工作过程和结果进行管理,这方面的管理要求人们必须按照项目决策与管理实际需要加工和处理人们收集到的项目、项目环境与条件等方面的数据,从而形成能够为人们的项目决策提供支持的有用信息。

3.项目信息资源使用的管理

项目沟通管理最终是对于项目信息使用的工作过程和结果进行管理,这方面的管理要求人们必须在开展项目决策与管理中必须以收集和处理好的项目、项目环境与条件等方面的各种信息为依据,以确保项目决策的科学和有效。

项目沟通管理的根本目的是弥补和消除在项目实施和管理过程中存在的信息缺口,有关这种项目信息缺口及其弥补的相关内容,人们可以参阅第八章项目风险管理中的图 8-1 和公式 8-3 与 8-4 及其相关的讨论,这些讨论充分说明了人们需要通过开展项目沟通管理获得足够的项目信息,从而去弥补项目信息缺口以降低项目不确定性和做出正确的项目决策。

二、项目沟通管理的过程

任何项目沟通活动都有一系列沟通步骤或环节所构成的沟通过程,对这种项目沟通活动的过程必须进行全面的管理,相关内容讨论如下。

(一)项目沟通的过程

项目沟通的过程不是发送就是接受数据、信息和思想,这种项目沟通的过程涉及沟通的主体(包括信息发送者和接收者)的发送、传递、接收、反馈和干扰五个子过程,这种项目沟通的过程由图 9-1 给出了示意。

由图 9-1 可知,在项目沟通过程中有发送、传递、接收、反馈和干扰这五个具体环节或内容,而这些环节按照图 9-1 中所示构成了项目沟通的过程[①]。人们只有科学合理地使用或借助这些项目沟通的环节和过程,才能取得项目沟通的期

---

① 戚安邦.项目管理学.北京:科学出版社,2007.

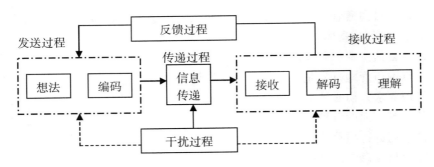

图 9-1　项目沟通过程的示意图

望效果。在项目沟通过程中,从沟通传递的信息和思想,沟通使用的语言、语气和表达方式,到包含那些"字里行间"和"言外之意"的暗示,这些都需要使用"因时、因地、因人和因事而宜"的权变方法,而权变方法就是艺术的方法。特别是在那些交换思想和交流感情的沟通中更是如此,所以沟通使用的是一种"艺术逻辑"或叫软逻辑,而不是"数理逻辑"或叫硬逻辑。为此,人们就必须充分使用图9-1 中的发送、传递、接收、反馈和干扰的沟通过程以及各种沟通手段,否则就会造成或出现沟通不畅甚至沟通障碍和问题。项目管理者必须熟悉这种沟通过程,并能充分运用这一过程分析和发现项目管理中的各种沟通问题和障碍,使用项目沟通管理的方法确保项目管理中的信息畅通和思想沟通充分,以便有足够信息资源支持项目的科学决策。

(二)项目沟通过程中的主要步骤

图 9-1 中给出的沟通过程中主要的沟通步骤有如下几个方面。

1. 确定沟通的想法

沟通过程中的信息发送者首先要确定自己所要沟通的信息和思想,这些是沟通过程中所要努力使对方接受、理解的东西和实际要发出的内容。但是信息发送者必须按照信息接受者能够接收的编码,对所要发送的想法和信息进行必要和合理的编码处理。

2. 进行发送的编码

发送者的编码工作是根据信息接收者的语言、个性、知识水平和理解能力等因素,使用信息接收者能理解的语言和编码,将信息或想法进行编码处理。只有在完成了编码工作以后,信息发送者才能够把自己的信息或思想发送给信息接收者并为他们所接受。

3. 选择传递的方式

在信息发送者完成编码后还必须进行信息传递方式或渠道的选择,以确保使用合适并有效的信息传递方式将信息发送给信息接收者。人们必须根据信息的特性、信息接收者的情况和噪声干扰等情况来选择在信息传递子过程中所使用的传递方式和渠道。

4.发送和传送信息

在人们选定沟通的信息传递方式或渠道以后,就可以将已编码的信息或思想传送给信息接收者了。这种信息的传送过程可以由机器或由人工实现。其中,电子型信息传送依靠电子信息网络,书面型信息传送靠书信邮寄递送,思想型信息传送则需要当事人面谈。

5.接收信息编码

当信息传递到接收者时,信息接收者首先要全面接收发送的信息编码。特别在面对面的沟通中,信息接收者必须仔细倾听对方的讲述,全部接收对方用各种语言传递的各种信息编码和信号,这就是管理者"沉默是金"的时候,以便后续的解码过程中有足够的数据。

6.开展信息解码

这是指信息接收者对已经接收的信息编码进行形式转化和内容翻译的过程,即将接收的编码转化为己方可理解形式的信息加工工作。解码的过程包括:将机器编码转换成自然语言、将外语翻译成中文、将方言或者行话以及手势转化成能够理解的语言等。

7.全面理解信息

这是指在信息解码的基础上,全面理解所接收信息的过程,这包括对所接收的信息和思想感情的全面理解。一是要弄明白信息发送者所发送信息字面的含义、内容和要求等,二是全面理解信息发送者的真实意图和实际想法等属于思想感情方面的内容。

8.积极开展反馈

这是信息接收者根据发送者的要求或自己存在的疑问及要求,反过来向信息发送者提出询问、反诘、确认等反馈行为。这包括对所接收信息或思想的提问、进一步发送信息的要求等。这属于求证性信息沟通过程,它与信息发送、传递和接收构成了信息沟通的环路。

9.沟通过程干扰

在有些沟通过程中会存在干扰,这些干扰可以是人为的噪声造成的,也可能是某种环境因素造成的。人们要保证信息沟通过程的连续性和有效性就需要努力消除沟通干扰,反之人们就需要制造沟通干扰,所以干扰也是信息沟通过程中一个十分重要的环节。

(三)项目沟通过程的管理

项目沟通过程的管理主要涉及对于整个沟通过程中的发送、传递、接收、反馈和干扰五个子过程的全面管理,具体讨论如下。

1. 项目沟通发送子过程的管理

项目沟通发送子过程的管理主要涉及两个方面:一是对于传递信息内容的管理,人们需要根据项目对于信息的需求而制订项目发送信息内容的计划和安排,通常这包括"上下(项目领导和被领导者)、左右(项目团队成员之间)、内外(项目团队与其他项目相关利益主体)"三个方面的信息发送内容的需求和计划;二是对于信息编码的管理,人们需要根据项目信息沟通的需要规定和管理自然语言(母语)、工程语言(机械制图等)、外语、专业语言(如管理图表)等不同编码方式的使用,以避免项目管理沟通出现障碍。

2. 项目沟通传递子过程的管理

项目沟通传递子过程的管理主要也涉及两个方面:一是对于传递方式和渠道的选用及其管理,人们需要根据项目沟通的客观需求选用合理有效的项目传递方式和渠道,通常包括面谈、电话、短信、录音电话、书面报告等一系列不同的传递方式和方法;二是对于信息传递过程的管理,人们需要根据项目信息传递的需要管理选用的项目传递方式和渠道,以避免在项目传递过程出现信息传递失真或无法传递到接收者一方的情况。

3. 项目沟通接收子过程的管理

项目沟通接收子过程的管理则主要涉及三个方面:一是对于编码接收的管理,人们需要根据项目信息接收的客观需要规定和管理好项目信息编码的接收工作,如规定面谈时不能随便打断对方,开会不能打手机等;二是对于解码过程的管理,人们需要根据项目信息解码的实际需要安排和开展这方面的管理,如规定和选用必要的项目沟通使用的编码和解码标准等;三是对于解码后的信息理解方面的管理,这是最为困难的管理对象和内容,因为不同的人会从不同的角度看待事物和理解信息,所以应该规定使用反馈等手段解决编码理解的偏差或由于理解有误造成的误会或误解,等等。

4. 项目沟通反馈子过程的管理

项目沟通反馈子过程的管理主要也是涉及两个方面:一是对于反馈子过程的使用方面的管理,人们需要根据项目沟通的客观需求计划和规定在哪些情况下必须开展项目信息的反馈和在哪些情况下人们不能开展项目信息的反馈;二是对于信息反馈方式方法的管理,人们需要根据项目沟通的需要去选用和管理项目沟通中何时使用主动和积极的反馈方式方法(这也叫前馈的方法,包括信息接收方采用的试探和放风等具体方式),何时使用被动或消极的反馈方式方法(这也叫后馈的方法,包括等待信息发送者提问等具体方式)。

5.项目沟通干扰子过程的管理

项目沟通干扰子过程的管理主要有两方面：一是对于干扰方式的选用及管理，人们需要根据项目沟通的客观需求去选用是积极进行干扰还是努力降低干扰的方式；二是对于干扰过程的管理，人们需要根据项目沟通的实际需要开展终止干扰或抗干扰的工作，以避免在项目沟通过程中出现抗干扰方面的失误和失当等情况。

三、管理沟通的基本原则

管理沟通与一般人们之间的沟通是有很大不同的，在管理沟通过程中人们必须坚持一些基本的原则，必须控制影响管理沟通的因素，以保证组织中的管理沟通科学和有效。

(一)开展管理沟通的基本原则

开展管理沟通包括的项目管理沟通的基本原则主要有如下几个方面。

1.准确性原则

管理沟通的准确性原则包括两个方面：一是在管理沟通中所传递的信息本身必须是准确的信息，而不能是似是而非或模棱两可的信息；二是管理沟通中所使用的编码和传递方式必须是准确和有效的，而不能是信息接收者无法理解和接受的。因为管理沟通的真正目的是为管理决策提供所需的信息，为使人们能更好地合作而进行沟通。所以不管是信息发送者的编码，还是信息接收者的解码与理解，都必须坚持准确性的原则。

2.完整性原则

管理沟通中的完整性原则也包括两个方面：一是信息的完备性；二是沟通的完全性。信息的完备性是指在管理沟通过程中所传递的信息应该是相对充分必要的，不能因有很大的信息缺口而使对方难以理解，从而出现管理沟通的障碍。沟通的完全性是指信息发送、传递、接收、反馈和干扰各个环节都不能少。沟通的完整性还表现在必须通过沟通管理等手段，确保所有应该得到信息的人或组织都能够适时、全面地获得所需的信息。

3.及时性原则

除了上述管理沟通的准确性和完整性原则外，人们还必须保证沟通的及时性。这一原则可以使人们及时获得具有时效性的信息，而只有没有过时效期的信息才是人们决策和行动的依据。所以沟通及时性原则的根本原因在于任何信息都有自己的时效性和有效期，信息一旦过了时效性和有效期，就会成为毫无价值的"马后炮"而失去指导决策的作用。所以一定时期的计划、统计和财务信息，如果不能够及时生成、传递和使用，过了时效期等就没有任何用处了。在实际工作中常常因各种原因而出现信息失效而贻误了时机和工作的情况。

4.非官方沟通的原则

这一管理沟通原则是指管理者在不便使用正式或官方的沟通渠道时,要积极使用非正式或非官方的沟通渠道来开展管理沟通,以补充正式或官方组织沟通渠道的不足。此处的非官方沟通原则是指一个组织中必然存在各种非官方或非正式组织及其信息沟通渠道,有时使用这种沟通渠道会产生更好的沟通效果。另外,因为有些信息不适宜通过官方或正式组织的沟通渠道来传递,所以需用非官方或非正式组织沟通渠道去沟通。

(二)影响管理沟通效果的因素

管理沟通的效果受许多要素的影响,这种沟通的管理者必须努力消除这些因素的影响,以保证管理沟通的通畅和有效。研究表明有如下方面的因素影响管理沟通效果。

1.信息发送者

管理沟通的起点是信息发送者,其信息发送的质量会直接影响到项目沟通的效果。如果信息发送者在沟通能力和技巧方面存在问题或不能按上述管理沟通原则去传递信息就会破坏组织的管理沟通效果和质量,所以信息发送者是影响管理沟通效果的首要因素。

2.信息接收者

管理沟通的终点是信息接收者,其信息接收水平也是影响管理沟通的重要因素,这包括信息接收者的接受和理解能力。如果他们不能够有效地接收代码并正确理解,并且他们也不会很好地使用信息反馈方法以及干扰或抗干扰的方法,就会影响管理沟通的效果。

3.沟通的环境

影响管理沟通效果的第三个重要因素是管理沟通所处的环境与条件。因为所有的管理沟通都是在具体管理沟通环境中展开的,这包括管理沟通的客观环境与条件,及组织文化等思想境界的环境。如果管理沟通环境存在问题就会影响管理沟通的效果,或使沟通失效。

4.传递方式与渠道

管理沟通方式与渠道同样是影响管理沟通效果的重要因素,通常人们采取的管理沟通主要方式和渠道有:当面、书面、非语言和电子沟通以及其他形式的沟通。有效的管理沟通必须根据需要选择合适的信息传递方式和沟通渠道,以确保管理沟通取得好效果。

5.反馈与回应

管理沟通双方为了有的放矢和相互理解就需要建立一套相应的反馈或回应

机制,这包括在管理沟通过程中的反馈或回应,管理沟通事后的反馈或回应,借助反馈增减传递的信息,改变或调整传递信息的方式或编码,在形成一种双方的互动的过程中而使管理沟通更有效。

6.科学的编码

人们在管理沟通中传递信息和思想的编码多数不是单义性的而是多义性的,这在很大程度上与编码的选用和管理有关。现有形式逻辑和数理逻辑方面的编码多是单义性的,而使用艺术逻辑的编码就会具有多义性。要注意的是编码的多义性会使人们理解信息和思想发生偏差。

综上所述可知,项目沟通管理是一项很重要的管理工作,项目管理者必须认真考虑和分析上述沟通的过程、原则和影响沟通效果的要素,才能做好项目沟通的管理工作。

第二节　项目沟通方法与技巧

项目沟通管理的根本目标是保证项目信息能够适时并以合理的方式产生、收集、处理、贮存和使用,保证项目团队和项目其他成员的思想和感情能够有效地获得交流。项目沟通管理既是对项目信息内容及其传递方法和过程的全面管理,也是对人们思想和交流感情活动与过程的全面管理。项目管理人员必须学会使用科学编码发送和接收信息,管理和规范项目的沟通活动和过程。成功的项目沟通管理必须对项目过程中各种形式的沟通进行全面的管理,所以项目沟通管理是整个项目管理的一项非常重要的管理工作。

一、项目沟通中的方法

在项目沟通中普遍使用的沟通方法和在一般运营管理中所使用的沟通方法基本是一致的,主要有:口头沟通方法、书面沟通方法、非语言沟通方法和电子媒介沟通方法。但是,在项目沟通中使用的这些方法具有某些独特性,下面是这些沟通方法的相关讨论。

(一)口头沟通方法

口头沟通可以是面对面的也可以是通过电话或会议的方式实现的,这种方法有简便快捷并可以传递思想和感情等方面的特点。

1.口头沟通方法的要求

这种沟通方法可以用于讨论问题、澄清问题、相互理解和及时反馈沟通内容和效果等优点,但是在项目沟通中使用口头沟通方法时必须谨慎从事,尽量不要使用可能被误解的言辞。在口头沟通中应该坦率和明确,防止误导或错误理解,在项目沟通中使用这种方法最好配合使用图纸等工程语言或专业术语。特别是在采用会议形式进行项目沟通时,讲话最好要有其他沟通方式配合,谨防造成误会或误解。

2.口头沟通方法的特性

在口头沟通中,信息发送者可以通过接收对方的反馈来检查自己发送信息的准确和有效程度以及对方接收信息和理解信息的情况,这是通过"察言观色"的方法去验证和检查信息发送过程效果的。同时,在口头沟通中信息接收者可以通过直接反馈来告诉对方自己对其所发送信息的理解情况,以及直接向对方询问自己想知道的更多信息,所以这也是一种通过当面或直接的"你来我往",去提高项目沟通效果的方法和过程。

3.项目沟通中的口头沟通方法

在项目早期人们使用面对面的口头沟通去促进项目团队的组建和开发,以及发展良好的工作关系和建立项目团队共同期望与目标。在项目实施过程中,项目团队以会议方式开展沟通是一种很有利的方法,大家共同讨论问题比逐个打电话要快捷和有效。口头沟通方法在多数情况下是一种时效性最高的信息和反馈的发送与接收过程,人们当时就可以知道沟通的效果如何。在有些情况下电视会议也是一种很好的口头沟通方式,但是在有些情况下面谈才是最有效的口头沟通方法。所以项目经理应该定期去拜访项目团队成员、项目业主、客户和项目组织中的高级管理人员,开展面谈式的口头沟通。

(二)书面沟通方法

书面沟通方法一般是指运用书面文件和信函的形式传递信息和交流思想的方法,在项目沟通中的书面沟通方法包括使用报告、报表、备忘录和信函等方式开展沟通的各种方法。

1.书面沟通方法的要求

人们在无法或不方便采用口头沟通方法时,多数选用书面沟通的方法作为一种可替代的沟通方式。因为参与一个项目的相关利益主体多且人们因各种原因很难凑在一起,因此人们会经常选用书面沟通的方法。书面沟通方法也要求有较高的技巧,因为人们不愿意和没有时间去看那些书面给出的冗长信息。这方面的技巧包括:书面沟通文件必须格式正确、内容清楚、叙述简洁,书面文件不能过于冗长,书面文件的格式和内容必须为沟通服务等。

2.书面沟通方法的特性

在书面沟通中,信息发送者必须考虑并确定好书面沟通所使用的语言(如是用工程语言还是用母语或外语)、书面沟通所使用的格式(如是用报表还是报告的格式)、书面沟通所具有的法律责任(邀约还是要约或承诺)等方面进行安排。

因为书面沟通相对更为正式和准确，所以书面沟通的这些方面必须双方确定或按照约定俗成甚至法律规定进行，以实现书面沟通更高的可信度和效率，所以这是一种技巧要求更高的项目沟通方法。

3.项目沟通中的书面沟通方法

在项目管理中有些时候要求必须使用书面沟通的方法，如项目合同、项目决策和项目计划等都要求必须以书面文件的形式进行。甚至有一些口头沟通或电话交流的结果，人们也需要使用书面的形式进行记录和保存，因为书面信息既比个人的记忆更可靠，同时将来也会有据可查。所以在项目沟通中，书面沟通的方法大多数用来进行通知、确认和记录各种项目沟通，以及作为口头沟通的补充形式。同样，有时书面沟通也需要口头沟通作为其补充。

（三）非语言沟通方法

在项目沟通中，另一个极有意义的沟通方式是非语言沟通，这包括各种手势、身体语言、眼神接触和语调等，即人们在口头沟通中伴随使用某些非语言沟通的方式。

1.非语言沟通方法的要求

有统计资料表明，非语言沟通方式在一般管理沟通中比口头沟通和书面沟通这两方式使用还要广泛。当然，在项目中非语言沟通使用得就更多了，因为项目工作中有许多特殊的情况只能使用非语言沟通方法。在人类的沟通活动中，有许多沟通是以非语言的方式实现的，"眉目传情"、"心领神会"、"会心一笑"和"热情拥抱"等都属于非语言沟通的范畴。人们的无精打采或满脸愤怒、人们的穿着打扮和各种姿势都在传递着某种信息，同时又都是语言信息的验证和检验。

2.非语言沟通方法的特性

非语言沟通方法的最大特点是不使用任何语言去传递或反馈信息，这就要求信息发送者和接收者必须熟悉双方使用的非语言沟通方式和方法。实际上在不同国度和文化中会有完全不同的非语言沟通方式和方法，如有的国家点头算答应，摇头算否定，但是在有的国家就正好相反。例如，中国人在口头沟通中所使用"是是是，对对对"在很大程度上是一种延续谈话的"答应"，但是美国人在口头沟通中则使用"嗯哼，嗯哼"作为延续谈话的"答应"。如果在沟通中使用了不当的非语言沟通方式或方法，就会给沟通双方造成误会或误解，所以非语言沟通的方法需要更高的沟通技巧和要求。

3.口头沟通与非语言沟通的互补

需要特别注意的是，由于口头沟通的过程中包含有大量的身体语言、眼神接触、语调和语气，所以口头沟通和非语言沟通经常是互为里表和互相补充的。这一事实必须引起项目沟通管理人员的极大重视，因为非语言沟通对口头沟通中信息的传递和思想的交流具有极大的影响。最新研究表明,信息接收者和发送者的动作和表情是对对方的态度和信息做出的真实反应。所谓"察言观色"讲的就是在人们的沟通过程中必须十分关注非语言沟通的部分,所以非语言沟通的方法也是项目沟通中一个十分重要的沟通管理领域。

4.项目沟通中的非语言沟通方法

在项目沟通中大量使用非语言沟通方法,其中最主要的是身体语言、眼神接触和说话语调这三个方面,具体说明如下。

(1)身体语言。所谓的身体语言,包括手势、面部表情和其他各种能够表示一定含义的身体动作。比如,一副愤怒的脸庞表示被激怒了,而一张笑脸表示满意和愉快。人们的各种手部、上肢、下肢、身体动作都属于非语言沟通的方法,在项目沟通中人们更是大量使用非语言沟通方法。例如,远距离指挥作业所使用的手势和哨音,潜水或水下作业所使用的手势和姿势等都属于项目沟通所经常使用的非语言沟通方法。同时,人们在口头沟通过程中会配合大量的身体语言,这些身体语言或者表示某种独立的含义,或是口头沟通的补充。

(2)语调和语气。这是指信息发送者在传递信息过程中所使用的各种腔调和口气,这种对于讲话中某些方面、某些词汇或短语的强调或弱化的方法同样可以传递信息和表达思想,所以也是一种非语言沟通的方法。例如,在人们提出的问题遭到对方质疑或双方发生争吵时所使用的腔调和心平气和的陈述时所使用的腔调是不同的,所以它们所给出的信息也是不同的。通常,用轻柔平稳的语调提出的疑问多数情况下表示提问者真的不明白或不理解,用刺耳尖利的语调提出的疑问多数是一种反击或挑衅等。

(3)眼神接触。这指的是在信息发送者和接受者开展信息传递和接收的过程中所使用的各种眼神接触,这种使用各种不同的眼神和不同时间眼神接触的方法,同样也是传递信息和表达思想的一种非语言沟通的方法。例如,人们在开始讲话之前必须同对方进行眼神的接触以表示尊重和引起人们的注意,但是人们在讲话之中不能一直凝视(盯着)对方,那样会造成对方不安而破坏沟通的过程,而当人们需要确认对方的意愿或态度的时候就必须凝视对方,以便观察和发现对方的真实意愿和态度。所以眼神接触能够给出信息和感情,因此这也是一种非语言沟通的方法,且特别使用在感情交流的沟通过程中。

(四)电子媒介沟通方法

在当今信息时代和网络世界中,项目沟通中越来越多地靠各种各样的电子媒介去传递信息和思想。

1.电子媒介沟通方法的要求

除了常见的电子邮件之外,人们还使用许多种借助电子媒介和信息网络进行沟通的方法。各种各样的电子商务、网络购买、网络会议、计算机通信和电子沟通设备与设施的出现,使得在项目管理中人们必须依赖于电子媒介开展大量的沟通活动。例如,使用电子邮件传递书面报告和报表,使用计算机通信进行技术文件和图纸的传递、修订和变更改动等都属于这一形式的沟通方法。现在只要有计算机网络的连接,项目团队的成员便可以借助电子媒介进行各种沟通,就可以同时将一份信息传递给多人,实现更为开放和有效的多向沟通。

2.电子媒介沟通方法的特性

电子媒介沟通方法的最主要特性是可以将以前的人流甚至物流转变成信息流,大大简化沟通的过程和降低沟通的成本。例如,以前人们需要汇集到一个地方开会进行当面的口头沟通,但是现在有了网络会议人们可以在自己家中与众多人开展会议;以前人们必须到商店才能够与店员沟通而达成购买商品的合同和实现购买的行为,但是现在人们坐在家里就可以购买网上展示的商品从而解决了很多人流和物流的成本。但是,电子媒介沟通的方法所要求的技能和技巧较高,特别是对于某些人来说很难掌握,如有人不会用电子邮件和计算机数据库及其技术文件等。特别是这种沟通方法随着电子媒介的快速发展而不断变化,甚至其使用的语言和文字也会与常规沟通中的不一样,这些都要求人们使用这种项目沟通方法时,必须要掌握其中的各种技巧。

3.项目沟通中的电子媒介沟通方法

在项目管理中经常会遇到需要使用电子媒介进行沟通的方法,如项目报表、项目电子会议和项目电子文档等都属于电子媒介沟通的范畴。甚至有一些书面沟通或口头沟通的过程和结果,人们也需要使用电子媒介的形式进行记录和保存,因为电子型的信息既比个人的记忆更可靠,同时也比书面的记录保存时间更长和更便于使用。所以在项目沟通中,电子媒介沟通的方法使用越来越广泛,在大多数通知、公告、确认和记录等各种项目书面沟通时,以及各种口头沟通的录音和录像等形式中电子媒介都获得了广泛的使用。由此可见,电子媒介沟通正在逐步成为书面沟通和口头沟通的重要补充方式。

二、项目沟通中的技巧

项目沟通的核心是相互理解,人们在沟通中不仅需要获得信息,还需要沟通双方全面完整地理解对方。因此在项目沟通管理中要求人们必须掌握各种沟通技巧,这既包括项目沟通中的信息发送方面的技巧,也包括项目沟通中信息接收方面的技巧。在项目沟通中要充分理解对方就必须掌握听、说、读、写四个方面的技巧,而其中最为重要是听和说的沟通技巧。有关听和说所涉及的问题和技巧主要有如下内容。

(一)聆听中的问题和技巧

在项目沟通技巧中聆听是最为重要的技巧之一,但是项目管理中有许多管理人员和专业技术人员在口头沟通中常会出现各种聆听的问题。

1.聆听中的问题

项目沟通中在聆听方面最主要的问题有如下几种。

(1)被动地听。这是指人们也想听清和听全对方的说话,但是由于速度和反应跟不上对方的讲话,所以听了大半天还是毫无头绪,听到的各种信息多数是处于一种无序状态,不能形成完整的含义和思想。随后人们的厌烦情绪就产生了,听的效果就更差了。这种被动的聆听会漏掉许多重要的信息,形成了"听而不闻"的沟通问题和障碍。

(2)注意力分散。这是指人们在听的过程中注意力不集中或注意力分散,这也是在项目口头沟通中经常发生的问题。人们在听的过程中发生"不注意"的根本原因,是人们的"注意力"转移到了其他方面。在注意力分散的情况下听,会出现信息丢失的问题。

(3)偏见和固执。这是指在对方讲话之前自己就已经有了偏见,所以在其听的过程中只能听到"想听"的信息和观点、不听或听不到"不想听"的信息和观点。这是一种有选择性的听,对于信息发送者的观点、服饰、相貌、语调等方面的反感是这种问题产生的原因。

(4)过早下结论。这是指在说话的人讲话没完,听者还没有足够信息时就开始下结论。这样就无法静心听完事情的全貌或所有事实,所以往往会误解或误会对方的意思。这会严重伤害项目沟通的有效性而造成沟通的中断或不完全,从而导致一系列项目沟通问题。

2.聆听中的技巧

项目沟通中有关改进聆听技巧方面的研究发现,善于聆听者表现出一些共同的技巧和行为,这些对提高项目口头沟通效果十分有用,最主要的聆听技巧包括如下几个方面。

(1)正确使用目光接触和对视。说话时不看对方,大多数人对此会理解为冷漠、鄙视或不感兴趣。在口头沟通中目光接触和对视是一个最为重要的技巧,人们通过目光接触传递信息和判断对方是否倾听和理解。沟通双方使用目光接触可以实现有效的口头沟通。

(2)及时展现赞许性的表示。善于聆听者会对所听到的信息给出表示感兴趣、理解和收到的表情与身体语言。这是通过非语言信号表示的,如赞许性的点头和恰当的面部表情等。这可以向说话的人表明你在聆听,而且明白对方的真实含义并乐意进一步听下去。

（3）避免分心的举动或手势。人们表现出对于对方讲话不感兴趣的做法是使用各种表明这种思想或情感的举动与手势，如不断看表、随心翻阅书籍或文件、拿笔乱写乱画等都属这类举动。因为这会使对方感受到你的厌烦或不感兴趣，所以会给沟通造成不必要的危害。

（4）适时与合理地提问。好的聆听者会分析自己所听到的信息和思想内容，并适时与合理地向对方提问。这不但可以向对方提供反馈信息，而且能够帮助听者更好地理解对方所谈的内容和思想。但是在很多时候人们提问的时机不当，结果造成感情伤害或者思想冲突。

（5）正确有效地复述。这是指人们根据自己的理解，使用自己的话去重述对方所说的内容。善于聆听者会正确有效地复述对方的话，这有两个用处：一是这可以检验自己理解的准确性；二是可以核查沟通的实际效果和给对方一个再次解释的机会。

（6）避免随便打断对方。人们要尽量先让对方讲完，至少让对方讲出一个完整的部分。人们不能凭空猜测他人的意思和想法，只有等他人说完你才会知道其完整想法，所以不能随便打断他人的讲话，这样可确保口头沟通的有效性并避免沟通中发生冲突。

（7）尽量做到多听少说。大多数人乐于畅谈自己的想法而不愿意聆听他人说话，很多人之所以听仅是因为这样才能让别人听自己说。一个好的沟通者必须知道在口头沟通中"多听少说"的道理，如果双方都坚持这个原则就可以使项目口头沟通进行得更为有效。

（8）顺利实现角色转换。在大多数项目沟通中，听者与说者的角色是不断转换的，聆听的技巧包括使一个有效的听者能够十分顺利地实现从听者到说者的角色转换。这既要不伤害对方的感情，又要能够保证沟通的顺畅和有效。

（二）表述中的问题和技巧

在项目沟通技巧中表述的技巧也是最为重要的技巧之一，但许多项目管理人员和专业技术人员在沟通中存在着各种表述方面的问题。

1.表述中的问题

（1）逻辑不清。有人很想表述清楚自己的想法和观点给对方以足够的信息，但是他们在表述中使用的逻辑混乱不清。其中既有单义的形式逻辑或数理逻辑，也有多义的艺术逻辑，并且不断地混用它们。结果造成聆听一方无法按照既定的逻辑理解他的表述，毫无头绪而不能形成完整的意思和思想，这种表述会造成项目口头沟通的障碍和问题。

（2）编码错误。在表述的过程中没有按照信息接收者能够理解的编码进行表述，而是按照"想说什么就说什么"和"想怎么说就怎么说"进行表述，结果导致沟通不畅或根本无法进行。这也是在项目口头沟通中经常发生的问题,主要是人们没有进行过合理编码方面的严格培训,任何一个项目的沟通管理和项目团队成员都应该进行这种培训。

(3)缺乏互动。表述者在讲话中很少注意聆听者是否接受和理解了自己所说的内容,只顾一路"演讲"下去而很少给聆听者提问和反馈的机会,甚至有意压制对方提供信息反馈或进行申诉说明的意图与要求。这样会造成项目口头沟通过程的强制性单向化,聆听者会认为表述者只是在表述自己的主观意志而不是在做真正的沟通,从而使听的过程出现问题。

(4)语言不生动。表述者在表述过程中只是平铺直述,且声调也缺乏抑扬顿挫,说话犹如"和尚念经,喃喃不清",特别是很少使用眼神对视和互动等沟通技巧,缺乏调动聆听者积极参与的方式和做法。结果造成聆听者不知何处是重点、不知主要的信息和思想观点所在,最终形成一种聆听者集体疲惫和沟通没有效果的不良结果。

2.表述中的技巧

项目沟通中有关表述技巧有很多种,表述者可以使用这些技巧去提高项目沟通的效果。这些表述中的技巧在项目口头沟通中是经常使用的,其中最主要的技巧包括如下几种。

(1)预先准备思路和提纲。人们在做任何表述之前都必须预先准备思路和提纲,这是一个确定表述顺序和逻辑的过程,是为将信息和思想有效地传递给对方的思想准备过程。这种准备工作有时候只是一个整理思路的过程(打腹稿的过程),有的时候则需要严格的预备过程(为表述进行严密的程序和书面提纲准备工作),人们需要根据沟通的实际情况选用。

(2)及时调整和修订编码。善于表述者会根据项目口头沟通过程中对方反馈的信息而不断调整和修订编码,从而使聆听者能更好地理解所表述的信息和想法。人们要使用各种手段去提高表述编码的有效性,如积极的目光接触、恰当的面部表情与必要的提问等。同时,使用聆听者熟悉的编码会使其更好地理解信息和思想,获得受到尊重的感觉。

(3)及时合理地征询意见。有经验的讲述者会根据听众的表情和动作了解到聆听者对自己讲述内容的理解情况,并根据具体情况在适当时机及时地向听众提问和征询意见。这种做法不但可以获得听众提供的反馈信息,而且能帮助表述者更好地组织自己的讲述内容和及时地调整编码。在征询意见时必须注意对象、时机和方式方法,不要使自己陷入僵局。

(4)避免过度表现自己。在做表述的过程中,有许多人会自然而然地表现出一种自我表现的意识和行为,这种自我表现的意识和行为经常会使整个表述偏离了原有的主题和应有的内容。作为一个说者,在沟通中必须努力克服这种自我表现的意识和行为,一定不要过度地表现自己。这既有利于保证和提高沟通的效果,又有利于说者的个人形象。

(5)尽量言简意赅。一些人在表述过程中会不顾时间和听众的感受而"畅所欲言",这是口头沟通中表述方面的一个十分严重的问题。很多人一旦进入说者的角色就开始"知无不言,言无不尽",实际上"多说"的东西作为冗杂的信息不利于人们的接收和理解。所以在沟通过程中,说者最重要的技巧是言简意赅。

三、项目沟通中的障碍及其克服

项目沟通的双方都希望能够准确无误地发送和接收到全部信息和想法,并能够正确而全面地理解这些信息和想法,进而实现有效的项目沟通。

(一)项目沟通中的障碍

在实际的项目沟通过程中,有许多沟通障碍会影响项目沟通的有效性,并且对项目成败产生直接影响和后果。在项目沟通中所存在的主要障碍有如下几个方面。

1.沟通的时机选择不当

在项目沟通中注重沟通的时机对实现沟通效果来说很重要,所以在进行项目沟通之前必须要计划好开展沟通的时间和机会,这包括发送和接收信息的时间与机会两个方面。项目沟通的时机选择不当会直接影响沟通的效果,甚至造成严重的不利后果。例如,当项目经理在为某个急需解决的问题而大伤脑筋时,某个项目团队成员毫无事先预约就强行开展口头沟通一定会碰壁,至少不会有好效果,这正如中国古话说的一样"话不投机半句多"。

2.信息或想法不完备

除了上述沟通时机选择不当之外,在很多情况下项目沟通出现的问题是由于沟通双方信息资源不足,或者尚未完全形成自己的沟通想法,甚至根本就没有沟通想法而贸然开展沟通造成的。这是直接威胁到项目沟通效果的最主要的障碍之一,因为按照图 9-1 所示首先必须要有"想法",然后才能"编码"和开展口头沟通。同时,虽然信息冗余会影响项目沟通的效果,但是信息不完备是项目沟通中更大的障碍。所以在项目沟通之前必须明确沟通的想法、内容和目的,努力收集、提供准确和相对完备的信息。

3.环境影响和噪声干扰

环境影响指的是项目沟通所选择的现场环境不适当,从而影响了项目沟通的效果,如本应该在正式沟通环境中进行的项目沟通却使用了非正式沟通环境(如应该在办公室进行的沟通却在饭桌上进行)。噪声干扰指的是信息传递过程中出现的各种干扰因素的不利影响,如电话中的静电干扰、环境噪声等使听者注意力转移,沟通中出现意外突发事件等。环境影响和噪声干扰会对沟通效果造成影响,甚至会造成信息严重失真的恶劣影响。

4. 各种虚饰和欺诈

所谓"虚饰"是指在沟通中故意夸大或缩小有关的信息(但并非是说谎),从而使项目沟通结果对接收者更为有利的做法,如下级只告诉项目经理想听的东西(所谓的"报喜不报忧")就是虚饰,而这种虚饰及其严重程度与组织和社会文化等许多因素有关。所谓"欺诈"是指在沟通中编造信息和设置陷阱,从而使项目沟通为其实现欺诈目的服务(这就要用说谎的手段了),如骗取信任、骗取金钱和骗取名誉等都属于欺诈的范畴。虚饰和欺诈都会使项目沟通出现严重的不良后果,是项目沟通中最为重要的人为障碍。

5. 语言与词汇问题

当人们具有不同背景和出身(包括不同的民族、年龄、教育背景等)时,人们就会使用不同的语言和词汇,而且不同背景和出身的人对于同样的语言和词汇也会有不同的理解。项目组织中的专业技术人员、管理人员和熟练工人对项目各方面的术语和词汇的理解会有很大不同,而这些都会成为项目沟通中的障碍。这种项目沟通障碍不但会影响不同背景和出身的项目团队成员之间的沟通效果,而且更会影响项目各相关利益主体之间的沟通效果。

6. 非语言信号的问题

眼神、语调和身体语言等要素构成的非语言沟通几乎总是与语言沟通相伴的,在项目沟通中这一点表现得更为突出。当语言和非语言沟通中的信号或信息协调一致时,会使沟通效果获得加强;但是当二者出现不一致时,就会使沟通双方感到迷惑和不知所措。例如,如果项目经理告诉一个团队成员说他真心想知道该成员所遇到的困难,而当团队成员告诉项目经理他的困难和实际情况时项目经理却在浏览自己的信件,这种相互冲突的语言和非语言信号就会造成严重的沟通障碍,该团队成员会怀疑项目经理的沟通诚意,甚至停止沟通。

(二)克服项目沟通障碍的方法

在项目沟通中还有许多影响沟通效果的障碍,但是上述这些是最主要的项目沟通障碍,是在项目沟通中必须设法消除的沟通障碍。克服上述项目沟通障碍的方法有很多,但是对项目管理者而言最为有效的方法有如下几种。

1. 合理地选择沟通方式和环境

合理地选择沟通方式和环境对于克服项目沟通中的障碍是非常有用的措施之一,如既可以选择召开项目团队大会的方式,也可以选择下达相应文件的方式;既可以选择个别谈话的方式,也可以选择电话沟通的方式;既可以选择在办公室中进行沟通,也可以选择在团队成员家中进行沟通,或者选择在会议室以及宾馆饭店中进行沟通。但是人们只有合理地选择沟通的方式和沟通的环境,才会克服"话不投机半句多"的问题和其他的项目沟通障碍。

2.正确地安排沟通次序和时间

在项目沟通中需要通过合理地安排沟通顺序和时间克服一些项目沟通中的障碍,如在进行信息系统项目客户需求调查时,究竟是先与客户组织的领导进行沟通还是先与客户组织的下级进行沟通,这一点必须正确地进行安排,否则会造成客户组织对于沟通的消极对待甚至是抵制。同时,与项目客户领导沟通的时间是安排在上午还是安排在下午也必须正确地计划,否则同样会影响沟通的效果,甚至造成沟通障碍。一般情况下借助沟通双方的洽商能够合理安排沟通的时间和次序,这种正确的安排会克服许多项目沟通中的人为障碍。

3.适时地营造沟通的友善氛围

在项目沟通中还需要在开展沟通之始营造出一种保障沟通顺利进行的友好氛围,从而克服各种心理上的沟通障碍。例如,在进行各种项目绩效评估、项目可行性评价等调查面谈的时候,首先要向对方说明面谈沟通的目的、意图和为什么选择对方进行沟通以及对方的相应权利与义务,特别是要强调对于对方的信任和提出希望对方提供帮助与合作的要求。在项目沟通活动中不能出现双方沟通了半天还不知道对方的目的、意图和自己应该承担的角色与应该提供什么信息,所以适时和正确地进行沟通氛围的营造是克服这种沟通障碍的手段。

4.禁用超范围或跨界的沟通活动

项目沟通活动的目的性是十分强的,因此在项目沟通中不允许有超范围或跨界的沟通活动。例如,不允许在项目沟通活动中涉及公司经营机密或团队成员的隐私,不允许在项目沟通活动中对他人进行无关的评价,不允许在项目沟通中的强势一方滥用优势地位,不允许在项目沟通中为个人谋求好处等,最重要的是不允许项目团队成员越过项目经理去向上级汇报,因为这些都超出项目沟通范围和界限的活动,这些不但会造成项目沟通的障碍,还会造成人际关系的纠纷或越权行为等问题,所以在项目沟通中必须严格控制这方面的行为。

5.积极运用信息的反馈

有很多项目沟通的问题是由于信息反馈不足而形成误解所造成的,如果人们在沟通过程中能够正确地使用信息反馈措施,就会大大减少这种误解或误会的发生。信息反馈可以是语言性的,也可以使用非语言性的;可以是在现场直截了当地进行,也可以在事后进行。项目沟通中的信息反馈不仅包括对于提问的回应,还包括主动的反向提问和问询等,有时甚至包括用实际行动提供信息反馈。例如,当面对一群项目团队成员发布信息时,通过观察听众眼神就可以了解他们是否正在接收信息、是否较好地理解了所接收到的信息。

6.积极驾驭语言与词汇

项目沟通中所使用的语言和词汇以及使用这些语言和词汇的方式都会成为形成沟通障碍的原因。例如,项目经理在沟通中必须使用人们能够理解的编码和措辞,以便使人们能够清楚明白地理解其所提供的信息以及他所表述的想法与观点,尤其是项目经理有关项目决策的说明。否则,项目团队就无法贯彻项目经理的决策,就无法理解项目经理的意图和想法,项目沟通就会出现障碍和问题。有效的项目沟通不仅是信息和思想的发送和接收,而且需要对于信息和想法充分理解。所以在项目沟通中,人们必须很好地选择和驾驭语言与词汇,要使用项目沟通者能够理解的语言和词汇,以克服沟通障碍。

7.积极地使用非语言信号

国际上研究沟通管理的学者认为,非语言信号在沟通中的作用有时甚至比语言信号更为重要。因为在沟通过程中人们要通过注意对方的各种行动和表情等非语言信号去验证对方发出的语言信号,所以如果不能很好地使用非语言信号,甚至出现语言和非语言信号二者不统一,就会造成严重的沟通障碍。所以在项目沟通中人们要积极使用各种非语言信号,并且要确保这些非语言信号和语言信号相匹配,以便能够起到强化沟通效果的作用。人们必须克服因情绪驱使而造成的各种信号不一致的问题,以避免信息的失真或造成项目沟通障碍。

上述项目沟通中的障碍和克服方法只是项目沟通中最为主要的沟通障碍和克服方法,各种不同专业领域的项目在沟通中会有其独特的沟通障碍和克服方法。

第三节　项目沟通计划编制

项目沟通管理中首要的工作是制订科学合理的项目沟通计划,这涉及项目全过程的沟通工作、沟通方法、沟通渠道和沟通时间等各方面的计划与安排。对大多数项目而言,项目沟通计划是整个项目计划工作的一个组成部分,并且项目沟通计划也需要进行定期的检查和必要的变更与修订。所以项目沟通计划管理工作是一项贯穿于项目全过程的管理工作,项目的沟通是与项目的实施并存的。项目沟通计划的主要工作包括如下几个方面。

一、 项目沟通计划编制的准备

在编制项目沟通计划之前,人们首先要完成收集各种相关信息和加工处理这些项目沟通计划的储备工作,这些工作的具体内容和要求如下。

(一)收集与项目沟通计划有关的各种信息

第一步工作是收集各种相关的信息,在编制项目沟通计划之前应该首先收集的有关信息主要包括:项目相关利益主体的各种信息需求,这些信息需求的类型、格式、作用和要求,项目沟通中所需的各种技术、方法和条件要求,项目沟通的时间、频度和地点等方面的要求等等。其中最主要的相关信息包括如下几个方面。

1.项目沟通需求与内容方面的信息

这是通过对项目相关利益者的信息需求进行调查和分析而获得的信息,包括:项目组织或项目团队内部"上情下达"和"下情上达"方面的信息需求,项目组织或项目团队与外部环境及其他项目相关利益者之间的"外情内达"、"内情外达"方面的信息需求,及项目组织或项目团队内部各职能组织和专业人员之间的"左情右达"、"右情左达"方面的信息需求。在编制项目沟通计划之前,必须全面收集这些方面的相关信息,以使项目沟通计划能够满足项目沟通的各种信息需求。

2.项目沟通方法和手段方面的信息

在收集项目沟通信息需求的同时,还需要收集有关项目沟通方式、方法、手段和渠道等方面的信息,包括:哪些信息需求需要使用口头沟通的方式去满足,哪些需要使用书面沟通的方式去满足,哪些需要使用面谈的方法,哪些需要使用会议的方法,哪些需要使用书面报告和报表的方法,哪些需要使用电子信息工具,哪些信息需要使用公众的信息沟通渠道和媒介,哪些需要使用组织内部的沟通渠道和媒介,等等。这些信息必须收集齐全才能够制订出切实可行的项目沟通计划。

3.项目沟通时间和频率方面的信息

在明确了项目组织的信息需求和沟通手段要求之后,还必须确定出项目沟通的具体时间和频率要求。其中,项目沟通时间要求是指一次项目沟通所持续的时间长短(如某种会议开多长时间),项目沟通频率则是指同一种项目沟通多长时间进行一次(如某种项目报表是季报、月报、旬报还是日报)。同时要注意收集各种项目沟通活动需要定期举行、还是需要不定期举行,或是需要定期和不定期相结合。因为信息具有时效性,所以这方面的相关信息对于制订项目沟通计划同样是十分必要的。如果没有项目沟通时间和频率的合理安排,项目沟通计划就不可能成为有用的项目管理计划之一。

4.项目信息来源与最终用户的信息

项目沟通计划的编制还需要有各种关于项目信息来源和最终用户方面的信息,这是有关谁是信息的生成者、谁是信息的发布者以及谁是信息的最终接收者等方面的信息。人们必须清楚地知道项目信息来源与最终用户方面的信息，才能够制订出科学合理的项目沟通计划。因为项目信息来源涉及项目信息生成者和发布者以及他们的义务和责任；而项目信息最终用户涉及项目信息接收者以及他们的责任和义务，包括接收、理解和使用信息的责任以及信息保密的责任等。这些也是项目沟通计划制订中必须的相关信息。

5.项目沟通的各种限制和约束信息

制订项目沟通计划必须充分考虑这些项目沟通中的约束和限制条件，所以在制订项目沟通计划时需要收集这方面的信息。这包括：国家或主管部门对各种项目沟通活动的法律规定及规章制度、项目承发包合同对于项目沟通的规定和要求、项目沟通管理人员和预算的限制等。另外还必须注意收集有关项目沟通计划的假设前提条件和要求，因为这也是制订项目沟通计划必须依据的信息之一。在制订项目沟通计划中必须全面收集各种确定和不确定的项目沟通限制条件，以使项目沟通计划能符合实际情况并能起到相应管理作用和功能。

(二)加工处理收集到的各种相关信息

人们必须加工和处理收集到的信息，以便使这些信息能够对项目沟通计划编制中的决策提供支持和服务。对信息的加工处理工作需要遵循准确、系统、可靠的原则和要求进行。

1.各种统计方法的处理工作

对所收集的各种信息进行的加工处理工作主要是指整理、汇总、归纳、分类和提取等必要的信息统计处理工作，这种对已收集到各种相关信息的统计性质的加工和处理的最主要目的和内容是汇总和整理，以便使信息能很好地为编制项目沟通计划服务和使用。如果在这种加工中发现有信息缺口存在就要进一步开展追加调查和新的信息收集工作，这是确保项目沟通计划编制所需信息准确性和完备性的一种必要的工作和可靠保障。

2.各种去粗取精和去伪存真的处理工作

同时，在对于所收集信息进行统计加工与处理的基础上，人们还必须进一步开展去粗取精和去伪存真的处理工作。"去粗取精"是指要除掉与项目沟通计划制订无关或关系不大的信息或数据，以防止由于信息冗余度过大而无法编制项目沟通计划；"去伪存真"是指要找出收集和加工处理信息中虚假或错误的部分，以防止由于虚假信息而造成项目沟通计划编制出错。

3.各种由表及里和由此及彼的处理工作

同样，在对所收集信息进行统计加工与处理的基础上，人们还必须进一步开展由表及里和由此及彼的处理工作。在这种信息处理过程中，"由表及里"是指要根据所收集信息的表象发现其中的真实情况，以防止因"表面现象"蒙蔽而编制出错误的项目沟通计划;"由此及彼"是指要找努力借助成功的历史类似项目的信息,并且根据收集和加工处理的信息(这些都是历史类似项目的信息)去归纳和推演出可用于本项目沟通计划编制的信息。

上述这些项目沟通计划编制准备工作既可以由专门的专业信息收集人员完成,也可以由项目沟通计划编制人员完成,或者是由二者共同合作完成。

二、项目沟通需求的分析与确定

项目沟通需求的分析与确定是在上述项目沟通计划准备工作的基础上,对项目各方面的信息需求所做的全面计划、安排和决策。项目沟通的需求是项目全部相关利益者在项目实现过程中的各种信息需求总和,这包括项目业主、项目组织、项目团队、项目经理、项目供应商、项目所在社区和政府主管部门等各方面对于项目范围、时间、质量、成本、价值、环境影响、资源需求、预算控制、经费结算等各方面信息的全面需求。项目沟通需求的确定涉及所需信息内容、格式、类型、传递渠道、更新频率、信息质量要求等许多方面的计划安排和决策,其中必须确定的内容包括如下几个方面。

(一)项目组织与管理方面的信息需求

这是项目实施组织、项目团队、项目经理以及项目全部相关利益者有关项目的组织与管理方面的信息需求,这包括有关项目组织与管理的组织结构、相互关系、主要责任与权利、主要的规章制度、主要的人力资源情况等方面的信息沟通需求。

(二)项目内部管理方面的信息需求

这是项目组织、项目团队和项目经理在开展各种项目自身的管理活动中所需的各方面信息。典型的项目内部管理方面的信息需求包括项目团队内部各种职能管理所需的信息、项目各种资源管理所需的信息、项目各种工作过程管理中所需的信息,等等。

(三)项目技术管理方面的信息需求

这是有关项目技术工作以及技术管理工作所需的各种信息,包括整个项目产出物的技术信息需求、项目管理工作和业务工作技术方面的信息需求、项目实施过程中的各种技术信息需求和项目控制过程中的各种技术信息需求等。

(四)项目资源管理方面的信息需求

这方面的信息需求是有关整个项目全过程中所需资源和预算的信息需求,这包括项目所需人、财、物等各种资源的信息以及这些资源的配备时间要求和质量要求等信息。这些项目信息需求对于实现项目的资源有效配置是必不可少的。

(五)项目实施与控制方面的信息需求

项目实施与控制方面的信息需求包括：项目范围、时间、成本和价值等计划安排及其完成情况方面的信息需求，项目产出物的质量和项目工作质量及其完成情况的信息需求，整个项目的资金与资源及其供给情况方面的信息需求等。

(六)项目公众关系方面的信息需求

这包括两个方面的信息需求：一是项目组织所需的各种公众信息（包括国家、地区以及当地社区的政治、经济、社会、风俗、文化等方面的信息）需求，二是项目组织需要向社会公众发布的项目信息（包括环保、项目带来的好处、项目的重要性等）需求。

三、项目沟通方式与方法的选用

为满足上述项目沟通的需求，人们必须选用能够满足这些项目沟通需求的沟通方式和方法，因为不同的项目沟通方式和方法会直接影响项目沟通中信息或思想传递的准确性、可靠性、及时性和完整性。因此项目沟通计划编制的第二项重要任务是必须明确各种沟通所需的沟通方式和方法，确定究竟项目在何处需要采用哪种沟通的方式与方法。这需要根据项目沟通需求和沟通的影响因素决定，影响项目选择沟通方式方法的因素主要有以下几方面。

(一)项目沟通需求的时间敏感程度

项目的成功必须依靠开展大量且不间断的项目沟通活动，但是有些项目沟通的时间要求很紧，或者说这些项目沟通的时间敏感性比较高；而有些项目沟通的时间要求比较松，或者说这些项目沟通的时间敏感性比较低。在确定项目沟通方式与方法时，人们必须要充分考虑项目沟通的时间敏感程度这一因素，对时间敏感性强的项目沟通需求就要选用更为快捷的沟通方法和方式，而对于时间敏感性弱的项目沟通需求就可选用其他的沟通方法和方式。实际上这是一种针对项目信息的时效性而选用项目沟通方式与方法的要求和做法。

(二)项目沟通方式和方法的有效性

采用什么样的沟通方式和方法能够有助于满足项目沟通的需要，这也是人们确定项目沟通方式与方法的关键因素之一。例如，会议沟通的方式适用于集体研究和决策，文件公告的沟通方式适用于规章制度的发布或各种项目事务的通告等。所以上述讨论的口头、书面、非语言和电子媒介的沟通方式和方法分别适合于满足不同的项目沟通需求，人们必须认真分析这些不同项目沟通方式和方法的特性做出选用。实际上这是一种针对项目沟通的有效性而去选用项目沟通方式与方法的要求和做法。

（三）项目相关人员的沟通能力和习惯

项目沟通方式和方法的选择还必须充分考虑项目沟通参与者的经历、知识水平、接收与理解能力以及在沟通方面的习惯做法等因素，这包括他们现有的沟通能力和习惯，以及将来需要通过学习和培训能够提高和改进的沟通能力与习惯等。例如，项目专业技术人员和项目管理人员的沟通能力和习惯，就是在项目沟通方式和方法选用中必须考虑的方面。实际上这是一种针对项目沟通的适应性而去选用项目沟通方式与方法的要求和做法。

（四）项目本身的规模与复杂程度

如果项目的规模小、工作量不大、生命周期很短，而且不复杂，人们一般可以选用传统的、人们习惯并便于实施的项目沟通方式与方法。如果项目规模大、生命周期长、内容十分复杂，人们就需要采取一些先进而有效的项目沟通方式和方法了。例如，全球性大项目的沟通方式和方法就必须考虑跨文化、跨时区、跨团队、跨组织等方面的沟通方式和方法，否则是无法满足项目沟通的实际需求的。

四、项目沟通计划的编制与批准

在完成了上述项目沟通需求的信息收集、项目沟通需求信息的加工处理和确定，并选定了项目沟通方式方法以后，人们就可以编制项目沟通计划了。编制项目沟通计划与一般的计划工作有许多相同之处，它同样需要确定项目沟通工作的任务、责任、时间、办法（方案）、应急措施和预算等内容。一般而言，项目沟通计划编制的结果是给出一份项目沟通计划书。项目沟通计划书的内容一般包括如下内容。

（一）信息收集和加工处理方法的规定

这是根据项目沟通的需求确定出的有关项目沟通中的信息（数据）收集与加工处理的任务和方式方法的规定。项目沟通计划中相关的规定应包括：信息的结构、信息收集与存储的分类、信息收集和加工处理的程序与步骤、信息更新和修订的办法和步骤，等等。

（二）信息储存和使用方法的相关规定

这也是根据项目沟通的需求制定的，但它是专门针对项目信息的存储和使用方法的相关规定。项目沟通计划中相关的规定应包括：信息存储的格式、内容和方法等方面的规定，信息使用的权限和保密等方面的规定，信息传递中的规定和要求等。

（三）信息的收集和处理的归档格式规定

项目沟通计划书中要规定出采用何种格式收集和存储项目沟通所需的各种不同类型的信息、采用何种文档化管理的办法对已经发布的信息进行管理和保存,及这些工作的基本程序和方法等。

(四)信息的发布格式与发布权限的规定

项目沟通计划书中还需要规定各种信息的流向、信息的最终用户和信息发布的权限以及各种不同类型信息的发布方式等。项目信息发布格式与权限的要求要和项目组织结构图所表述的权限、责任一致。

(五)对所发布信息的规定和描述

项目沟通计划书中还要对所发布信息进行必要的规定和描述,这包括所发布信息的格式、内容、详尽程度,信息的来源,信息生成时参考的文献,信息相关术语的定义,获得信息的方法,信息储存的要求等。

(六)项目沟通活动的时间和行动方案

在项目沟通计划书中,还必须安排和规定各种项目沟通活动的时间与具体行动方案,这也是项目沟通计划的主要内容之一。例如,有关项目会议的时间和行动方案、有关项目管理规章制度发布的时间和行动方案、有关项目绩效报告的编制和上报时间与行动方案,等等。

(七)项目沟通活动的预算安排

项目沟通计划书中最重要的内容之一,是开展项目沟通活动所需的资源和资金预算的计划安排。各种各样的项目沟通活动都是要耗费资源的,而耗费资源必然会形成成本费用;所以任何一个项目沟通计划都必须给出有关资源和预算的规定。

(八)更新或修订项目沟通计划书的规定

项目沟通计划书中还需要注明对更新与修订该计划书的规定,这包括根据项目需要更新项目沟通计划书的周期和内容、项目沟通计划书与项目集成计划的同步更新要求以及更新和修订项目沟通计划的方法和程序。

(九)计划的约束条件与假设前提条件

这包括两项内容:一是项目沟通计划的各种约束条件,二是项目沟通计划的假设前提条件。前者是在编制项目沟通计划时限制项目沟通的各种因素,后者是那些开展项目沟通的假定实际存在的并作为制订计划依据的前提条件。

第四节　项目沟通计划的实施

在编制好项目沟通计划以后,人们就可以根据这一计划开展项目沟通活动了。项目沟通计划实施中最重要的工作是项目信息的加工和传递工作。其中,项目信息加工工作的最重要的结果是生成各种项目记录和项目报告,而项目信息传递的最重要工作是分发和传递这些项目记录和项目报告以供人们使用。项目沟通的实施有很多方面的工作,此处只讨论项目会议沟通的实施和项目书面沟通的实施工作。

一、项目会议沟通的实施

项目沟通的实施有许多种方式和方法,其中项目会议沟通的实施是项目沟通管理的重要部分。因为它是项目全体相关利益主体沟通与协调的重要方式,人们需要通过项目会议沟通来了解项目进展和协调各方利益,对项目变更做出决策和对项目管理计划进行更新等。

(一)项目会议的类型

项目会议沟通中最常用的会议类型有三种,即项目情况评审会议、项目问题解决会议和项目技术评审会议,这些项目沟通会议的具体内容和实施工作如下。

1. 项目情况评审会议

项目情况评审会议通常是由项目经理主持召开的,会议成员一般包括全部或部分项目团队成员以及项目业主/客户或项目上级管理人员。这一会议的基本目的是通报项目绩效情况、找出项目存在的问题和制订下一步的行动计划。项目情况评审会议一般要求定期召开,以便及早发现问题和防止意外情况发生。

一般项目情况评审会议的议程和内容主要包括:自上次会议后项目所取得的成绩、各种项目计划指标的完成情况、项目各项工作存在的差异、项目未来的发展变化趋势、项目最终结果的发展预测、各种需要采取的措施和下一步行动的计划安排。通过项目情况评审会议获得项目信息和找出解决问题的方法,这是了解项目绩效和进展情况的一种最快捷和有效的沟通方式。当然,这种方式还需要与其他的一些口头沟通和书面沟通的方式结合使用。需要特别注意的是,每次项目情况评审会议必须要形成会议决议或者是会议纪要,同时要由参加会议的各方认可和签署会议纪要或会议决议。

2. 项目问题解决会议

当项目团队成员或项目业主及项目承包商发现项目出现较大问题或潜在较大问题时,就应该立即与有关人员协商和召开项目问题解决会议。不能等到下一次召开项目情况评审会议时再提出和解决问题,那样可能会错过解决项目问题的时机。这是一种不定期的项目内部会议,在项目起始阶段应该规定出由谁何时召开这种会议以及这种会议的参加者和权限等。

项目问题解决会议的内容主要包括:描述和说明项目存在的问题,找出项目问题的原因和影响因素,提出可行的解决方案(全体与会者共同讨论找出解决项目问题的方案),评价并选定满意的问题解决方案,修订或变更项目相关计划等。

3.项目技术评审会议

在项目实施的全过程中,不管何种项目都需要召开项目技术评审会议,以确保项目业主和项目承包商同意项目团队提出的各种实施技术方案。这种会议的内容与方法因项目所属专业领域的不同会有很大的不同。但是绝大多数项目有两种项目技术评审会议,一是项目技术初审会议,二是项目技术终审会议。

项目技术初审会议是在项目团队最初提出项目初步技术方案以后召开的对于项目初步技术方案的评审会议。这种会议的目的是,在项目开始之前或初期,由项目业主/客户对项目的初步技术方案进行必要的评审和确认。项目技术终审会议是在项目团队完成了项目技术方案的详细设计以后进行的最终技术评审会议。这种会议的目的是在项目团队开始实施之前,由项目业主/客户对最终技术方案进行评审和确认。

(二)项目会议沟通的实施方法

在项目会议实施中人们需要采取多种方法和技巧以管理会议和确保项目会议沟通的有效和成功,这方面的方法主要包括如下几个方面。

1.项目会议的会前管理工作

各种项目会议的会前管理主要是对项目会议准备工作的管理,这种工作是项目会议沟通成功的关键。在项目会议准备中必须管理和控制的方面有:首先要分析、确定会议是否真正有必要,其次要确定项目会议的目的,然后要确定谁需要参加会议。一定要事先分发项目会议的议程和通知,要充分准备和分发会议材料,要提前安排会议场所。

2.项目会议的期间管理工作

项目会议期间的管理工作同样很重要,这方面的主要管理工作包括:保证按时开始会议,指定会议记录者做会议记录;开会后要首先说明会议目的和议程,然后要积极掌握和控制会议并保持会议气氛活跃和能在预定时间内结束;要及时总结讨论并引导会议进入下一个议题,要在会议结束时总结会议成果。另外,项目会议尽量不要超时,若没有完成所有会议议程,最好由涉及后续议程的人再另外召开一个会议。

3.项目会议的会后管理工作

一般在项目会议之后应尽快整理出会议记录,并在一定时间之内公告项目会议的结果和下发项目会议纪要文件。项目会议纪要文件应该写明会议做出的决定并列出行动计划,包括谁负责、预计完工日期和预期的交付物等。特别需要注意的是,应该将项目会议纪要分发给所有被邀请参加会议的人(不管他们是否真正参加了会议)和所有会议纪要中有关任务或变动所涉及的人,以便他们能够很好地贯彻和落实项目会议纪要。

(三)项目会议沟通的成果

通过项目的会议沟通,应该或可以取得如下重要的成果。

1.解决存在的问题

项目会议沟通一般以解决重要问题为目标,如果不存在重要的问题需要各个相关利益主体之间以会议的方式进行协商,那么沟通就可以采用其他的方式进行。在会议沟通的形式下,参与各方会根据自身的利益以及项目的发展状况、发展趋势以及项目所处环境的现实,对项目所面临的问题进行充分的讨论与研究,寻找出符合各方利益需求的解决方案。

2.审定项目变更的请求

在项目会议沟通中各种项目重要的变更请求应该由各方予以审定,因为变更意味着项目将无法按照项目计划进行而需要对计划做出适当的调整,但是任何项目变更都会对项目的相关利益主体造成影响,特别是一些重要的变更必须得到相关利益者的允许,对于那些在没有办法及时通知各方的情况下做出的变更也必须得到利益相关者的追认。

3.审定的纠偏行动

无论是项目问题的解决方案还是项目变更请求都必然需要相应的纠偏行动,而这些纠偏行动也正是项目会议沟通中的重要议题。通过项目会议沟通,人们相互通报项目的执行状况、项目团队所要采取的各种纠偏措施以及对项目目标和各个相关利益主体的影响,由与会各方做出同意与否的决定,一旦行动方案被接受就可以付诸实施,否则将必须做出调整。

4.更新的项目管理计划

项目会议沟通过程中所形成的任何决议都可能会对项目的管理计划提出新的要求,都要求对其进行必要的修改以满足和达到相关利益主体的要求与期望。这方面需要特别注意的是,一旦某个项目专项计划得以更新后,必须认真分析对于项目其他专项计划的影响,最终一定要实现项目各个专项计划的全面集成和更新。

二、项目书面沟通的实施

项目书面沟通工作的实施最主要的就是编制、传递和使用各种各样的项目书面报告,这些项目书面报告在项目沟通及其管理中具有不可替代的作用。项目书面报告根据信息沟通的需要可以分成很多种类,项目管理人员必须了解、熟悉和掌握项目报告的基本种类、方法、作用、程序与格式,具体分述如下。

(一)项目书面报告的分类

项目书面报告有一系列按不同标志的分类,最为重要的是根据项目书面报告用途的分类,这种方法能很好区分不同作用的报告,以及区分在项目报告中所需使用的沟通方法。

1.按照项目书面报告作用的分类

根据用途划分的项目书面报告有如下三种。

(1)汇报性报告。这种书面报告的核心内容是汇报项目的实际情况或发生的问题,这种书面报告使用的材料都是项目实际情况的记录,而且一般需要采用"白描"的方法提出报告。在这种书面报告中人们只需要将事情的本来面貌叙述清楚即可,不需要加入各种各样的分析、评论和说服性的内容,因为这种书面报告的关键是说明事实,而不是要说服对方或征得对方的认可。这是在项目沟通中使用最多的一种书面报告,这类书面报告一般须附有相应项目实际情况的原始记录文件作为附件材料。

(2)说服性报告。这种书面报告的目的是证明一种观点、一个计划、一个方案或其他事情的正确性,并说服对方接受报告者提出的观点、计划或方案,等等。这种书面报告也是经常使用的,而且其重要性比汇报性报告要高许多。因为这种书面报告是用来解决问题或者说服对方接受某种解决方案的,所以说服性报告中不但要包括白描性的事实叙述,同时最主要的是必须包括解释性、说服性和论证性的叙述。这种书面报告也须附一些项目记录或其他资料作为附件以说明情况或提供支持。

(3)敲定性报告。这种书面报告的目的是通过报告与对方敲定和决策一件事情,这是一种最终必须导致做出决策的书面报告。这种书面报告是一种请示或商量如何办理某件事情或解决某个问题的书面报告,因此这种书面报告者需要在报告过程中提出自己的意见、观点和建议,给对方以两种以上的选择(一种选择就不是敲定性的报告了)并说明相应的具体理由。这种书面报告的白描性事实以及解释性和论证性的叙述都不多,主要是征询性的叙述和说明,因为这种书面报告是敲定事情和做决策用的。

2.按照项目报告格式和内容的分类

项目书面报告的内容和格式有些是由项目团队自己确定的,有些是按照项目业主/客户的规定做出的。项目书面报告的内容和格式必须适合读报告者的要求和期望,而不是适合写报告者的要求和期望。通常,项目书面报告按内容和格式方面的分类最为重要的有如下方式。

(1)按照项目报告的格式划分。这样可以将项目书面报告划分成两大类,即项目报表和项目报告。其中,项目报表是在项目沟通过程中用统计语言编写的一种使用最多的项目报告,这种项目书面报告以一种项目管理的工程语言编写而成,十分简练和明了。项目报表又可以按照固定格式或变动格式以及固定报告周期或是变动报告周期进行进一步的分类,同时项目报表还可以分别按照项目的工期、质量、成本、安全等进行具体的细分。项目报表通常可以是单独的报告,也可以与一定形式的说明性文字报告一起使用,用以分析和说明报告的一些细节问题与问题的原因。这种项目报告是使用文字说明项目实际情况或项目问题的书面报告,它是一种使用书面报告格式和语言写成的项目报告,这种项目书面报告可以有也可以没有固定的报告格式和要求,多数情况下是根据所报告的问题和事情来决定报告格式的。这种项目书面报告也有定期和不定期之分,而且也可以是分别涉及项目的工期、质量、成本、安全等具体问题或情况的报告。但这种项目书面报告着重讨论的不是事实数据,而是说明项目实际情况或问题及其原因分析。

(2)按照项目报告的用途划分。同样,按照项目书面报告的用途划分也会有许多种不同的项目书面报告种类。最为常用的分类办法是将项目书面报告划分成项目绩效报告和工作终结报告两类。其中,项目绩效报告是在整个项目的实现过程中,按照一定的报告期不断给出的有关项目各方面工作实际进展情况的书面报告。这是项目沟通中使用最为广泛的项目书面报告,所以本章后面将会对其做详细的讨论。另一种项目书面报告是项目工作终结报告,这是在项目或项目阶段结束之时对项目或项目阶段的工作总结。工作终结报告并不是项目绩效报告的累积,也不是对项目或项目阶段整个过程中所发生事情的详尽描述,而是在项目或一个项目阶段结束时必须给出的一种文档报告文件。有关项目工作终结报告也会在本章的后面做详细的讨论。

(二)项目书面报告的编写要求

各种项目书面报告编写都要考虑下列要求和原则,以便提供有价值的项目书面报告。

1. 项目书面报告要简洁明了

不要试图以报告长度来打动项目书面报告接收者,书面报告的长短不等于项目进展或完成的好坏。项目书面报告越简明才会有更大的机会被阅读,因此应尽量使各种项目书面报告简洁明了。

2. 书面报告内容和形式要保持一致

要保证项目书面报告的内容与形式能够保持一致,就需要根据报告内容选用报告格式和语言。项目书面报告要突出重点,要让各类使用报告的人都能懂得和理解其中的信息。

3. 借助图表进行简明和充分的表达

图表是一种项目管理中使用的工程语言,所以在项目书面报告中要充分使用它。一般自然语言在项目沟通中的效果不佳,但是图表却可以很好地说明项目管理的问题和情况。

4.书面报告方式与报告使用者的要求相符

项目书面报告有对内或对外的,有给项目团队或项目业主/客户的,不同的项目书面报告使用者所要的报告的方式和要求是不同的,报告必须符合项目报告使用者的要求。

(三)项目绩效报告和项目终结报告

项目书面报告中使用最多的是项目绩效报告和项目终结报告,二者的具体内涵如下。

1.项目绩效报告

这是在整个项目实现过程中按一定报告期给出的项目各方面工作实际进展情况的书面报告,这既包括由项目团队成员向项目经理或项目管理者的报告,也包括由项目经理向项目业主/客户的报告或由项目经理向项目组织的上层管理者的报告。这种书面报告通常有特定的报告期,这种报告期可以是一周(主要是周报)、一个月或一季度等。项目绩效报告进一步还可以分为项目状态描述报告、项目计划进度报告和项目未来情况的预测报告。

(1)项目绩效报告的主要内容。项目绩效报告的主要内容包括:自上次绩效报告以来的项目绩效成果、项目计划实施完成情况、项目前一期遗留问题的解决情况、项目本期新发生的问题、项目下一步计划采取的措施、项目下一报告期要实现的目标等。项目绩效报告中所包含细目的主要内容如下。

①自上次绩效报告以来的项目绩效成果。这包括本报告期中已实现的关键项目目标,同时也可以包括关于项目的一些特定目标实际完成(或没有完成)情况的说明与报告。

②项目计划实施完成情况。这是有关项目成本、进度、质量和范围等计划实际完成情况的报告,包括对项目实际完成指标值与项目计划目标所做的比较分析。

③项目前一期遗留问题的解决情况。当前期项目绩效报告中曾提出过需要日后解决的问题,在本期报告中须给出该问题解决结果的说明,不管问题解决与否都应报告情况。

④项目本期新发生的问题。这是本报告期项目所发生的新问题的报告,这类问题具体可以是:技术问题、进度问题、成本问题、人员问题和其他任何与项目相关的问题。

⑤项目下一报告期要达到的目标。这是项目下一报告期预期目标的说明和规定。这些项目下期的预期目标必须要科学合理,并且要能够与项目更新或修订后的计划一致。

⑥项目下一步计划采取的措施。这是报告下期内为解决新发现和遗留问题所要采取的措施,这包括所要采取的措施以及相应的项目管理和项目业务工作的调整等。

项目绩效报告中所使用的表述方法应该包括文字说明、报表文件、各种曲线图、各种表格和表述"挣值"的"S"曲线图,等等。在项目绩效报告生成过程中,人们需要运用这些图表和数据并使用相应的分析方法和技术做出项目绩效的分析和评价。

(2)项目绩效报告的方法。这种报告所使用的方法和工具主要有:绩效评估的方法、偏差分析的方法、趋势分析预测的方法和"挣值"分析的方法。这些方法的具体讨论如下。

①项目绩效评估的方法。这主要包括项目实施结果与项目计划的绝对数比较分析、相对数比较分析、平均数比较分析、指数比较分析和其他一些绩效评估的分析方法。这些方法主要用来给出项目实施情况的客观评价,包括成就和问题的评价。

②项目偏差分析的方法。这包括项目实际完成情况与计划指标或要求的偏差情况分析以及造成项目偏差的原因分析。在项目偏差分析中最常用的是项目成本与工期的偏差分析,特别重要的是项目偏差原因的分析,因为这一分析是消除项目偏差的基础工作。

③项目趋势分析与预测的方法。这是用于项目未来发展变化趋势分析和预测的方法,以便人们根据预测预先采取各种措施谋求更好的项目结果。这种方法多数采用的是一些常规的统计和趋势外推的方法,这类方法对于项目管理是十分有效的。

④项目"挣值"分析的方法。这种方法综合了项目成本和时间的相互关联和影响,分别通过给出计划价值、"挣值"和实际价值去计算出成本和时间的绝对值偏差和相对偏差。最终分析给出项目时间、成本和范围的偏差情况以及项目未来发展的预测和计划调整。

(3)项目绩效报告工作的结果。项目绩效报告工作的最终输出包括两个方面,一是项目的绩效报告文件,二是项目的变更要求和安排。

①项目绩效报告文件。该文件将详细给出整个项目绩效评估的结果、项目偏差分析与项目趋势预测分析的结果以及相应的一些说明和叙述。项目绩效报告文件必须详细到能够满足各项目相关利益主体的要求和项目沟通计划的规定。项目绩效报告文件的格式可以根据项目沟通的需要制定,可以包括各种必需的曲线图、文字、报表、棒图等。

②项目的变更要求和安排。根据项目绩效报告中的分析和预测应该提出相

应的项目变更的要求,这种要求是针对项目实际变动情况和项目未来的发展变化提出的,它与各项目相关利益主体根据主观意愿提出的变更请求是不同的。这种项目变更的安排是项目客观必须的,而项目相关利益主体根据主观意愿提出的变更请求是为自己的利益服务的。需要注意的是,在给出项目变更要求的同时,人们还要做好项目计划的更新并给出相应的项目变更控制方法,甚至包括项目变更集成控制的方法。

2.项目工作终结报告

项目工作终结报告通常是一个项目或项目阶段的总结,它不是项目绩效报告的累积或对某个项目过程中所发生事情的详尽描述。它是在项目或项目阶段的目标达成或终止后对项目或项目阶段进行的总结描述,它主要阐述项目的成果和项目的工作总结。其主要工作包括收集和整理项目记录、分析说明项目成果与效率等。项目或项目阶段的工作终结报告不能拖到项目工作全部完成后才开始进行准备,而应该在每个项目阶段进行中就做适当的总结和归纳,以保证重要的、有用的信息不被遗失。

项目或项目阶段的工作终结报告可能涉及很多方面的内容,但是主要是以下几个方面的内容。

(1)项目业主/客户对项目或项目阶段的最初要求。这包括在项目定义阶段提出的项目业主/客户的各种期望与要求以及项目团队对各项工作的期望和要求。

(2)项目或项目阶段最初确定的主要目标和指标。这包括各种项目计划和合同书中所包括的项目或项目阶段的既定目标和具体目标值以及这些目标的改动和修订情况。

(3)项目或项目阶段实际作业的简要描述。这包括对于项目或项目阶段的任务、资源、进度、成本、质量等方面的简要描述以及相关的约束条件和假设前提等方面的说明等。

(4)项目或项目阶段结果和预期的对比。这包括项目或项目阶段的成果及其体现出的各种实际利益以及项目这些实际利益与项目定义阶段确定的预期利益之间的比较。

(5)项目或项目阶段目标的实现程度说明。这包括项目所实现结果的计划完成程度等方面的说明,如果项目或项目阶段未能实现预期目标则需要对其原因做详细的说明。

(6)项目所需善后事宜的说明。这部分内容包括项目需要后续解决的问题和为维护、提高或扩大项目成果而在将来应该考虑采取的措施和应开展的活动等。

（7）提供给业主/客户的所有交付物说明。这是对项目或项目阶段产出物的描述，包括生成的设备、材料、软件、设施、技术等以及相应的图纸、图样、技术说明书和报告等。

（8）项目最终成果的测试。这包括对项目产出物的测试过程、测试参数、测试方法和测试结果等各方面测试数据的汇总。这些是项目最终成果的科学验证。

（9）项目或项目阶段的经验与教训。这主要是有关项目或项目阶段所犯错误或失误以及所取得成绩的经验总结以及由此带来的各方面可吸取的教训的说明。

三、项目沟通中的信息加工

项目沟通计划实施中最主要的内容是根据项目沟通计划开展项目信息加工与传递工作。这涉及项目所需信息的加工、项目信息的传递和项目信息需求的满足等内容。

（一）项目信息加工的依据

项目信息加工与传递工作最重要的依据包括三个方面：一是项目沟通计划，二是项目集成计划，三是项目的实际需要。它们的具体内容分述如下。

1.项目沟通计划

这是项目信息加工与传递工作的根本依据，因为在这一计划中规定了项目信息加工与传递工作的任务、责任、时间、内容和做法等。所以任何项目沟通工作都必须以项目沟通计划作为根本依据，项目信息加工与传递工作也不能例外。

2.项目集成计划

项目的集成计划是对项目的目标、产出物、时间、成本、质量、范围和资源等各方面的综合计划安排，而任何项目的信息加工与传递工作都是为实现项目集成计划服务的，所以项目集成计划也是项目信息加工与传递工作的根本依据之一。

3.项目的实际需要

项目的信息加工和传递工作都是为项目管理和决策提供支持和服务的，如当项目的实际情况与项目计划（包括项目集成计划）发生背离时，项目信息加工与传递工作必须以项目的实际需要为根本依据，从而为项目的实施和变更提供必要的支持和服务。

（二）项目信息加工的方法

在项目信息加工中所使用的方法包括四类：一是项目信息汇总的方法，二是项目信息加工的方法，三是项目信息传递的方法，四是项目信息的文档化管理的方法，这些方法的具体说明如下。

1.项目信息汇总的方法

项目信息汇总的主要方法是汇总项目各方面信息，以便生成项目绩效报告和项目总结报告等。任何项目沟通计划都会严格地规定项目各种绩效报告和总结报告的要求、频率和实施办法。通常，项目信息汇总的主要方法包括各种统计方法和各种汇集方法等，这些信息汇总的方法都属于项目初级信息加工的方法。

2.项目信息加工的方法

项目信息加工的主要方法包括：去粗取精、去伪存真、由此及彼、由表及里、归纳演义等，经过这些方法的加工和处理才能将项目的数据和资料转变成为可供项目管理者进行项目管理和决策使用的信息。在项目信息加工中最为重要的方法是将各种数据转变成有用的项目信息的方法，这包括加工生成各种项目原始记录、项目决策用信息、项目各种统计报表和项目书面报告等一系列的方法。

3.项目信息传递的方法

项目信息传递的方法主要包括：口头传递的方法、书面传递的方法、电子传递的方法以其他信息传递方法。项目团队成员和项目相关利益主体通过这些方法传递和分享各种项目信息。具体的项目信息传递方法有许多种：项目会议、书面文件、信息网络和数据库、电话和传真、电子邮件系统和语音邮件系统，甚至建设专门的项目区域网络等。

4.项目文档化管理的方法

在项目信息加工中使用的另一种方法是项目文档化管理（Documentation Management）的方法，其中文件管理是指对于各种项目业务、技术和管理的文件的管理，而档案管理则是对于已经处理完毕的文件所进行的全面管理。这包括项目文件和档案的生成、使用、存储、归类、归档和更新等一系列的管理技术和方法。同时也会用到项目文件查询系统、电子数据库、项目管理信息系统、项目技术文件管理系统等专门的项目文档化管理方法。

（三）项目信息加工的结果

项目信息加工和传递工作的最终结果是所有项目相关利益主体能够充分地分享项目的各种信息，并通过这种项目信息分享使项目各项工作能顺利进行。这些被分享的项目信息主要是以项目记录和项目报告的形式存在的，二者的主要概念和内容分别讨论如下。

1.项目文件与记录

项目文件与记录既是项目信息收集和加工的结果，又是项目信息传递和使用的对象。这是项目沟通中使用最多的沟通方式和载体，是最为重要的信息传递和沟通的方式方法。项目文件和记录包括各种项目活动的原始记录、项目各方的通讯记录、项目各种备忘录和会议文件、项目业务和管理工作中的各种文件等。项目文件和记录必须按照一定的格式和要求适时和正确地进行组织、管理、维护和使用,通常项目文件和记录是生成项目报告的原始数据、资料和原料。但与此同时,项目书面报告也可以被看成是一种特殊形式的项目文件和记录,因为项目报告也是对于项目计划实施情况或者项目特殊情况的一种记录文件。

2.项目报告和档案

项目报告和档案多数是根据项目记录整理而成的有关项目实际情况或特殊问题的说明报告以及据此整理成的档案文件,是项目沟通计划实施的结果或成果,也是项目沟通中最为重要的信息传递和沟通的方法。项目报告和档案包括很多种,主要的有项目绩效报告、项目总结报告、项目预测报告和各种项目档案等。项目报告和档案可以是正式的,也可以是非正式的;前者一般是根据项目沟通计划而生成和呈报的,后者则是根据项目实施中的特殊需要而生成或呈报的。

本章思考题

1.项目沟通管理有哪些基本概念?

2.项目沟通与日常运营沟通有何不同?

3.项目沟通管理与日常运营沟通管理有何不同?

4.项目沟通管理与项目风险管理有哪些方面的特殊关系?

5.项目沟通管理有哪些主要作用,为什么它会有这些独特作用?

6.项目沟通管理有哪些主要的工作内容,为什么它要有这些工作内容?

7.项目沟通管理的四种方法中你认为哪种沟通方法是最难掌握的? 为什么?

8.为保障项目沟通管理的成功和有效人们应该如何加强对于项目信息资源的管理?

第十章　项目组织管理

【本章导读】

本章将全面讨论有关项目组织管理的主要内容、原理和方法，这包括：项目全团队（即项目全体相关利益主体）的组织与管理，特别是项目相关利益主体的合作伙伴式的管理方法；项目实施组织（包括承包商或分包商等）的管理及其对于项目团队的影响；项目团队的组织、建设和开发等方面的管理；项目经理的责任、角色、素质和能力要求及其管理。本章的核心内容是自下而上的项目经理、项目团队、项目实施组织和项目全团队四者各个层次上的项目组织集成管理，以及这四个项目组织层次的全面集成管理原理和方法。

第一节　项目组织管理及其集成

近年来项目组织管理的思想和方法获得了很大的推广、普及和提高，尤其是项目组织集成管理方面的发展和提高更是速度很快，这些发展变化的内容和特性分述如下。

一、项目组织的原理与实践

人类社会进入 20 世纪 80 年代以后，有关项目组织管理的理论和方法不断发展和广泛应用。从 20 世纪 70 年代出现的矩阵型组织到后来盛行的网络组织和虚拟组织，一直到 20 世纪 90 年代的学习型组织等都属于现代管理中有关项目组织管理的新发展。从 20 世纪 90 年代后期的项目管理办公室，到 21 世纪初出现的项目导向型组织和社会战略项目管理办公室、组织项目管理成熟度模型等都属于项目组织管理中的最新发展和实践。

(一)项目组织管理的发展根源

许多研究成果表明,全球自 20 世纪 70 年代先后进入了信息社会(美国在 20 世纪 70 年代中宣布自己进入信息时代)和知识经济(瑞典等国家在 20 世纪末进入知识经济)以后,人们创造社会财富与福利的模式发生了很大的变化,以项目形式开展的"创新活动"成了知识经济中社会财富与福利的主要源泉,所以项目管理成了企业和社会的主导管理方法,甚至项目导向型社会和组织正在成为我们社会的组织主导模式。过去传统农业社会和工业社会以日常运营为导向的各种组织结构和管理方法正在被以项目导向型为主导的组织模式和管理方法所替代,所以有关组织管理模式、理论和方法都发生了很大变化和进步。①

因此像微软、通用电气、西门子、三星等以研发项目为主导的公司主要依靠科技和管理的创新活动去不断获得竞争优势和创造巨额财富,所以他们的组织基本模式都是一种以项目为导向的组织,而不是传统直线职能式的日常运营导向的组织模式。由此可见,当今社会的组织管理原理和方法都已经或正在发生巨大的变化,项目组织变得越来越至关重要了。

(二)现有组织管理原理与方法的问题

由于现有的组织管理原理和方法多数是面向工业和农业经济与社会的,这种社会是以日常运营为主的生产模式服务的,所以多数沿用了传统的组织模式和管理方法。但是在信息社会和知识经济中企业和组织主要的活动是创新,而由于任何创新活动都具有独特性、一次性和不确定性等项目的根本属性,因此它们都属于项目或项目群的范畴。所以在信息社会和知识经济中组织管理的根本目标是为这些创新活动提供组织方面的保障,所以此时就必须采用以项目和项目管理为主的项目导向的组织模式和组织管理方法。这就使得我们原有面向日常运营的组织模式和组织管理方法变得问题很多而无法适应社会和企业的要求。

同时,在现有项目管理知识体系和国内外的项目管理理论中,主要内容都是针对项目范围、时间、成本、质量、风险和资源等项目专项管理的原理和方法的,有关项目组织管理尤其是项目组织的集成管理②的原理和方法的研究不多且系统性也不足。如美国项目管理协会研究提出的项目管理知识体系(PMBOK)中就没有将项目组织管理作为专门的一章或一个项目专项管理给出。另外,英国项目管理协会(APM)和澳大利亚项目管理协会(AIPM)等国家项目管理协会发

---

① 戚安邦. 现代项目组织集成管理模型与方法的研究. 项目管理技术,2003(8).
② 戚安邦. 多要素项目集成管理方法研究. 南开管理评论,2002(6).

布的项目管理知识体系以及国际标准化组织的标准(ISO10006)中也没有将项目组织管理作为项目专项管理单独给出。所以缺乏项目组织管理和组织集成方面的原理与方法,是现代项目管理知识体系中的一个不足或问题[①],本书将项目组织管理单列一章的根本目的就是要解决这个问题。

二、项目组织管理的原理

世上任何事情的成功都需要依靠组织的保障,所以组织管理是管理学中的四大基本职能之一。由于项目组织本身的开放性、临时性和团队性等特性,使得项目组织管理更为复杂、要求更高。所以项目组织管理需要有自己的理论和方法,尤其需要对项目相关利益主体的管理和项目组织全面集成管理的原理和方法,因为这是项目组织管理的核心问题和命脉。

(一)项目组织与日常运营组织的比较

人们为了实现某种经济或政治目标和完成某种政治与经济任务会组织起来,因此也需要组织管理。但是由于有一次性、独特性和不确定性的项目任务和周而复始不断重复的日常运营任务,所以组织就有项目组织和日常运营组织这样两大类不同的组织。由于这两类组织的使命、目标和任务不同,所以它们不但在组织结构方面不同,而且在权力安排等各方面也都有很大不同,有关这些方面的不同和比较分述如下。

1.职务部门与项目团队

项目组织和日常运营组织在组织结构方面的不同主要表现在日常运营组织是以职能部门为主而构成的组织,项目组织是以项目团队为主构成的组织。其中,日常运营组织的职能部门是按强调职能分工和专业部门化的原则组织的,这正是因为日常运营的周而复始不断重复的工作特性造成的,因为只有不断重复的工作才能通过分工去提高效率和效益。项目组织的项目团队是按强调各种专业人员协同和团队化合作的原则组织的,因为一次性和独特性工作就无法实现合理分工和专业部门化,只能是靠技术、管理、辅助等各方面人员的协同与合作去提高效率与效益。所以这充分体现了任何组织都是针对具体任务的要求建设的这一原则。

2.职务授权与工作授权

项目组织和日常运营组织在权力安排等各方面也都有很大不同,这主要表现在日常运营组织是以职务授权(即职权)为主而构成的组织,项目组织是以工作授权(事权)为主构成的组织。其中,日常运营组织中的职权是为落实和发挥

---

① 戚安邦.论组织使命、战略、项目和运营的全面集成管理.科学学与科学技术管理,2004(3).

按强调职能分工和专业部门化所建立组织的职能服务的,因为只有通过职务授权才能使相对独立的日常运营职能部门去发挥自己的职责,从而才能实现通过分工去提高周而复始不断重复工作的效率和效益的结果。项目组织中的工作授权是为项目团队能够实现各种专业人员协同和团队化合作的专门任务组织服务的,在人们开展一次性和独特性工作中必须将保障这种任务的完成所需的权力授予项目经理及其领导的团队,其中项目经理应该是工作授权的承担者,项目团队成员以自己的专长而实现协同与合作地完成一次性和独特性任务、实现提高效率与效益的目标。

（二）项目组织的全面集成管理

上述的项目组织是一种狭义的项目组织,因为项目组织并非只涉及项目团队,而是包括项目团队、项目实施组织和项目全体相关利益主体以及项目经理等多个方面。

1.项目组织全面集成管理的意义

所以广义的项目组织管理至少应该涉及项目经理、项目团队、项目实施组织和项目全体相关利益主体的管理四个方面,而这其中最为重要的项目组织管理问题是这些项目组织要素的全面集成。实际上项目组织的集成管理是直接关乎项目成败的重要管理,如果所有的项目组织要素不能够全面集成为一个整体,那么人们就无法共同为实现项目价值的最大化和项目价值分配的合理化努力,这就一定会导致项目以及项目组织管理的失败。

2.项目组织全面集成管理的模型

为了解决现有项目组织管理的集成不足问题,作者做了很多年的相关研究工作,并在此基础上给出了图 10-1 所示的项目组织全面集成管理的层次模型①。

由图 10-1 可知,广义的项目组织各层次既有自己独立的组织管理内容和要求,同时相邻层次间的项目组织需要集成管理,最终这些层次的项目组织需要全面集成的组织管理。

这种项目组织集成管理的层次结构模型涉及不同层次的项目组织管理工作以及这些项目组织管理工作的全面集成管理工作,有关各个层次项目组织的集成工作分述如下。

三、项目组织的全面集成管理

项目组织的全面集成管理涉及项目经理、项目团队、项目实施组织、项目全团队（项目全体相关利益主体）四者之间各层次上的组织集成管理,这种组织集

---

① 戚安邦.现代项目组织集成管理模型与方法的研究.项目管理技术,2003(8).

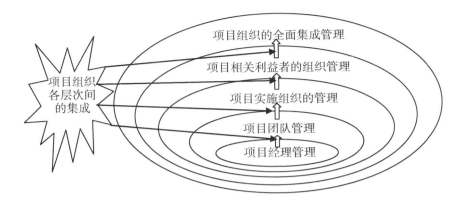

图 10-1　项目组织全面集成管理的层次结构模型

成管理需要使用项目全过程和全团队的组织集成管理方法,这两方面的具体内容分述如下。

(一)项目组织各层次间的全面集成管理

有关图 10-1 的模型中所涉及的每个层次项目组织及其集成管理和项目整体集成管理工作的具体内容进行如下详细讨论。

1.项目经理及其组织集成管理

由于项目经理是项目的组织者和管理者,其在项目实施和管理活动中处于核心地位(见图 10-2),所以在图 10-1 的模型中将项目经理的管理放在该模型的核心位置。

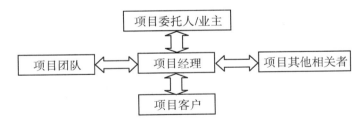

图 10-2　项目经理在项目实施及其组织管理中的核心地位

实际上,在很多情况下,一个项目会有代表不同项目利益主体的多个项目经理,包括业主、设计商、承包商和供应商等一系列代表不同项目相关利益主体的项目经理。所以对于这些项目经理们也需要开展集成管理工作(见图 10-3),以保证他们之间关系的稳定与合理从而实现项目利益的最大化与项目相关利益主体利益分配的合理化。这方面的集成管理工作涉及两方面内容:一是从选拔、培养和监督等角度出发对项目经理的能力、素质和工作绩效等方面的集成管理工作;二是对于不同相关利益主体的项目经理所开展的集成管理工作。

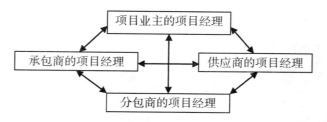

图 10-3　项目主要相关利益主体的项目经理集成关系示意图

2.项目经理与项目团队的组织集成管理

同时,项目组织管理工作还须在项目经理与项目团队这两层次之间实现良好的项目组织集成管理工作,这就是图 10-1 中项目经理管理与项目团队管理之间的集成符号给出的示意。同时,图 10-4 进一步使用项目团队的向下集成而给出了项目团队与项目经理的全面集成,实际上只有这样项目经理才能够很好地管理自己的项目团队。这方面最主要的做法是由项目经理挑选项目团队成员并通过项目团队建设等工作实现项目经理与项目团队的全面集成。反之,不管是公司总经理指派还是企业职能部门选送都无法实现项目经理与项目团队的良好集成。因为按照兵书的说法只有士卒亲附,才会赏罚有效,进而三军才会用命。

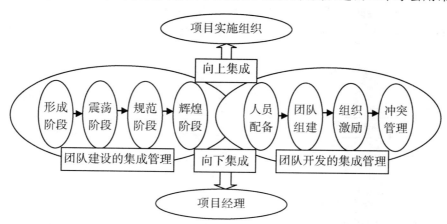

图 10-4　项目团队及其组织集成管理工作示意图

3.项目团队与项目实施组织的集成管理

项目团队是由一组从项目组织中选拔出来,为实现既定项目目标的个体所构成的团队,这是一种临时性和开放性的工作团队。项目团队的这些特性使得其组织管理与一般日常运营的组织管理不同,同时也与领导班子团队和家庭团队等不同团队有许多方面的不同之处。项目团队的组织管理主要是项目团队的组织和建设两方面,由于项目团队组织和建设好坏会直接关系到一个项目的成败,因此在图 10-1 给出的模型中"项目团队管理"被放在了该模型第二层次的位置上。涉及项目团队的组织集成管理工作包括两个方面:一是项目团队自身建设和开发方面的集成管理,这涉及项目团队在形成阶段、震荡阶段、规范阶段和辉煌阶段的全过程集成管理工作以及项目团队在开发过程中人员配备、绩效控制、组织激励和冲突管理等组织集成管理工作;二是项目团队组织管理向上与项目实施组织的集成管理工作,项目团队向下与项目经理之间的集成管理工作,图 10-4 给出了项目团队这两个方面的集成工作示意图。由图 10-4 中可知项目需要以项目团队为核心实现项目组织管理的全面集成。

4. 项目实施组织的相关集成管理

项目实施组织是担负项目实施任务的企业或组织,是项目团队赖以生存的组织环境,所以这方面的管理及其集成管理被放在图 10-1 模型的中间层次。这表明向下项目组织是项目经理和项目团队管理所处的组织环境,向上项目实施组织是项目全部相关利益主体中的重要组成部分。实际上项目实施组织自身的体制、结构、管理机制和组织政策等都对项目团队和项目经理的组织管理造成直接影响,所以在这三个层次之间需要开展全面的集成管理。这种项目组织集成管理的内容包括三个方面:一是项目实施组织中各部门的集成管理,如图 10-5 中标号①所标注的虚框表示;二是项目实施组织中各项目团队的集成管理,由图 10-5 中标号②所标注的虚框表示;三是项目实施组织、项目经理和项目团队的全面集成管理,由图 10-5 中标号③所标注的虚框表示。项目实施组织所涉及的这三方面组织集成管理构成了图 10-5 中所给出的项目组织集成管理模型,即项目实施组织层面的综合集成管理模型。

5. 项目相关利益主体及其组织集成管理

在图 10-1 所给出的模型中项目相关利益主体的组织管理被置于上层的位置,因为人们开展的任何项目管理其根本目的都是为了满足和超越项目各相关利益主体的需求与期望而服务的[①]。所以开展项目相关利益主体组织管理及其集成管理就是实现这一根本目标最为重要的项目管理工作,否则就会因为这方面的集成管理不当或缺失而出现项目相关利益主体的冲突,从而不但无法实现项目管理的根本目标还会给人们带来不必要的损失。

(二)项目全过程和全团队的组织集成管理方法

上述四个层次之间的项目组织集成管理最主要需要使用两种基本的组织集

---

① 戚安邦.工程项目全面造价管理.天津:南开大学出版社,2000.

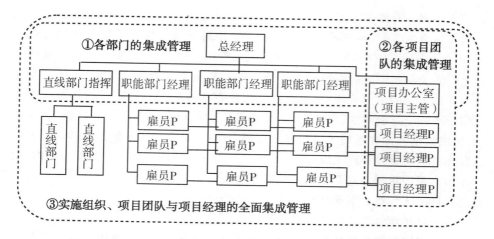

图 10-5　项目实施组织所涉及的三层次的项目组织集成管理示意图

成管理方法,一是项目全过程的组织管理集成方法,二是项目全团队的组织管理集成方法。

1.项目全过程的组织管理集成方法

项目全过程的组织管理集成方法是按照基于活动和过程的原理对项目各层次组织管理工作和活动进行集成的方法,它是在项目全过程中从分工合作完成项目工作的角度出发,使用协调、沟通、合作等具体方法开展的项目组织管理工作的横向集成方法。

2.项目全团队的组织管理集成方法

项目全团队的组织管理集成方法是按照项目利益最大化、项目相关利益主体分配合理化以及项目合作伙伴式关系管理的模式和方法,开展项目全部相关利益主体以及各个层次项目组织的集成管理方法,从利益分配角度开展的项目组织管理工作纵向集成的方法。

3.项目组织管理全面集成的方法

上面二者的综合就构成了项目组织管理全面集成的方法,这种方法论能够使全体项目组织的管理工作实现全面而有效的集成管理。不管是大型承发包建设项目,还是企业自我开发项目,都需要开展项目组织管理的全面集成,所以都需要使用这种项目组织全面集成管理方法。

第二节　项目相关利益主体管理

项目组织管理者首先需要全面完整地识别出一个项目的所有相关利益主

体,其次要分析和管理好这些项目相关利益主体的需求和期望,以便从组织管理上保证项目的成功。

一、项目相关利益主体的构成

任何项目都有自己的各种相关利益主体,找到一个项目的所有相关利益主体,并对他们的关系做好管理是项目组织管理工作中的首要内容。当项目涉及许多组织、群体或个人的利益或责任时,这些组织、群体或个人构成了这个项目的相关利益主体。项目相关利益主体可能是与项目有直接利益关系,也可能是与项目有间接利益关系,因此有时识别出所有项目相关利益主体是很困难的。通常一个项目的主要相关利益主体包括下述几个方面。

(一)项目的业主或项目发起人

项目的业主是项目的投资人和所有者,同时也是项目的最高决策者。项目业主拥有对于项目的范围、时间、成本、价值、质量和资源及风险管理等方面的最高决策权力,因为整个项目都是属于他所有的。项目发起人是指项目的出资者,其并不一定就是项目业主(最终的所有者),如房地产开发商是房地产项目的发起者但是最终购买房屋的人才是项目业主。

项目业主或发起人可能是项目的最终用户,但也可能不是最终的项目用户,如房地产开发商是项目发起人,但是它并不是自己所开发房子的业主或用户,其发起开发房屋项目的是为了卖房屋而盈利。项目业主或发起人可能是项目的实施者,但也可能不是项目的实施者,如房地产商会委托承包商盖房子。但是在有些情况下,项目业主(或发起人)、项目用户和项目实施者可能是同一个组织或个人,如企业自身的技术攻关项目多数是由企业作为项目业主、用户和实施者的。所以人们必须分析每个项目的具体组织情况,分辨清楚谁是该项目的业主或发起人,谁是该项目的最终用户,谁是该项目的实施组织。

(二)项目的客户或最终用户

项目客户或最终用户是指使用项目成果的个人或组织,任何项目的开发或实施都是为项目客户或最终用户服务的(注意有时人们从项目承包商角度出发所说的项目客户是指项目的业主或发起人,这是必须认真分辨和明确的)。因为项目的最终产出是供项目客户或最终用户使用的,所以人们在项目管理中必须认真识别和分析项目客户或最终用户的需要、要求和期望,并且要认真管理好项目客户或最终用户的期望和要求。有很多项目客户或最终用户们会有“说要的并非是想要的”(留有谈判筹码和空间),“想要的并非是需要的”(因为最终用户多数并不懂项目),“需要的并非是能够实现的”(因为受客观实际的制约和限制)三个方面不切实际的要求和期望,所以人们必须弄清楚项目客户或最终用户的实际需要及其可行性,否则会出现"人心不足蛇吞象"的艰难困局。

项目的客户或最终用户有时是非常单一的,但是有时可能会涉及多个方面或比较广泛的。例如,企业开发管理信息系统开发项目的客户或最终用户可能是企业中很多部门或个人,而一个大型体育比赛或文娱演出项目的客户或最终用户会包括现场观众、电视转播的观众和广告商等。同样,一个项目的成功需要识别和确认项目的客户或用户,对于那些涉及客户或用户面广而且层次多的项目,更需要很好地确认项目的各种客户或用户。

(三)项目实施组织

项目的实施组织是指承担实施责任并由其项目团队完成项目实施的企业或组织。一个项目可能会有很多个实施组织,也可能只有一个实施组织。例如,举办奥运会这种项目会涉及很多不同的项目实施组织,但是一栋住宅的建设项目可能只需要一家建筑承包商。项目实施组织可能是项目业主委托的独立业务组织,也可能是项目业主自己内部的单位或机构。例如,一个企业管理信息系统开发项目的实施组织,可以是外部的某个信息系统集成公司,也可以是企业内部的信息部或计算机中心等部门。有关项目实施组织将在第三节中详细讨论。

(四)项目团队

项目团队是从事项目实施工作的组织或群体。项目团队是由一组个体成员组成的,是一个为实现项目的一个或多个目标而协同工作的群体。一个项目可能会有为完成不同项目任务的多个项目团队,也可能只有一个统一的项目团队。例如,一个建设工程项目至少要有一个工程设计的项目团队和一个工程施工的项目团队,这两个团队在许多情况下是由两个不同的项目实施组织各自的人员组成的。然而,对于一个企业的技术改造项目来说,它的项目团队可能就是一个由企业内部人员组成的团队。有关项目团队将在第四节中详细讨论。

(五)项目经理

项目经理是管理整个项目的人,他既是项目的领导者、组织者、管理者和项目管理决策的制订者,也是项目重大决策的执行者。项目经理需要领导和组织好自己的项目团队,做好项目的计划、组织、实施和控制等一系列的项目管理工作。但是在有关项目工期、质量和成本等方面的重大决策上,项目经理就需要听命于项目业主或客户。项目经理对于一个项目的成败是至关重要的,所以他必须具有很高的管理技能和素质,必须能积极与他人合作并能激励和影响他人的行为,为实现项目目标服务。有关项目经理的知识将在第五节中详细讨论。

(六)项目其他相关利益主体

除了上述各种项目相关利益主体之外,项目还会有:供应商,贷款银行,政府主管部门,项目所涉及的市民、社区、公共社团等方面的相关利益主体或相关利益者。这些不同的项目相关利益主体的需要、期望、要求和行为都会对项目的成败发生影响,都需要在项目管理中给予足够的重视。例如,政府主管部门对于项目的管理规定、供应商的竞价能力、贷款银行的各种政策、环保组织或社团的要求、项目所在社区的利益等都是项目管理中需要考虑的要素,因为这些要素都会直接或间接地影响到项目的成败。

二、项目相关利益主体间的关系

项目相关利益主体之间的关系既有利益相互一致的一面,也有利益相互冲突的一面,所以项目相关利益主体的要求和期望有时是不统一的。实际上在多数情况下,项目相关利益主体会有某些不同的目标,而且这些目标还会发生相互冲突。例如,工程项目的业主希望"少花钱多办事",而工程项目承包商则希望"多挣钱少办事",很显然这二者的利益是有冲突的。更深入地说,一个企业的管理信息系统开发项目,其项目业主、最终用户和开发商的利益也会有冲突,项目业主会要求在保障功能的前提下系统开发成本越低越好,承包商希望在完成任务的基础上能够获得最大的利润,项目最终用户则希望借助管理信息系统开发项目能够改变自己在企业中地位和工作。通常,项目相关利益主体之间的关系有下列几个方面。

(一)项目业主与实施组织或项目团队之间的关系

项目业主与项目实施组织或项目团队之间的关系是项目全团队管理中最重要的关系,这种关系在很大程度上决定了一个项目的成败。通常他们之间的关系首先是利益相互一致的一面,这使项目业主与项目实施组织(或项目团队)最终形成了一种委托和受托或委托与代理的合同关系。如果项目业主和实施组织之间没有这种利益一致性,就无法形成项目业主与实施组织之间的合作关系。同时他们之间关系也有相互冲突的一面,因为双方各自都有独立的利益、期望和目标,这些就会影响到项目的成功实施。例如,一个管理咨询项目的业主与管理咨询公司的共同利益使他们形成了委托与受托的关系,但是项目业主希望尽量降低管理咨询的成本,管理咨询公司则希望尽量提高管理咨询项目的收费。如果在项目管理中不能够正确地处理这种双方利益的冲突,就会形成项目实施组织或项目团队被迫中止合作或项目实施者采取偷工减料的做法,从而使整个项目出现问题。项目业主与项目实施组织或项目团队之间的这种利益冲突,一般需要按照互利的原则,通过友好协商的方法,运用委托代理合同的方式来解决。因此在项目管理中,项目业主与项目实施组织或项目团队之间需要通过签署各种合同保障双方的利益和调整双方的利益关系。

(二)项目业主与其他相关利益主体之间的关系

项目业主与项目其他相关利益主体之间同样存在着利益一致的一面和利益冲突的一面。通常,项目业主与其他项目相关利益主体之间利益一致的一面使得项目得以成立,而利益冲突的一面使得项目出现问题或失败。例如,一条高速公路项目的业主与使用公路的客户在满足交通需求方面的利益是一致的,但是在过路收费方面的利益会出现冲突,过低的收费会使业主受损,过高的收费会使客户利益受损。与此同时,项目的业主会与道路经过地区的居民户发生利益冲突,项目业主还会与城市基础设施管理部门和一些环保组织发生利益冲突,这些也会直接影响项目的成功。对于这些可能发生的项目业主与项目其他相关利益主体之间的利益冲突,项目的管理者必须在项目管理中予以充分的重视,设法做好事前的预测和控制,努力合理地协调这些利益关系和解决这些利益冲突,以保障项目的成功。最理想的方法是将他们都纳入项目全团队管理的范畴中,按照合作伙伴式的关系共同协商与合作。

(三)项目实施组织与其他相关利益主体间的关系

项目实施组织或项目团队与项目其他相关利益主体也会发生各种利益关系,也包括利益一致和利益冲突两个方面。虽然项目实施组织或项目团队与项目其他相关利益主体的利益关系没有项目业主与其他相关利益主体之间的利益关系那么直接和紧密,但是同样会有许多利益冲突的地方,也存在着由于利益冲突而导致项目失败的危险。例如,一个信息系统集成公司不仅会与项目业主发生项目预算方面的利益冲突,而且会与系统的最终用户发生利益冲突。因为项目业主单位的中层管理者和下层信息处理者会因为项目实施组织所开发的信息系统改变了他们原有的权力分配(有的人拥有了更多的信息,从而拥有了更大的权力;而有的人因此失去了一部分权力),威胁到他们的地位,改变了他们的工作和他们的未来发展(有的人可能会因为不适应系统的挑战而失去工作或提升的机会),从而与项目实施组织发生冲突。项目实施组织或项目团队与项目其他相关利益主体之间的利益关系和冲突也需要项目管理者采取各种方法进行合理的协调,努力地消除利益冲突,从而使项目获得成功。

三、项目相关利益主体的全团队管理

现代项目管理的实践证明,不同项目相关利益主体之间的利益冲突和目标差异,可以通过采用项目全团队的合作伙伴式管理或其他的一些细条与沟通的方法予以解决,这意味着在一个项目管理中必须全过程地开展项目全团队的集成管理。

(一)项目全团队集成管理的模型

项目相关利益主体及其组织集成管理方面的组织集成管理主要有两个方面。一是项目全部相关利益主体之间的组织集成管理,本书也将此称为项目全团队管理或项目全团队组织管理,这里所谓的"全团队"是指由项目所有相关利益主体所构成的虚拟组织;二是涵盖项目经理、项目团队、项目实施组织、项目全团队全部四个层次的组织集成管理。有关图 10-6 中给出的项目全团队管理的模型及其内涵和意义的讨论如下。

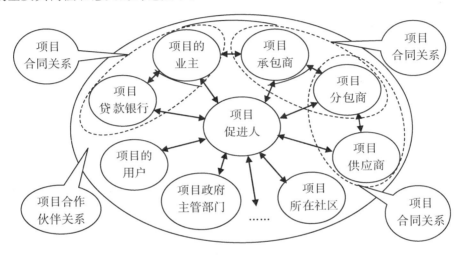

图 10-6　项目全团队的构成及其集成管理模型示意图

由图 10-6 中可以看出,这种项目全团队的构成涉及所有与项目有相关利益的组织和个人,他们之间有两种不同的关系。一是项目合同关系,这是一种委托和受托关系,是一种由合同法调节的法律关系;二是合作伙伴的关系,是一种相互信任与合作的关系,是一种受商业信用等伦理道德调节的关系。这种合作伙伴关系的具体管理者就是处于图 10-6 中心的项目促进人(Project Facilitator),他负责协商、解决问题和实现全团队的有效沟通。

(二)项目全团队集成管理中的利益管理

几乎每个项目都会涉及多个组织的利益或义务,所以项目都需要开展全团队的组织管理。构成所谓"项目全团队"的是项目所有相关利益主体,就是那些在利益、责任或义务等方面与项目直接相关的个人或组织。通常,这些人们因为利益或责任关系而构成了一个项目的全团队,而在项目全团队集成管理中的核心问题是所有相关利益主体的利益管理问题。

本书作者多年的研究结果表明,项目所有相关利益主体是随着社会的发展和进步逐步细化的,这种社会分工细化的根本原因是人们可以借助社会化大生产的分工细化的途径而获得更多的利益和价值。例如,最初人们都是自己给自己盖房子,后来出现了房地产建筑商和分包商以及供应商等,再后来出现了房地产开发商和销售商等,随后甚至出现了造价工程师事务所、监理工程师事务所、项目代建制公司等一系列房地产业的社会分工。图 10-7 给出了项目全团队中相关利益主体按照社会分工增加劳动生产率和项目新增价值的原理。

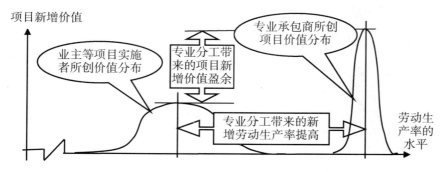

图 10-7   项目业主和承包商的劳动生产率水平和项目新增价值示意图

从图 10-7 可知,项目业主等非专业的项目实施者不但劳动生产率远远低于专业的项目承包商的劳动生产率水平,而且他们自己能够实现的项目新增价值也远远低于专业项目承包商所能够实现的项目价值,二者相差部分就是项目的新增价值盈余。当项目业主和项目承包商按照分工合作而构成项目全团队时,双方就可以分享这部分由于社会分工细化出现的专业化承包商因提高了劳动生产力水平而创造的项目新增价值盈余。

很显然,这种由于社会专业分工的不断进步所创造的项目新增价值盈余的道理也同样适合于项目设计商、分包商、供应商以及各种管理服务商,他们也是因为社会分工细化提高了项目各方面工作的劳动生产率从而收获了可供项目全团队共同分享的项目新增价值盈余。但是,如果这种由于社会分工细化而提高了劳动生产率所新增的项目价值盈余再分配方面出现不公和侵害他人利益的问题,项目全团队的合作就会被破坏且社会专业分工细化所带来的项目新增价值就会因为项目组织集成管理不当而造成损失或破坏,所以项目全团队的分工与合作需要有良好的项目全团队组织集成管理作为其根本的保障。当然,在项目实施和管理方面的社会分工过细也会带来劳动生产率与项目新增价值的降低,因为项目相关利益主体个数越多项目组织所需管理的组织界面就会成几何级数不断增大,这就会使得项目全团队组织集成管理的难度过高而无法实现或保障新增价值,所以项目全团队的组织集成管理也必须考虑社会分工细化所带来的集成管理方面的问题。

(三)项目全团队组织集成中的全过程管理

项目所有相关利益主体并非从项目起始阶段就已经成为项目全团队的组成部分的,不同的项目实施组织会在项目实施过程中先后加入到项目全团队之中,所以项目全团队的组织集成管理就必须按照全过程管理的方法进行。

1.项目定义与决策阶段的项目全团队管理

在项目的定义与决策阶段,项目全团队的主要成员是项目业主和项目评估等方面的专家。在这个阶段人们要充分规划和了解现有和未来的项目相关利益主体各方面的要求和期望,以便能够充分考虑现在和未来的项目全部相关利益主体的利益关系及其合作伙伴式的管理安排与方法,甚至应该通过签订项目章程等方法开展项目全团队管理工作。

2.项目计划与设计阶段的项目全团队管理

在项目的计划与设计阶段,项目设计方和项目计划者成为了项目全团队新的参与者。在这个阶段人们不但要科学计划和设计整个项目,而且要科学设计和安排现有和未来的项目相关利益主体各方面要求和期望的管理,设计和安排项目全部相关利益主体的利益关系及其合作伙伴式的管理安排与方法,甚至应该通过签订合作伙伴关系协议等方法开展现有项目全团队管理工作,照顾和协调好所有项目相关利益主体在目标和利益方面的冲突。

3.项目实施与控制阶段的项目全团队管理

在项目的实施与控制阶段,项目总包商、分包商和供应商等逐步成为了项目全团队新的参与者,项目全团队的管理也进入到项目价值创造和项目利益划分的阶段。在这个阶段中人们要根据科学设计和计划安排的项目相关利益主体的利益与合作关系开展合作伙伴式的组织管理,按照签订的合作伙伴关系协议协调和解决好项目相关利益主体之间的利益冲突,努力创造项目价值的最大化和项目价值分配的合理化两方面的组织集成管理工作。

4.项目完工与交付阶段的项目全团队管理

在项目的完工与交付阶段,项目设计商、总包商、分包商和供应商等分别向项目业主交付项目产出物和结果,项目全团队的管理也进入到项目价值总结和项目利益结转以及项目管理与合同终结的阶段。在这个阶段中人们要根据既定的项目相关利益主体的合同与合作关系开展项目全团队解体前的组织管理工作,这是一种以结转项目及其价值和支付项目成本或造价为主的项目工作,所以这一阶段的项目组织集成管理工作也是围绕这些展开的。

第三节　项目实施组织管理

所有的项目都是由某个或某几个组织去实施的,而任何一个组织都是为完成一定的使命和实现一定的目标而设立的,由于每个组织的使命、目标、资源条件和所处的环境不同,所以其组织结构、管理机制和管理能力等都会有所不同。通常,项目实施组织的组织结构和管理机制按照面向日常运营或面向项目的程度不同可划分为直线职能型组织、矩阵型组织、项目型组织和综合型组织等四大类,这些也是项目团队所处的组织环境的种类。本节将全面讨论项目实施组织的类型和特性,并讨论项目团队在不同项目实施组织环境下的管理问题。

一、不同项目实施组织的特性

对项目组织管理而言,项目实施组织是负有完成项目实施责任的组织,项目团队是在项目实施组织中负责项目实施工作的团队。因此项目实施组织就是项目团队所处的组织环境,它会直接影响到项目团队的管理和绩效。在项目组织管理中人们首先必须分析和认识项目实施组织的结构和体制,从而明确项目团队所处的组织环境并借此开展项目团队建设和管理。

(一)直线职能型组织及其项目团队

这是一种典型的面向运营的组织结构,现有加工制造企业多数是采用这种组织结构。

1. 直线职能型组织的组织结构

在这种组织结构中每个雇员或部门都有一个自己直接的上级,以保证组织的直线指挥系统能够充分发挥作用。其中的雇员基本上是按照专业化分工来划分部门的,所以在这种组织中还有一系列的职能管理部门,它们负责企业或实施组织各方面的职能管理工作。例如,供应部门负责原材料的采购与供应,销售部门负责产品或项目的营销,财务部门负责财务管理。这种直线职能型组织的结构刚性较大,是一种基于职能和部门的组织结构体系。这种直线职能型组织结构如图 10-8 所示。

2. 直线职能型组织中的项目团队

这种组织的职能部门拥有专门的职权以开展职能管理,所以在这种组织中很难组织独立的项目团队。在这种组织中开展项目工作时,经常需要将项目任务按照部门而划分成不同的部分,并分别由各部门自行完成这些分割开的项目具体任务。因此在这种组织环境下,项目团队的工作和协调是在职能部门的层面上进行的,项目团队是按照一种松散的协调关系建立的,项目团队的多数成员

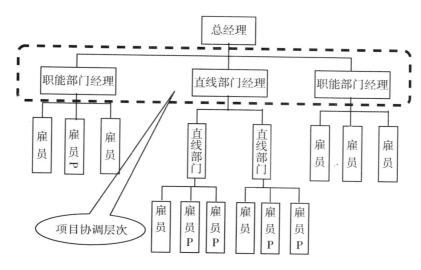

图 10-8 直线职能型组织的结构及其项目团队示意图

注:带"P"的雇员是做项目的职能部门雇员(下同)。

仍然分属于不同的部门。在这种组织环境下,项目团队经理和项目管理人员多数是兼职的,一般这种项目团队的经理的权限也很小,甚至不使用"项目经理"这一头衔,而只是简单地称其为"项目协调人"。所以这种直线职能型的组织结构对于开展项目管理是十分不利的,而对于项目团队而言这也是一种十分不利的组织环境。

(二)项目型组织及其项目团队

项目型组织是一种面向任务或活动的组织结构,它适合于开展各种业务项目的组织,是一种专为开展一次性和独特性项目任务而设计的组织结构。

1.项目型组织的组织结构

现有的建筑施工企业、信息系统集成企业和管理咨询企业等多数都采用这种组织结构。项目型组织的项目团队通常是由各种职能或专业人员组合而成的一个独立团队。在项目型组织中也有专门的职能部门负责整个组织的职能业务管理,但是这些职能部门一般不行使对项目经理的直接领导,而是为项目团队提供各种支持或服务。这是一种非常适合开展项目活动的组织形式,所以多数从事业务项目活动的承包商等组织都采取这种组织结构。这种项目型组织的结构以及其项目团队的组织模式如图10-9所示。

2.项目型组织中的项目团队

在这种组织结构中的项目团队是一个独立的从事具体项目工作的单位,项目活动的协调就在项目团队内部进行。在这种组织中项目团队的项目经理是专

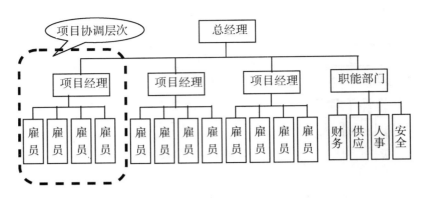

图 10-9　项目型组织的结构及其项目团队示意图

职的,而且具有较大的权力和较高的权威性。这种组织的项目团队还有专职的项目管理人员和项目工作人员以及少量的临时项目工作人员。例如,一个管理咨询公司中有专门负责"战略管理咨询"的项目团队,这一团队有自己专职的项目经理、项目管理人员和专职项目工作人员,在开展一些特殊行业的战略管理咨询时也会临时聘用少量熟悉这一特殊行业的专业人员参加项目团队的工作。

(三)矩阵型组织及其项目团队

这是为兼顾日常运营和项目开发这两种不同的组织活动而创立的一种组织结构形式。

1.矩阵型组织的组织结构

实际上它是直线职能型组织和项目型组织的一种混合类型,所以它既有直线职能型组织结构的成分,又有项目型组织结构的成分。这种组织的结构可以根据其直线职能制和项目制的混合程度不同,进一步分为强矩阵型组织、弱矩阵型组织和均衡矩阵型组织。不同的矩阵型组织分别保留了不同程度的直线职能型或项目型组织的固有特点。例如,弱矩阵型组织中的项目经理的权力就较小,而强矩阵型组织中的项目经理权力就较大。矩阵型组织的主要特色是它的专业职能部门构成了矩阵型组织的"列",而它的项目团队构成了矩阵型组织的"行"。这种组织的示意如图 10-10 所示。

2.矩阵型组织中的项目团队

矩阵型组织可以从不同职能部门抽调各种专业人员,组成多个项目团队去开展项目工作。当这些项目团队的任务结束后项目人员又回到原来的专业职能部门中去,所以这种组织具有很大的灵活性。例如,一个综合性医院会有内科、外科、脑系科等各种各样的医疗科室,但是当需要组织各种救灾、外援医疗队的时候,他们会从不同的科室中抽调各种专业医护人员,任命专门的医疗队长,组

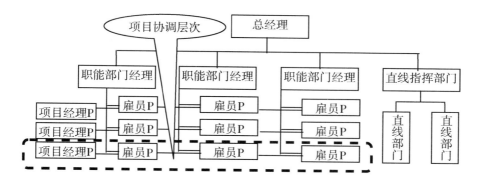

图 10-10 矩阵型组织的组织结构及其项目团队示意图

成专门的医疗队去完成一项救灾或外援任务；任务一旦完成，医疗队就会解散，这些医护人员就各自回到原来的科室。这种组织的项目团队的任务和目标的协调也是在自己团队中实现的。

3.矩阵型组织的三种不同类型

矩阵型组织按照其矩阵化程度又可以进一步分成下述三类。

(1)弱矩阵型组织。这种矩阵型组织具有较多的直线职能型组织的色彩，它正式设立的项目团队成员多数是临时性的，团队大部分人只是临时地从事项目工作。所以在这种组织环境中的项目团队、项目经理和项目管理人员的权力也十分有限，而且他们多数是兼职的。

(2)均衡矩阵型组织。这是直线职能型和项目型两种组织结构和体制相对均衡的矩阵型组织形式，它有正式设立的项目团队且其团队中较多人员是专职从事项目工作的。这种项目团队的授权介于直线职能型和项目型组织的项目团队之间，故被称为均衡矩阵型组织。

(3)强矩阵型组织。这种矩阵型组织结构与项目型组织非常相似，所以在许多方面它与项目型组织十分相近。这种组织结构中的直线部门只是一些相对不很重要的生产部门，它们所获得的资源和它们所具有的权力相对都比较弱，而项目团队的权力则较强。

(四)组合型组织及其项目团队

组合型组织结构是一种集成了直线职能型、矩阵型和项目型组织的组合性的组织结构。

1.组合型组织的组织结构

在这种组织结构中既有直线职能部门，又有为完成各类项目而设立的矩阵型组织和项目型组织。这种组织中的项目团队有自己的管理机制及独立的报告和权力体系，这种组织结构中的职能部门需要为完成特定项目而派出人员构成项目团队,在项目完成后项目团队的人员则重新回到职能部门去。同时,这种组织中也允许职能部门组织自己的项目团队去完成本部门承担的项目工作。这种组织的结构如图 10-11 所示。

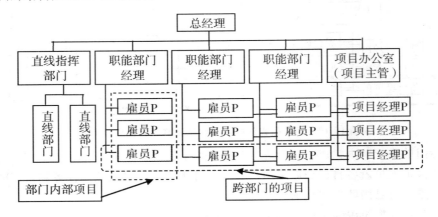

图 10-11 组合型组织的组织结构及其项目团队示意图

2.组合型组织中的项目团队

上述组合型组织中的项目团队有三种:一是某个职能部门内部人员构成的项目团队,二是多个职能部门的雇员构成的项目团队,三是由项目管理办公室统一管理的永久性项目团队。这三种不同的项目团队用于开展不同的项目和实现不同的组织目标。

二、项目实施组织对项目团队的影响

任何项目都是由项目团队具体实施和完成的,但是任何项目团队都隶属于一定的项目实施组织。所以项目实施组织构成了一个项目团队的组织环境,项目实施组织的组织结构、管理机制、组织文化和管理方法等都会对项目团队造成影响,现将它们分述如下。

(一)组织结构对项目团队和项目管理的影响

上述不同形式的组织结构及其体制和机制属于项目团队的组织环境,任何项目的管理者都必须清楚不同组织结构的特性以及它们对于项目团队和项目管理的影响。然后项目管理者还需要确定出应该采取项目组织管理方面的对策以及如何带领项目团队去适应自己所处的组织环境。在不同项目环境下的项目团队组织管理模式在表 10-1 中给出。

表 10-1　项目实施组织的结构和机制对于项目团队和项目管理的影响一览表①

组织结构特征	直线职能型	弱矩阵型	均衡矩阵型	强矩阵型	项目型组织
项目经理权力	很低	较低	中等	较高	很高
可利用的资源	很低	较低	中	较高	很高
项目全职人员	很少	较少	中等	较多	很多
项目预算控制者	职能经理	职能经理	职能经理	职能经理	职能经理
项目经理	非全职	非全职	全职	全职	全职
项目经理称谓	项目协调人	项目协调人	项目经理/官员	项目经理/官员	项目经理/官员
项目管理人员	非全职	非全职	非全职	全职	全职

从表 10-1 中可以清楚地看到，不同的项目团队组织环境（项目实施组织结构、体制、政策、文化等）都会对项目团队的工作和绩效产生影响。因此项目团队的建设和发展必须考虑适应项目团队的组织环境，只有这样才能获得成功。

(二)组织管理机制对项目团队和项目管理的影响

除了上述项目实施组织的结构等体制要素会对项目团队和项目管理造成影响以外，项目实施组织的管理机制同样会对项目团队和项目管理造成很大的影响。首先，对于以运营和运营管理为主的组织或企业而言，它们的管理机制是按照基于分工的职能管理安排和设计的，所以这种管理机制有利于开展运营和运营管理，而不利于开展项目的实施和管理，因此这种企业或组织的管理机制会对项目团队和项目管理带来很多阻力和负面的影响。相反，对于以项目和项目管理为主的企业或组织而言，他们的管理机制就是按照基于团队的项目管理安排和设计的，所以这种管理机制有利于项目和项目管理，而不利于运营和运营管理，因此这种企业或组织的管理机制会对项目团队和项目管理带来正面的影响。

另外，包括国家和地方的财务通则与会计准则等管理机制对于不同企业或组织影响也都是不同的，这些也都会直接影响到项目团队和项目管理。这些管理机制方面的不同会对项目团队和项目管理产生很大的影响，所以项目团队和项目经理必须对这些有充足的认识，并且根据自己所处的这种组织环境的特点做好适应组织环境和开展好项目管理的工作。

(三)组织或企业文化对项目团队和项目管理的影响

组织或企业不但会有不同的组织体制（结构）和管理机制，而且会有完全不同的企业或组织文化，这种企业或组织的文化同样会对项目团队和项目管理产生很大的影响。因为所谓的组织或企业文化主要是指在人们分享的价值观、经营理念、人际关系和职业道德等方面的要素，不同的组织或企业由于它们的历

---

① PMI Standard Committee. Project Management Body of Knowledge. PMI，2004.

史、社会环境、主要领导人的追求等方面的影响而造成了不同的组织或企业文化。由于项目团队和项目管理离不开组织或企业,所以也就必然会受组织或企业的文化影响。实际上所谓的组织或企业文化就是一个组织或企业的组织体制和管理机制等的内化,就是用来同化所有组织成员的统一思想追求。

组织或企业文化对于项目团队和项目管理的影响也有正负两个方面,鼓励和追求变革与创新的组织或企业文化一般会对项目团队和项目管理具有有利和正面的影响,强调和要求按照程序和规矩办事的组织或企业文化一般会对项目团队与项目管理造成不利和负面的影响。例如,以研究为主的研究型大学和以教学为主的社区学院的文化就有很大不同,前者的文化就会更有利于项目团队开展项目和项目管理,而后者则反之。同样,像微软公司这种靠创新和研发为生的企业与像美国西北航空公司这种靠日常运营为生的企业在企业文化上就会有很大的不同,前者的企业文化会更有利于项目团队和项目管理,后者则反之。

三、项目管理办公室及其管理

由于近年来企业和各种组织的项目管理正在从单一项目的管理转向企业或组织的多项目协调管理,所以项目管理办公室(Project Management Office,PMO)也叫战略项目管理办公室(Strategic Project Management Office,SP-MO)的组织形式得以出现和盛行。由于在一个企业或组织中经常会有很多个项目同时进行,这些项目相互之间或许有着千丝万缕的联系,如果人们只是注重单个项目管理就造成了较低的项目成功率和因资源争夺而造成无谓的消耗。因此必须对组织或企业中各个项目进行全面集成管理,项目管理办公室就是一个企业或组织为保障项目成功而设立的项目集成管理的组织机构。

(一)项目管理办公室的定义与分类

项目管理办公室已经成为大部分企业和组织不可或缺的职能部门,在欧美国家有越来越多的企业设置了项目管理办公室。一般情况而言,项目管理办公室是一个企业或组织的内部项目管理中心,它是组织提高项目分析、设计、管理、检查等方面能力的组织或企业的部门。

1.项目管理办公室的定义

项目管理办公室是组织或企业中集中管理和协调各个项目的机构,是企业或组织提高自己项目管理成熟度的核心部门。根据业界最佳实践和公认的项目管理知识体系,该部门负责为本组织或企业量身定制项目管理流程、培养项目管理人力资源、建立项目管理信息系统、对具体项目提供管理指导、帮助组织开展多项目的管理等工作,以此确保项目成功率的提高和组织战略的有效贯彻执行。

国内外不同的组织对项目管理办公室的概念有不同的定义和理解,其中

PMI 对项目管理办公室的定义是：项目管理办公室就是为创造和监管整个企业或组织的全部项目的管理体系，这个管理体系是为项目和项目管理更为有效和为最大程度地达到组织目标而存在的[①]。实际上项目管理办公室就是一个企业或组织为集成所有项目经验和资源而设置的管理机构，它可以使组织或企业各种项目共享资源为企业或组织的各种项目和项目管理提供服务。

2.项目管理办公室的分类

总体而言，项目管理办公室也有狭义和广义之分。狭义的项目管理办公室是临时性的管理团队，它是为管理一个特定项目而设立的临时性机构，如在企业购并项目中设立的项目管理办公室。广义的项目管理办公室是永久性的项目管理机构，它是为一个组织或企业的战略发展和集成实施组织的各种项目而设立的组织或企业专门的项目管理机构。但是由于各个企业或组织对项目管理办公室职权范围的界定和期望不同，所以不同的组织或企业的项目管理办公室会有不同的规模、形式和功能。表 10-2 列出了项目管理办公室所处的组织层级及典型称谓和要求。

表 10-2　项目管理办公室的组织层级及称谓

第一层	项目级	项目控制办公室（Project Control Office）（狭义的）
第二层	部门级	项目管理办公室（Project Management Office）（广义的）
第三层	公司级	战略项目管理办公室（Strategic PMO）（最广义的）

由表 10-2 可知，狭义的项目管理办公室是针对单个项目的，实际上就是具体项目团队的办公室；最广义的项目管理办公室是战略项目管理办公室，这是在企业或组织中从战略角度出发负责项目管理的组织机构。战略项目管理办公室负责从组织或企业战略发展出发去设计和生成项目，管理和控制项目的计划与变更。战略项目管理办公室将一个组织或企业的项目与项目管理作为实现组织或企业经营目标和战略发展目标的根本手段，它对组织或企业的所有项目进行资源和机会的优化并处理它们的风险和项目的相互关系，统一报告和掌控组织或企业全部项目的实现程度。

(二)项目管理办公室的主要功能

虽然项目管理办公室的功能会因不同的组织或企业而不同，但是通常的项目管理办公室主要功能包括如下几个方面。

1.配置项目的资源和工作

项目管理办公室的重要功能之一是做好组织或企业中所有资源的集中与合

---

① PMI.项目管理知识体系指南(第三版).卢有杰等译.电子工业出版社,2005.

理配置,协调好组织或企业各个项目对于公用资源的争夺和有效利用,包括组织或企业的各种物质资源、人力资源、信息资源、财务资源,等等。同时,项目管理办公室还需要从整个组织或企业的角度确定在既定资源情况下究竟何时开始上马哪些项目,从而实现整个组织或企业资源的最佳配置和工作的集成计划与管理。项目管理办公室与项目经理和项目管理团队的管理职责不同,它是从整个组织或企业的角度对各个项目开展管理与协调,而项目经理和团队是针对一个具体项目开展管理和协调工作。

2.建立项目管理信息系统

项目管理办公室的主要职责是收集、整理和报告项目情况,以供企业或组织的领导者和各个项目团队使用,所以项目管理办公室的主要功能之一就是为组织或企业建立统一的项目管理信息系统。这种信息系统既可以收集、处理和发布项目的各种信息,也可以收集和推广项目管理方面的经验教训和知识。这方面的职能又可进一步分为:项目管理信息系统的开发、使用和维护等内容,最终人们可以使用它去收集、处理和使用组织或企业的各种项目信息。

3.组织项目管理培训

项目管理办公室的核心任务之一是组织项目管理的培训,以便使组织或企业中各个项目的管理水平不断得以提高。项目管理办公室并不负责具体项目的一线管理工作,项目管理办公室的主要职责是负责提升整个组织或企业的项目管理能力,所以组织项目管理培训是项目管理办公室的主要职责之一。项目管理办公室在组织中提供项目管理培训的主要内容包括:一般的项目管理知识体系、项目所属专业的专门管理知识体系、项目管理技能培训等。

4.制订项目管理规范

所谓项目管理规范是指在一个组织或企业中通行的项目管理工作的流程、方法、模式、标准、方针和政策等。所有这些项目管理的规范都是组织或企业中各个项目团队开展项目管理的准则和规定,为了使这种项目管理规范能够适应组织或企业项目与管理的发展变化需要,项目管理办公室必须不断地修订和改进它们以增加其使用价值。另外,随着现代项目管理学科的发展,项目管理规范也需要不断地补充新的内容,从而使这个项目管理规范能够不断发展和反映项目管理理论知识和方法的进步。

5.开发项目管理工具

项目管理办公室还负责在整个组织或企业中使用的项目管理工具的开发工作,在这方面项目管理办公室主要负责制订开发项目的立项和项目计划与终结报告等工作。具体的项目管理工具开发任务是由具体项目的项目经理和项目团队在开展具体项目时完成的,多数是在项目团队遇到前所未有的管理问题和情况时提出并开发的。但是项目管理办公室要组织和管理好这种项目管理工具的开发工作,要最终接收项目团队的开发结果和做好后续推广使用的管理工作。因此项目管理办公室应该要求每个开发? 有具体项目管理工具的项目团队,不但对他们的项目管理工具开发工作要进行申请和立项,而且最终还要有开发结果和使用结果的总结报告。这样就可以使企业或组织会不断积累项目管理工具,从而获得不断的发展与提高。

6.总结推广具体项目的经验

一个项目的成败、盈亏、好坏以及其项目团队是否应该奖惩等都需要通过全面总结而做出回答,所以项目管理办公室的另一项重要职责就是监督、检查和开展每个已完成项目的全面总结。这种总结又分两个层面,其一是项目团队自己所做的项目全面总结,其二是项目管理办公室所做的项目全面总结。前者的项目全面总结主要是自我总结和提供考核数据用的,后者的项目全面总结是为了吸取教训和推广经验用的。项目管理办公室可以从各个项目总结中获取数据和经验,然后对这些进行整理和分析并用于推广。同时,项目管理办公室还可以使用这种办法开展项目审核和改进学习,从而对组织或企业的项目管理水平进行提升。

7.对具体项目提供管理指导

项目管理办公室更为重要的职责之一是对组织或企业中各个项目的项目经理和项目管理人员提供各种各样的指导、帮助和支持。这种帮助既有资源方面的(如项目管理办公室积极推动人力资源部、供应部门和财务部门等为具体项目提供资源),也有方法和技术方面的(如项目管理办公室为具体项目的项目经理和项目团队提供项目管理方面的支持和帮助)。项目管理办公室还可以组织和召开企业和组织中各种项目的项目经理或团队开展项目管理协作和各种形式的讨论与交流,分享不同项目经理各自的成功经验等等。

8.为组织开展多项目管理

项目管理办公室最重要的功能是为整个企业或组织提供多项目或项目组合的管理,即从整个企业或组织的角度出发开展好多项目和项目组合的全面集成管理。这包括根据组织发展目标和战略设计和提出项目与项目组合,根据项目和项目组合的实际需要集成配置资源,根据项目和项目组合需要开展集成计划和实施,根据组织或企业的发展需要进行项目或项目组合的变更与变更总体控制等多项目管理工作。

9.项目管理办公室的其他功能

除了上述功能外,项目管理办公室还具有很多其他方面的功能。例如,企业或组织各种项目信息的集成管理功能,企业或组织的全部项目的合同管理功能,企业或组织的全部项目的文档和资料管理功能,企业或组织的项目与日常运营之间的协调功能,企业或组织因开展项目而与外部组织所发生各种关系的统一管理功能(即统一对外的功能),等等。实际上一个组织或企业设立项目管理办公室的根本功能是为了提高组织或企业的总和管理能力,从而能够更好地实现企业或组织的资源最佳配置和价值的最大化。但是由于每个企业或组织的使命、愿景、战略以及所做的项目不同,所以在此无法全面列举项目管理办公室的全部功能。

第四节　　项目团队管理

现代项目管理十分强调项目团队的组织和建设,从而确保项目团队能够顺利地开展项目工作,这就使得项目团队及其建设与发展(开发)成了项目组织管理中一项十分重要的内容。

一、项目团队的定义与特性

项目管理中有关项目团队的概念有很多,其中最主要的是项目团队的定义和特性。

(一)项目团队的定义

现代项目管理认为:项目团队是由一组个体成员为实现一个具体项目的目标而组建的协同工作队伍。项目团队的根本使命是实现具体项目的目标和完成具体项目所确定的各项任务。项目团队是一种临时性的组织,一旦项目完成或者中止,项目团队的使命即告完成或终止,随之项目团队即告解散。

(二)项目团队的特性

一般认为,项目团队作为一种临时性的组织,它主要具有如下几个方面的特性。

1. 目的性

组建项目团队的目的就是完成某个项目和实现项目的既定目标,因此这种组织具有很高的目的性,它只承担与既定项目目标有关的使命或任务,而不承担与此无关的使命和任务。

2. 临时性

项目团队在完成特定项目的任务以后使命即告终结,甚至在出现项目中止的情况时,项目团队也会临时性解散或是暂停工作,待重新启动项目,项目团队才会重新开展工作。

3.团队性

项目团队是按照协同工作的团队作业模式开展项目工作的,这种团队性的作业强调团队精神与团队合作,所以团队精神与合作是项目成功的保障。

4.开放性

这是指项目团队成员在项目实施期间能进能出,只要项目需要即可进出。这使得项目团队成员数量和人选会随着项目的发展与变化而不断调整,这与运营组织的特性完全不同。

5.双重领导特性

多数情况下项目团队的成员既受原职能部门领导,又受项目经理领导。这会使项目团队成员的发展受限,甚至会出现双重领导者的意见不统一而使项目团队成员无所适从。

二、项目团队的创建与发展

一般性的团队是指在兴趣、爱好、技能或工作等方面具有共同目标而自愿组合,并经组织授权和批准的一个群体。例如,学校中有相同兴趣的师生所组成的各种兴趣小组,企业中有相同爱好的人组成的篮球队等都是一般性的团队。但项目团队是由于项目而组建的协同工作的团队,所以在项目团队创建与发展方面也有一般团队建设与发展的特性。

根据塔克曼(B. W. Tuckman)教授提出的团队发展四阶段模型可知,任何团队的建设和发展都需要经历形成阶段、震荡阶段、规范阶段和辉煌阶段这样四个阶段。这四个阶段依次展开形成了一个团队从创建到发展壮大和取得辉煌的过程。项目团队也不例外,它的创建与发展同样要经历这四个阶段。项目团队创建与发展四个阶段如图 10-12 所示。

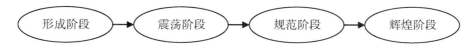

图 10-12 项目团队的创建与发展阶段示意图

(一)形成阶段

项目团队的形成阶段是团队的初创和组建阶段,在这一阶段中组织的一组人员转变成为项目团队的成员。项目团队的成员可以从组织中不同的部门或外部组织中得到,然后将他们组成一个统一的团队和整体。在这个阶段中项目团队成员由个体归属于一个团队,其思想总体上说有一种积极向上的愿望并急于开始工作和展示自己。然而在项目团队的形成阶段,项目团队成员还不太了解自己的职责、角色及其团队伙伴的角色与职责,所以在这一阶段中团队每个成员都有一个适应全新的团队环境和成员关系的问题。在这一阶段中项目经理需要为团队明确方向、目标和任务,为每个成员确定职责和角色并将他们组成项目团队。

这一阶段的项目团队成员的心理处于一种高度焦虑和极不稳定的状态,团队成员的情绪特点包括激动、希望、怀疑、焦急和犹豫。项目团队每个人在这个阶段都有很多疑问,每个人都急于展示自己和了解其他团队成员,每个人都担心自己的角色是否与个人能力和职业与兴趣等相一致。为使项目团队成员能够明确目标、方向和人际关系,项目经理一定要不断地向团队成员们说明项目的目标,每个人的角色,项目的目标、任务、利益和好处。项目经理要及时公布有关项目的工作范围、质量标准、预算及进度计划的要求、标准和限制,搞好同项目团队成员之间的关系,很好地完成项目团队形成阶段的任务。

(二)震荡阶段

这是项目团队发展的第二个阶段,在此阶段项目团队成员开始按照分工进行初步合作,各个团队成员着手完成自己的任务,大家对项目目标和任务等逐步明确。但是在这一阶段中会有一些团队成员发现和遇到各种各样的问题,有些团队成员会发现项目工作与当初设想不一致,有些团队成员会发现团队成员间关系与自己期望的不同,甚至有些团队成员会发现项目工作和团队中的人际关系存在许多矛盾和问题。结果这些问题导致有些团队成员与项目经理和项目管理人员发生矛盾和抵触,他们越来越不满意项目经理的指挥或命令,越来越不愿意接受项目管理人员的管理,结果项目团队就进入了震荡阶段。

项目团队成员在这一阶段中思想和人际关系等都处于一种动荡的状态,他们的情绪特点是紧张、挫折、不满、对立和抵制等并存。因为有些团队成员在这一阶段中感到原有预期未能达到或者是差距较大并产生挫折感,这种挫折感造成了人们愤怒、对立和冲突的情绪,这些情绪又造成了项目团队中的关系紧张、气氛恶化,矛盾、冲突和抵触等相继出现。在震荡阶段,项目经理需要应付和解决所出现的各种问题和矛盾,需要容忍一些不满、解决冲突与协调关系,需要消除团队中的各种震荡因素,最终引导项目团队根据任务和团队情况对自己的角色及职责进行调整。此时,项目经理的容忍是项目团队震荡阶段的各种冲突和震荡的"阻尼",没有这种"阻尼"的项目团队在震荡阶段就会解体。另外,在这一阶段中,项目经理有必要邀请项目团队的成员积极参与解决问题,共同做出相关的决策。

(三)规范阶段

项目团队在经受了震荡阶段的考验后,就进入了项目团队的规范阶段。此时项目团队成员之间、团队成员与项目管理人员和经理之间的关系已经理顺和确立,绝大部分个人之间的矛盾已得到了解决。此时的项目团队内部矛盾低于震荡阶段,因为项目团队成员个人的期望得到了调适,项目团队成员的不满情绪大大减少。在这一阶段中项目团队成员接受并熟悉了工作环境,项目管理的各种规程得以改进和规范,项目经理和管理人员逐渐掌握了对项目团队的管理和控制,项目团队的凝聚力开始形成,项目团队全体成员获得了归属感和集体感,每个人觉得自己已经成为了团队的一部分。

这一阶段项目团队成员的情绪特点是:信任、合作、忠诚、友谊和满意。在这一阶段中随着团队成员之间相互信任关系的建立,他们相互开始大量地交流信息、观点和感情,结果使得团队的合作意识增强,团队中的合作代替了前一阶段的矛盾和抵触。项目团队成员在这一阶段开始感觉到他们可以自由地、建设性地表达自己的情绪、评论和意见,他们之间和他们与项目经理之间在信任的基础上发展了相互之间的忠诚并建立了友谊。项目团队经过了这个规范阶段之后,其团队成员会更加支持项目管理人员的工作,整个项目团队的工作效率得到了提高。项目经理在这一阶段应该对项目团队成员所取得的进步予以表扬,积极支持项目团队成员的各种建议和参与,努力地规范团队和团队成员的行为,从而使项目团队不断发展和进步,为实现项目的目标和完成项目团队的使命而努力工作。

(四)辉煌阶段

这是项目团队发展的第四个阶段,也就是项目团队不断取得成就的阶段。此时项目团队的成员积极工作,努力为实现项目目标而做出贡献。这一阶段中项目团队成员间的关系更为融洽、团队的工作绩效更高、团队成员的集体感和荣誉感更强,项目团队全体成员能开放地、坦诚地、及时地交换信息和思想,项目团队也根据实际需要以团队、个人或临时小组的方式开展工作。此时项目团队成员之间相互依赖程度提高,项目经理给项目团队成员的授权增多,甚至在项目工作出现问题时多数由项目团队成员自行解决,因此项目团队成员有了很高的满意度。此时,项目团队成员都能体会到自己正在获得事业上的成功和发展。

这一阶段项目团队成员的情绪特点是:开放、坦诚、依赖、团队的集体感和荣誉感,项目经理在这一阶段应该积极授权从而使项目团队成员更多地进行自我管理和自我激励。同时,项目经理应该及时公告项目的进程、表彰先进的团队成员,努力帮助项目团队完成项目计划,实现项目的目标。在这一阶段中,项目经理需要集中精力管理好项目的预算、控制好项目的进度计划和项目的各种变更,指导项目团队成员改进作业方法,努力提高工作绩效和项目质量水平,带领项目团队为创造更大的辉煌而积极努力。

三、项目团队精神与团队绩效

要想使一群独立的个体发展成为一个成功而有效的项目团队,项目经理需要努力通过建设团队精神提高项目团队的绩效。虽然决定一个项目成败的因素有许多,但是项目团队的精神和团队的绩效是至关重要的。

(一)团队精神与团队绩效的关系

项目团队并不仅是指一组集合在一起的人,没有团队精神建设就不可能形成一个真正的项目团队。所谓项目团队精神就是指项目团队成员需要相互依赖和忠诚,齐心协力、共同努力,为实现项目目标而开展团队作业。一个项目团队的效率与它的团队精神紧密相关,图 10-13 给出了项目团队在形成、震荡、规范和辉煌这四个阶段中团队精神与团队绩效的关系。

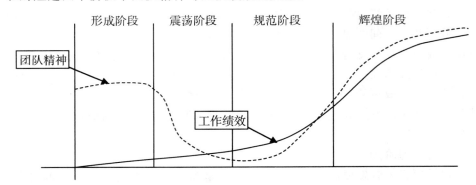

图 10-13　项目团队成长各阶段的绩效水平与团队精神关系示意图

(二)团队精神的内涵

项目团队的团队精神是一个团队的思想支柱,是一个团队所拥有的精神的总和。项目团队的团队精神应该包括下述几个方面的内容。

1.高度的相互信任

这是指项目团队成员之间有高度的信任,每个团队成员都相信团队的其他人所做的和所想的事情是为了整个集体的利益,是为实现项目的目标和完成团队的使命而做出努力。同时,团队成员也承认彼此之间的差异,只是这些差异与团队目标没有冲突,这些差异反倒使每个成员感到了自我存在的必要和自己对于团队的贡献。

2.强烈的相互依赖

这是指团队是成员之间强烈的在主场或资源等方面的相互依赖,一个项目团队的成员只有充分理解其他团队成员都是项目成功不可或缺的重要因素之一,那么他们就会很好地合作并且相互强烈地依赖。这种团队成员之间的依赖性会形成团队的凝聚力,而这种凝聚力就是团队精神的一种最好体现。

3.一致的共同目标

这是指项目团队全体成员所具有的一致目标,以及项目团队每位成员强烈地希望为实现项目目标而付出自己的努力。因为在这种情况下,项目团队的目标与团队成员个人的目标相对一致,所以大家都会为共同的目标而努力。这种团队成员积极地为项目成功而付出时间和努力的意愿也是团队精神的一个构成部分。

4.全面的互助合作

这是指项目团队全体成员们的互助合作,以及在全面互助合作时所进行的开放、坦诚、及时的沟通。这样项目团队成员们就能够成为彼此的力量源泉,大家都希望看到其他团队成员的成功,都愿意在其他成员陷入困境时提供自己的帮助并能相互批评、提出反馈和建议,这些也是团队建设的重要组成部分。

5.平等与积极参与

这是指在项目团队成员之间的关系是平等的,每个人都有权利和义务积极参与项目的工作和管理。项目团队多数是一种民主的和分权的团队,因为项目团队的民主和分权为的是使团队成员能够以主人翁或当事人的身份积极参与项目的各项工作,从而形成一种团队精神,并带着这种团队精神为实现项目目标而努力。

6.自我激励和管理

这是指项目团队成员都应该按自我激励与自我管理的模式开展项目工作,这种自我激励和自我管理的模式能使项目团队协调一致和更好地表现出团队精神和意志。这种自我激励和自我管理的模式是项目团队不断取得辉煌的保障,只有这样项目团队成员才能够积极承担责任和约束自己,努力完成任务和实现整个项目团队的目标。

第五节　项目经理的管理

项目经理是项目团队的领导者,其能力、素质、理念和工作直接关乎项目成败,本节将全面讨论项目经理的角色、职责、能力和素质要求等方面的内容。

一、项目经理的角色与职责

项目经理是项目的主管,其根本职责是带领项目团队按时优质地完成项目任务,从而使项目业主/客户能够对项目的结果感到满意。

(一)项目经理的角色

项目经理的角色可以使用西方项目管理方面的一句话概括:项目经理就是

项目的国王。这句话包含两个层面的意思,首先是项目经理必须获得足够的授权,他应该是项目资源的支配者、项目人员和工作的管理者以及项目工作事物的决策者。这句话的第二层意思是说项目经理要应对各方面的相互关系,是整个项目的核心角色,这可用图 10-14 给出示意。

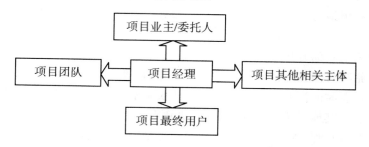

图 10-14　项目经理与各种角色关系示意图

由图 10-14 中可知,项目经理要领导项目团队完成项目业主或委托人的项目,项目经理要管理项目团队满足项目最终用户的要求,项目经理还要同其他项目相关利益主体打各种各样的交道和开展沟通与协调,所以项目经理是整个项目的核心角色。

(二)项目经理的职责

项目经理的核心地位使其承担着诸多不同的角色,其主要角色和职责包括下列几方面。

1.团队领导者和管理决策人

项目经理承担领导项目团队完成项目任务的重要角色,所以他既要身先士卒地带领项目团队去"冲杀",又要"坐阵指挥"指导项目团队按照正确的方向和方法完成项目工作。因此项目经理的主要职责是充分运用自己的权力影响他人,驱使整个团队为实现项目的目标而努力。同时,项目经理在项目实现过程中还需要制订各种项目管理方面的决策,如确定项目及项目各阶段的目标、范围、任务和工作要求。所以项目经理还是项目管理的决策者,但是项目经理只是项目管理中的决策者,项目业主/客户才是项目的最终决策者。

2.项目计划者和项目分析师

项目经理是一个项目计划的主要制订者,任何项目的集成计划工作和各种专项计划工作等都是由项目经理主持制订的。虽然有专门的项目计划管理人员,但是项目经理是项目计划的主要制订者,而项目业主是计划的批准者。所以即使项目计划人员编制好项目计划最终也还需要由项目经理和业主进行审批。同时,在项目的计划编制和实施过程中,项目经理还必须全面地分析项目计划的可行性和项目计划实施的绩效情况,然后根据分析去制订各种具体应对措施。

所以项目经理还承担着项目分析师的角色和职责。

3.项目组织者与共同合作者

项目经理还是项目的组织者,他需要组织和建设项目团队。这包括设计项目团队的构成,分配成员的角色,安排人员的职责,积极进行授权,组织和协调团队成员等方面的组织工作。同时,项目经理在整个项目的相关利益主体中还要扮演共同合作者的角色,因为他不但要与项目团队成员们合作还要同所有的项目利益相关者进行合作。项目的实现过程是一种基于团队合作的过程,在基于团队作业的过程中任何人都是以合作者的身份出现的。但是项目经理还具有促进整个合作的职责,所以他要同项目团队与项目业主/客户等积极合作。

4.项目控制者和预测评价者

项目经理还是一个项目管理过程中的控制者,他要在项目全过程中全面、及时地控制项目的各项工作。他既要根据项目目标和项目业主/客户要求与期望制订出项目各项工作的控制标准,又要对照管理控制标准去度量项目的实际绩效和确定项目出现的各种偏差并决定所要采取的纠偏措施。同时,项目经理还需要扮演项目预测者和评价者的角色,他要不断地客观预测、衡量和评价项目进度、质量、成本与预算的实际完成情况,并及时预测、评价和判断各种偏差对项目的影响,并根据分析和评价做出各种项目变更以实现项目的优化。

5.项目利益的协调人和促进者

项目经理还扮演着项目利益协调人和项目价值最大化的促进者角色,因为项目经理实际上处于全体项目相关利益者信息沟通的中心位置。项目经理不但要协调项目业主/客户与项目实施组织之间的关系,还要协调项目业主/客户与项目团队的利益以及项目团队、项目业主/客户和项目其他利益相关者之间的各种利益关系。同时,在协调这些项目利益相关者之间利益的过程中,项目经理需要通过自己的工作努力促进和增加项目的总体利益,努力使项目利益实现最大化,从而使所有项目利益相关者都能够从项目中获得更大的利益。

二、项目经理的技能和素质

由于项目经理要承担上述多种职能和角色,所以项目经理必须具备很高的素质和技能,其中最主要的项目经理技能和素质分述如下。

(一)项目经理的技能

项目是否成功在很大程度上取决于项目经理的领导和管理工作,因此项目经理必须具备保证项目成功所需的各种技能,这主要包括如下三个方面。

1.项目经理的概念性技能

这是指项目经理在项目实现过程中遇到各种特殊情况时,能够根据具体情况做出正确的判断、提出正确的解决方案和做出正确的决策,并合理解决问题的技能。这项技能要求一个项目经理必须具备如下几个方面的能力。

(1)发现问题的能力。项目经理必须具备从复杂多变的情况中能够发现问题、分析和找出问题的实质与问题原因的能力。这方面的能力涉及:发现问题的敏锐性、准确性和全面性,分析问题的逻辑性、可靠性和透彻性。所谓发现问题的敏锐性是指一个项目经理应该能够预见项目工作存在的问题,或者在较短的时间内发现项目工作存在的问题;所谓发现问题的准确性则是指一个项目经理在敏锐发现问题的基础上还能够十分准确地发现问题原因之所在;而所谓发现问题的全面性是指一个项目经理在敏锐和准确地发现问题的基础上,还要能够完全、彻底地发现问题所涉及的各个方面。

(2)分析问题的能力。项目经理还必须具备分析问题的能力,即具有分析问题的逻辑性、可靠性和透彻性。其中,分析问题的逻辑性是指一个项目经理必须具有严密的逻辑思维能力,能够透彻地分析项目工作中各类问题的前因后果及各种逻辑关系。分析问题的可靠性是指一个项目经理在分析各类项目工作中的问题时,能够依据事实、理论和实际经验,而不是凭空想象和任意蛮干。分析问题的透彻性是指一个项目经理在分析问题时要能够从正反两个方面和多个不同的角度出发,深入透彻地分析问题的实质和原因。另外,项目经理还要有系统思维的能力,以便能集成地考虑问题和综合分析问题原因。因为项目经理所面临的是一个开放的、不确定的工作环境,他所领导的是各种各样的临时性团队成员,他所具有的资源和时间有限且需要实现项目既定目标,所以他必须具备上述发现问题和分析问题的能力。

(3)解决问题的能力。项目经理还必须具备解决问题的能力,因为这个职位就是为解决项目各种问题而设立的。项目经理处理和解决问题的能力涉及三个方面,一是处理和解决问题的针对性,二是处理和解决问题的正确性,三是处理和解决问题的完善性。所谓处理和解决问题的针对性是指项目经理在解决问题的过程中所采取的各种对策和方法应该具有很强的针对性,而不能像日常运营经理那样使用程序化和结构化的解决问题的方法。所以项目经理处理和解决问题是一个艺术性很强的事情,必须针对具体问题找出有针对性的解决问题的办法。所谓处理和解决问题的正确性和完善性是一种科学与集成的统一,其中处理和解决问题的正确性是指项目经理要具有采用正确方法解决具体项目问题的能力,而处理和解决问题的完善性是指项目经理在解决问题过程中能够考虑周全和集成解决问题。这样既能很好地解决项目的眼前问题,又能够不给项目留下各种后患;既能做到最终解决问题的结果令有关各方都满意,且解决问题的成本低而价值高。当然,一个项目经理要具备这些解决问题的能力是十分不易的,但他至少要具有针对具体情况解决具体问题的能力。

(4)制订决策的能力。项目经理还必须具备在复杂情况下做出决策的能力，即在各种情况下能够找出解决问题的可行性方案并挑选出最佳行动方案的能力。这方面的能力包括：收集信息的能力、加工处理信息的能力、根据各种信息制订行动备选方案的能力和抉择最佳行动方案的能力。所谓收集信息的能力是指一个项目经理必须具备采用各种手段获得项目信息的能力，这包括采用文献阅读、访谈、问卷和实地观察等手段和方式的能力。一个合格的项目经理不但要具备这些信息收集和获得信息的能力，同时还应该具有对各种数据和信息进行加工处理的能力。这包括项目数据和信息的汇总能力、数据和信息的分类整理能力、基本的数据统计分析能力和财务分析能力等。另外，项目经理还应该具备根据各种信息去制订和选择行动备选方案的能力，这包括找出和制订各种可行备选方案的能力，分析和确定各备选方案的经济、技术、运营等特性的能力，分析和比较各个备选方案优劣的能力等。项目经理最重要的决策能力是抉择最佳行动方案的能力，因为只有抉择正确的行动方案才是真正意义上的决策能力（或叫狭义的决策能力）。这种狭义的决策能力要求项目经理能够在信息不完备的情况下运用自己的经验和判断选择出最佳的行动方案。

(5)灵活应对的能力。项目本身的不确定性因素很多，因为项目是在相对开放和不确定性环境下实施的。所以项目范围、工期、成本、质量和各种资源都是可变的，项目团队成员也是可变的，甚至项目业主/客户的要求与期望都是可变的。项目经理要面对这么多的项目可变因素，所以他就必须具有灵活应对和变更的能力。这是一种控制、处理和适应项目各种发展变化的能力，这是一种在项目各种发展变化中努力确保项目目标得以实现的应对和变更的能力。项目经理灵活应对和变更的能力主要表现在两个方面，一是对于各种项目变更的快速反应能力，二是灵活地运用各种手段进行变更的能力。所谓快速反应能力是指一旦项目发生变化，项目经理应该能够以最快的速度做出反应和提出应对措施，而不至于使项目发展变化或问题扩大、造成的损失不断增加。所谓的处理项目各种发展变化的能力，包括灵活运用各种手段处理所发生的各种变动、灵活地调整项目管理和工作以及使项目团队尽快适应发展变化后的环境与情况等。

2.项目经理的人际关系能力

这是指项目经理与项目利益相关者和项目团队成员进行沟通与合作的能力，他要能很好地进行激励和采取因人而异的领导和管理的能力以及要有能够有效地影响他人的行为和处理好各种人际关系的技能。这方面的技能涉及如下几个方面的能力。

(1)沟通能力。项目经理必须具备很强的沟通能力，因为他要不断地与项目团队成员、项目业主/顾客和项目其他利益相关者以及项目有关组织和个人之间进行各种各样的沟通。这既有管理方面的沟通和技术方面的沟通,也有思想和感情方面的沟通;这既包括书面语言的沟通,也包括口头语言沟通和非语言沟通。所以项目经理必须具有沟通技能,以便在项目管理中能充分地进行信息传递、思想交流和设法影响他人的行为,为实现项目目标服务。项目经理在口头沟通技能方面必须具备"听"、"说"两个方面的能力。其中,在"听"的方面项目经理要能够倾听各个方面的意见与建议,既能够使对方在沟通过程中做到知无不言、言无不尽,真正全面地传递信息和表达出自己的思想和感情,又要能够从对方那里获得自己所需要的信息。在"说"的方面项目经理需要具有良好的语言表达能力和说服与鼓动他人的能力。这包括针对具体人和具体事能够充分表达出自己的想法和意图以及传递正确信息的能力,包括能够使用各种表达方法和沟通渠道说服他人的能力,也包括能够鼓舞士气的鼓动能力,等等。另外,项目经理在书面沟通方面更需要具备能够读懂并能正确使用各种书面文件的能力。这包括各种技术文件、各种管理报告、各种项目报表、各种备忘录文件。

(2)激励能力。项目经理要管理好项目和项目团队还需要具备足够的管理激励能力,这包括对他人的激励和自我激励两个方面的能力。在项目实施中项目经理需要不断地激励项目团队成员使他们能够保持旺盛的士气和积极性,以便共同为实现项目目标而努力。同时,项目经理也需要不断地激励自己,使自己能够面对和解决项目出现的各种问题。项目经理的激励能力首先是深入了解和正确认识项目团队成员个人需求的能力。这涉及了解团队成员的个人需求、识别和发现团队成员的真正需要、认识团队成员的主导需求等能力,因为对人进行激励的前提是要了解和清楚他们的个人需求并有针对性地开展激励。同时,项目经理要能够正确选择和使用激励手段和方法。这包括合理选用精神激励或物质激励手段、内在激励或外在激励手段、正强化和负强化的激励手段等各种不同的激励手段和方法的能力。另外,项目经理还要能够制订出合理的奖惩制度,并能够适时地采用奖惩和其他一些激励措施。这包括确定奖惩的适用情况和条件、奖励的周期性和惩罚的及时性、奖励和惩罚的力度与具体实施办法等。因为项目管理中的激励有很强的时效性,所以项目经理必须具有适时激励的能力。项目经理要能够根据项目具体形势变通和运用各种激励措施。项目经理还需要充分使用自己拥有的权力,通过各种各样的方式去影响他人的行为。这种能力主要来自两个方面,一是运用职权影响他人行为的能力,二是运用个人权力影响他人行为的能力。项目经理的职位赋予了项目经理一定的职权(包括奖惩和强制等权力),但是他必须具备正确使用这些职权影响和改变他人行为的能力。项目经理除了职位赋予的职权以外,还有其自身的专长权、个人影响权、参与权等个人权力,在项目管理过程中他必须能够充分运用这些权力去影响项目团队成员和其他人的行为。需要注意的是,由于项目团队是一种临时性的组织,所以项目经理需要更好地使用个人权力去影响他人的行为。项目经理要能够充分运用自己的专长权去影响他人,以更好地完成项目。

(3)交际能力。项目经理与项目业主/客户、项目的其他利益相关者以及项目团队的全体成员打交道,因此他必须具备较强的交际能力,否则他将无法与项目全体利益相关者保持正常的工作关系。项目经理的交际能力涉及处理与业主/客户的委托代理关系方面的能力、处理与项目其他利益相关者的利益关系方面的能力、处理好项目所涉及的公共关系方面的能力、处理好项目团队内部关系方面的能力等。项目经理还需要能够充分了解上级、项目业主/客户的想法,了解项目业主/客户的意图并获得他们的信任,努力搞好同各方面的关系,这样他就会使项目获得更多的资源和更大的支持。总之,项目经理必须具备较好的交际能力,才能够很好地领导一个项目团队,才能够很好地完成一个项目。

(4)协调能力。项目经理是一个项目矛盾和冲突的中心,因为所有项目相关利益主体的各种矛盾和冲突多数需要项目经理进行协调和处理,因此他必须具备处理矛盾和冲突的协调能力,否则他就会陷入各种矛盾和冲突之中,不但无法完成项目,还会引发各种各样的纠纷甚至诉讼。项目经理处理矛盾和冲突的能力主要有:协商的能力(因为他处理矛盾和冲突的首要手段是协商)、调停的能力(他应能为项目相关利益主体调解矛盾和冲突)、妥协的能力(他应该能够牺牲某些利益或目标去化解矛盾和冲突)、搁置的能力(通过搁置使矛盾和冲突随时间推移而自行消失、化解和解决)、激化的能力(通过激化去促使问题发生转化或得到解决),等等。另外,项目经理还需要具有一些其他的处理矛盾和冲突的能力,这包括同各种人共同合作的能力、规避矛盾和纠纷的能力、转化矛盾和纠纷的能力等。

3.项目经理的专业技能

这是指项目经理处理项目所属专业领域技术问题的能力,因为项目经理要开展项目管理就必须具有项目所属专业领域的知识和技能。例如,房地产项目经理应具备土建和安装专业的知识与技能,而软件开发项目经理应具备计算机和软件方面的专业知识与技能。因为每个项目属于一定的专业技术领域,而且在项目管理中无法按照"外行领导内行"的办法,所以大多数项目经理都应由具有项目所属专业领域知识的管理者担任。

当然,项目经理也不必非要是项目所属专业领域中的权威人士,但是项目经理必须具备项目所需的基本专业知识和技能。例如,一个工程建设项目的经理必须了解土建工程和安装工程的基本原理和过程,一个信息系统开发项目的经理必须了解系统调查、系统分析、系统设计和系统测试的基本原理与方法,一个管理咨询项目的经理必须懂得企业管理的理论和管理咨询的实务等。但是由于不同项目需要不同的专业知识和技能,所以在此无法像前面的概念性技能和人际关系技能那样详细描述项目经理所需的各种专业技术知识和能力。

(二)项目经理的素质

项目经理除了要有技能以外还必须具备开展项目管理所需的基本素质,项目经理的基本素质要求主要包括如下几个方面。

1.要勇于决策和承担责任

一个项目经理的项目管理责任事关重大,而且项目管理与一般运营管理不同,没有职能管理部门提供决策支持和分担各种管理责任,所以项目经理必须独自承担决策和管理的责任。由于项目管理本身所处环境的不确定性和项目要求与实施条件的不断变化等原因,在项目管理的过程中项目经理经常需要做出各种各样的决策,这就要求项目经理必须具备勇于决策和勇于承担责任的素质。正如古话所言,"将在外君命有所不受"。项目经理带领项目团队在外工作,经常不能等待上级的指示而需要他自己拿主意和做决策,所以他必须具备勇于决策和勇于承担责任的素质。

2.要有积极和大胆的创新精神

因为项目具有一次性、独特性和不确定性等特性,所以项目和项目管理多数时间没有现成的经验和办法可以借鉴。因此在项目的实现过程中项目经理必须积极大胆地进行创新和探索,这就要求项目经理必须具备积极和大胆创新的精神。作为项目经理一味保守与教条的做法和墨守成规的做法都会给项目和项目管理带来问题和麻烦,而且在很多情况下根本就没有"教条"和"成规"。这就要求项目经理不但能够积极大胆的创新,而且应该具有积极创新的精神,能够鼓励项目团队成员共同开展各种创新。

3.要有实事求是的工作作风

项目经理除了要能够勇于决策和承担责任以及具有创新精神以外,还必须能够实事求是和尊重客观规律,勇于决策与承担责任和开展创新的前提条件是实事求是和尊重客观规律,项目经理还必须具有实事求是的工作作风。项目经理在开展项目管理中必须能够根据实际情况的发展变化找出项目的规律并按这种规律管理好项目。对于项目业主/客户和上级提出的要求,项目经理也要实事求是而决不能唯命是从,更不能违背客观规律办事。

4.要任劳任怨和积极肯干

项目经理是项目团队的首领,他的主要工作是带领项目团队和开展现场指挥与管理。这就要求项目经理必须做到吃苦耐劳、任劳任怨、身先士卒、积极肯干。因为在项目和项目管理过程中会有许多需要解决的矛盾和冲突,人们会对项目经理有各种各样的抱怨和意见,如果项目经理没有任劳任怨的作风和积极肯干的敬业精神,就无法做好项目管理。例如,若项目经理不是任劳任怨而是不断抱怨不是积极肯干而是消极怠工,那样项目团队的情绪就会低落,而项目的绩效就会下降,项目的目标就无法实现。

5. 要有很强的自信心和使命感

项目经理的另一个重要的素质是要有很强的自信心和使命感,因为项目团队多数时间是在项目经理的独立领导下开展工作的,很少有上级或组织的职能管理人员可以依靠。所以项目经理在许多时候只能依据自己的信息、经验和判断进行决策和指挥,在这种环境下项目经理如果没有很强的自信心和使命感,就会犹豫不决和贻误时机而耽误项目和项目管理工作。因此项目经理不但需要有很强的自信心相信自己的经验和判断,而且需要有很强的使命感做好决策和领导工作。

三、项目经理的授权与管理

项目经理除了要有上述各方面的角色、职责、技能和素质以外,还必须获得足够的授权以便可以领导项目团队开展项目实施工作。同时,项目经理也需要接受相应的管理,特别是针对项目绩效和成败责任方面的管理。

(一)项目经理的授权

项目经理的授权是一种工作授权,这种授权要求极高的责权利的统一。这种对于项目经理的授权始于对项目职责的分析,通常如果项目事关重大且任务艰巨而繁杂,项目经理就需要负更大的责任,甚至包括整个项目成败的责任。例如,战争中的将军就是一种典型的项目经理,他们必须对战斗或战争的胜负负责,所以他们就必须有与之相对应的授权。

对于项目经理的授权中,首先是管人的权力(Power),即驱使项目团队成员为实现项目目标而努力工作的权力。项目经理这方面的权力包括强制权、命令权、奖惩权等。项目经理要具有足够的权力,才有可能领导项目团队完成项目任务,这是最重要的授权或者说是授权的核心部分。

对于项目经理的授权中,其次是获得各种资源的权利(Right),即获得所有项目团队成员所需和为实现项目目标所做工作所需的各种资源的权利。项目经理这方面的权利包括获得资源的权利,获得各种相关信息的权利,获得各种必要支持的权利以及在项目实施中随机应变的权利,等等。因为项目经理首先必须拥有足够的权利,他才会获得必要的项目实施所需资源和项目团队成员激励所需的权威,然后才有可能领导项目团队完成既定的项目任务,所以这方面的授权也是项目经理全部授权中十分重要的组成部分。

(二)项目经理的管理

　　在给予项目经理上述各种授权的同时还必须对项目经理及其所获授权进行必要的管理,对于项目经理的这种管理主要包括:授权管理、绩效管理、激励管理等方面。因为如果对于项目经理只有授权而没有管理的话,就有可能出现项目经理滥用职权的问题。由于项目的一次性和项目组织的临时性特点,所以项目经理的职权也必须是有时效性和限制性的,这些都是项目经理及其授权的管理内容和范畴。

　　首先是对于项目经理的授权管理,除了上面提到的对于项目经理的授权必须做到责权利的统一之外,最重要的是对于项目经理授权的时效性和限制性的管理。其中,项目经理授权的时效性管理是指项目经理的权力随着项目工作的逐步展开和完成逐渐地被收回,而到了项目结束以后项目经理的所有授权就必须予以终止,否则项目经理就不是项目经理,而是"总经理"了。其次,对于项目经理授权的限制性管理是指项目经理的权力仅限于项目或项目团队,而不能超出项目的范畴,否则就是越权了。

　　其次是对于项目经理的绩效管理,项目经理是整个项目绩效的责任者,所以对于项目经理的绩效管理实际上就是对于整个项目绩效的管理。项目经理是整个项目绩效的关键所在,所以必须使用项目绩效管理的方法考核和管理项目经理。在项目管理实践中,有许多项目经理必须签署对项目绩效负责的责任书甚至要立下"生死状",方能获得项目经理所需的授权,然后项目实施组织中的上级就必须按照项目责任书或"生死状"考核和管理项目经理以及整个项目的绩效,这是十分重要的项目经理管理。

　　最后是对于项目经理的激励管理,项目经理也是需要组织进行激励管理的对象,因为只有激励项目经理得当才会有更好的项目绩效。所以如何对项目经理进行激励管理就成了事关整个项目绩效甚至成败的重要工作。虽然项目经理的激励管理主要还是以奖惩措施为主,但是由于项目经理是劳心者,所以不能使用对于项目团队成员的奖惩措施作为项目经理奖惩的措施。项目经理更多需要的是自我实现和获得机遇等方面的奖惩,所以对于项目经理的激励措施必须做到"投其所好",即按照效用理论和效用边际递减效应理论去发现对于具体项目经理有实际效用的奖惩措施。所以项目经理的激励管理关键在于调动他们的主观能动性。

本章思考题

1. 一般项目都会有哪些不同的项目相关利益主体?

2.项目相关利益主体之间最大的冲突是什么？为什么？

3.如何能更好地解决项目相关利益主体之间的利益冲突？

4.项目团队在组织结构、管理机制和管理方法上有哪些独特之处？

5.你认为项目经理在项目实施过程中如何才能更好地发挥项目团队的作用？

6.你认为项目经理应该如何针对项目生命周期的阶段开展项目团队的建设？

7.项目经理的概念性技能、人际关系技能和专业技术技能哪一个最为重要？

8.你认为项目管理办公室应该具备哪些基本的职能？这些职能有何用途？

第十一章 项目人力资源管理

【本章导读】

本章讨论的重点包括四个方面的内容：第一是项目人力资源的概念，第二是项目人力资源规划，第三是项目人力资源的管控，第四是项目团队的建设与开发。在本章中将进一步讨论项目组织管理与项目人力资源管理的关系，更深入地讨论项目人力资源管理与项目其他专项管理之间的关系。

第一节 项目人力资源管理的概念

人力资源管理的理论和方法是 20 世纪 70 年代以来发展起来的，到了 20 世纪 90 年代才引进我国并获得广泛关注和使用。这一管理将人力资源看成是企业或组织生存与发展的最重要战略资源，因为在 20 世纪 80 年代以后知识经济和创新型国家成为主流，所以承载和运用知识的人力资源的重要性大大超过了以前作为主导的劳力资源（在奴隶社会中最重要）、土地资源（在农业社会中最重要）和资本资源（在工业社会中最重要）。

一、人力资源及其管理

人力资源管理要求一个组织通过不断地获得和提升其人力资源，激励和开发人力资源的各种潜能和贡献，从而更好地为实现组织的目标服务。特别是进入 20 世纪 90 年代以来，随着"以人为本"经营理念的普及，人力资源管理的研究和实践得到了很大发展。虽然人力资源的概念出现得相对比较早，但是项目人力资源管理的概念却出现得相对较晚，现代项目人力资源管理的诸多原理和方法都是近些年才发展起来的。

（一）人力资源的概念

项目人力资源及其管理是在人力资源管理的基础上发展起来的，所以要学习项目人力资源管理就必须先学习人力资源的概念和原理，这方面的概念和原理分述如下。

1．人力资源的定义

经济学把可以投入到生产过程中创造财富的东西统称为资源，且认为资源的最大特性是它的稀缺性，只有稀缺的东西才能够称为资源。现在人力资源管理的理论将人力也看成组织的一种资源，这一方面肯定了人力资源具有能够创造财富的特性，同时也表明人力资源具有明显的稀缺性。虽然至今人们对人力资源的定义仍有不同的认识和看法，但是将人力资源作为一种管理和配置的组织重要资源的认识是一致的。特别是近年来人们将人力资源看作组织最重要的战略资源，主要原因是人们使用知识进行创新成为企业或组织创造财富的主要途径和手段（如微软和苹果等公司），所以优秀的"劳心者"这种人力资源就成了组织创造财富的最重要资源，所以才有了人们常说的"以人为本"（此处的"本"有根本和资本两层意思）。

2．人力资源的基本特点

与劳力资源、土地资源和资本资源等组织的资源相比，人力资源是组织中最活跃、最具主观能动作用和最为重要的资源，是推动人类社会和经济发展的最重要和最稀缺的资源。有关人力资源的基本特点有如下几点。

（1）主观能动性。这主要表现在人的自我学习（可通过教育和培训以及经验教训中学习）、自我激励和主观能动（人有主观意识，而且人的行为受主观意识的支配；通过改变人的主观意识，可以改变人的行为，使这种资源发挥最大的作用）等特性上。

（2）自我再生性。这是由于人力资源所具有的知识和能力的再生产而形成的，人力资源会不断地用这种再生产性去实现自我完善。人力资源不同于劳力资源和物力资源，人力资源能在不断学习、使用、继承和发扬中再生，且没有物力资源的物理和技术"磨损"。

（3）自主智能性。人力资源在工作中能不断地开发和使用自己的智力和能力，能运用自己的推理和演绎等智能去分析和解决问题。人力资源这种自主智能性使其可使用工具和设备使自己的能力和作用大大提高，这是人力资源与其他资源最根本的区别。

（4）社会配置性。这包括两个方面，一是指人力资源需要通过社会化的配置才能充分发挥人力资源最大的经济效益，二是指人力资源本身需要使用社会配置性更好发挥自己的作用。人力资源只有实现社会化配置才能真正体现其社会价值和获得应有的激励。

(二)人力资源管理的概念

人力资源管理的理论和方法是随着企业管理的理论和方法不断发展而逐步形成的,人力资源管理理论与方法的形成与发展过程以及人力资源管理的特性分述如下。

1.人力资源管理的形成与发展

人力资源管理理论与方法的形成与发展过程主要包括下述三个阶段。

(1)科学管理阶段的劳动管理。在从 19 世纪末到 20 世纪初的科学管理阶段,劳动管理的主要理论包括:劳资双方合作理论、工作定额管理与控制理论和实行计件工资制等。

(2)行为科学阶段的人事管理。20 世纪 30 年代前后的人际关系学派从心理学和社会学的角度研究了人事管理问题,他们提出了人事管理应重视人际关系管理、应关心人、培养和满足人们的需求,组织应采用集体报酬和奖励制度并提倡员工参与企业决策和管理。

(3)现代管理阶段的人力资源管理。从 20 世纪 70 年代末开始人力资源管理的观点得到重视,人们认识到人力资源的至关重要性并开始开发与利用这种资源。现在人们已将人力资源作为企业或组织的资源之本,作为企业赚取利润和获得发展的战略资源去管理,从而使得近年来人力资源管理的理论和方法获得了极大的发展,到了"以人为本"的高度。

2.人力资源管理的主要特性

现代人力资源管理与传统人事管理两者从根本上有很大差异,这主要表现在三方面。

(1)二者的管理观念不同。人事管理把员工视为劳力去管理,而人力资源管理把劳心者作为实现组织战略目标服务的战略资源去管理。

(2)二者的管理范围不同。人事管理主要涉及组织员工的选拔、使用、考核、晋升、调动等有关人事的管理,人力资源管理则注重人力资源的配置、开发、使用和管理。

(3)二者的管理作用不同。人事管理主要负责生产效率的提高和工作条件的改善,人力资源管理更重视人力资源的评价、需求预测、规划和开发。

(4)二者的管理方法不同。人事管理是按照割裂的方式分别管理组织的人事工作,人力资源管理是按照系统管理方法管理组织全部人力资源事务。

二、项目人力资源管理

项目人力资源管理虽然也属于人力资源管理的范畴,但是它管理的对象是项目所需的人力资源。项目人力资源管理的主要内容包括:项目人力资源的规划、计划安排、招聘获得、合理配置、绩效评估、奖惩激励、团队建设、人力资源开发和项目团队管控等。其根本目的是为项目获得和配备人力资源,激励和充分发挥项目人力资源的主观能动性,建设和管理项目的团队,以实现既定的项目目标和提高项目效益。

(一)项目人力资源管理的内容

项目的人力资源管理内容与一般日常运营的人力资源管理内容有所不同,项目人力资源管理的基本内容包括如下几个方面。

1. 项目人力资源规划

这包括项目的组织设计和人力资源计划两方面的内容,是项目人力资源管理的首要任务。其中的项目人力资源的计划和安排是根据项目目标、产出物和工作的实际需要,通过分析和预测所给出的项目人力资源在数量上、质量上、时间上的明确要求、具体安排和打算。其中的项目组织规划是根据项目工作分解结构(WBS)规划和设计项目团队的组织分解结构(Organizational Breakdown Structure,OBS)的工作,这包括项目组织设计、项目组织岗位分析和项目岗位的工作设计。

2. 项目人员的获得与配备

这是项目人力资源管理的第二项任务,这是项目组织根据项目人力资源规划通过组织内外招聘或其他方式获得项目所需人力资源,并根据所获人力资源的技能、素质、经验、知识等进行工作安排和配备,从而构建一个成功的项目团队的工作。通常,项目人力资源的获得主要有两种方式:首先是内部招聘,即从项目组织内部获得项目所需人力资源;其次是外部招聘,通过广告和各种媒体宣传、人才市场和网上招聘等方式从项目组织外部获得项目所需人力资源。由于项目的一次性和项目团队的临时性,项目人力资源的获得与配备和其他组织的人力资源获得与配备是不同的,它具有高效快捷和直接使用等特性。

3. 项目人力资源的开发与建设

这是在项目实施的过程中使用培训和激励等方式不断提升项目团队成员的能力,改善团队成员间的合作关系,为实现项目目标而开展的对项目团队的持续改善性的活动。这方面的工作包括:项目人力资源的培训、项目团队的绩效评估、项目人力资源的激励与项目人力资源创造性和积极性的发挥等,其目的是使项目人力资源能够得到充分开发和使用。其中,项目人力资源的培训是能力的开发;项目绩效评估和人员激励是调动人力资源主观能动性、积极使用与开发人力资源的工作。通过开发和建设使项目团队及成员能够成功地完成项目。另外,这方面工作的内容还包括:项目团队精神的建设、项目团队绩效的提高以及项目团队沟通、协调和估量等。这是贯穿项目全过程的人力资源管理工作,它需要针对具体的项目、具体的项目团队、具体的团队成员开展实际有效的管理工作。

4.项目团队的管理与控制

这是在项目实施过程中对项目团队进行的监督、管理与控制的工作,其目的是由此不断总结经验教训并解决组织中存在的各种问题。项目团队的管理与控制的工作包括:项目团队及其成员的工作绩效跟踪评价、绩效评价结果的反馈、项目团队冲突的解决以及项目人力资源计划变更的管理等。由于项目人力资源也具有主观能动性、自主智能性、社会配置性等人力资源所具备的特殊属性,因此项目人力资源和项目团队以及项目团队成员间关系等都会随着项目的实施而不断变化,所以必须开展项目团队的管理与控制工作。

(二)项目人力资源管理的特性

通常项目人力资源是以项目团队为组织形式的,项目团队全体成员必须通过互助合作才能够完成项目任务和实现项目目标。所以项目团队自身的特性造成了项目人力资源管理的特性,项目人力资源管理的主要特性有如下几点。

1.项目人力资源管理更强调团队建设

在项目人力资源管理中,建设一个和谐、士气高昂的项目团队是首要任务。因为项目工作是以团队的方式完成的,因此项目团队建设是项目人力资源管理的首要任务。项目人力资源管理中的组织规划设计和人员配备与开发都应该充分考虑项目团队建设的需要。当然,在确定项目经理和挑选项目团队成员方面也需要考虑项目团队建设的需要,在开展项目绩效评价和项目团队成员激励等方面也都要考虑项目团队建设的需要。

2.项目人力资源管理注重高效快捷

由于项目团队是一种临时性的组织,所以在项目人力资源管理中十分强调管理的高效和快捷。除了一些大型的和时间较长的项目,一般项目团队的存续时间相对于日常运营组织而言是很短暂的,所以在项目团队建设和人员开发方面必须采取高效快捷的方式和方法,否则很难充分发挥项目人力资源管理的作用。其中,不管是项目人员培训与项目人员激励,还是项目团队建设与人员冲突的解决,都需要采用高效快捷的方法去完成。

3.项目人力资源管理注重目标导向

由于项目团队的临时性和项目工作的一次性等特点,项目人力资源管理特别强调目标导向,任何项目人力资源管理的活动都必须直接为项目的一定目标的实现服务。不管是项目业务活动还是项目管理活动都必须是为实现项目的目标服务的,所以都具有很强的目标导向性。项目的人力资源管理更是如此,不管是项目组织的设计还是项目人员的获得与配备以及项目的绩效评估与激励都必须为实现项目的特定目标服务。

第二节　项目人力资源规划

这是项目人力资源管理的首要任务,它包括分析、明确以及设计项目组织中的各个角色及其职责,确定和安排项目团队成员以及他们之间的报告关系,制订项目人员雇用和配备计划等一系列的工作。由于项目的一次性和项目组织的临时性,所以项目人力资源规划的内容和方法都与日常运营组织的人力资源规划的内容和方法有所不同。

一、项目人力资源规划概念

项目人力资源规划工作的内容、依据、方法和结果等分别讨论如下。

(一)项目人力资源规划的内容

项目人力资源规划工作的内容有:识别与发现项目人力资源的需求,安排与分配项目人力资源的角色、任务和职责,设计和安排项目人力资源之间的报告与沟通关系,确定项目人力资源的培训需求以及编制项目人力资源雇用计划等文件的工作。任何项目团队成员和项目小组在项目团队中都要有自己明确的角色、责任、职责和报告关系,不管是组织内部的项目管理者还是组织外部的项目承包商、分包商和供应商都需要明确自己的角色、责任和报告关系。另外,项目人力资源雇用计划需要全面给出项目各种人力资源参与项目工作的计划和安排,这包括项目人力资源的雇用时间、培训和使用时间、撤出和遣散的时间,等等。

(二)项目人力资源规划的依据

项目人力资源规划必须有依据,项目人力资源规划的主要依据包括三方面,一是项目的任务要求,二是项目的环境与条件,三是项目自身的信息。这些项目人力资源规划依据的具体内容分述如下。

1.项目的任务要求

项目人力资源规划最为重要的依据是项目工作分解结构和项目活动清单,因为项目人力资源规划就是为完成项目任务而开展的计划安排工作,所以项目人力资源规划与设计必须首先依据项目的工作任务及其结构。通常,项目人力资源规划都必须依据项目工作分解结构先设计给出项目组织分解结构。然后人们可以根据项目组织分解结构做出项目人力资源的规划,所以项目组织分解结构是项目人力资源规划的任务和依据。另外,项目究竟需要多少人力资源还必须依据人们对于项目人员需求的预测分析,包括项目整体和项目各类人员的需求预测分析以及能力和素质要求等数据和信息。

2.项目的环境与条件

这是指项目和项目团队所处的外部环境与内部条件两个方面,其中项目人力资源计划所依据的外部环境因素包括:项目所处的宏观(国家)、中观(行业)和微观(企业)的环境情况以及项目所涉及的经济、技术、市场、地理位置等因素。项目所具有的条件包括:项目发起组织的情况、项目实施组织的情况、项目团队组织的情况、项目的技术、组织和估量情况等。这甚至还包括项目历史类似信息的各种人力资源需求情况,项目组织在以往实施项目的过程中保留下来的有关人力资源计划的相关资料(包括组织结构图和岗位描述等),在以往项目人力资源管理过程中所积累的经验与教训以及人力资源配备管理计划等。

3.项目自身的相关信息

在制订项目人力资源计划时还必须对项目自身的相关信息进行收集与分析,其中最重要的项目信息包括:项目的目标、项目的工作任务、项目的人员需求、项目进度计划、项目成本计划以及项目限制因素等。其中最主要的信息具体分述如下。

(1)项目进度计划。这是对项目各项工作实施顺序和时间的安排,人们根据项目进度计划便可进一步确定项目需要哪些人员以及这些人员什么时候可以离开项目组织等方面的信息,因此项目进度计划是制订项目人力资源规划的直接依据之一。

(2)项目各种限制因素。这是指限制人们制订项目人力资源规划的各种规定和要求,这方面主要的限制因素包括:各种劳动法规或工会规定、项目实施组织的组织管理要求和制约、项目管理团队能力的限制和偏好、项目关键人员的能力限制等。

(三)项目人力资源规划的方法

在项目人力资源规划与设计的过程中,人们必须使用一系列的项目人力资源规划与设计的方法,其中最主要的方法有如下几种。

1.项目组织分解结构的方法

这是以项目工作分解结构为依据,根据完成项目各个工作包所必需的责任和义务,通过进一步的分析而获得一份项目组织结构分解,最终设计给出项目的组织结构的方法。这是一种被广泛采用的结构化项目组织分析与设计方法。

2.其他项目人力资源规划的方法

除了上述这种借助项目组织分解结构编制项目人力资源规划的方法以外,还有一些其他的项目人力资源规划方法,具体分述如下。

(1)原型法或平台法。这是指利用以前完成项目的组织分解结构作为原型或平台,通过一定的增删和改进的方法获得新项目的人力资源规划结果的方法。这种方法同样简单有效,而且可以节省很多的项目人力资源规划的工作。

（2）一般的组织管理方法。这是指借助日常运营的组织分解原理规划项目人力资源的方法,这种方法与日常运营组织人力资源规划的思想和方法是一致的,也适用于项目人力资源的规划,所以它也被广泛地用于项目人力资源的规划之中。

（3）一般的人力资源规划方法。这是指使用日常运用的人力资源规划的原理和方法进行项目人力资源规划。同样,日常运营的人力资源规划方法也可以为项目人力资源规划所使用,但是使用这种方法时必须考虑项目人力资源规划的独特性。

二、项目人力资源规划的制订

具体项目人力资源规划的制订需要首先仔细研究项目目标、项目任务、项目组织分解结构,项目组织分解结构中的岗位,项目组织分解结构具体岗位的责权利安排,项目团队成员协调和组织信息沟通等方面的关系和要求,从而完成一个项目的人力资源规划。

（一）项目人力资源规划制订的程序

每个项目的目标、任务、资源和环境等都不同,所以每个项目都需要针对项目的具体情况开展这些方面的问题分析,然后做好具体项目的人力资源规划。为了确保项目任务能够在项目预算范围内按时、按质和按量地完成,每一个项目的人力资源规划制订都需要完成如图 11-1 所示的程序和步骤,具体讨论如下。

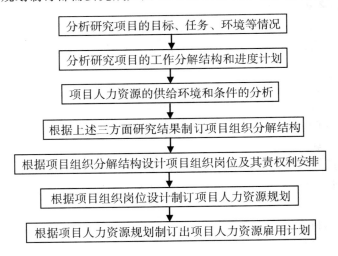

图 11-1　项目人力资源规划制订的程序示意图

由图 11-1 中可知,项目人力资源规划制订程序中最重要的步骤有如下几个方面。

1. 项目、项目工作分解结构和人力资源供给的研究

首先,任何项目人力资源规划的制订都需要研究项目的目标、要求、任务和环境等情况,特别是项目人力资源需要和供给方面的实际情况。然后,人们必须仔细研究项目工作分解结构,因为规划项目人力资源的根本作用是满足完成项目各项工作的需要。进一步人们需要研究项目人力资源供给的环境情况,以及是否能够找到项目所需的各种人力资源。最终这些方面研究的重点在于对已有的项目工作分解结构进行必要的更新,以便下一步根据项目工作分解结构制订出项目组织分解结构。

2. 项目组织分解结构的制定

项目组织分解结构是制订项目人力资源规划的中间环节和主要依据,人们需要借助项目组织分解结构找出项目人力资源的需求。图 11-2 给出了根据项目工作分解结构制订项目组织分解结构的方法,在图中虚线以上的部分是某企业自行开展新产品研发项目的工作分解结构,而在图中虚线以下的部分是根据该项目工作分解结构进一步分解得到的项目组织分解结构。

由图 11-2 可以看出,这一项目工作分解结构中的每个工作包都对应有其所需要的项目工作岗位,这些项目工作岗位按照一定的部门化原则组成项目小组,这些项目小组进一步组成项目团队并由项目经理进行组织管理。所以项目组织分解结构给出了所有需要的项目工作岗位,人们可以根据项目组织分解结构的这些岗位进一步找出每个岗位需要多少人员与具体需要的人员种类要求等,最终分解得出项目人力资源规划。这是一种结构化和十分有效的项目人力资源规划方法,是已获得实践检验的科学项目人力资源规划方法。

3. 制订项目组织岗位及其责权利安排

有了项目组织分解结构以后,人们就可以借此设计其中每个工作岗位的人员安排和责权利的要求了。首先是要将项目组织分解结构中最上一层(靠近图 11-2 虚线的一层)所给出的每个工作岗位做深入的分析,分析究竟需要哪方面的人力资源以及需要多少这些方面的人力资源,这就是项目组织规划或人力资源规划中必须开展的一项分析与设计工作。在确定项目组织中各个岗位所需人力资源的同时,必须分析和给出这些岗位的具体责任和任务,然后根据每个项目组织岗位的责任和任务安排好它们相应的权利和权力,以便这些岗位上的人们最终能够有足够的资源和权利开展工作和完成任务。

4. 制定项目人力资源规划

根据上述步骤制订出的项目组织岗位的人员需求及其责权利安排,人们就

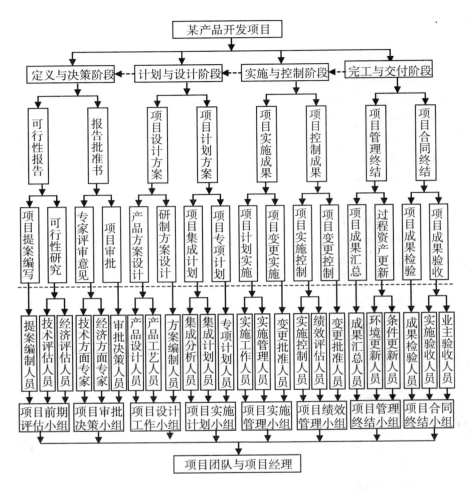

图 11-2　某新产品开发项目工作分解结构与组织分解结构示意图

可以制订项目人力资源的规划了。这种项目人力资源规划是一种相对总体性的计划安排,并不是具体的项目人力资源计划和安排。实际上项目人力资源规划就是一种由项目组织分解结构、项目组织岗位设计、项目组织各个岗位责权利的安排以及项目项目人力资源雇用计划所构成的项目人力资源整体计划文件。其中的项目人力资源雇用计划才是具体的项目人力资源的计划安排,所以项目人力资源规划最终必须落实到项目人力资源雇用计划。

　　5.制订项目人力资源雇用计划

　　项目人力资源雇用计划是关于项目具体在什么时间需要什么样的人力资源以及需要多少的计划安排,这种计划安排还必须包括项目具体在什么时间、哪些人力资源需要撤出或解雇的计划安排。例如,一个家居装修项目的人力资源雇用计划就必须计划和安排好泥瓦工、木工、电工、油漆工等各需要多少,哪些人在什么时候开展工作,在什么时候完成并退出工作,这些具体的计划安排就是家装项目的人力资源雇用计划了。这种人力资源雇用计划是依据上述各个步骤中所获得的信息,最终按照日历(日历给出的具体时点)进行计划和安排的。

(二)不同情况下的项目人力资源规划制订

项目人力资源规划必须考虑项目所处的组织环境及其影响,特别是项目人力资源主要是来源于项目实施组织内部的情况,更要考虑项目所处的组织环境的影响。通常,项目实施组织会有三种不同的组织环境,即直线职能型、项目型和矩阵型的组织环境。在这三种不同的组织环境或组织结构中,项目人力资源规划分别具有下列的特殊性。

1. 直线职能型组织环境下的项目人力资源规划

在采用直线职能型组织结构的企业或组织中开展项目工作时,其项目的组织形式是将项目任务分配给这种组织中的直线或职能部门去完成。所以这种组织中的项目人力资源规划实际中的项目组织岗位是设在组织的直线或职能部门之中并受这些部分直接领导完成项目任务的,因为在这种组织环境下项目组织岗位的责权利都十分有限且会直接受到直线或职能部门的制约。在这种情况下的项目经理权力有限,只是某种项目协调人而已。因为在这种组织环境中职能部门的职权是强势的,而项目团队和经理是弱势的。

这种环境下的项目人力资源规划和项目组织岗位设计都必须充分考虑组织环境的影响,合理安排项目组织岗位的责权利,合理安排项目经理的权限,安排好项目经理与团队成员和上级的各种报告关系。在直线职能型的组织环境下不要规划跨职能部门的项目团队,也少要设计和安排从项目组织外部去获取项目团队成员,少规划和安排专职的项目项目管理人员,而只是安排项目协调人去负责协调分散在各职能部门的项目工作岗位的工作。

2. 项目型组织环境下的项目人力资源规划

这种组织是专门为完成委托的业务项目建立的,是一种项目导向型的组织,所以通常这种组织中的项目人力资源规划会按照图 11-1 所给出步骤和程序去做好项目组织岗位和项目人力资源雇用计划。因为在这种组织中的项目团队是专门从事某种委托项目而建设的,而且从这种组织内部获得的多数项目团队成员都具有自己的专长,他们都能够完成项目组织岗位所规定的责任和任务。所以这种组织的项目人力资源规划所规划的项目团队通常是一种相对独立和稳定的项目团队,这种项目团队的责、权、利相对较大,项目经理在项目预算、时间和人力资源管理方面的权力都较大,他们可以从组织各部门获取人力资源。

这种组织环境下的项目人力资源规划制订中必须充分考虑组织环境以及它的主要业务项目特性,在这种组织环境下的项目经理必须给予充分的授权,从而使项目团队具有足够的权利和人力资源更好地完成项目。同时,在项目人力资源规划中必须充分考虑项目管理人员配备及其责权利的设计,这种项目团队经理和项目管理人员多数都应是专职的并且具有较大的职权。只有这样才能使项目团队顺利地完成业务项目,实现业务项目的既定目标。

3.矩阵型组织环境下的项目人力资源规划

在这种组织环境下开展一个项目时,需要从各个职能部门抽调人力资源去构成项目团队,并且在项目任务完成后该项目团队即行解散。项目人力资源在完成各自的项目任务后(并非要等项目结束)就会回到原来的职能部门,所以这种组织中的项目团队也是临时性的。这种组织的项目人力资源规划必须充分利用组织内部的专业人员,减少从组织外部获取项目所需人力资源及其造成的浪费。在这种组织环境下的项目经理和项目组织岗位所具有的责、权、利相对比较平衡,项目经理在项目预算、工期和人力资源管理方面的权力也比较均衡,项目团队在获得人力资源方面的权利也比较均衡。

由于矩阵型组织可以进一步分为弱矩阵、均衡矩阵和强矩阵三种不同的情况,所以矩阵型组织环境中的项目人力资源规划也会随组织环境的情况而变化。人们要充分考虑项目工作的范围和内容,根据项目工作分解结构设计和规划项目人力资源和项目团队的构成,确定项目组织岗位中管理人员的配备和管理小组的设置。当这种组织中的各种项目很多时,还应该考虑设计和组建项目办公室(PMO),专门负责整个企业的项目人力资源规划工作。

(三)项目人力资源规划的结果

项目人力资源规划制订的最终结果是给出一份项目人力资源的规划文件,该文件中的主要内容包括下述三个方面的结果。

1.项目组织分解结构图

通常这是由一份项目组织结构图和一系列的相关说明和描述构成的文件,它全面描述了一个项目组织中的权力传递和信息沟通关系。例如,项目组织分解结构就是一份说明项目组织中哪个部门负责项目哪项任务的组织结构图。项目组织结构可以是正式的或者非正式的,这主要取决于项目的大小和重要程度。

2.项目组织岗位及其责权利安排

这种项目组织岗位及其责权利安排包括两个层面,一是项目组织岗位的计划和安排,二是项目组织岗位的责、权、利的安排。在所有的项目组织岗位及其责权利安排中,项目经理的角色和责任是最为重要的。项目组织岗位及其责权利安排结果多数可以使用责任分配矩阵加以描述,这种责任分配矩阵的基本格式如表 11-1 所示。

表 11-1　项目组织岗位及其责权利安排结果的责任分配矩阵示意

人员、责任和任务安排	张山	李思	王武	赵柳	钱奇	刘霸	贺就	隋石
机会分析	N	A	N	N	N	A	M	N
项目评估	N	A	N	N	N	A	M	N
项目设计	A	N	M	N	N	N	M	E
项目计划	A	N	M	N	N	N	M	E
项目实施	N	N	M	E	E	N	M	N
项目完工交付	N	N	N	N	N	A	M	A

注：表中 N 代表与其无关而没有责任，A 代表承担分析与评价责任，M 代表承担计划、组织、领导与控制的管理责任，E 代表承担实施的业务或技术责任。

3.项目人力资源雇用计划

项目人力资源规划最终和最重要结果是项目人员雇用计划，这一文件规定了在项目实施组织究竟在什么时间需要雇用哪些人员，这些人员在什么时候能够完成他们的使命并退出项目团队以及项目占用各种专业人力资源的人员和总共小时数等信息。项目人员雇用计划中还应包含的主要内容有人力资源获得情况安排、人力资源获得时间计划、人力资源退出时间的具体安排、人力资源培训与开发计划安排以及人力资源配备的计划与安排等。

三、项目组织岗位的设计

项目人力资源规划工作中的一项重要任务是项目组织岗位设计，这是在确定项目人力资源规划中开展的一项重要的项目组织岗位设计工作。

(一)项目组织岗位设计的概念

这是通过分析来确定项目团队中各个业务技术和管理工作的岗位及其任务、职责、角色和权利的设计工作，其结果最终形成了一系列有关项目组织岗位的描述和任职要求说明等文件。项目组织岗位设计的核心内容是根据项目组织每个岗位的工作和任务的要求，分析和设计项目组织岗位的责权利安排以及项目组织各岗位之间的相互关系，从而确定出项目组织各个岗位的工作规范与考核标准以及因此所需要的技术、知识、能力与责任等。这种设计的根本目的是确定项目组织所需的岗位和这些岗位所需的任职条件，以便构成一个合格的项目团队。项目组织岗位设计的主要工作有如下几方面。

1.分析项目需要完成哪些不同的任务

这需要根据项目工作分解结构和项目组织分解结构所给出的信息，进一步明确项目要完成的具体任务，特别是项目业务技术和管理工作中所涉及的各种具体任务。

2.分析项目需要在什么时候完成这些任务

这需要根据项目集成和进度计划等方面的安排,进一步明确各项目组织岗位的任务需要在何时完成以及如何衔接,以便使用这些信息去确定项目组织岗位工作的责任与要求。

3.分析项目需要些什么样的工作岗位

在上述两项分析的基础上,进一步分析确定项目在管理与技术业务等方面的工作中需要哪些具体的岗位,这项目组织岗位的工作究竟包含哪些相对完整的具体工作内容。

4.分析这些项目组织岗位需要什么样的人

确定了项目组织各岗位工作和任务以后,就可以进一步去分析和给出这些项目组织岗位所需的人力资源,这些人力资源的职业、身体、知识、技能与特定专业要求等。

(二)项目组织岗位设计的结果

项目组织岗位设计的结果主要有两个方面,一是对项目组织各岗位的说明与描述,二是对项目组织各岗位人力资源的要求和说明。

1.项目组织岗位的说明与描述

这包括对于项目组织各岗位的名称、所需技能、所负责任、所拥有的权力、工作环境以及岗位的其他特征等方面的具体说明和描述。这种说明与描述的主要内容有:项目组织岗位的名称,项目组织岗位工作的名称,工作责任、任务和程序说明(包括具体岗位所要完成的工作任务、责任、所需资源、工作流程、工作与其他职务的正式联系以及上下级报告关系等),工作条件(包括项目组织岗位工作场所正常的温度、光照、通风、安全措施等),工作关系(包括项目团队的情况,团队成员相互关系和各部门之间关系等),项目组织岗位工作的条件(包括项目组织岗位工作的工资报酬、奖金制度、工作时间等)。

2.项目组织岗位的任职条件与要求

这是对于项目组织或团队各岗位的任职条件和要求的说明,这需要详细地说明项目组织岗位工作的具体职务和所需的各种资格、学历、经验和技能等要求与必要条件。项目组织岗位工作的任职条件与要求通常包括:具体项目组织岗位工作的学历和工作能力要求、工作经历要求、技术或管理技能要求、岗位工作对身体条件的要求、基本素质要求、其他要求(针对具体项目组织或团队的特定职务或岗位提出的一些其他方面的要求)。

(三)项目组织岗位设计的过程

项目组织岗位设计是对项目所需各种岗位工作的全面分析与研究,它是项目人力资源计划和管理的重要依据和内容。这项工作的过程可以分成四个阶段,分别是:准备阶段、调查阶段、设计阶段和终结阶段,这一工作过程及其步骤如图 11-3 所示。

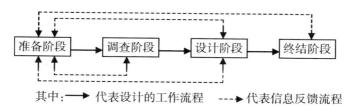

其中:—→ 代表设计的工作流程 ---→ 代表信息反馈流程

图 11-3 项目组织的职务与岗位分析工作流程图

由图 11-3 可知,项目组织岗位设计有四个阶段,其详细内容说明如下。

1. 准备阶段

这一阶段的具体工作包括:建立由职务与岗位分析专家以及项目组织的上级领导等人员参加的项目组织岗位设计工作小组,确定项目组织岗位设计的具体内容和对象(究竟对项目组织的哪些岗位进行分析和设计),利用各种资料与信息对项目组织岗位的任务、责任、工作流程进行分析和研究,提出这一分析过程中所要解决的主要问题。

2. 调查阶段

这方面的具体工作内容包括:编制项目组织岗位设计的调查提纲,调查和分析项目岗位的工作现场、工作流程、关键事件、工作所需的工具和设备以及工作的环境和条件;与相关人员进行面谈以收集有关项目组织岗位的特征及其分析所需信息并做好记录。

3. 设计阶段

这一阶段需要根据项目组织岗位工作特征和人员要求的调查结果进行全面设计,这方面具体的工作内容包括:认真审核、汇总和整理调查阶段所获得的各种信息,设计项目组织岗位的要求和任职人员的要求,最终给出项目组织岗位设计的各种信息和资料。

4. 终结阶段

这一阶段工作的主要内容包括:根据项目组织岗位设计的各种信息初步拟定项目组织岗位说明书与任职说明书等文件,将草拟的项目组织岗位说明书和任职说明书进行分析和验证和必要的修订,直到达到满意要求后审定并批准项目组织岗位说明书与任职说明书。

在上述整个过程中,不管进行到哪个阶段,在需要或获得新的信息时,都可以回到前一个阶段去进一步收集必要的信息,这在图 11-2 中给出了示意和说明。

(四)项目组织岗位的工作设计

项目组织岗位的工作设计是指为有效地实现项目目标和满足项目工作者的个人需求而开展的一种有关项目组织岗位的工作内容、工作职能和工作关系的设计工作。

1.项目组织岗位工作设计的概念

项目人力资源规划中的项目组织岗位的工作设计包括：对项目各岗位的工作内容、工作方法和工作关系的设计和确定。项目组织岗位工作设计的主要内容由图 11-4 给出示意。

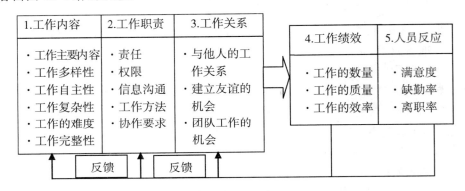

图 11-4　项目组织岗位工作设计示意图

有关项目组织岗位工作设计的主要内容，具体说明如下。

(1)工作内容设计

项目组织岗位工作设计首先要设计和确定具体岗位的工作内容，包括：设计和确定岗位的主要工作内容和范围，这种工作设计要求有自主性、复杂性、工作难度和完整性等。

(2)工作职责设计

这是设计和确定具体项目组织岗位工作的基本作用和要求，包括：设计和确定岗位的工作责任、权限、方法和要求以及在项目团队协作与配合方面的要求等。

(3)工作关系设计

这是设计和确定具体岗位与他人之间的工作关系，这包括项目组织岗位在工作中与他人相互交往、与他人建立友谊的机会，参加项目团队集体工作的机会和协作配合等的设计。

(4)工作绩效设计

这是设计和确定具体岗位的工作绩效大小以及绩效度量方法和要求的工

作,包括:具体项目组织岗位工作的数量要求、质量要求、范围要求和效率要求等方面的设计。

(5)工作者反应设计

这是有关承担项目组织岗位的工作者有关岗位工作设计的反应和要求等方面的计划安排,包括:工作者对工作的满意度、未来的出勤率、职务与岗位的离职率等设计。

(6)反馈与修改

这种反馈包括两个方面:一是项目组织岗位工作的实际结果所给出的反馈,二是从事这个岗位的工作者对岗位工作设计的意见反馈。要对岗位工作设计结果进行必要修改。

2.项目组织岗位工作设计的方法

不同项目组织岗位工作的设计方法不同,这种工作设计的主要方法有如下几种。

(1)专业导向的项目组织岗位工作设计方法

此法主要用于专业性很强的项目组织岗位的工作设计,它将一个项目的主要工作按照专业分工的办法,分解成一系列单一化、标准化和专业性很强项目组织岗位,然后设计出各项目组织岗位的工作内容、作业程序、岗位职能、工作关系与工作绩效等方面的要求。

(2)职能导向的项目组织岗位工作设计方法

此法主要适用于那些从事项目管理工作的项目组织岗位的工作设计,这是将项目管理工作按照职能分工的方法分解成一系列不同的管理岗位并设计出各自管理岗位的具体职责和工作,然后进一步确定这些管理岗位的工作内容、工作职责、管理关系与工作绩效等。

(3)其他的项目组织岗位工作设计方法

项目组织岗位工作设计还有一些其他的方法,这包括项目组织岗位工作的扩大化和丰富化等设计方法。这些方法是在项目组织岗位的工作设计中适当地扩大具体岗位的工作范围使该岗位的工作内容更为多样化,或努力从工作深度方面扩展项目工作的内容,以提高项目团队成员对工作的成就感和价值感。因为实际上分工过细会使得工作过于单调而造成人们厌烦情绪不断增长和项目工作效率下降,同时这也会大大增加项目组织中的界面管理工作。

第三节 项目人力资源规划的实施

项目人力资源的规划的实施包括:项目人力资源的获得、项目人力资源的配备和项目人力资源的开发,具体分述如下。

一、项目人力资源的获得

项目人力资源的获得是指通过各种途径获取完成项目所需的人力资源并组成项目团队的工作,这是项目人力资源管理工作中非常重要的一项工作。这一工作的主要目标是确保项目组织能够获得所需的人力资源,因为没有合格的人力资源就无法保证项目目标的实现。项目人力资源获得的方式主要有内部获得和外部招聘两种,其具体方法讨论如下。

(一)项目人力资源获得的主要途径和方式

项目人力资源获得的主要途径和方式有两种,一是项目实施组织内部获得的途径和方式,二是项目组织采用外部招聘的途径和方式。项目人力资源获得的这两种主要途径和方式分别用于两种不同的情况,具体讨论如下。

1.项目实施组织内部获得的途径和方式

项目实施组织首选需要使用组织内部获得人力资源的途径和方式,只有在项目实施组织内部没有项目组织岗位所需的人力资源时,才可以采用外部招聘的人力资源获得途径和方式。因为使用组织内部获得人力资源的途径和方式可以更好地利用项目实施组织的人力资源,并且可以节约大量的项目实施组织外部招聘方面的花费。这种途径和方式可根据项目人力资源规划中有关项目组织岗位的要求和条件,从项目实施组织内部的现有人力资源中按照组织调动或安排的方法为项目获得所需的人力资源。这种方法既可以更好地为项目实施组织的现有人力资源提供发展的机会从而调动项目实施组织内部员工的积极性,同时又可以节约大量的外部招聘费用和许多不必要的熟悉组织环境和建立人际关系等环节。因为从项目实施组织内部获得的人力资源之间相互有比较充分的了解,所以项目实施组织内部获得的途径和方式能够保证项目团队成员之间的更好合作。

2.项目实施组织外部招聘的途径和方式

当项目实施组织内部没有项目组织岗位所需的人力资源时,人们就只有采用外部招聘获得项目人力资源的途径和方式了。项目实施组织人力资源外部招聘的途径和方式使得项目实施组织在更大的平台上去获得项目所需人力资源,这不但可以使项目实施组有更多的人力资源选择余地,找到更合适的项目人力资源,而且外部招聘还可以使应聘者更加专注项目的具体工作和任务。因为外部招聘的项目人力资源没有内部获得的人力资源之间原有的各种矛盾,并且外部招聘的项目人力资源还会带来许多新思想、新观念与新技术。但是这种外部招聘的方式与内部获得项目人力资源的方式相比需要花费较多的费用,给项目实施组织带来许多负担。通常,项目实施组织外部招聘人力资源有两种做法,一是从猎头公司等途径获得,二是从公开招聘的途径获得,二者各有利弊。

(二)项目人力资源获得的主要方法和做法

项目人力资源获得的主要方法和做法有三种,当项目实施组织采用内部获得方式的时候需要使用谈判的方法,当项目实施组织采用外部获得方式的时候需要使用招聘的方法,当项目实施组织采用内部和外部都无法获得所需人力资源的时候就只能采用项目工作外协或合同外包的方法。这些项目人力资源获得的具体方法分述如下。

1.内部谈判获得项目人力资源的方法

这是指在项目实施组织采用内部获得方式的时候,既不能由提供项目人力资源的项目实施组织内部职能部门自己选送,也不能由项目实施组织总经理等高管指定,而必须由项目经理使用同项目实施组织提供人员部门的经理进行谈判的方法获得项目所需的人力资源。因为没有哪个职能部门愿意将自己部门有能力的人员派去给临时性的项目团队工作,所以项目经理就必须使用谈判筹码换取职能部门所拥有的人力资源,而这些筹码中最大的就是项目的预算。项目经理必须使用项目预算中的人力资源费用同项目实施组织的职能部门进行谈判,最终使用财力资源换取人力资源的方法获得项目所需的人力资源。项目管理的实践证明,在项目实施组织采用内部获得方式的时候最成功的方法就是这种谈判的方法,即使项目实施组织总经理等高管指定的方法可以使项目经理获得想要的项目人力资源,但是仍然会导致项目经理与职能部门经理的冲突和项目经理权威的下降,因为项目实施组织总经理等高管指定的项目团队成员会更多臣服总经理或高管而不是项目经理。

2.外部招聘获得项目人力资源的方法

当项目实施组织内部采用外部招聘去获得项目人力资源时,项目实施组织需要采用公开招聘或借助猎头公司等一系列的手段和方法。项目实施组织公开招聘项目所需人力资源的时候,需要按照公开招聘的过程开展一系列的工作。这方面的具体工作包括:发布招聘信息、接受应聘者提出申请、获取应聘者的信息(包括应聘者提交的资料、各种测评与考试的结果)、对于应聘者的全面评估、最终选出项目所需的人力资源并聘用这些项目所需的人员。借助猎头公司实现外部招聘多数用于对项目经理或项目关键人力资源的获得,这实际是一种借助中介获得项目人力资源的方法。这种方法要求项目实施组织使用合同委托的办法,由猎头公司借助某种高级人力资源猎取的方法获得项目所需人力资源。项目实施组织使用外部招聘获得人力资源必须根据项目人力资源规划、项目组织分解结构、项目组织岗位任职说明书以及项目人力资源雇用计划开展项目团队成员人力资源的外部招聘。

3.项目工作外协或合同外包的方法

当项目实施组织内部没有项目所需人力资源,而且项目实施组织也没办法通过外部招聘而获得项目所需人力资源的时候,项目实施组织只有使用项目工作外协或合同外包的方法完成项目的某些工作了。项目实施组织使用项目工作外协或合同外包的方法的根本原因是那些能够完成项目特殊任务的项目人力资源不愿意按照外部招聘的方式加入项目团队,而只愿意按照合同委托的方法独立完成项目的特殊任务或工作。这有时是因为技术与经营机密等方面的问题,有时是因为组织所处不同地域的限制,或组织边界难以打破等原因造成的。另外一个很重要的原因是,这种项目外协或外包的方式可以更好地提高项目工作的效率和创造新增的项目价值,这就是在项目管理领域的分工不断细化,各种总包商、分包商和供应商分别完成不同项目工作,共同实现一个项目价值的根本原因所在。

所以,从项目人力资源获得的角度出发,在很多时候需要首先考虑的是项目人力资源的利用效率和创造的价值。通常最好是项目实施组织内部获得项目人力资源,其次是项目实施组织采取外部招聘获得项目人力资源,最后可以采取项目外协或外包的方式借用其他组织的项目人力资源为完成项目工作和任务服务。

二、项目人力资源的配备

在项目实施组织获得了项目所需人力资源以后,项目实施组织还必须努力实现合理的配备项目人力资源,这有利于项目目标的实现和充分挖掘项目人力资源的潜力,从而提高项目人力资源的绩效,改进、完善和提高项目团队的合作与协调。

(一)项目人力资源配备的原则

为了做好项目人力资源配备工作,人们应遵循以下基本原则。

1.项目人力资源配备必须以实现项目目标为中心

项目人力资源配备的第一原则是必须以实现项目目标为中心,即项目实施组织的一切人力资源及其配备都必须为实现项目目标服务。因为项目实施组织的根本目标就是成功地实现项目目标,所以项目实施组织的人力资源配备也必须为实现项目目标服务。

2.项目人力资源配置必须坚持精简、高效和节约

这是指在项目人力资源配备上既不允许配备多余的人力资源,也不允许人力资源配备的不足。所以在项目人力资源配备中要努力坚持精简、高效和节约

的原则,要尽量减少项目实施组织中的层次,鼓励项目人力资源相互配合和积极兼职,以全面提高项目人力资源的效率。

3.项目人力资源配备应科学合理地搭配各种人员

这是指要合理安排项目团队中各类成员的科学配置关系,包括技术工作成员和辅助工作成员的配置、管理成员和实施成员的配置、各专业或工种之间的人力资源配置等。项目人力资源配置中最重要的原则就是"取长补短"、"相互依赖"和"互补合作"的原则。

(二)项目人力资源配备的模型和方法

项目人力资源配备的方法主要就是项目团队成员科学配置的方法,这种方法的根本目标是实现项目团队成员之间的"取长补短"、"相互依赖"和"互补合作"。本书作者经多年研究发现,只有通过科学集成的方法才能够实现项目人力资源的合理配置,这种项目人力资源合理配置方法的模型如图11-5所示,其基本原理和步骤分述如下[①]。

1.项目人力资源合理配置的模型

项目人力资源科学集成的结果是形成合作且高效的项目团队,而这种项目团队中所包含的全体项目人力资源之间应该形成的配置关系如图11-5所示。

由图11-5所给出的模型可知,项目人力资源中的各种专业人员各自具有项目所需的某个专业技能,不是技术方面的技能就是管理方面的技能,他们不能自己打遍天下,这就形成了图11-5中给出的各有所长和各有所短的情况,这些项目人力资源中的专业人员们构成了一种相互依赖和共同合作的关系,因为他们各自都没有办法独立完成项目任务。需要特别注意的是,正是这种专业上的相互依赖关系才是项目团队精神的物质基础,如果人们谁都不依赖谁的话,那么永远是不会有项目团队精神与团队合作的。

由图11-5所给出的模型还可以看出,项目人力资源中的项目经理虽然具有比项目专业人员更多的专业技能,包括项目技术方面的技能和项目管理方面的技能,但是他在多数专业方面还是必须依赖项目专业人员或专家,项目经理自己仅凭专业技能也不可能包打天下。所以项目经理就需要依赖项目人力资源中的专业人员们去完成项目某些方面的专门工作,即项目经理需要依赖专业人员的专长权,而项目专业人员则需要依赖项目经理手中的资源支配权和奖惩权等方面的权力,所以项目团队成员与项目经理之间也就构成了一种相互依赖和共同合作的关系,这种专长权和职权之间的相互依赖关系也是项目团队精神的物质

---

① 该模型是本书作者自1986年参加的前建设部"建筑安装企业领导班子团队配置关系"科研课题的研究成果,后经多年实践检验证明,这种项目团队成员之间的配置关系是科学合理的。

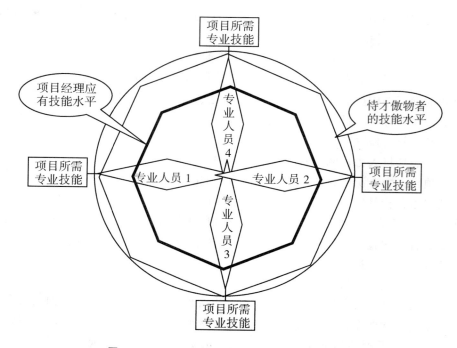

图 11-5 项目团队中的人力资源配置关系模型

基础。

　　另外,由图 11-5 所给出的模型进一步可以看出,如果项目人力资源中有某个人具有比所有项目专业人员总计还要多的专业技能,包括项目技术方面的技能和项目管理方面的技能,那么他在专业技能方面就不需要依赖其他项目专业人员或专家,所以这种专家就会成为一种"恃才傲物"的人,由于这种人在专业技能方面并不需要依赖项目人力资源中的专业人员,所以他们的项目团队精神就会比较差甚至很差,这种人会变成"害群之马"式的人物,因为这种人对于他人的依赖度很小,所以就缺乏具备团队精神的物质基础。

　　2.项目人力资源科学集成的方法

　　项目人力资源的合理配置若要达到图 11-5 所给出的模型那样,就必须经过一个科学集成的过程,这个科学集成过程的步骤如图 11-6 所示。

　　由图 11-6 可知,项目人力资源的合理配置关系是经过一系列这种关系的科学集成过程形成的,并且是通过逐步调整和改进才能够实现的。这种科学配置过程最重要的是实现两个方面的匹配,一是项目人力资源的技能或专长与项目实际需要的匹配,如在工程项目中负责项目成本和价值管理的项目造价工程师就必须与负责项目质量的项目监理工程师、负责项目实施的项目建造师和负责

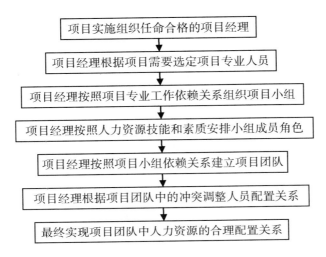

图 11-6　项目人力资源的合理配置关系的科学集成过程示意图

专业技术的工程师们建立科学集成的工作关系；二是项目人力资源在人际关系方面的匹配，如各方面项目专业人员的脾气秉性的匹配和项目专业人员的男女性别匹配等方面的全面集成。只有这样项目团队才会有好的人力资源配置关系。

3.项目人力资源配备的相关方法

除了上述项目人力资源的配置关系和集成过程之外，在项目人力资源配置中还需要其他的辅助方法，这主要包括：项目人力资源的需求预测、项目人力资源的供给预测和项目人力资源供需综合平衡这三个方面的方法，这些方法的具体内容如下。

（1）项目人力资源的需求预测。这是根据项目的任务、项目人员雇用计划等方面的信息，预测项目人力资源实际需求的工作。项目人力资源需求预测方法相对简单，因为项目工作和项目人员雇用计划是确定的，所以主要涉及项目人力资源需求时间的预测。

（2）项目人力资源的供给预测。这主要涉及两个方面的预测，一是项目实施组织内部的人力资源供给能力的预测，二是外部能够为项目供给的人力资源预测。由于项目实施组织外部人力资源供给的不确定性，所以这种供给能力的预测相对比较困难。

（3）项目人力资源供需综合平衡。这是项目人力资源需求与供给的综合平衡，需要使用总量综合平衡方法和结构综合平衡方法。其中，总量综合平衡方法用于从总体数量上综合平衡项目人力资源的供给和需求，结构综合平衡方法用于不同专业人力资源的综合平衡。

三、项目人力资源的开发

当项目团队建立之后,项目人力资源管理就进入到项目人力资源的开发与建设阶段。项目人力资源的开发是以提高项目工作绩效为目的而开展的项目人力资源管理工作,其内容主要包括两大部分:一是项目人力资源个人的培训与开发,二是项目团队的整体开发与建设。前者可以使项目人力资源拥有和提高必要的技能从而更好地做好项目工作,后者可以提高项目团队成员的互信和合作从而提高项目团队的工作绩效。

(一)项目人力资源的培训与开发

项目人力资源管理工作的首要任务是对项目团队成员进行培训与开发,这种培训与开发多数是短期和针对性很强的专业培训与开发,是针对项目需要开发项目人力资源的工作。

1.项目人力资源培训与开发的作用

项目人力资源培训与开发包含项目团队成员的基本技能培训和基本素质培养两方面,项目人力资源培训与开发工作的作用可以使用式 11-1 和式 11-2 给出说明。

$$P = A \times M \tag{11-1}$$

其中:P ——项目绩效

A ——项目人力资源能力

M ——项目人力资源的激励

由式 11-1 可知,项目的绩效是项目人力资源能力与项目人力资源激励的乘积,所以要想增加项目的绩效,主要可以从两个方面着手:一是通过人力资源培训与开发提高项目人力资源的能力;二是通过改进项目人力资源的激励(有关项目人力资源激励方面的讨论请见本章第四节中的内容),这可以使用式 11-2 描述如下。

$$P\uparrow = A\uparrow \times M\uparrow \tag{11-2}$$

其中:$P\uparrow$ ——项目绩效的上升

$A\uparrow$ ——借助项目人力资源培训与开发所提高的项目人力资源能力

$M\uparrow$ ——借助项目人力资源激励而提高的项目人力资源积极性

由式 11-1 和式 11-2 可知,项目人力资源培训与开发可以很好地提高项目人力资源各方面能力,具体主要有如下几个方面。

(1)提高项目团队综合素质。通过对于项目团队成员的培训与开发,可使项目人力资源的能力和素质得以提高,以便在项目工作中使整个项目团队能够更好地合作和努力。

（2）提高项目团队技能和绩效。通过对项目团队成员的培训与开发可使项目人力资源的专业技能水平和项目团队的绩效得到提高，从而使项目团队创造更好的项目成果。

（3）提高项目团队成员工作满意度。通过这种培训与开发可提高项目团队成员的满意度并降低其流失率，因为这种培训能提升其技能和绩效，使其获得更多收益和满意度。

2.项目人力资源培训与开发的形式

项目人力资源的培训与开发同日常运营组织员工的培训与开发在内容和方式等方面都不同，项目人力资源培训与开发主要是短期的，其培训主要形式是岗前培训与开发和在岗培训与开发。

（1）岗前培训与开发。这种形式针对性强、方式灵活多样、内容具体，花费小，易组织，见效快，所以在项目人力资源培训与开发中广泛采用。项目人力资源在开始项目工作前多数要进行岗前培训与开发，至少要进行上岗前安全、保健和环保方面的培训与开发。

（2）在岗培训与开发。这种方式以项目工作实际需要为出发点，开展有针对性的岗位工作培训与开发。这种培训与开发偏重于专业技术能力，项目专业人员都需要在岗位上接受这种培训与开发。项目组织采用的在岗培训具有边培训、边提高、边工作的优点。

（二）项目团队的建设与开发

项目团队的建设与开发涉及很多方面的工作，既包括项目团队成员间的相互信任的培养与提高、项目团队的协调工作能力改进、项目团队与客户的合作，也包括项目团队精神的建设和项目团队整体能力的提高等。项目团队建设与开发的概念和做法包括如下几方面。

1.项目团队建设与开发的目标

项目团队是为实现项目目标而建设的一种按照团队模式开展项目工作的特定组织，是项目人力资源的聚集体。项目团队需要相互信任、相互依赖、齐心协力和共同合作，项目团队成员需要具有整体意识和团队精神，从而成为一个为既定项目目标而奋斗的集体。要使一组人发展成为一个有效合作的项目团队，就需要开展项目团队的建设与开发工作，不断地为项目团队的完善与提高付出努力。项目团队建设与开发的目标包括以下方面。

（1）项目团队成员对项目目标的清晰理解。为使项目团队工作卓有成效，在项目团队的建设中首先要使每个项目团队成员对于所要实现的项目目标有清晰明确的理解，要使每个项目团队成员对项目的结果以及由此带给他们的利益和好处有大家共同的认识和期望。

（2）项目团队成员清楚自己的角色和职责。有效的项目团队需要项目团队成员承担好各自的角色和职责，从而使他们的工作与项目目标结合起来。只有项目团队每位成员都能承担自己的责任和完成自己的任务，整个项目团队才能实现项目的目标和任务。

（3）项目团队成员要有高度的主观能动性。项目团队开发与建设中最重要的工作是调动项目团队成员每个人的主观能动性，只有人们都强烈地希望为实现项目目标而付出自己的努力，人们才能为项目的成功付出必要的时间和努力，才能够乐于为项目成功做贡献。

（4）项目团队成员间的高度合作与互助。优秀的项目团队的成员们通常能够进行开放、坦诚而及时的沟通，借此项目团队成员才能够高度合作与互助。他们乐于给予其他成员帮助，希望看到其他团队成员的成功，他们能提出和接受各种建议性的批评和意见。

（5）项目团队成员之间的高度信任。有效的项目团队成员之间还必须能够相互理解、相互信任并相互依赖，每个成员都相信他人并共同为项目成功而努力。项目团队成员相互关心并承认彼此存在的差异，大家会感知自我存在的同时构建一个好的项目团队。

2.项目团队建设与开发的措施与方法

为达到项目团队建设与开发的上述目标，人们能够采取的有效措施与方法主要有：制订项目行为规范、开展集中办公、加强团队成员交流与沟通和进行团队精神与文化建设等。

（1）项目团队精神建设。项目人力资源首先需要开展团队精神的培养与团队文化的建设，但由于项目组织存续时间较短，因此其文化建设不可能像日常运营组织那么完善，但应保留一些基础的项目团队文化，例如始终保持全局观念和为保证项目按计划实施而牺牲个人休息时间等等，从而不断强化团队成员的团队合作精神，为团队建设提供精神保障。

（2）制订项目行为规范。项目行为规范是根据项目实际情况对项目团队成员的行为所做的标准规定，是项目团队成员们的行为准则。项目行为规范中应明确规定什么样的行为是好的，什么样的行为是可以接受的，什么样的行为是不能接受的。从而使团队成员的行为有据可依，以便使他们能更好地理解和执行按照项目行为规范去开展项目工作与活动。

（3）开展良好的项目沟通。项目团队成员之间的沟通对项目团队的建设来说是至关重要的，项目团队成员需要不断地就项目范围、时间、成本、质量等各个方面情况进行沟通，从而更好地从项目全局的角度出发开展项目团队的合作。

项目沟通的渠道包括会议、报告、网络信息沟通等，有关沟通的内容在前面"项目沟通管理"一章已做了较为详细的讨论。

（4）项目团队管理的集中办公。这是指项目团队中的主要管理人员应集中在同一地点办公，以加强他们之间的沟通与集思广益，提高合作和增强凝聚力，从而提高项目团队工作绩效。这种项目团队管理员集中办公可以是在同一地方，也可以使用网络技术（如网络视频）在不同地点集中办公，只要能够保障对于项目问题和变更的及时应对即可。

3. 项目团队建设与开发的效果评价

这是对项目团队建设与开发工作效果的考核与评价，从而判断项目团队建设与开发工作是否达到预期效果，以便进一步开展项目团队建设与开发工作。这种效果评价可以是正式的，也可以是非正式的。这种正式的项目团队建设与开发的效果评价方法虽然较为全面和科学，但是评价时间长且花费高，并存在一定的滞后性。非正式的项目团队建设与开发效果评价可通过与项目团队成员间的正式与非正式的沟通进行，也可以通过日常观察等方式进行，这种方法简便易行，所以使用得比较多。

通过项目团队建设与开发效果的评价可以分析和判断项目团队建设和开发的措施和工作是否有效，这方面评价的标准主要包括：项目团队成员的工作效率是否提高，项目团队共同开展工作的能力是否提高，项目团队成员离职率是否降低等等。

第四节　项目人力资源的绩效管理

项目人力资源管理的根本目的是为了提高项目实施工作的绩效，所以项目人力资源管理中对于项目团队及其成员的绩效管理与控制是十分重要的内容。项目人力资源的绩效管理内容包括：在项目实施过程中收集项目团队及其成员绩效的数据，对项目团队及其成员绩效进行评估和奖励，解决项目团队中的冲突等方面的工作。实际上项目绩效管理现已成为项目管理的重要内容之一，包括美国国防部提出并使用的项目挣值管理方法都属于项目绩效管理的方法。所以项目管理者必须开展项目团队及其成员绩效的评估，必须对项目团队及其成员的绩效进行管理和控制，必须及时找出项目绩效中存在的问题与偏差，从而借助项目人力资源培训与开发和项目人力资源激励等方法去提高项目绩效。

一、项目人力资源绩效评估

项目人力资源绩效评估是指对于项目团队及其成员绩效的考核与评价，项目人力资源的绩效评估也是项目人力资源管理的一项重要工作。这也是调动项目人力资源成员积极性和创造性的有效手段之一,反映项目人力资源实际能力及其对岗位适应程度的方法之一。

(一)项目人力资源绩效评估的概念

项目人力资源绩效评估的概念包括其定义、作用和原则等多个方面,现分述如下。

1.项目人力资源绩效评估的定义

项目人力资源绩效评估是按照既定的项目绩效评估标准,采用科学方法考核和评定项目人力资源成员对其岗位职责的履行程度以及他们的工作成绩的好坏。项目人力资源绩效评估以项目人力资源成员的工作业绩为评估对象,通过对项目人力资源成员的绩效评估判断项目人力资源是否称职并以此作为采取激励措施的依据。这项工作的主要目的是切实保证对项目人力资源的考评、报酬、奖励、惩罚、辞退等各项工作的科学性,所以这种绩效评估的依据和标准应该是项目人力资源相应的岗位说明书及其业绩的要求。这种评估的内容包括评估项目人力资源的业绩、他们的实际能力以及他们对岗位的适应程度。

2.项目人力资源绩效评估的作用

项目人力资源绩效评估的作用具体有三个方面:第一,这是项目人力资源计划和项目实施工作计划以及项目人力资源培训与开发计划修订或变更的主要依据,因为只有通过绩效评估才能根据员工实际绩效去编制和修订项目人力资源计划、项目工作计划和培训计划;第二,这是合理确定项目人力资源工作报酬与奖励的基础,因为只有通过项目绩效评估才可以确定或发放项目人力资源的工资报酬和奖励,同时这也是进一步修订项目人力资源成员绩效标准或规定的依据(从而使这些标准或规定更加符合实际);第三,这是判断项目人力资源是否符合要求以及给予他们提拔、惩罚、调配或辞退的重要依据,因为只有通过项目绩效评估才能做出对于项目人力资源能力或作用的客观评价并据此做出相应管理决定。

3.项目人力资源绩效评估的原则

项目人力资源绩效评估必须遵循三项原则:一是公开原则,即项目人力资源绩效评估要公开绩效评估的目标、标准、方法、程序和结果并接受来自各方面人员的参与和监督,这有利于项目人力资源认清自己的问题和差距、找到目标和方向以便改进工作和提高素质;二是客观与公正原则,即在制订项目人力资源绩效评估标准时应该客观和公正,以减少矛盾和维护项目人力资源的利益和团结;三是要采用多渠道、多层次和全方位评估的原则,因为项目人力资源的绩效在不同时间和场合受到诸多因素的影响,因此在进行项目人力资源绩效评估时应该多收集信息,建立多渠道、多层次、全方位评估方法和体系。

4.项目人力资源绩效评估的内容

项目人力资源绩效评估的基本内容包括三个方面:一是项目人力资源的工作业绩评估,其结果反映了项目人力资源对项目的贡献大小,这一评估的主要内容有工作量的大小、工作效果的好坏以及通过改进与提高而获得的创造性成果;二是项目人力资源工作能力的评估,其结果反映了项目人力资源完成其所负担项目工作的能力,这一评估包括对项目人力资源的基本能力、业务能力和素质的评估;三是项目人力资源工作态度的评估,这一评估的结果反映了项目人力资源对项目工作的认真程度、积极性和责任感等方面实际情况。

(二)项目人力资源绩效评估的程序与方法

项目人力资源的绩效评估工作程序和方法包括下述具体内容。

1.项目人力资源绩效评估的程序

项目人力资源绩效评估工作需要按照以下程序进行:第一是要制订项目人力资源绩效评估工作的计划,这需要根据具体评估的目的和要求,计划安排好评估的对象、具体评估的内容、评估的时间和评估方法等;第二要制订项目人力资源绩效评估的标准和方法,这需要根据既定的项目绩效要求和项目组织岗位职责要求去制订相应的评估标准和方法;第三要进行项目人力资源绩效评估数据资料的收集,这主要是采用项目工作原始记录法、项目工作定期抽查法、项目人员考勤记录法、项目工作评定文档法等获得信息和数据资料;第四要开展项目人力资源绩效评估的分析与评价,这包括对于具体项目人力资源的绩效评估和对于整个项目人力资源绩效的分析与评价(即项目团队绩效的评估);第五是公布和运用项目人力资源绩绩效评估的结果,即把项目人力资源绩效评估的结果反馈给人们,并使用这些结果为人力资源管理和决策服务以及修订项目人力资源管理政策等。

2.项目人力资源绩效评估的方法

在开展项目人力资源绩效评估时人们要根据具体项目的实际情况综合使用各种绩效评估方法,项目人力资源绩效评估的主要方法有四种。

(1)绩效评分表法。这种方法是用一系列项目工作绩效的构成指标以及项目工作绩效评估的打分标准,在项目人力资源绩效评估中针对具体人员的工作实际绩效情况进行打分,然后将该人所得到的所有工作绩效分数相加得到其工作绩效评估的结果。

(2)工作绩效对照法。这种方法把项目人力资源的实际工作绩效与组织既定的项目人力资源工作绩效标准相对照,从而评估出具体项目人力资源的工作绩效结果的方法。这种方法也可以将某个项目人员的工作绩效作为标杆,然后对照给出具体人的绩效评估结果。

（3）绩效排序法。这种方法把具体项目人力源资按照一定的工作绩效评估标准进行评估后，将所有项目人力资源绩效评估的结果按照由高到低或者由低到高进行排序，以人们工作绩效的排序给出项目评估结果的方法。

（4）具体描述法。这是一种使用简短的书面鉴定或文字描述给出项目人力资源绩效评估结果的方法。这一方法的评估结果描述从内容、格式、篇幅、重点上都是多种多样的，绩效评估者需根据情况予以确定和中肯的描述。

（三）项目人力资源绩效评估的信息收集

项目人力资源绩效评估的质量高低最重要的在于项目人力资源绩效评估的信息收集工作，这种项目人力资源绩效评估的信息收集工作的意义和方法分述如下。

1. 项目人力资源绩效信息的目的与意义

由于项目人力资源管理与控制是对项目人力资源的持续管理与改进的过程，因此收集项目人力资源绩效信息的意义有：第一，这种信息收集是项目人力资源及其成员绩效评估的基础；第二，这种信息收集能帮助项目人力资源及时发现在团队中发生的各种冲突与问题从而及时解决这些冲突和问题；第三，这种信息收集也是各种项目人力资源管理与控制措施的原始依据，它为各种项目人力资源管理和控制决策提供支持。

2. 项目人力资源绩效信息收集的方法

在项目人力资源管理与控制中常用的信息收集的方法有以下几种。

（1）报告与报表收集方法。项目报告与报表是项目实施过程中对项目绩效状况的书面汇报文件，它提供了项目实施绩效的大部分可量化的信息，是需要收集的最主要数据来源。

（2）会议收集信息的方法。这是通过召开会议去听取有关项目实施绩效状况以及对于有关人员绩效的评估意见，从而获得有关项目成员工作绩效的信息的方法。

（3）现场实地调查方法。这是通过对项目人力资源的工作进行现场观察，从而获取有关项目人力资源成员工作绩效信息的方法，这种方法受观察者的主观影响较大因而使用较少。

二、项目人力资源的激励

项目人力资源的激励也是项目人力资源管理的一项重要工作，它是直接调动项目人力资源积极性和创造性的手段和方法。通常，在对项目人力资源的工作绩效评估以后，就需要根据评估结果开展对于项目人力资源的激励。

(一)项目人力资源成员激励的概念

项目人力资源成员激励的概念涉及对于项目人力资源成员激励的定义、作用、原则和做法等方面,具体探讨如下。

1.项目人力资源激励的定义

项目人力资源激励就是项目管理者根据项目人力资源工作绩效评估结果,通过采用各种奖惩项目人力资源的措施和手段,激发项目人力资源积极工作的动机,调动项目人力资源的主观能动性和创造性,从而更加高效地实现项目目标。通俗地讲,所谓"激励"包含有"激发"和"鼓励"两层意思,其中"激发"就是促使人们产生某种行为动机,"鼓励"就是通过奖惩手段鼓励人们的正确行为和纠正人们不正确的行为。所以项目人力资源的激励能够产生强大的推动力,驱使项目人力资源为实现项目目标而更积极地开展工作。

2.项目人力资源成员激励的作用

项目人力资源成员激励有三个方面的具体作用:一是这种激励可以提高项目人力资源的工作效率和绩效,使项目人力资源的能力和积极性得到最大程度的发挥,从而全面提高项目工作的绩效;二是这种激励有助于协调项目人力资源的个人目标和项目目标的一致性,从而提高项目人力资源工作的目的性和创造性,从而更好地实现项目整体目标;三是这种激励有助于提高项目人力资源成员的主观能动性,借此可以改变项目人力资源的某些行为,而这种行为改变实际是项目人力资源的一种学习和提高过程。这种激励的整体作用就是提高项目的整体绩效,这在本章的式 11-1 和式 11-2 中已经给出了描述和讨论。

3.项目人力资源成员激励的原则

在项目人力资源激励工作中人们必须坚持的基本原则包括:一是目标原则,这种激励就是为使项目人力资源更好地去实现项目目标的一种管理努力;二是公平原则,项目人力资源激励必须使每个人能够感觉到自己同其他人是被同等对待,自己没有受到不公平的激励或待遇;三是效用原则,这种激励的关键在于找到能够对项目人力资源有实际效用的激励措施和手段;四是因人而异原则,项目人力资源每个人的需求与偏好不同,所以需要的激励措施和手段也不同;五是效益原则,这种激励必须能够获得比激励成本更大的效益。有关项目人力资源激励的效用原则以及相应的边际效应的具体公式和讨论如下。

$$M = U \times P \tag{11-3}$$

其中:M ——项目人力资源激励的作用

　　　U ——某种具体激励措施或手段对于具体人的效用情况

　　　P ——项目人力资源通过努力去获得激励的可能性(概率)

由式 11-3 中可以看出,对于项目人力资源的具体人员而言,总有某种激励手段或措施对他是效用最大的(如有人喜欢赚钱,有人喜欢当官,有人喜欢做学问),项目管理者必须找出这种针对具体人效用最大的激励手段或措施。同时,由式 11-3 中可以看出,人们获得有这种效用的激励措施的可能性越高,这种激励措施的激励作用就越大。所以项目管理者不但要找到有效用的激励措施,还应该努力为人们创造条件使他们有更大的可能性去获得这种激励措施。因此,项目人力资源激励措施的效果取决于该措施对于具体人的效用大小和此人获得这种激励措施的可能性的大小,所以项目管理者必须从这两个方面入手开展具体项目人力资源的激励工作,谨慎选用下列的各种激励的方式和手段。

(二)项目人力资源激励的方式与手段

在开展项目人力资源的激励工作中,通常人们能够采用的激励手段有以下几种。

1.物质激励与荣誉奖励

这是项目人力资源最基本的、也是采用最多的一种激励手段。其中,物质激励手段包括工资和奖金等;荣誉奖励是众人或组织对个体或群体的高度评价,是满足人们自尊需要、激发人们奋力进取的重要手段。

2.参与激励与制度激励

参与激励是指尊重员工、信任员工,让他们了解项目人力资源的真实情况,使其在不同层次和深度上参与决策,从而激发主人翁的精神。同时,项目人力资源的各项规章制度即是约束,员工在遵守规章制度的过程中是约束和奖励的双向激励。

3.目标激励与环境激励

目标激励是由项目目标所提供的一种激励的力量。因为项目目标体现了项目人力资源成员工作的意义,所以能够在理想和信念的层次上激励全体团队员工。良好的工作和生活环境可满足员工的保健需求,同时形成一定压力去推动员工努力工作,所以具有很强的激励作用。

4.榜样激励与感情激励

榜样激励是通过满足项目人力资源成员的模仿和学习的需要,引导其行为达到项目人力资源目标的要求。感情激励是利用感情因素对人的工作积极性造成重大影响。感情激励就是加强与员工的沟通,尊重、关心员工,与员工建立平等和亲切的感情。

这些项目人力资源的激励手段和方法多数属于管理行为学和心理学等方面的理论和方法,项目管理者如果想要很好地开展项目人力资源的激励可以去学习相关内容。

三、项目人力资源的冲突管理

多数人认为任何组织中的冲突是一件坏事,而且是组织管理者应尽量避免的。然而在项目人力资源管理中,冲突不但是不可避免和必然存在的,而且有时冲突对项目团队建设和项目工作实施是有益的。因为项目人力资源中的某些冲突能让人们获得新的想法(即思想碰撞的火花),或者逼迫人们另辟蹊径制订出更好的项目工作方案。因此管理和解决项目人力资源中的冲突也是项目人力资源管理和项目团队建设的重要内容之一。

(一)项目人力资源冲突的种类

项目人力资源在项目工作中发生冲突可能有各种各样的原因和情况,这种冲突既会涉及项目人力资源成员或项目各相关利益主体的利害关系,也会涉及项目人力资源对于项目工作或项目管理的不同意见或观点。有关项目人力资源冲突的项目分类主要有如下几种。

1.项目工作方面的冲突

不同专业的项目人力资源对于如何完成项目工作,哪些人应该去做哪些工作,人们应该使用何种方法开展项目工作,人们应该以什么样的绩效去衡量项目工作等方面会有各自不同的意见,而这些不同意见在很多情况下会导致项目人力资源之间发生冲突。但是这种冲突多数是建设性的而不是破坏性的,只是需要项目管理者从中找出有建设性的意见或建议,然后协调好人们在工作方面的这些冲突。

2.项目管理方面的冲突

在所有项目人力资源冲突种类中项目人力资源在项目管理方面的冲突是发生最多的。由于项目人力资源每个人所站的立场和角度不同,所以人们对项目集成计划和项目专项会有不同的意见和看法,会对项目的起始决策和跟踪决策提出不同的意见和看法,也会对项目管理中的各种控制手段和方法持有不同的意见和想法,而这些在项目管理方面的不同意见和看法同样会引发项目人力资源的冲突,项目管理者同样需要很好地解决这些冲突。

3.项目资源配置方面的冲突

多数项目人力资源的冲突是建设性的,但是人们在项目资源配置方面的冲突多数是竞争性和带有某种破坏性的冲突。这种冲突是由于分配给项目人力资源各方面成员或群体的资源数量和质量不同,出现项目人力资源对于某种资源的争夺情况,或者出现人们质疑项目资源配置的公平性,这些都会引发这方面的冲突。例如,项目成本预算或项目物力资源配置方面的冲突、项目人力资源绩效评估与奖惩方面的冲突等都属于这类冲突的范畴,其中"项目业主想少花钱多干事,项目承包商想少干活儿多拿钱"就是这种冲突的最好写照。由于这种冲突直接关乎项目人力资源的直接利益,所以必须谨慎和公平地去解决。

4.项目人力资源沟通问题造成的冲突

在所有项目人力资源冲突种类中由于项目人力资源沟通出现问题而导致的冲突也是经常发生的,不管是人们的误解还是误会都会导致这种冲突的发生。特别是由于项目人力资源成员在个人价值观、专业知识和语言、沟通习惯和思维模式、特别是沟通方法和技巧等方面的差异,都会造成因沟通问题而导致的项目人力资源的冲突。通常,这种冲突的解决十分麻烦,因为常有"公说公有理"和"婆说婆有理"的情况出现,项目管理者要想消除"公婆"之间因相互沟通造成的误解而产生的冲突就需要充当中介人的角色,让相互冲突的双方脱离直接沟通,而由项目管理者从中传递信息和化解冲突。

(二)项目人力资源冲突的处理

项目人力资源的冲突一方面需要靠项目经理或项目管理者处理和解决,另一方面还需要靠冲突相关的项目人力资源成员共同处理和解决。如果项目人力资源的冲突处理得当,这种冲突可能会带来对项目工作有利的一面,因为问题被暴露出来并得到了重视与解决。如果项目人力资源的冲突处理不当,会对项目工作和项目人力资源产生不利的影响,它不但会破坏项目人力资源的沟通、团结与合作,而且会降低整个项目工作绩效。处理项目人力资源冲突的主要方法有以下几种。

1.回避或撤出

这是指使那些卷入冲突的项目人力资源成员撤出冲突,以避免项目人力资源冲突升级而形成对抗。这种回避与撤退的冲突处理措施可以是由冲突双方的某一方主动实施,也可以由项目经理根据解决冲突的需要而采取强制回避或撤出的措施。这种处理项目人力资源冲突的方式虽可较快解决冲突,但有可能造成冲突双方矛盾的积聚而为日后埋下隐患。

2.竞争或逼迫

这是一种项目人力资源冲突的激进解决方法,这种方法认为在冲突中获胜是解决项目人力资源冲突的最好办法,因此这种处理方法往往是以一方的失败而告终的。由于无论如何总会有项目人力资源的一方受挫而导致其工作热情下降,甚至退出项目团队,因此这种方法是相对激进的方法,往往会给项目工作和人力资源造成某种损失。

3.调停或消除

这种项目人力资源冲突的解决方法是尽力为冲突双方找出可以达成一致的方案,即通过求同存异的方法解决或消除冲突。这种方法多数时间只能缓和冲突而不能彻底解决冲突,因为调停而达成的平衡多数是暂时的。但这一方法的优点是可以稳定当前存在的冲突而不会给项目工作带来损失,但由于其无法彻底解决矛盾而可能在今后一段时间再度爆发。

4.妥协与合作

这种项目人力资源冲突的解决方法要求冲突的双方寻求一个调和折中的解决方案,使各方得到某种程度的满足而消除冲突。这种方法要求冲突双方做出让步和相互谅解,并为实现项目目标而继续合作。这种方法使冲突双方从项目整体利益出发,所以这要求项目人力资源成员以积极的态度对待冲突,并尽力找出最好和最全面的冲突解决方案。

除了上述方法以外,项目人力资源解决冲突的方法还有很多,每种方法都有其适合的环境与条件,所以并没有客观评价上述方法好与坏的标准,项目人力资源冲突解决的最佳方法要视冲突双方情况、冲突原因、冲突性质等因素而定。但是可以肯定的是,项目人力资源冲突的解决是项目人力资源建设和发展以及项目工作绩效提高的一项重要管理内容。

本章思考题

1.人力资源管理有哪些基本理念和原理?

2.项目人力资源管理有哪些基本理念和原理?

3.项目人力资源管理与日常运营人力资源管理有何区别?

4.项目人力资源管理与其他项目所需资源的管理有何不同?

5.项目人力资源规划有哪些具体的作用、方法和要求?

6.项目人力资源的获得有哪些具体的作用、方法和要求?

7.项目人力资源的配备有哪些具体的作用、方法和要求?

8.项目人力资源绩效评估有哪些具体的作用、方法和要求?

第十二章　项目采购管理

【本章导读】

　　本章讨论的主要内容包括对项目所需有形商品的采购管理和对项目所需劳务或服务的承发包管理。重点内容包括：项目采购的计划管理，项目采购管理的技术与方法，项目采购中的合同管理，项目采购中的作业计划管理与控制，项目资源配置管理等。

第一节　项目采购管理概念

　　项目采购管理（Project Procurement Management，PPM），是指在整个项目过程中从外部寻求和采购各种项目所需资源（商品和劳务）的管理过程，所以也有人将此译为"项目获得管理"。任何一个项目的实施都需要有一定的资源投入，包括人员、材料、工具、设备、资金等各方面的投入。这些项目所需资源可以分成两类：一类是有形的商品，一种是无形的劳务。其中，有形的商品包括各种原材料、设备、工具、机器、仪器、能源等实物，无形的劳务包括各种项目实施、项目管理、专家咨询、中介服务等。这些资源主要是由承包商和分包商以及项目的自我实施者所承担的项目实施劳务和服务，及由供应商或自我供应者所提供的有形商品。大量的项目管理实践证明，有效的项目采购管理是项目成功的关键之一，任何项目组织都必须开展有效的项目采购管理。

　　在项目采购管理过程中，项目实施组织的角色既有可能是采购合同中的买方，也有可能是卖方。在采购项目所需资源的过程中，项目实施组织是作为买方出现的，但当项目实施组织作为劳务或商品的提供者，向项目业主或客户提供服务时，项目实施组织则成了该合同中的卖方。因此在项目采购管理中需要管理的合同也包括两类：一类是项目实施组织作为买方采购资源时的合同管理，另外一类是项目实施组织作为卖方提供资源时的合同管理。而本章是从"买方"的角度出发展开讨论的。

一、项目采购的角色与来源

为了方便讨论，本章将商品和劳务统一称为产品，由此，项目采购管理便可以被视为项目相关利益主体中的买主一方采购项目所需产品中的管理活动。

（一）项目采购的角色

在项目采购管理中主要涉及四个相关利益主体，作为不同的买主和卖主分述如下。

1.项目业主/客户

项目业主/客户是项目发起人和项目最终买主，因此他们与项目实施组织之间存在着合同关系。在这种合同关系中项目的实施组织以卖方的形式出现，向项目业主/顾户提供项目产品。项目业主/顾客是项目最终成果的所有者或使用者，也是项目各种资源的真正购买者，不管自己采购还是找人代理采购都是如此。因此项目业主/客户在项目采购中始终以买方出现。

2.项目实施组织

这是指项目的承包商或项目团队，他们是项目业主/客户的代理人和劳务提供者，他们既可以受托为项目业主/顾户采购商品和劳务，也可以作为卖主直接出售自己的劳务。因此他们项目实施中既可能是买方，也可能是卖方。

3.项目供应商

项目供应商是为项目业主或实施组织提供项目所需商品以及部分劳务的卖主，他们可以直接将商品卖给业主/客户，也可以将商品或劳务（部分）直接卖给承包商或项目团队。他们在项目采购管理中始终作为卖方出现。

4.项目分包商和专业咨询服务专家

项目分包商或各种专业咨询专家都是从事某方面专业服务的企业或独立工作者，他们可以直接为项目实施组织提供服务，也可以直接为项目业主/客户提供服务。他们与项目供应商一样，在项目实施过程中始终作为卖方出现。

上述角色在项目采购管理中的关系如图12-1所示。

图中实线的箭线是表示"委托—代理"关系及其方向和项目资金的流向，而图中虚线的箭线是表示项目采购中的责任关系。例如，项目业主/顾客与项目实施组织，项目实施组织与分包商、供应商，项目业主/客户与分包商、供应商之间都可以是委托和代理的关系，项目实施组织与供应商之间则可以是直接买卖的关系。项目采购管理主要是管理这种资源采购的关系和行为，对这种采购中所

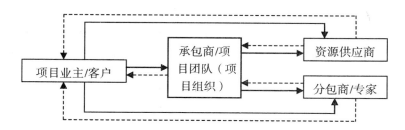

图 12-1　项目采购管理中各角色的关系图

发生的问题进行管理。在项目采购管理中计划、组织、管理和实施主要由项目实施组织开展,项目业主/客户直接进行项目采购的情况较少,因为项目实施组织是项目资源的直接使用者和提供者,他们最清楚项目各阶段的资源需求。

(二)项目采购资源的来源

一个项目所需的资源各种各样,这些资源的来源也是不同的。除了项目实施组织内部可以提供一部分项目必需的商品和劳务外,还有许多项目资源需要从其他企业或组织之处采购获得。一个项目所需资源的主要来源包括如下几个方面。

1.项目业主/客户

在自我开发项目中项目业主/客户是项目资源的主要提供者,在承发包的项目中,项目业主/客户有时也会向项目实施组织提供一些设备、设施、信息和其他的资源。在现代项目合同管理中,这被称为是"项目业主/客户的供应条款"。严格而规范的项目业主/客户供应条款可以保护项目实施组织的利益,避免由于项目业主/客户的设备、设施、信息、系统零部件或其他资源的耽搁而导致项目进度计划的推迟。在这种项目合同中,一般都需要约定一旦出现供应耽搁的情况,责任必须由项目业主/客户来承担。当然,项目实施组织也要承担项目采购管理的负责,也需要努力促使项目业主/客户做好他们承诺的资源供应工作。

2.外部的劳务市场

项目所需劳务是以项目实施工作人员为载体的,不同项目需要各种不同类型的劳务(即不同类型项目实施人员提供的服务)。项目业主或项目实施组织为以较低成本和较快速度完成项目,都会从外部劳务市场获取自己所需的人员。例如,在软件开发项目中,项目实施组织可能临时招聘一些计算机程序员、资料处理人员等;而在工程建设项目中则需要招聘一些熟练工、施工技术人员和管理人员等。

3.分包商和咨询专家

当项目实施组织缺少某种专业技术人员或某种专门的人员去完成某些特殊

项目任务时,他们就需要雇用分包商或技术咨询专家来完成这种项目任务。项目实施组织既可以雇用独立的技术顾问或自由职业者来完成一些非常特殊的专业技术或管理作业,也可以雇用专门的分包商完成项目的某一部分的独立作业或子项目的作业。项目实施组织从这些分包商和咨询专家处获取各种特殊的劳务与服务。从另外一个角度讲,项目实施组织雇用分包商和咨询专家的策略也是利用社会分工降低项目成本的一个有效措施。

4.物料和设备供应商

实施项目所需的物料和设备等多数是从供应商那里购买或租赁的。例如,在一个民房装修项目中需要的木材、门窗、管件、地毯、墙纸、灯具等装修材料就需要向供应商购买。在这一装修项目的实施过程中,项目实施组织可能还需要租用某些特殊的工具和请一些特殊的专业人员提供服务。为了在项目实施过程中适时适量地得到合乎质量要求的各种资源,任何一个项目实施组织都必须认真与物料和设备供应商合作,因为这也是节约项目成本和提高项目收益的源泉之一。

二、项目采购中的合同类型

在项目采购过程中所有采购关系都应该按照有法律约束力的合同来进行,不同类型的项目采购合同适合于不同项目资源的交易。"项目业主/客户供应条款"是项目业主/客户在与承包商进行项目承发包合同谈判时,根据双方约定而写入承发包合同的。同样,项目业主客户要购买项目承包商的劳务、项目承包商从外部劳务市场招聘部分项目实施人员也都必须签订合同。即使是项目承包商要将部分项目任务转包给分包商也要以合同的方式规定双方的权利和义务,项目业主/项目实施组织在购买货物时也需要与供应商签订采购合同。

所有的采购合同中都要详细地规定货物或劳务的交易价格、交货期、交货地点、数量、质量和规格等。在项目资源的采购中,一般项目业主/项目实施组织是项目资源的买主,而供应商或分包商是项目资源的卖主,他们可以通过协商选择和签订各种不同类型的采购合同。通常,项目采购合同中的价格是关键因素,而支付方式是核心问题,所以按照价格和支付方式的不同,项目采购合同一般可以分为三种类型。

(一)项目的固定总价合同

在这类项目合同中项目业主和项目实施组织或分包商与供应商通过谈判,对严格定义的采购标的(产品或劳务)确定一个双方认可的总体价格,在以该价格订立合同后不经双方协商同意不得变更价格,最终也是按照这一固定价格结算商品和劳务款项。从某种程度上讲,固定总价合同一般要求购买的产品是能够严格定义的,但是项目实施过程中会有各种变化,所以这种固定价格合同对买卖双方都有一定的风险,但是主要风险在项目承包商一方。因为作为买主的项目业主/项目实施组织可能会因实际情况变化而承担多付钱的风险,而作为卖主的项目分包商或供应商可能因实际情况变化而多付出劳务或资源并遭受损失的风险。

在一个实际项目的实现过程中,对于买卖双方来说风险是不一样的。一般项目固定总价合同对于作为买主的项目业主来说风险相对较低,因为不管作为卖主的承包商、供应商或分包商为项目而花费了多少成本,项目业主只需按合同的固定价格付款。然而当承包商、供应商或分包商提供产品的实际成本高于合同总价时,那么他们会出现亏损和损失。因此在选择签订项目固定总价合同时,买方通常会要求卖方提出精确而合理的项目成本预算。一般而言,项目的固定总价合同对于一个经过仔细界定的项目是比较合适的。当然项目固定总价合同中也可以有奖惩条款,如提前或推迟交付项目或资源将会得到的奖励或惩罚等。

(二)项目成本补偿合同

这类项目合同要求买主给卖主支付其提供货物或劳务的实际成本,并且外加一定比例的规定利润。这些需要支付的项目成本通常又被分为项目直接成本和间接成本两类,其中的项目直接成本是为生成项目产出物而直接花费的费用(如业务人员的薪金、材料费、设备费等),而项目间接成本主要是一般管理费用。通常,项目间接成本是以项目直接成本的一定比例或百分比来计算的。

相对而言,项目成本补偿合同对于买主来说风险较大,因为项目所发生的成本最终是全额补偿的,所以卖主在成本控制方面如果放松的话,项目的实际成本就可能超过项目预算而使项目买主受损失。当然,在项目成本补偿合同的实施中,买主通常会要求卖主在提供产品的过程中定期将实际费用与预算进行比较和实施控制以保护自己的利益。但是实际上在这种合同的履行中,买方很难控制项目的实际发生成本,所以买方的风险是比较高的。项目成本补偿合同用于不确定性较大的项目采购工作比较合适。这种合同也会有相应的奖励或惩罚条款,如项目结算成本超出预计成本一定比例,买主将扣罚卖主的结算金额等。

(三)单位价格合同

在这种类型的合同中,卖主从自己付出的单位货物或劳务中得到一个预定金额的报酬,项目的总报酬将直接与货物或劳务的总量相关。在采用单位价格合同时合同总价是按照卖主所提供的产品总量与这些产品单位价格相乘计算得到的。例如,一个专业咨询和管理服务的单位价格合同可规定每小时咨询服务的单价为人民币 1700 元,合同总价按照服务小时数乘以单位价格 1700 元计算。这种合同比较适合于项目需要采购的产品数量不确定而且较少的情况,实际上这是一种按照计件或计时付费的合同。

这种项目合同对于项目采购活动的买主而言也具有较高的风险,因为不管是计时还是计件付费,如果没有准确的质量评价和绩效评估标准与作业,是很难保证计时和计件付费的科学性和有效性的。特别是对于项目而言,由于多数项目是一次性、独特性和创新性的,所以很难事先确定它们的消耗和绩效考核标准,这样在采用单位价格合同中就难免出现侵害合同买主利益的情况。因此,这种类型的项目采购合同一般是用于那些工作内容比较确定、项目的物质和劳务消耗定额以及绩效评估标准比较明确的项目工作。

一个具体项目的采购工作究竟应该采取哪种类型的合同,这很难按某种公式或模式确定出来。项目合同类型的选择,一方面取决于合同买卖双方的利益偏好,另一方面受客观条件的影响。但是只要买卖双方签订的合同条款是双方合意的表达(双方一致同意的),并且与国家或地区的法律法规没有抵触(合法合同),则合同就具有法律效力,并对双方具有法律约束力。有些项目合同需要经过政府部门批准,所以选择合同类型还要考虑政府规定。

三、项目采购管理的内容

任何项目管理工作都是由一系列管理过程构成的,项目采购管理也是由一系列管理阶段和过程构成的。在项目采购管理中买主是起决定性作用的,所以项目采购管理要从项目资源买主的角度来讨论。因此项目采购管理就是从买主的角度出发而开展的一系列管理工作和过程,这些具体管理工作和过程主要包括如下几个方面。

(一)计划安排项目采购和采购工作

为满足项目的需要就必须根据项目集成计划和资源需求,确定出项目在什么时间需要采购什么产品、怎么采购这些产品,并据此编制出详细可行的项目采购计划。项目采购计划是项目采购管理的核心文件,是项目采购管理的根本依据之一。同时,为保证能够按时、按质、按量获得各种货物或劳务,人们还必须制订出项目采购工作的计划。这是有关项目何时开展所需货物或劳务产品的询价、订货、签订合同等工作的具体计划,它是确保项目采购能够按时、按质、按量和在需要的时候到位的一种管理安排。

(二)计划安排项目合同订立

计划安排项目合同订立的过程就是准备各种项目合同订立所需各种文件,以便为后续的项目合同买方的投标邀请提供支持和为进一步的卖方选择提供支持。这包括三项工作,一是各种用于征询项目供应提案的采购文件,二是各种采购评价使用的规范,三是项目合同工作的说明。例如,常用项目文档包括投标邀请函、提案要求任务书、报价单要求书、招标通知和谈判邀请等,这些都属于计划安排项目合同订立的工作范畴。

(三)向供应商或承包商询价

这是项目组织为获得各种资源所开展的具体采购工作的第一步,包括在项目采购中搜寻市场行情、获得资源报价或各种实施劳务及资源的招投标报价,以及获得供应商和承包商给出的各种信息、要求、报价单、投标书等文件的实际工作都属于这个范畴。这主要是使卖方提供各种信息、报价、发盘、提案等文件的工作。

(四)选择承包商和供应商

这是在项目采购过程中,在获得多个供应商或分包商的报价等相关信息之后,按照一定的承包商和供应商选择评价标准或规范,从所有的候选供应商或承包商中选择出一个或多个进行项目采购合同洽谈和订立,以便最终购买其货物或劳务的一项具体工作。

(五)项目合同管理

这包括与选定的各个卖主完成采购合同谈判,以及合同签订以后所开展的项目采购合同履约管理和对承包商评价的工作。这是买主与卖主之间的整个合同关系的管理工作,也包含对卖方在项目供应合同的履约过程的评价。除了项目买主和卖主之间的项目合同管理外,项目实施组织也同样需要对其与项目业主/客户之间的合同进行有效管理。

(六)项目合同终结

这是在项目采购合同全部履行完成前后,或者是某项合同因故中断与终止前后所开展的各种项目采购合同结算或决算,以及各种产权和所有权的交接过程。这一过程中包括了一系列的关于项目采购合同条款实际履行情况的验证、审计、完成和交接等管理工作。

项目采购管理的工作内容和过程基本上是按照上述顺序进行的,但是不同阶段或工作之间有相互作用和相互依存的关系以及某种程度的相互交叉重叠。在项目采购过程中,买主一方需要依照采购合同条款,逐条、逐项、逐步地开展项目的采购管理,甚至在必要的时候向各方面的专家寻求项目采购管理方面的专业支持。当然对于许多小项目而言,这种管理会相对简化,而一般大型项目的采购管理则比较复杂和要求较高。

第二节　项目采购管理方法

在项目采购管理中有几种必须使用的管理方法,其中最主要的是如下几个方面。

一、"制造或购买"决策分析方法

这是最基本的项目采购管理决策分析技术方法,常用于分析和决定一种项目所需某种资源是应该由买方自行生产还是从外部采购获得。这一方法的基本原理是:如果买主能够以较低成本生产出所需的某种资源,那么它就不应该从外部购买;如果项目组织自己提供给项目的货物或产品成本高于外部采购的成本,它就应该从外部供应商或分包商处采购这些货物或劳务。对于项目任何一种资源的买主而言,在制订项目采购计划前必须对项目所需产品进行制造或购买的决策分析和评价,这是决定采购计划中究竟采购什么的前提工作之一。

在这一分析中,采购成本是决定制造还是购买的核心要素。在进行制造或购买决策分析中,产品的间接成本和直接成本是必须考虑的两个成本构成要素,对购买或制造的分析应该包括为了从外部购买某种产品实际付出的采购直接成本和管理整个采购过程而付出的间接成本等成本要素。制造或购买的决策分析还必须反映项目组织的愿望和项目的时间限制等因素,因为如果在项目实施过程中急需某种产品就会不论成本而尽快外购。

二、项目采购的要素管理方法

项目采购计划要素管理法涉及项目采购的六个方面,它们也被称为项目采购管理的六大因素法分述如下。

(一)项目采购什么

这一方法中的第一要素是项目要采购什么,即首先要决定项目采购的对象,这包括:采购产品的名称、规格、化学或物理特性、产品材料、制造要求与方法、用途或使用说明、质量标准和特殊要求等。这一方法要求在决策采购什么的时候应保证采购产品满足四个条件:一是适用性(即项目采购的产品要符合项目实际需要),二是通用性(即项目采购的产品要能够尽量采购通用的产品),三是可获得性(即在需要时能及时得到所采购的产品),四是经济性(即在保质保量的前提下采购成本最低)。项目资源采购的买主应该将项目采购的需求写成规范的书面文件,注明所要求的规格、质量和时间等,然后将它们作为日后与卖主进行交易和开展项目采购合同管理的依据性文件。

(二)项目何时采购

这一方法的第二个要素是项目何时采购,即买方应该计划和安排好采购的时间和周期。因为项目采购行为过早会增加库存量和库存成本,而项目采购行为过迟会因库存量不足而造成项目停工待料。由于从项目采购开始的订货、采购合同洽谈与签署到产品入库必须经过一段时间间隔,所以在决定何时采购时,需要从所采购产品投入项目使用之日起,按照倒推和给出合理提前时间的办法,确定出采购订货的时间和采购作业的时间。使用这一方法时,人们必须依据项目工期进度、资源需求计划以及所需产品的生产和运送时间等因素,合理地确定产品的采购订货时间和外购产品的交货时间。

(三)项目如何采购

这一方法的第三个要素是项目如何采购,这主要是指在项目采购过程中使用何种方式采购以及项目采购的大政方针和交易合同条件等。这方面的主要管理工作包括:确定是否采用分批交货的方式、确定采用何种产品供给与运输方式、确定项目采购产品的具体交货方式和地点,等等。例如,如果采用分期交货的采购方式,则每批产品的交货时间和数量必须科学地计划和安排,并在采购合同上要明确予以规定。同时要安排和约定项目所需产品的交货方式和地点(是项目现场交货还是在卖方所在地交货),另外还必须安排项目采购产品的包装运输方式、项目采购产品的付款方式与付款条款(像订金、支付和违约罚款等)。另外,像项目采购合同的类型、格式、份数、违约条款等都需要予以确定。

(四)项目采购多少

这一方法中的第四个要素是项目采购多少,这是有关项目采购数量的管理。任何项目所需产品的采购数量一定要适当,因为多或少都会使项目成本上升,所以对此必须进行管理。项目所需产品的采购数量必须根据项目实际情况决定,一般项目的采购数量可以使用经济订货模型等方法来决定,但是对于智力密集型的软件开发项目或科研项目就很难使用经济订货模型决定采购多少。另外,在计划安排和决定某种资源采购多少时,还应该考虑批量采购的数量优惠等因素以及项目存货的资金时间价值等方面的问题。所以实际上这一方法中有关采购多少的要素涉及数量和资金成本两个方面的变量,必须综合给予考虑。

(五)项目向谁采购

这一方法中的第五个要素是项目向谁采购,这是有关选择供应商或承包商的管理问题,也是项目采购管理中的一个重要要素。现在有许多企业和项目都为这一问题所困扰而拿不出很好的解决办法。因此,项目资源的买方必须建立合理的供应商或承包商评价标准和选择程序,以做出向谁采购的科学决策。一般在决定向谁采购时,应考虑供应商或承包商的技术、质量、组织等方面的能力和财务信用状况等条件。在项目采购过程中,项目资源的买主应经常与供应商或承包商保持联系,甚至在一定程度上介入他们的生产监督和质量保障工作,从而保证项目所获产品的质量、数量和时间。

(六)项目以何种价格采购

这一方法中的第六个要素是项目以何种价格采购,这是项目采购中的定价管理问题,即确定以适当价格获得项目所需产品的管理问题。项目资源的买主应当注意不能无条件地按照最低价格原则采购项目所需产品,必须同时考虑采购质量和交货期等要素。项目资源的买主应该在既定产品质量、交货期限和其他交易条件下寻找最低的采购合同价格。通常,项目采购合同价格的高低受多方面因素的影响,包括市场供求关系、产品提供方的成本、合同计价方法、产品的采购条件(如交货日期、付款方法、采购数量等)、卖方的成本控制水平、国家或地方政府政策的影响、物价波动和通货膨胀的影响、采购人员的价值判断和争价能力等。在确定项目采购价格时,必须同时考虑这些因素的综合影响。

在使用项目采购要素管理法时,必须参照上述程序和原理以及相应的技术和方法,从而保证项目采购工作的科学性和可行性。

三、项目采购中的谈判方法

项目所需资源的买主是通过与卖主签订项目采购合同的方式从外部获得各种资源的,当项目资源买主制订出项目采购作业计划之后就要开始按照该计划开展寻找卖主的工作,他们将产品需求公之于众或者送交给可能的卖主,或者采用招投标或要约的方式寻求合适的供应来源。项目资源的卖主则需要向买主提交报价或投标申请书,然后由买主根据预先设计的评价标准对卖主的报价或投标申请书进行评估和筛选。在这期间也可能需要对卖主的报价和投标书进行一些质询活动,最终在选出满意的供应商(卖主)后,买主就将与卖主进入实质性的项目采购合同谈判工作了。

项目采购合同谈判技术在项目采购管理过程中是一个非常关键的技术和方法。项目资源的买卖双方不但要在项目采购合同谈判中达成一致意见,并签署采购合同;而且为使双方尽量获得最大的利益和减少日后的纠纷,还需要双方运用各种谈判技术和方法认真地进行采购合同条款的谈判,因为这是双方利益分配和双方履约与合作的基础性工作。

(一)项目采购合同谈判的阶段划分

项目采购管理中的合同谈判一般分为如下几个阶段。

1. 项目采购合同初步洽谈阶段

这又分为前期准备和初步接洽两个具体阶段，在前期准备阶段中要求谈判双方做好市场调查、签约资格审查（签约资格审查指的是对签约者的法人地位、资产财务状况、企业技术装备和能力以及企业信用和业绩等方面所做的评审）、信用审查等工作在初步接洽阶段双方当事人一般为达到预期效果都会就各自关心的事项向对方提出说明并澄清的一些问题和情况的要求（主要包括项目的规模、任务、目标和要求，买卖双方的主体性质、资质状况和信誉，项目已具备的实施条件等）。

2. 项目采购合同实质性谈判阶段

这是指买卖双方在取得一定程度相互了解的基础上而开展的正式谈判阶段。在实质性谈判中要对项目所需资源及其采购合同的条款进行全面的谈判，包括双方的责任和权利、合同中应用的术语说明、适用的法律、在资源提供过程中所使用的技术手段和管理方法、合同方式以及价格等。

3. 项目采购合同签约阶段

项目资源买卖双方在完成合同谈判之后就进入了签约阶段，此时所签订的项目采购合同要尽可能明确和具体，条款完备，双方权利义务清楚，避免使用含混不清的词句和条款。一般应严格控制合同中的开放性条款，要明确规定合同生效的条件、有效期及延长、中止和变更的条件与程序等，对仲裁和法律适用条款也要做出说明和规定，对仲裁和诉讼的选择要做出明确规定。另外，在项目采购合同正式签订之前，有时需要组织有关专业人员和顾问（如会计师、律师等）对合同进行必要的审查，以确保合同没有引起歧义、问题或违法的地方。

（二）项目合同谈判的基本内容

在项目合同谈判中双方需要针对合同条件进行逐条协商，包括合同的标的、数量和质量、价格和支付办法、履约的要求、验收、违约责任等，下面对它们一一予以说明。

1. 项目合同的标的

这是所要交易的商品或劳务，是双方权利和义务所指向的对象。在项目合同中，对于合同标的要规定得完整、详细、准确。买卖双方有必要对项目合同中涉及标的方面的术语进行约定和说明，以使双方对合同标的的认识相互一致。

2. 项目合同的质量和数量

这是对于合同标的所要求的质量和数量的描述，它必须规范、清晰、没有歧义。尤其是对合同标的质量要求标准和检验方法，双方必须达成共识。

3. 项目合同的价格和支付办法。

这是事关买卖双方直接利益的问题，所以是项目采购合同谈判中的主要议题之一。其中,支付办法涉及各种结算方面的办法,包括时间、方式、预付金额等。如果是涉外的项目采购合同,还必须明确支付使用的币种和到岸港口等。

4. 项目合同履行的时间、地点和方式

这也是直接关系到买卖双方利益的问题,同时关系到发生合同纠纷的法律管辖地问题。在项目采购合同谈判中,还必须确定相关的交货方式、运输方式和条件以及运杂费和保险费如何担负等问题。

5. 项目合同产品的验收与交付

关于采购获得产品的验收时间、验收标准、验收的方法、验收人员或机构等内容也都必须在实质性谈判阶段达成一致意见。另外,有关商品或劳务(成果)的最终交付办法也需要谈判决定。

6. 项目合同的违约责任

项目资源的买卖双方当事人应就在合同履行期间可能出现的错误或失误,以及由此引发的各种问题和违约责任问题订立违约责任条款并明确双方的违约责任。这方面的具体约定必须符合相关法律有关违约责任和赔偿责任的规定。

7. 项目合同的其他事项

项目采购合同还有一些其他事项需要商定,包括特定项目采购合同所具有的条款、项目终止和中止条款等,这些都需要根据采购标的的要求确定。例如,项目采购合同是否合乎有关政府的规定和要求、采用的是标准合同格式还是专用合同格式等。

(三)项目合同谈判的方法

项目合同的谈判是一种有高度人际关系和专业技能要求的事情,因为项目合同谈判最基本的是组织或个人之间的讨价还价,在这个过程中涉及个人和组织的需求、动机、行为以及大量的心理因素。下面的这些基本法则和技术方法是可以在项目采购管理的合同谈判中使用的,以便获得有利的谈判地位或在谈判中获得实际利益。

1. 努力将谈判地点放在自己组织所在地

努力将谈判放在自己组织所在地举行将会有“主场”优势,使对方在“做客”的谈判环境中产生一种压力。例如,可以准备一个庄严、舒适、光线充足、不受干扰的承发包合同谈判会场,将自己的谈判小组安排在首席位置上并争取把对方小组的成员分散开来安排,等等。

2. 尽量让卖方(如供应商)在谈判中多发言

项目合同谈判不是谁说得多谁就会占优势,因为多说不但容易说错而且容易说出各种让步和自己的底线。在项目采购合同谈判开始时应尽可能让对方先对自己的价格和交易要求进行解释,如果做法和态度恰当对方可能会做出连自己也意想不到的让步或透漏有用信息。

3.谈判发言必须充分准备不能杂乱无章

项目采购合同谈判必须要很好地准备,发言时不能把情况和数字搞得杂乱无章,那样会在谈判中无意地泄漏一些重要信息和数据。在发言中要清楚、谨慎、有条理且不泄漏信息,这样对方就会因为缺乏信息和不了解内情而在心理上处于极为不利的境地。

4.在谈判发生争论时发言不要激动

在辩驳卖方的理由或说法时,甚至在谈判发生争论时,自己的发言一定不要激动,否则就违背了通过谈判实现"双赢"的目的,而且可能会危及自己的利益和地位。一个人如果让激动或愤怒支配了自己和他人的关系,常常会导致偏离自己预定的目标。

5.项目合同谈判中双方要相互顾全体面

如果项目采购合同的一方在某一点上做出了让步,一定要顾全其体面。例如,如果发现对方在成本估算和报价中有些错误,一定不要指责他欺诈或无能,妥当的办法是建议其做出修改。指责对实现项目合同谈判的目标不但没有帮助反而有害。

6.项目合同谈判一定要避免过早摊牌

在项目采购合同谈判中一定要避免过早摊牌,因为一旦摊牌谈判双方就很难再做进一步的让步了。不要逼对方说"这就是我的条件,要么就接受,要么就拉倒",这会导致谈判破裂。因此,在确认最后的让步和摊牌之前,要确认是否已经到了想要的最后结局。

7.要满足项目合同谈判对手感情上的需求

在这种谈判中要努力满足谈判对手感情上的需求,要给对手一种尽管在和他们讨价还价但很尊重他们的人格和利益,把他们看作利益相关伙伴的印象。在这种谈判中双方除了为各自争夺利益之外还有更重要的目的,即双方达成合同并实现整个项目的利益最大化。

第三节　项目采购计划的制订

项目采购管理的首要任务是制订项目采购和采购作业计划,这是按项目资源需求安排好项目采购和采购工作的计划活动。项目采购和采购作业计划的制订包括从识别项目究竟需要从外部采购哪些产品开始,一直到通过综合平衡安排制订出能够满足项目需求的采购作业计划的全过程。这一计划工作涉及许多问题,包括:是否需要对外采购、怎样采购、采购什么、采购多少、何时采购等。此外,在项目采购计划和采购作业计划中还应该考虑各种项目采购需要的分包合同,尤其是当项目业主希望对总承包商及其下一步的分包决策施加某种影响或控制的时候,更需要考虑项目分包合同的问题。因为总承包商或供应商在获得了项目采购的订单以后,有时还会将自己不能完成的合同订单分包出去,此时如果项目业主对分包合同无法监控就会给自己带来意想不到的问题和风险。

一、项目采购计划制订的信息

在制订项目采购和采购作业计划编制时必须获得足够的相关信息,这样才能保证这些计划的科学性、正确性和可行性。除了各种从外部收集的信息以外,项目组织还必须得到关于项目其他管理过程中所生成的信息,这样计划才能够与整个项目的管理保持很好的统一性和协调性。所以制订这种计划需要两种信息,一是项目文件,二是项目信息。

(一)项目采购的各种信息

制订项目采购和项目采购作业计划所需的各类信息主要包括如下几个方面。

1. 项目组织外部环境因素

此时的项目组织外部环境因素主要包括:各种项目所需资源市场条件,现有市场上可以获得哪些项目所需产品,现有市场上有哪些供应商和承包商,项目通过什么途径能获得这些产品等。总之,所有与项目和项目组织的约束条件和假设前提条件有关的信息都属于此列。

2. 项目组织自身条件因素

项目组织自身条件因素是指项目组织在以往的项目采购过程中所积累的各种正式或非正式的与采购相关的政策、过程以及项目组织以往制订的各种项目采购合同等对具体项目采购计划和项目采购作业计划制订有帮助的各种条件和信息。例如,项目组织的项目采购政策和项目组织在采购方面的财务政策等都属于此列。

(二)现有的项目相关文件

项目组织现有项目相关文件也是项目采购计划制订的主要依据,这方面的信息主要包括如下几个方面的具体内容。

1. 项目章程和项目集成计划

它们给出了项目的目标、要求、限制条件和假设条件等,同时给出了项目各种要素、各个方面的集成和配置关系以及由此生成的项目各种基本要求和规定。例如,项目资金的限制条件规定、交货日期的规定、健康安全和环保的规定等等都属于此列。

2.项目范围计划和项目工作分解结构与活动清单

项目范围计划描述了一个项目的边界和内容,其中就包含有在项目采购计划中必须考虑的项目范围要求与组织战略等方面的重要信息。项目的工作分解结构及其字典和项目活动清单也是项目采购管理的重要依据之一,因为项目资源都是为完成项目工作而准备的,这些文件可以提供有关项目范围的信息,人们可以据此分析得到完成项目所需资源的种类、数量以及品质要求等信息。

3.项目其他方面的文件

在制订项目采购计划时还必须要使用其他的项目管理计划作为依据和参照,主要有项目工期计划、项目成本计划、项目质量计划、项目资金计划、项目人员配备计划和项目风险清单等。其中,项目风险清单主要是有关项目采购方面的风险,这是人们制订项目采购和采购作业计划的根本依据之一。

二、项目采购计划的制订过程

项目采购和采购作业计划的编制过程中主要工作包括:依据这些计划所需信息结合组织自身条件和项目其他各项计划的要求做综合平衡,对整个项目采购做出具体的计划安排,按照有关规定的标准或规范编写出项目采购计划文件等。项目采购计划编制的最终结果是生成一系列的项目采购文件,这主要包括:项目采购作业计划、项目采购管理计划、项目采购标书、供应商评价标准等。这些项目采购计划文件和工作文件将用于指导项目采购计划的实施和具体的采购作业。

(一)项目采购计划的编制过程

在编制项目采购计划过程中需要开展的主要工作和具体活动如下。

1.对各种相关信息进行加工处理

在项目采购计划的编制中,首先需要对收集到的各种相关信息进行必要的加工和处理,以找出计划制订决策所需的各种支持信息。有时项目组织还要聘请各类专家顾问或专业技术人员对收集到的信息进行必要的加工和处理。

2."制造或购买"的决策分析

在加工处理完这方面的相关信息以后,项目资源的买主要进行"制造或购买"的决策分析,以决定需要从外部采购哪些资源(货物和劳务)和自己可以生产或提供哪些资源。在制订项目采购计划的整个过程中,对于项目所需各种资源都应该开展这一决策分析。

3.项目采购要素的计划安排

在确定了购买或制造的策略以后,还必须按照项目采购计划要素管理法确定项目采购计划的六大因素,即计划和安排好采购什么、何时采购、向谁采购、如何采购、采购多少和以什么价格采购。这是项目采购计划工作的核心内容。

(二)项目采购计划制订的关键要素

在项目采购计划制订的过程中,有如下两个方面的关键要素必须给予充分的重视,并做好相应的计划和安排。

1.项目采购合同类型的选择

在制订项目采购计划的六个要素后还必须选择和确定以什么样的合同方式获得项目所需资源,即需要与资源供应商或承包商签订什么类型的项目采购合同。项目采购合同类型的选择一般需要在固定总价合同、成本补偿合同、单位价格合同中做出选择。

2.项目采购计划文件的编制

项目采购计划文件的编制工作将最终生成:项目采购管理计划、项目采购作业计划、项目采购标书、供应商评价标准等文件。在项目采购方面常见的标准格式的文件包括:标准的采购合同、标准的劳务合同、标准的招标书和投标书、标准的采购计划工作文件等。

三、项目采购计划制订的结果

项目采购计划编制工作的成果是形成一系列的项目采购计划书和项目采购管理所需的指导文件。这方面的主要文件包括下述几个。

(一)项目采购计划书

项目采购计划书要被称为项目资源计划书,这实际上是有关项目何时、何地、需要使用何种资源的计划安排文件。实际上项目采购计划书就是前面讨论过的项目资源计划文件,这种文件全面规定了项目实施过程中何时、何地、需要何种资源。由于前面已经做了很多讨论,所以在此就不再展开讨论了。但是必须记住:项目采购计划书是项目采购管理计划书和项目采购作业计划书的依据和约束条件。

(二)项目采购管理计划书

这是项目采购计划编制工作生成的主文件,是项目采购计划编制工作的主要成果。项目采购管理计划书全面地描述了项目组织未来所需开展的项目采购管理工作的计划和安排,这包括从项目采购管理工作的计划安排到项目招投标活动、供应商的选择、采购合同的签订、实施和合同管理与完结等各项工作的计划安排。在项目采购计划书中应该给出下列内容。

1.项目采购工作的总体安排

在项目采购管理计划书中要明确规定项目所需采购的资源和在这些资源的

采购中应该开展的采购工作及其管理活动的计划与安排。

2. 项目采购具体作业的要求

在项目采购管理计划书中还应该给出项目采购具体作业的各种要求和规定,这包括项目采购工作的时间进度安排和实施办法规定等。

3. 项目采购使用的合同类型

这包括在项目采购中采用的是固定总价合同,还是成本补偿合同或者是单位价格合同,同时还应该规定获得合同的方式是招投标还是其他的方式。

4. 项目采购的定价办法

项目采购管理计划书中要对项目所采购资源的定价办法做出规定,并以此作为选择和确定供应商或承包商的依据和评判报价与投标书的标准。

5. 项目采购工作的责任

项目采购管理计划书中还应该规定在项目采购中项目业主和项目实施组织将分别承担哪些责任和工作,如谁负责询价、招投标、谈判与签约等。

6. 项目采购文件的标准化

项目采购管理计划书中还应该规定谁来负责编制或获得项目采购的标准文本,这包括标准合同文本、标准采购需求文本、标准招投标文本等。

7. 供应商和承包商的管理规定

该计划书中还应该规定在项目采购工作中应如何管理好供应商和承包商,这包括如何选择和监控他们以及如何确定他们的履约情况等。

8. 项目采购工作与其他工作的协调

该计划书中应该进一步规定在开展项目采购过程中如何合理地协调项目采购与项目其他方面的关系,以便更好地实现项目的目标。

项目采购管理计划书可以是正式的或非正式的、详细的或粗略的、标准的或非标准的,但是它们的内容至少应该包括上述这几个方面。

(三)项目采购作业计划书

项目采购计划编制工作的第二项成果是编制和生成一份项目采购作业计划书,项目采购作业计划书是指根据项目采购计划与各种项目资源的需求信息而制订出的关于项目采购工作的具体作业计划安排。项目采购作业计划书规定和安排了项目采购计划实施中各项具体工作的任务、日程、方法、责任和应急措施等内容。

例如,对一种在项目中大量采购的零配件而言,项目采购作业计划书中需要规定这项采购何时开始对外询价作业、何时获得各种报价、何时选择和确定供应商、何时开始发盘还盘以及合同谈判与签约等各项工作。另外,对于各种采购招投标工作则应该规定何时开始发布招标信息,何时发放标书,何时开标、决标、中标谈判签约等。这些都属于在项目采购作业计划书中安排和确定的内容。

(四)项目采购计划的其他文件

在项目采购计划的编制过程中,人们还需要针对上述三个方面的项目采购计划的主要文件,进一步生成一系列项目采购所需的其他文件,这些文件分述如下。

1.项目所需资源的自制或外购决策

根据前面所介绍的自制与外购的决策方法,正式对项目所需的各种资源与劳务做出自制或外购的决策,并制定专门的决策文件。项目所需资源的自制与外购决策文件只需要使用最简单的表格将各种所需要的资源或劳务的自制或外购决策记录清楚,并简单记录决策的原因和依据即可。随着项目实施,需要对其中的某一项或几项进行变更的时候,只需要对该文件进行变更即可。

2.项目采购要求说明文件

项目采购计划编制工作的另外一项重要成果是编制出各种资源采购的要求说明文件,在这些文件中应该充分详细地描述项目各种资源采购的要求细节,以便让供应商或承包商确认自己是否能够提供这些货物或劳务。这里所谓充分详细的要求是指必须根据所采购货物或劳务的特性、项目的需求、采购中使用的合同格式等各种采购工作细节给出具体的说明。项目采购计划编制者必须根据项目采购要求,在说明文件中清晰准确地描述所需采购具体货物或劳务的各种具体要求和规定。项目采购要求说明文件除了应该描述清楚项目采购工作本身的要求之外,还应该对项目采购的后续服务要求等进行描述和说明。

3.项目采购具体工作方法的文件

这是在项目采购计划中生成的项目采购具体工作方法的文件。项目采购具体工作方法文件有不同的种类和要求,其中最常用的有:项目招标方法、项目谈判邀请方法、项目初步意向制定方法等。项目采购具体工作方法文件是按照一定的结构或格式编写的,这既可以方便供应商或承包商准确地理解项目采购者的要求和意图,也可以方便项目资源采购者准确完整地理解来自于供应商或承包商的各种回应。这些项目采购具体工作方法文件的内容包括:相关的采购要求、说明和做法,项目采购者期望的反馈信息以及各种采购合同或协议的条款说明,等等。项目采购具体工作方法文件的内容和结构应该符合规范和标准,要按照标准格式编制以便买卖双方能够进行沟通。同时,项目采购具体工作方法文件在形式上也要有足够的灵活性,以便买卖双方能够根据需要采用更好的工作方法和交易办法。

4.项目采购的评价标准文件

在项目采购计划文件中还应该包括项目采购工作的评价标准文件和供应商

或承包商的评价标准文件等。在项目采购中人们需要使用这些评价标准文件对项目采购工作和供应商及承包商的报价书、报价信或投标书等评定等级或打分。这些文件中既要有客观评价标准指标,也要有主观评价标准指标,以构成一个完整的评价指标体系。在项目采购的评价标准中购买价格仅仅是评价标准之一,还必须综合考虑质量和供货期等其他各方面的因素,以评价和确定项目采购工作。表 12-1 是一个综合的项目采购工作评价标准体系。

表 12-1 供应商与承包商的综合评价标准体系

评价指标	指标说明	权重
项目需求的理解	卖方对买主项目资源需求的准确理解,这可从其提交给的报价或发盘中看出来	0.2
全生命周期成本	卖方是否能够按照项目全生命周期最低总成本(购买成本加上运营维护成本)供货	0.3
组织的技术能力	卖方是否具备项目所需的技术诀窍和知识,或者能否合理地预期供应商最终会得到这些技术诀窍和知识	0.25
组织的管理水平	卖方是否已经具备或者能否合理地预期供应商最终能够开发出项目所需的管理能力,以确保管理的成功	0.15
组织财务能力	卖方是否已经具备或者能否合理地预期供应商能够具备项目所需的财力资源和财务能力	0.1

5.各种项目计划的更新

除了上述文件之外,在项目采购计划过程中还应根据需要对于项目前期所做各种计划进行必要的更新。这既包括对于项目集成计划的更新和对于项目专项计划的更新,也包括对于项目实施的各种业务计划的更新和对于各种项目管理计划的更新(项目质量、时间、成本和范围管理计划等),甚至包括必要时对于项目章程的更新。

另外需要指出的是,在项目采购过程中上述项目采购计划的各种文件都需要随着项目的不断展开和各种项目信息的交流而重新评估、定义、更新或修订。因为在项目的开发过程中存在着大量的不确定性,没有哪个项目能够不做必须的计划修订和更新工作。

第四节 项目采购计划的实施

当制订出项目采购和采购作业计划及其相应的各种文件之后,项目采购管理就进入项目采购和采购作业计划的实施阶段。本节主要从项目资源买主的角度论述这些计划的具体实施作业,其中最主要的是询价与报价、招标与投标等工作。对于项目资源买主来说寻找、选择和确定卖主的过程是项目采购的主要工作,随后只是项目采购合同的实施工作了。

一、项目货物采购计划的实施

项目所需各类货物的采购计划实施工作与一般货物采购工作基本是相同的,只有很少数的情况下项目所需货物的采购会采用招投标的方式进行。

(一)项目货物采购工作流程图

项目货物采购工作流程图如图 12-2 所示,图中给出了项目货物采购的主要步骤和内容。

图 12-2　项目货物采购工作流程示意图

由图 12-2 可以看出,项目货物的采购工作主要包括两个阶段,一是由"询价"和"报价"所构成的采购意向阶段,二是由"发盘"、"还盘"和"承诺"所构成的价格发现的阶段。其中,第一个阶段中买卖双方的行为都不具备法律约束力,但是第二个阶段中买卖双方的行为都具有法律约束力,所以人们又将"发盘"和"还盘"称为"要约",一旦一方做出"承诺"则"要约"即可成立并具有法律约束力。

(二)项目货物采购的主要工作

通常,项目所需货物的采购计划实施工作主要包括下面几项内容。

1. 开展项目采购的询价工作

这是根据项目采购计划和项目采购作业计划所规定的时间以及各种采购具体工作文件的要求,所开展的寻找供应商的工作。这项工作要求向可能的供应商发出询价信,以及与他们交流项目具体所需资源的信息,并且要邀请可能的供应商给出他们的报价;然后向可能的供应商发出邀请,请求他们还盘和发出要约等工作。这是项目货物采购计划实施工作的第一步。一个项目所需的任何一种货物的采购都必须首先进行询价,以便能"货比三家"和最终以最优的条件与选定的供应商签约。

2. 获得报价的工作

这是指项目业主(买方)从各可能的供应商处获得货物报价的工作。在这一阶段工作中,项目业主(买方)要与各可能的货物供应商进行联系,要求对方提供报价信息、解释报价中的依据和理由、确认报价所包括的商品与售后服务的内容等等。供应商的报价从法律上讲是一种要约,或叫发盘。项目所需货物的买卖双方在承诺接受对方的报价以前,必须非常明确地知道对方报价的实际内涵,所以必须开展从各个可能的供应商之处获得报价和相关信息的工作。

3.供应商的初步评审

在获得了明确的报价以后就可以根据供应商报价情况和在项目采购计划过程中制定的采购工作评价标准对供应商及其报价进行必要的评价和审查了。在这一评价审查过程中,首先必须审查供应商各方面资格的合法性和合理性,从而剔除从法律上存在缺陷的供应商。然后,将剩下的供应商进行比较和评价后排出他们的优先序列,选出其中的最佳者和次佳者,以便随后分别进行讨价还价等项目采购合同的谈判工作。

4.还盘并讨价还价

在对可能的供应商进行评审并选定主要供应商候选人以后,就可以开始进行还盘和进一步的讨价还价工作了。在这个过程中,项目组织要尽可能地为维护项目业主和自己的利益而展开价格条件等方面的反复讨论。当然,项目资源的买主和供应商各有自己的争价能力,采购者需要根据这些争价能力决定讨价还价的策略和幅度,既要争取到最大利益,又要合理地给对方留下利益;否则将无法实现项目采购交易。

5.承诺和签约

在经双方讨价还价后如能达成"合意"(合同就是双方合意的表达),那么就可以进入项目采购合同细节谈判和签约工作了。这项工作的主要内容是买卖双方谈判和商定采购合同的条款,包括价格条款、数量与质量条款、交货期与交货方式条款、支付条款、违约条款等。项目采购合同一旦签订,项目采购管理就进入本章第五节中讨论的合同管理阶段了。

二、项目劳务采购计划的实施

项目所需劳务的采购多数是实行招标的办法,项目招投标是一种特殊的劳务买卖方式,主要使用在工程项目劳务的采购方面。它是一种因买方的要约邀请(招标)而引发卖方的要约(投标书),然后经过招标人对投标者的择优选定最终做出承诺(授标),最后形成协议或合同关系的这样一种平等经济主体之间的交易活动。招标方和投标方所买卖的商品或劳务统称为标的。例如,工程建设项目的标的包括项目的工程设计、土建施工、成套设备安装调试等内容以及相关劳务的整体集成作业。

(一)项目劳务采购中的招投标方式

项目组织或业主可以通过招标方式选择供应商或承包商,按照我国的规定最常用的项目招投标方式主要有下面两种。

1.公开招标

作为项目劳务买主的项目组织或业主可以在一般媒体(如报纸、广播、电视、互联网)或在专业媒体(如专业期刊和报纸)上发布公开招标通告。凡是对项目所需劳务有意向并且经招标单位对其进行资格审查后符合投标条件的供应商或承包商,都可以在规定时间内提交投标书并参加投标。一般大型项目的劳务采购多数都是通过公开招标的办法获得。

2.邀请招标

有些项目组织或项目业主保留着以前交易过的或经人推荐来的承包商信息、名单或文件。在这些名单和文件中一般含有这些承包商的各种相关情况和信誉等方面的信息。为了减少寻找承包商的成本,项目劳务的采购者可以只是有选择地向一些承包商发出招标邀请。有些项目劳务的采购者甚至保留有自己的优惠承包商名录和资料,并且只对这些优惠的承包商发出招标邀请。在没有这种条件的情况下,也可以向权威的商业咨询机构购买相关承包商的信息或通过商业手段找到承包商的信息从而实施邀请招标。

(二)项目劳务采购中的招投标程序

按照国家标准和国际惯例,项目劳务采购的招投标过程可分为若干个阶段,这种分阶段的招投标程序如图 12-3 所示。项目劳务采购或承发包招投标过程的主要阶段如下。

1.组织招标班子和准备招标文件

在这一阶段中项目业主在其内部成立负责劳务采购或承发包的管理小组,或者将招标工作外包给专业的招投标咨询公司负责完成。例如,大型工程建设项目一般要由专业招标公司负责招标工作,而较小的项目就由项目业主直接做招投标工作。项目招标准备阶段的主要工作之一是准备招标的各种文件,像项目采购说明书、项目采购评选标准文件等。

2.发布招标公告或邀请和开展资格审查

发布招标公告和邀请也必须按照国家法律规定进行,这包括发布公告的媒体和邀请招标的人数等都需要符合法律和规定。项目业主或招标者对申请投标的承包商要进行资质审查,只有经审查合格者方可发放招标文件。参与投标的卖方如果在技术、经济和信誉等方面存在问题就应该在投标者资格预审中被筛选掉。投标者资格审查主要内容有:投标者法人地位、资产财务状况、人员素质、技术水平和能力、经济生产能力、企业财务与信誉和以往的交易业绩,等等。

3.发放招标文件和召开标前会议

接下来对符合条件的投标者发放招标文件并收取投标保证金,然后在投标方根据招标文件准备投标文件的过程中组织现场调查和文件答疑。这种答疑是在承包商准备投标之前召开的一种会议,这种会议是为所有投标者提供一次有关项目需求和招标问题的答疑与说明。在该会议上项目业主或招标者针对参与

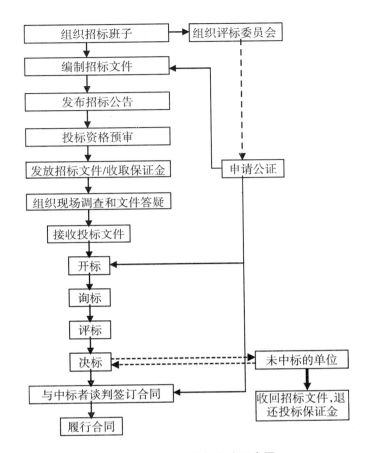

图 12-3　项目招投标程序示意图

投标的问题或要求进行答疑,以确保所有承包商对于项目承发包的内容、技术要求和合同要求等有一个清楚和统一的理解。在标前会议上承包商提出的问题及项目业主或招标人的解答,可以作为修正条款写入项目承发包的工作文件中,以进一步完善项目招标文件。

4.开标和评标阶段的工作

项目承发包的开标和评标阶段是选择和确定项目承包商的阶段,这一阶段的主要工作包括如下三个方面。第一是开标活动,这是按照招标公告中事先确定的时间、地点,召集评标委员会的全体成员和所有投标方代表与有关人士,在公证人员监督下将密封的投标文件当众启封,公开宣读投标单位名称和报价并一一记录在案等一系列程序组成的一项招投标活动。对于招投标双方来说,开标活动主要是一个富有象征性意义的仪式。第二是初审和询标,这是开标结束后进入的投标内部评审阶段,由评标委员会对投标文件进行初步审阅和鉴别。初审的内容涉及投标文件是否符合招标文件的要求,各种技术资料和证明文件是否齐全,报价的计算是否合理,有否提出招标人无法接受的附加条件以及需要询问和质疑的问题等。经过初审将那些不符合要求的投标文件作为废标处理,基本符合要求但尚需投标者澄清问题的也需要认真整理出来并通知投标方进行书面回答或当面澄清。这相当于对投标文件进行答辩,所以国际上也称为"澄清会议"。在问题澄清过程中,招标人的质疑和投标人的澄清都应该有书面记录并需经双方法人代表签字,以作为招标文件的补充部分。第三是评标,这是指由评标委员会按照预先确定的评价原则对每份合格的投标文件从技术方法、商业价格以及法律规范等方面分别做出评价。对每份投标文件评价之后都应写出书面评价意见,最终要写出整个评标工作报告。通常评标应选定两至三家最好的投标文件供下一步的决标使用。

5.决标与签约

这一阶段的主要工作包括两个方面。第一是决标,世界各国的决标原则和办法是不一样的,但是多数使用有管理的最低者中标原则,我国现行的招投标办法就是有管理的最低者中标的原则。这种评标工作一般在投标文件有效期内结束,一般法律规定从开标到确定中标单位的间隔时间不应该超过30天。第二是授标与签约,项目招标者向中标人发出书面"中标通知书"的行为被称为"授标",随后经过协商和谈判就可以签署承发包合约了。按照相关法律规定,招标单位应该在评标委员会确定中标单位后两日内发出中标通知书,并在发出通知书之日起15日内与中标单位签订合同。一般而言,项目的合同价基本上就等于中标价,但有时也需要做进一步的协商和谈判。中标人如果逾期不签约或拒签,招标人有权没收其投标保证金以补偿自己的损失并先后顺延向第二顺位中标人授标。对未中标的单位应由招标者通知并收回招标文件和退还他们预交的保证金。

至此,项目劳务采购工作就全部结束了,项目买方通过招投标选择了合适的卖方。需要特别说明的是,由于项目采购和项目招投标都涉及法律问题,而各国所使用的法律又有尽相同,所以本书中有关这方面的内容如果有与现行法律不符之处,还请读者查阅相关国家的相关法律与法规。

三、项目采购计划实施的结果

项目业主开展货物采购或承发包招标等项目采购实施工作的主要结果包括三个方面,一是选出了满意的供应商或承包商,二是获得了项目所需的货物或劳务采购合同,三是获得了所需的货物和劳务。其中,项目采购合同是关键,因为它是项目业主与所选定的供应商或承包商双方签订并共同遵守的协议,它全面规定了供应商或承包商提供特定的货物或劳务以及项目业主付款等方面的义务。

第五节　项目采购合同的管理

在项目所需资源和劳务的采购合同签订之后,项目采购管理工作就进入了项目合同履约管理的阶段。项目合同履约管理是为管理和确保项目资源供应商或项目劳务承包商履行合同义务、兑现合同责任、提供合格的项目所需资源与劳务的工作。在较大项目的采购中会有多个项目所需资源供应商与项目劳务承包商,此时项目合同履约管理就变成项目采购管理十分关键的任务,因为只有管理好这些项目所需资源的供应商和项目所需劳务的承包商的履约行为,项目的实施工作才会有足够的资源保障。

一、项目采购合同管理的内容

项目业主在与供应商或承包商签订了合同之后,就需要开展对于项目所需资源的供应商和项目所需劳务的承包商的履约管理工作了。这方面的项目采购管理工作实际上是在项目实施过程中项目资源和劳务采购者与项目承包商和供应商之间的共同合作,有关项目采购合同的履约管理工作的具体内容分述如下。

(一)项目合同履约管理中的信息收集

在项目采购合同履约管理中,项目业主或采购者在项目合同履约的管理中首先需要收集这方面的信息,而项目采购合同履约信息最主要有如下几个方面。

1. 项目采购合同方面的信息

项目采购合同方面的信息包括项目资源采购合同和项目劳务承包合同,这些信息中明确规定了项目业主和供应商或承包商所承担的合同权利与义务以及有关项目采购资源或劳务的交付计划和安排,这是项目业主和供应商或承包商开展项目合同履约管理的主要依据。

2. 项目采购履约方面的信息

这是项目供应商或承包商提供资源或劳务和履约实际情况的信息,是关于项目供应商或承包商已经交付了哪些资源或劳务、还没交付哪些资源或劳务以及所交付资源或劳务的质量和采购成本等信息,项目业主根据这些信息监控供应商或承包商的合同履约活动。

3. 项目采购者对合同履约的支付

项目资源或劳务采购者的支付记录也是项目合同履约管理的直接依据,项目采购者必须保证及时地按合同约定向项目资源或劳务的供应商或承包商付款。另外,项目合同终结中的项目支付审计和项目采购支付的相关往来函电资料也是项目合同履约管理的重要信息。

4.项目采购合同变更请求信息

在项目实施过程中人们会对项目所需资源或劳务的采购合同进行变更,这可能是由于各种原因而造成的,例如项目实施进度计划的调整、项目供应商或承包商自身出现履约困难或项目所需资源与劳务价格变化等。这方面信息也是项目合同履约管理的重要依据。

5.项目供应商或承包商工作进展信息

项目供应商或承包商在提供项目所需资源或提供劳务以后,必须及时向项目采购方提交发货单或完工单,以便对已完成的供货或劳务请求付款。项目采购双方都应该将采购的发货单或完工单及其他的支持性文件作为项目合同履约管理的重要信息和依据。

(二)项目合同管理的内容

项目合同管理的实质是对于项目资源采购合同或劳务承发包合同的权利和义务履行情况的管理。当项目采购或承发包合同牵扯到多个项目供应商或承包商时,项目合同管理需要按照合同集成管理的方法开展。项目合同管理主要的内容包括如下几个方面。

1.项目合同的变更控制

在项目采购合同的实施过程中可能会出现由于项目采购合同双方的因素,或其他一些因素而需要对合同条款进行变更的情况,如不可抗力事件的发生会导致项目合同变更,第三方的原因也可能导致合同变更等。项目合同的变更会对合同双方的利益产生影响,因此需要对此进行严格的管理。一般在项目合同中都应有关于合同变更办法的规定,包括项目合同变更的做法和过程以及批准合同变更所需的程序和审批手续等。除了项目合同中的规定之外,各国的有关法律对项目合同变更也规定了一些法定程序,如项目合同变更协议未达成之前原合同继续有效;项目合同变更达成一致意见后双方需签订书面合同变更协议;这些合同变更协议与原合同一样具有法律效力等。

2.项目履约绩效的评价与报告

项目合同管理还要对项目供应商或承包商的工作进行必要的跟踪与评价,这也被称为项目资源和劳务供应的绩效报告管理。由此所产生的项目资源或劳务的供应绩效报告书,为项目采购管理者提供了有关项目供应商或承包商履行合同的实际情况和相关信息。项目采购者根据这些信息就可以对项目供应商或承包商开展必要的项目合同管理工作。例如,在采取成本补偿式的项目承发包合同的履约过程中,项目业主会要求项目供应商或承包商及时提供资源和劳务的成本情况,以及它们与项目成本预算计划的比较分析情况,当发现项目实际成本超出预算时就必须及时对项目资源或劳务的供应实施情况进行调整和控制。

3.项目采购合同履约的监督与管理

项目合同管理的主要内容是为实现项目采购计划而开展的项目合同实施情况的管理工作,项目资源或劳务的采购者应该根据项目合同的规定实时监督和控制供应商或承包商的资源与劳务的提供工作。在项目实施过程中为了保证及时获得项目所需资源和劳务,项目采购者必须同项目供应商或承包商保持紧密的联系并监督他们提供资源或劳务,以免延误整个项目的实施进度。如果项目供应商或承包商不能按时按质交付项目所需资源或劳务,那么就需要调整原定的项目进度计划和项目采购计划。另外,项目采购者和项目供应商或承包商之间的合同纠纷解决也属于项目采购履约管理的范畴。

4.项目履约支付系统的管理

有关向项目供应商或承包商支付的管理也是项目合同履约管理的一个重要内容,在有众多项目采购合同的大项目管理中,项目采购者可以开发建立专门的项目支付控制系统。这方面的管理包括由项目采购者对项目供应商或承包商的履约评价和认可以及相应的货款支付的控制工作。根据国际惯例,项目采购合同的支付方式一般有两种:一种是现金支付(这只能在规定所限的金额内使用),另一种是转账支付(即通过开户银行将资金从付款单位的账户转入收款单位的账户)。项目采购者与项目供应商或承包商之间为项目采购合同支付的货款和报酬大都是采用转账结算的方式进行的。项目采购者通常应依据合同规定,按项目供应商或承包商提交的发货单或完工单向他们付款,同时严格管理这些付款的实现情况。

5.项目合同纠纷的管理

在实际的项目合同管理中经常会出现项目采购双方的争议和经济纠纷,所以对此也必须开展必要的管理工作。这一管理的基本原则包括:在项目合同中有关于处理争议方法的条款可按照合同纠纷条款的规定处理,在项目合同中没有此类条款时可以申请双方协商解决或寻求第三方进行调解或仲裁(或诉讼)来解决。另外,项目合同的价格和付款变更也是项目合同履约管理中出现纠纷的常见问题必须依照项目采购合同规定或法律进行管理和解决。在项目合同纠纷涉及索赔问题时由于项目采购合同双方可能对索赔持有异议而引起经济纠纷,所以通常在项目采购履约管理中还必须对索赔程序和内容进行严格的规定和管理。

6.项目履约档案的管理

在项目合同管理的过程中还必须对与项目合同履约有关的信函、文件及签定的合同与合同补充条款以及索赔文件等文件和档案进行全面的管理。项目履约档案管理也是项目文档化管理或信息管理系统的一部分,其目的是为了在项目实施过程中和项目实施完成后,人们能够对照项目合同对供应商所提供的资源或劳务的情况进行检查和审计,并为项目组织今后的类似项目合同履约管理提供参考和依据。

二、项目采购合同的终结管理

项目采购合同双方依照合同规定而履行了全部义务之后,项目合同就可以进入终结阶段,而项目采购管理就进入了项目合同终结管理的阶段。项目合同的终结需要伴随一系列的项目管理工作,包括:项目管理的终结工作和项目合同的终结工作。

(一)项目管理终结与项目合同终结工作的依据

项目管理终结与项目合同终结工作必须有可靠的依据,这主要包括如下四个方面。

1. 项目合同文件

项目的各种合同文件是开展项目终结工作的根本依据,因为任何承发包项目都是根据项目合同规定开展的,即使是组织自我开发的项目也有类似协议和项目任务书。项目的实施和终结都必须依据项目合同或"准合同"的规定进行,所以这种项目终结的依据不但应该包括项目合同本身,而且包括项目合同的变更文件和其他附加文件,如项目技术指标说明书、项目产品说明书,项目成果验收准则与程序,等等。

2. 项目计划文件

项目的各种计划文件是开展项目终结工作的主要依据,因为不管是承发包项目还是组织自我开发的项目,人们都必须按照计划去开展项目的业务和管理工作,所以项目的管理终结也需要依据项目计划文件进行。项目的各种计划文件包括项目的集成计划和专项计划、项目的业务计划和管理计划以及项目管理终结的依据。这种依据同样包括项目计划书和项目计划的变更文件和其他附加文件,如项目技术规范、项目所执行的标准等。

3. 项目实施情况和成果

项目终结工作的另一个主要依据是项目实施的实际情况和已经完成的项目成果,因为项目的管理终结就是人们对项目业务和管理工作成果的汇总、归纳和总结。项目的客观实际情况和成果需要与项目计划与合同进行比照并给出差异,然后才能真正完成项目的管理终结工作。这方面的依据包括项目所生成的产出物,项目所生成的各种项目文件和档案,如项目产出物检验单、项目工作核检清单、项目变更和索赔文件等。

(二)项目管理终结的工作

这是指在项目实施接近尾声时,项目实施者(项目团队和项目实施组织)对于项目或项目阶段所有实施和管理工作所做的总结经验教训以及其组织内部的正式结束项目或项目阶段所需做的管理工作。对整个项目的管理终结而言,项目实施者要为项目的合同终结和整个项目结束做好以下方面的工作。

1.建立项目管理终结工作队伍和方法

项目管理终结的首要工作是建立项目管理终结工作队伍,即确定和分配所有参与项目管理终结工作的项目团队成员和其他项目相关利益主体的任务、角色和责任,制定项目团队开展项目实施成果的自我检查和验收的方法,编制各种项目实施活动情况、项目变更情况和项目相关利益主体之间相互谅解情况说明文件,分析和记录项目成功与失败的经验和教训,将所有经验教训和信息文档化以供后续使用等。

2.整理项目合同与项目实施的文件

这里的项目合同文件指与项目资源采购合同和项目承发包合同有关的所有文件,包括项目合同书、项目资源和劳务供应工作进度表、各种批准的项目合同变更记录、项目供应商或承包商提供的技术文件、项目供应商或承包商工作绩效报告(如项目所需资源的发货单、支付记录等各种凭证)以及所有与项目合同管理有关的记录等。这些项目合同管理中的主文件和支持细节文件都应该经过整理,然后建立索引记录和档案以便日后使用。这种项目合同的文件整理结果也应该包含在最终的项目文档记录之中。

(三)项目的合同终结工作

这是指由项目合同各方共同完成的项目合同的结束和相关手续办理等工作,这涉及项目合同中止、终止或终结与项目产出物的完工交付等方面的内容,同时也包括项目合同无法完成而需要中止时以及项目合同关系中的法律纠纷方面的终结工作。项目项目合同终结工作最主要的是项目业主和项目实施者之间对项目所采购资源或劳务的数量、质量、交货期等各方面的检查与验收以及项目合同终结手续的办理工作,包括项目实施中出现项目合同变更的各项终结工作,项目合同终结管理的主要任务有如下方面。

1.开展项目采购合同的审计

项目采购合同的审计是对项目采购工作的全面审查,包括从项目采购计划到项目合同履约管理整个项目采购过程的全面评审和检查。项目采购合同审计的依据是有关的项目合同文件和相关的法律与规定,这种工作的目标是要确认项目采购管理活动的成功之处、不足之处以及是否存在违法违纪现象,以便从中吸取经验和教训。项目采购合同的审计工作一般不能由项目采购双方的人员进行,而是由国家或专业的审计机构与部门进行。

2.办理项目采购合同的终止手续

当项目供应商或项目承包商全部完成了项目合同所规定的义务以后,项目采购者负责项目合同履约管理的人员就应该与项目供应商或承包商提交办理项目合同终止的正式手续。一般项目合同双方应该在项目资源采购或劳务承发包合同中对于如何正式终止项目合同做出相应的合同条款,项目合同终止活动必须按照这些合同条款规定办理终结手续。项目合同的终结手续包括:项目合同条款与条件的终结,项目合同终结的法律手续办理,正式验收与移交项目合同规定的最终成果,正式专业项目产出物的所有权,等等。

本章思考题

1.项目采购管理和项目获得管理有所不同?

2.项目采购管理与日常运营的采购管理有何不同?

3.项目采购管理中的商品采购和劳务采购有何不同?

4.项目采购计划制订工作有哪些主要内容和计划结果?

5.在项目采购合同管理中有哪些主要的工作内容和做法?

6.在项目采购合同管理中为什么要开展项目采购管理终结工作?

7.在项目采购合同管理中为什么要开展项目采购合同终结工作?

8.你认为项目采购合同管理中最难做的工作是什么?

南开大学出版社网址：http://www.nkup.com.cn

投稿电话及邮箱： 022-23504636　　QQ：1760493289
　　　　　　　　　　　　　　　　　　QQ：2046170045(对外合作)
邮购部：　　　　022-23507092
发行部：　　　　022-23508339　　Fax：022-23508542

南开教育云：http://www.nkcloud.org

App：南开书店 app

　　南开教育云由南开大学出版社、国家数字出版基地、天津市多媒体教育技术研究会共同开发，主要包括数字出版、数字书店、数字图书馆、数字课堂及数字虚拟校园等内容平台。数字书店提供图书、电子音像产品的在线销售；虚拟校园提供 360 校园实景；数字课堂提供网络多媒体课程及课件、远程双向互动教室和网络会议系统。在线购书可免费使用学习平台，视频教室等扩展功能。